行政诉讼案例裁判指引
与海关行政执法参考

陈淑国　著

中国海关出版社有限公司

·北京·

图书在版编目（CIP）数据

行政诉讼案例裁判指引与海关行政执法参考 / 陈淑国著 . -- 北京：中国海关出版社有限公司 , 2025.

ISBN 978-7-5175-0847-2

Ⅰ. D925.305；D922.221.5

中国国家版本馆 CIP 数据核字第 2024AL6119 号

行政诉讼案例裁判指引与海关行政执法参考

XINGZHENG SUSONG ANLI CAIPAN ZHIYIN YU HAIGUAN XINGZHENG ZHIFA CANKAO

作　　者：陈淑国

责任编辑：文珍妮

责任印制：王怡莎

出版发行：中国海关 出版社有限公司

社　　址：北京市朝阳区东四环南路甲 1 号　　　　邮政编码：100023

编 辑 部：01065194242-7504（电话）

发 行 部：01065194221/4238/4246/5127（电话）

社办书店：01065195616（电话）

　　　　　https://weidian.com/? userid=319526934（网址）

印　　刷：固安县铭成印刷有限公司　　　　经　　销：新华书店

开　　本：710mm × 1000mm　 1/16

印　　张：35　　　　　　　　　　　　　　字　　数：480 千字

版　　次：2025 年 4 月第 1 版

印　　次：2025 年 4 月第 1 次印刷

书　　号：ISBN 978-7-5175-0847-2

定　　价：86.00 元

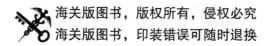

序

习近平总书记指出的"一个案例胜过一打文件"深刻揭示了案例的重要作用。在法治实践中产生的大量案例，为法治研究和法学研究提供了新的视角和素材，成为记载法治、评价法治、促进法治的载体和资源。《法治中国建设规划（2020—2025 年）》《法治社会建设实施纲要（2020—2025 年）》《法治政府建设实施纲要（2021—2025 年）》等均对"以案释法"作出了部署。进入全面依法治国新时代，案例对于法治建设的价值和意义越来越大。

发布指导性案例写入了《人民法院组织法》《人民检察院组织法》，最高人民法院、最高人民检察院就建立和完善案例指导制度、保障法律统一正确实施等制定了相关文件，规定"检索到的类案为指导性案例的，人民法院应当参照作出裁判""各级人民检察院应当参照指导性案例办理类似案件"等。《人民法院案例库建设运行工作规程》第十九条规定："各级人民法院审理案件时，应当检索人民法院案例库，严格依照法律和司法解释、规范性文件，并参考入库类似案例作出裁判。"最高人民法院发布的公报案例、指导性案例和典型案例，以及人民法院案例库的入库案例等，对各级人民法院的审判实务起着较强的指导作用。

对于行政执法而言，行政诉讼案例具有生动性、针对性、示范性等鲜明特点，对准确理解法律规范，及时了解司法审查标准和裁判原则，提高化解和预防行政争议能力，推动法治建设等具有重要意义。适应实践需求，从浩如烟海的海量行政诉讼案例中"大海捞针"，选取权威性、典型性、指导性的案例以阐释法条，为行政执法提供参考，是一项既有开拓性又有深远意义的工作。本书的编写既是一次有益尝试，也是海关行政执法领域案例研究的一项丰硕成果。

作者陈淑国同志长期从事海关法治工作，有着丰富的实务经验和系统深入的思考。本人担任中国政法大学海关法研究中心主任期间，与作者曾有过工作交流，对其深厚的理论功底与实务经验印象深刻。通读书稿之后，我认为这本力作坚持了中国特色社会主义道路自信、理论自信、制度自信、文化自信。它对照《中华人民共和国行政诉讼法》，结合实务需要，通过对案例分类分析，加深对法律条款理解，并总结了规律，探讨了疑难问题，突出了海关特色。本书资料翔实、案例丰富、重点突出，是一本实用性、指导性、可读性都很强的行政执法与应诉实务指南和工具书，对于促进规范行政执法、推动法治工作具有较高的参考价值。

案例是司法经验和裁判智慧的集中体现，是普法宣传和学法守法的重要资源，是指导实践和提高能力的有效途径，其价值和作用正日益受到重视，对其的研究和开发大有可为。本书勇于开拓、锐意创新，旨在以案例述说法治实践、以案例弘扬法治精神、以案例促进法治建设。希望本书能够助力强化行政执法人员法治思维，提高依法行政能力，实质性化解和预防行政争议；希望本书能够进一步繁荣海关学术研究，服务行政执法实务；希望本书能够丰富案例应用实践，推动案例法学理论创新。在此热烈祝贺本书出版！

是为序。

中国政法大学教授、博士生导师

许身健

2024 年 8 月

一、章节结构

本书按照《中华人民共和国行政诉讼法》（以下简称《行政诉讼法》）体例，结合行政诉讼案例，围绕行政执法实践需求，在第一章"导论"之后，重点选取《行政诉讼法》第二章至第六章中的部分内容作为第二章至第六章，将行政诉讼审查标准、裁判原则作为第七章、第八章，预防和实质性化解行政争议作为第九章。每章主要内容和编排顺序如下。

（一）法律条文

列明《行政诉讼法》具体的法律条款。

（二）简要解读

对照法律条款，对立法原意、重点用语或者表述进行简要阐述，主要介绍学界和实务界的部分观点，并结合法律规范、有关文件和行政诉讼案例进行说明。案例的案号一般以脚注注明。

（三）案例指引

包括【裁判要旨】【案号索引】【文书摘要】三部分。

1.【裁判要旨】是根据法律条文和案件争议焦点，对裁判文书内容进行概括提炼的主题。

2.【案号索引】一般列明裁判文书号。未查到案号的，标注公报期号、指导案例编号或者文献等出处。最高人民法院裁判案例中同时有案号和公报期号的，先列明案号，再列明公报期号。公报案例不是由最高人民法院作出裁判的，先列明公报期号，再列明案号。入选"十大案例""10 大知识产权案件"等案例的，一般同时标注。

3.【文书摘要】一般从裁判文书原文摘录，个别案例对表述进行了简化或者微调。

内容完全相同的，案号索引中同时注明案号；内容基本相同但略有差异的，以下划线等方式加以标注区分，并在脚注中备注。

（四）延伸阅读或实务疑难

部分章节在案例指引之后有延伸阅读或者实务疑难。延伸阅读主要是对相同或者类似案例进行汇总归类分析，或者对有关观点予以介绍（有的延伸阅读也附有案例指引）。实务疑难主要是结合行政诉讼案例，对行政诉讼或者行政执法实践中的疑点或者难点进行探讨。案号一般以脚注注明。

二、案例的选用

（一）案例的选择

1. 案例系人民法院公开的案例，或者在文献中援引的案例。

2. 主要选用最高人民法院作出裁判的案例。高级人民法院、中级人民法院或者基层人民法院作出裁判的有典型意义的案例也属于选用范围，其中属于最高人民法院公报案例、指导性案例、典型案例或者人民法院案例库入库案例的优先选用。

（二）案例的表述

1. 为表述简便，案例部分一般不介绍具体案情。经过行政复议程序的，一般也不叙述行政复议相关内容（个别案例除外）。

2. 案例裁判文书中的表述同时涉及行政复议和行政诉讼的，为表述简洁，一般仅表述行政诉讼部分。如，"提出行政复议或者提起行政诉讼"，仅表述为"提起行政诉讼"；"不属于行政诉讼和行政复议的受案范围"，表述为"不属于行政诉讼的受案范围"；"具有复议申请人和行政诉讼原告资格"，表述为"具有行政诉讼原告资格"等。

3. 案例中的当事人一般根据出现顺序直接表述为"行政机关甲局""乙公司""丙厅"等。出现区划、地名时也用"甲""乙""丙"区分；出现区划、地名或者当事人较多时，增加"A""B""C"等辅助区分。

单独出现一个行政机关时，一般仅表述为"行政机关"；不能称之为行政机关的，表述为"执法部门"。出现两个以上行政机关或执法部门时，用"甲""乙""丙"等区分。经过行政复议的案件，有时直接将上一级行政机关表述为"复议机关"。

当事人除用"甲""乙"等表述外，有时也根据案情和其在案件中的地位，增加表述或者表述为"相对人""当事人""受送达人""申请人""再审申请人"等。

当事人为中心、站、厂、院等，根据顺序有时表述为"甲中心""乙站""丙厂""丁院"等。

4. 裁判文书中在法律规范、司法解释具体条款之后的内容，【文书摘要】一般不予援引，如"《中华人民共和国行政诉讼法》第2条规定，公民、法人或者其他组织认为行政机关和行政机关工作人员的行政行为侵犯其合法权益，有权依照本法向人民法院提起诉讼"表述为"根据《行政诉讼法》第2条规定"等。

5. 考虑案例发生的领域不同，有时并未援引裁判文书中的法律、法规、规章，如表述为"遵循法律和规章规定""依据《××行政处罚程序规定》"等。

6. 裁判文书中的财物数量、款项数额等表述，在【文书摘要】中有时用"×"代替。

（三）案例的顺序

按照案例内容、审理法院和案号等要素，一般根据案例内容排序；内容相同的，按照最高人民法院、高级人民法院、中级人民法院、基层人民法院顺序介绍。同一审级的法院，一般按照裁判时间先后顺序介绍。

根据【裁判要旨】具体内容，有些案例会在不同章节中重复使用。

 # 三、法律规范、司法解释和有关文件的表述

（一）法律规范

1. 为表述简洁，法律规范一般使用简称，如《中华人民共和国行政诉讼法》表述为《行政诉讼法》，《中华人民共和国海关法》表述为《海关法》，《中华人民共和国海关行政处罚实施条例》表述为《海关行政处罚实施条例》，等等。

法律、法规、规章、司法解释、司法解释性质文件或者规范性文件中出

现的法律规范或者文件，以及立法程序、文献中的法律规范，一般不使用简称，如"1982 年 3 月 8 日，第五届全国人民代表大会常务委员会第二十二次会议通过《中华人民共和国民事诉讼法（试行）》"等。

2. 除案例和文献中出现的法律规范外，在【法律条文】【简要解读】【延伸阅读】【实务疑难】等部分出现的法律规范一般系最新法律规范，不加年份，如《行政诉讼法》是 2017 年第二次修正的《行政诉讼法》，有时也表述为现行《行政诉讼法》；《行政复议法》是指 2024 年 1 月 1 日起施行的《行政复议法》，有时表述为新修订的《行政复议法》；《行政处罚法》是指 2021 年 7 月 15 日起施行的《行政处罚法》；等等。

援引旧法进行解析或者对比介绍时，一般在旧法前增加年代，如 1989 年《行政诉讼法》等。

3. 案例和文献中引用的法律规范，属于旧法的，在该法律规范之后一般不备注新法的具体条款。案例或者文献中已经失效、废止的部分法律规范，保留原表述；个别法律规范仅第一次出现时以脚注注明，之后出现时不重复注明。

（二）司法解释和有关文件

1. 最高人民法院先后于 2000 年、2015 年、2018 年发布《行政诉讼法》的司法解释，一般援引《最高人民法院关于适用〈中华人民共和国行政诉讼法〉的解释》（法释〔2018〕1 号），简称为法释〔2018〕1 号。但有的文献或文书使用了"2018 年行诉法解释""行政诉讼法司法解释"等表述，有的未列明法释〔2018〕1 号，本书保留了原表述。

2. 裁判文书或文献中援引的旧司法解释，仍保持原表述，在该司法解释之后不注明新司法解释的具体条款。

3. 较早的很多案例中援引了《最高人民法院关于执行〈中华人民共和国行政诉讼法〉若干问题的解释》(法释〔2000〕8号)、《最高人民法院关于适用〈中华人民共和国行政诉讼法〉若干问题的解释》(法释〔2015〕9号)等,在第一次出现时分别以脚注注明"(被法释〔2018〕1号废止)",之后出现时不再注明。

4. 其他司法解释和司法解释性质文件一般不使用"以下简称"。

(三)条款项

1. 除【法律条文】外,多款、多项在同一引号内时,前、后款以空四格方式表述;前、后项不空格,不另起一行来区分。

2. 对法律规范条款全文援引的,对援引的内容一般加双引号(" ");部分援引的,一般不加双引号(" ")。

3. 为使文字更加直观、方便阅读,本书援引法律规范、司法解释或者有关文件中第×条、第×款、第×项时,一般用数字表示。但法律规范、司法解释、有关文件、文献或者报道等以汉字标识的条款项或相关事项一般保留原表述,如"最高人民法院公布的行政不作为十大案例(2015)之四""最高人民法院行政审判十大典型案例(第一批)之六"等。

 四、其他需要说明的问题

(一)其他表述

1. 部分文献的副标题涉及相对人的,有的予以删除,有的以"某某公司""甲公司"等代替。

2. 在说明要素、条件等时，保留文献中的"（1）（2）（3）""1.2.3.""一是、二是、三是""第一、第二、第三"等表述，未作统一。

3. 在法律规范、司法解释、文件、文献以及裁判文书中，有的法律规范、司法解释或者有关文件未加书名号（《》），如"行政诉讼法""行政诉讼法司法解释"等。

（二）法院简称

案例或者文献中"最高法院""高院""中院"的表述，分别为"最高人民法院""高级人民法院""中级人民法院"的简称，本书保留了原表述。

（三）截止日

本书中的法律规范、司法解释以及有关文献、文件等，一般截至 2024 年 4 月 30 日。

目　录

第一章　导论

　　行政争议是行政机关在实施行政管理活动中与行政相对人的争议。[①] 行政诉讼是解决行政争议，保护公民、法人和其他组织合法权益，监督行政机关依法行使职权的重要法律制度。[②] 行政诉讼法是规范行政诉讼活动和行政诉讼法律关系的基本法律，是法院审理行政案件和行政诉讼参加人进行诉讼活动必须遵守的准则。[③] 根据《立法法》第 11 条第 10 项规定，诉讼制度只能制定法律。《行政诉讼法》属于基本法，与《民事诉讼法》《刑事诉讼法》一样，都必须在全国人大的全体会议通过。[④]

　　1989 年 4 月 4 日，第七届全国人民代表大会第二次会议通过了《行政

---

① 袁杰. 中华人民共和国行政诉讼法解读［M］. 北京：中国法制出版社，2014:3.
② 《国务院办公厅关于加强和改进行政应诉工作的意见》（国办发〔2016〕54 号）。
③ 信春鹰. 中华人民共和国行政诉讼法释义［M］. 北京：法律出版社，2014:1.
④ 江平.《行政诉讼法》的台前幕后［J］. 政府法制，2011(2).

1

诉讼法》，该法自 1990 年 10 月 1 日起施行。2014 年 11 月 1 日，第十二届全国人民代表大会常务委员会第十一次会议通过了《全国人民代表大会常务委员会关于修改〈中华人民共和国行政诉讼法〉的决定》，该决定自 2015 年 5 月 1 日起施行。2017 年 6 月 27 日，第十二届全国人民代表大会常务委员会第二十八次会议通过了《全国人民代表大会常务委员会关于修改〈中华人民共和国民事诉讼法〉和〈中华人民共和国行政诉讼法〉的决定》，该决定自 2017 年 7 月 1 日起施行。新《行政诉讼法》的颁布实施，对加强公民权利保护，深入推进依法行政和加快建设法治政府，建设公正高效权威的中国特色社会主义司法制度，推进全面依法治国，具有十分重要的现实意义和历史意义。①

一、立法目的

行政诉讼目的是国家基于对行政诉讼固有属性的认识预先设计的关于行政诉讼结果的理想模式。② 行政诉讼目的的设计和定位，根源于行政诉讼的性质，即行政诉讼的性质决定行政诉讼的目的。行政诉讼的性质是行政诉讼的本质属性和内在特质，是区别于民事诉讼、刑事诉讼的重要根据和基本标志。③ 行政诉讼的立法目的，是国家意志在行政诉讼规范中的体现，是国家进行行政诉讼活动所期望达到的目标和结果，是一部法律的基本价值判断标准和导向。④

① 童卫东. 重返现场·行政诉讼法修改时的七个争议问题 [J]. 中国法律评论，2019(2).
② 杨伟东. 行政诉讼目的的探讨 [J]. 国家行政学院学报，2004(3).
③ 谭宗泽. 行政诉讼目的新论——以行政诉讼结构转换为维度 [J]. 现代法学，2010(4).
④ 江必新，邵长茂，李洋. 新行政诉讼法导读：附新旧条文对照表及相关法律规范 [M]. 北京：中国法制出版社，2015:1.

法律条文

《行政诉讼法》第 1 条　为保证人民法院公正、及时审理行政案件，解决行政争议，保护公民、法人和其他组织的合法权益，监督行政机关依法行使职权，根据宪法，制定本法。

简要解读

与 1989 年《行政诉讼法》相比，除"保护公民、法人和其他组织的合法权益"无变化外，修改主要体现在"一增、一删、一修改"：新增"解决行政争议"；删除"维护和监督行政机关依法行使职权"中的"维护和"；将"保证人民法院正确、及时审理行政案件"中的"正确"修改为"公正"。围绕上述修改的目的和意义有较多论述。从人民法院的裁判文书看，有较多案例涉及《行政诉讼法》立法目的。

案例指引

● 案例一

▶ **裁判要旨**　针对一个对其有利的复议决定起诉，与《行政诉讼法》的立法宗旨不符

▶ **案号索引**　最高人民法院（2017）最高法行申 4726 号

▶ **文书摘要**　再审申请人针对对其有利的复议决定提起行政诉讼，要求法院维持该复议决定书撤销行政处罚决定的主文，只是变更复议决

定的部分理由。这样一个诉讼请求，与《行政诉讼法》"保护公民、法人和其他组织的合法权益"的立法目的并不相符，因为撤销处罚决定的复议决定不仅没有对其合法权益产生不利影响，反而已经实现了保护其合法权益的目的。请求维持一个对其有利的复议决定，既无必要，也不见于《最高人民法院关于适用〈中华人民共和国行政诉讼法〉若干问题的解释》①第 2 条对于各种具体诉讼请求的列举以及《行政诉讼法》规定的各种判决方式。

● **案例二**

▶ **裁判要旨**　要求行政机关"公告"政府信息与《行政诉讼法》的立法宗旨不符

▶ **案号索引**　最高人民法院（2018）最高法行申 3922 号

▶ **文书摘要**　法律规定公民、法人或者其他组织可以向行政机关提出政府信息公开申请，目的是保障申请人自己获取政府信息的权利，法律和司法解释要求尽可能按照法律、法规规定的适当形式提供政府信息，所指也是向申请人本人提供政府信息的形式。向不特定公众"公告"政府信息，可能是主动公开政府信息的形式，却不是依申请公开政府信息的形式。政府信息公开申请人要求行政机关"公告"政府信息，超出了自己需要的范围，实质是要求行政机关向不特定公众主动公开政府信息。公民、法人或者其他组织在政府信息公开诉讼中提出这样的诉求，实质是主张不特定公众的权利。这样的诉求不仅与《行政诉讼法》

---

① 《最高人民法院关于适用〈中华人民共和国行政诉讼法〉若干问题的解释》（法释〔2015〕9 号），被法释〔2018〕1 号废止。

的立法宗旨不符，而且也被《最高人民法院关于审理政府信息公开行政案件若干问题的规定》第3条^①所明确禁止。

 ## 二、行政诉讼与民事诉讼

有观点认为，民事诉讼是基于民事法律关系进行的一种诉讼，诉讼当事人与案件有直接的利害关系，提起或参与民事诉讼完全是为了维护自身的民事权益。行政诉讼则不同，它作为一种"公法诉讼"主要是指行政法律关系所具有的公法性质，以与民事法律关系所产生之私法诉讼相区别。^②行政诉讼区别于民事诉讼的本质特征是，行政诉讼在解决争议保护合法权益的同时，还肩负着对被诉行政行为合法性的监督职能。^③正因为如此，行政诉讼的制度设计与民事诉讼有本质的区别，如《行政诉讼法》受案范围、举证责任、诉讼类型、审判对象、诉讼模式、判决种类等方面与民事诉讼比较起来也都表现出鲜明的特色。^④但是，行政诉讼是民事诉讼分离出来的一种特别诉讼，因此，行政诉讼法需要准用民事诉讼法的相关规定已成为一种通用的立法例。^⑤

---

① 《最高人民法院关于审理政府信息公开行政案件若干问题的规定》（法释〔2011〕17号）第3条：公民、法人或者其他组织认为行政机关不依法履行主动公开政府信息义务，直接向人民法院提起诉讼的，应当告知其先向行政机关申请获取相关政府信息。对行政机关的答复或者逾期不予答复不服的，可以向人民法院提起诉讼。
② 郝明金.论可诉性是行政行为的本质属性［J］.法学论坛，2006(3).
③ 郭修江.监督权力保护权利实质化解行政争议——以行政诉讼法立法目的为导向的行政案件审判思路［J］.法律适用，2017(23).
④ 邓刚宏.行政诉讼受案范围的基本逻辑与制度构想——以行政诉讼功能模式为分析框架［J］.东方法学，2017(5).
⑤ 章剑生.《行政诉讼法》修改的基本立场［J］.广东社会科学，2013(1).

法律条文

《行政诉讼法》第101条 人民法院审理行政案件，关于期间、送达、财产保全、开庭审理、调解、中止诉讼、终结诉讼、简易程序、执行等，以及人民检察院对行政案件受理、审理、裁判、执行的监督，本法没有规定的，适用《中华人民共和国民事诉讼法》的相关规定。

简要解读

《行政诉讼法》是人民法院审理行政案件的主要法律依据，是与《民事诉讼法》《刑事诉讼法》并列的三大诉讼法之一。20世纪80年代以前，我国一直没有建立起行政诉讼制度。[①] 一般认为，行政诉讼制度脱胎于民事诉讼。1982年3月8日，第五届全国人民代表大会常务委员会第二十二次会议通过《中华人民共和国民事诉讼法（试行）》。该法第3条第2款规定："法律规定由人民法院审理的行政案件，适用本法规定。"这一规定通常被视为中国行政诉讼制度试验的开始。[②]

有学者认为，行政诉讼是一种从民事诉讼中发展出来的诉讼制

[①] 莫于川，雷振.我国《行政诉讼法》的修改路向、修改要点和修改方案——关于修改《行政诉讼法》的中国人民大学专家建议稿［J］.河南财经政法大学学报，2012(3).

[②] 章志远.开放合作型行政审判模式之建构［J］.法学研究，2013(1).

度，它与民事诉讼之间便有一种天然的"血缘"关系。① "民事诉讼制度的创立先于行政诉讼，在某种意义上可以说，行政诉讼制度是从民事诉讼制度中逐步分离、逐步独立和在民事诉讼制度基础上逐步发展起来的诉讼制度。"② 从历史角度来看，行政诉讼法之所以准用民事诉讼法的规定，很大程度上源于行政诉讼制度建立初始、经验不足，而民事诉讼制度历史悠久、法典完备。作为某种意义上同为解决纷争的机制，行政诉讼与民事诉讼在运作程序和技术层面具有不少的共通之处和相似一面。民事诉讼法以其发展早、体系完整、内容充分完备、相对成熟的优势，居于被准用的地位，似乎理所当然。③

1989年制定《行政诉讼法》时，行政诉讼制度的设计受到了民事诉讼模式的深刻影响。④ 体例上，《行政诉讼法》始终没有能够摆脱民事诉讼法体例的影响，以诉讼制度要素与程序发展流程为主线架构法律。内容方面，不管是1989年的《行政诉讼法》，还是2014年修改的《行政诉讼法》，都没有能够完全脱离民事诉讼制度建构完整的行政诉讼制度，法律仅规定行政诉讼不同于民事诉讼的特有制度。⑤《行政诉讼法》在设置起诉条件时完全照搬了民事诉讼

① 章剑生.行政诉讼中民事诉讼规范之"适用"——基于《行政诉讼法》第101条展开的分析［J］.行政法学研究，2021(1).
② 姜明安.行政诉讼法（第三版）［M］.北京：北京大学出版社，2016:256.
③ 应松年，杨伟东.我国《行政诉讼法》修正初步设想（下）［J］.中国司法，2004(5).
④ 江必新.从跨区划管辖到跨区划法院——兼论新型诉讼格局之构建［J］.人民司法·应用，2017(31).
⑤ 王万华.新中国行政诉讼早期立法与制度——对104部法律、行政法规的分析［J］.行政法学研究，2017(4).

法的规定。① 权威解读认为，2014 年修改的《行政诉讼法》并没有将所有可适用于行政诉讼的民事诉讼法规定都纳入，立法部门把握了以下原则：一是属于行政诉讼法基本框架的重要程序制度的，要补充进来；二是两法中制度名称相同但内容略有不同的，要写清楚。除此之外，可以通过"一揽子"规定来解决。②

行政诉讼与民事诉讼之间的关系决定了民事诉讼规范在行政诉讼中有一定的适用空间。在我国，民事诉讼规范在行政诉讼中的适用，曾经历了"适用—参照—适用"的一个立法史变迁过程。③ 新法的"适用"表明，对行政诉讼法中没有规定的，则要将民事诉讼法中的相关规定作为依据直接拿过来用，无需进行改造，像对待新行政诉讼法的条款一样来对待被适用的民事诉讼法条款。④ 实务界也有观点认为，《民事诉讼法》与《行政诉讼法》不相抵触，且《行政诉讼法》没有规定的部分，也是我国《行政诉讼法》的组成部分。⑤

案例指引

● 案例一

▶ **裁判要旨**　行政诉讼对于《民事诉讼法》的适用，应当排除两种

---

① 高鸿. 行政诉讼起诉条件的制度与实践反思［J］. 中国法律评论，2018(1).
② 全国人大常委会法制工作委员会行政法室. 行政诉讼法立法背景与观点全集［M］. 北京：法律出版社，2015:333.
③ 章剑生. 行政诉讼中民事诉讼规范之"适用"——基于《行政诉讼法》第 101 条展开的分析［J］. 行政法学研究，2021(1).
④ 王春业. 论行政诉讼对民事诉讼法相关条款之适用——兼评新行政诉讼法第 101 条的规定［J］. 上海交通大学学报，2015(6).
⑤ 梁凤云. 行政诉讼讲义（上）［M］. 北京：人民法院出版社，2022:10.

情形

▶ **案号索引** 最高人民法院（2017）最高法行申 3010 号

▶ **文书摘要** 《行政诉讼法》第 101 条规定的原因是，行政诉讼与民事诉讼有许多共同点，民事诉讼的许多程序对行政诉讼是适用的。但是，作为解决行政争议的行政诉讼毕竟有其特有性质，《民事诉讼法》的一些规定并不适用于行政诉讼。具体来讲，行政诉讼对于《民事诉讼法》的适用，应当排除两种情形：一是《行政诉讼法》已有规定的；二是《行政诉讼法》虽然没有规定，但《民事诉讼法》的规定与行政诉讼性质有所冲突的。

● **案例二**

▶ **裁判要旨** 无论是选择民事诉讼，还是行政诉讼，当事人对同一纠纷只能选择一次救济

▶ **案号索引** 最高人民法院（2017）最高法行申 5524 号

▶ **文书摘要** 所谓重复起诉，是指当事人对同一被诉行政行为提起诉讼，经人民法院依法处理后，再次提起诉讼的情形。其特点是原告和被诉行政行为均为同一个。对于一些案件究竟应当通过民事诉讼途径解决，还是通过行政诉讼途径解决，实践中存有争议的，当事人只能选择一种途径进行救济。当事人提起民事诉讼败诉后，又对同一争议所涉行政行为再次提起行政诉讼的，亦属于重复起诉的情形。无论是选择民事诉讼，还是行政诉讼，当事人对同一纠纷只能选择一次救济。

三、行政诉讼与行政复议

行政复议是化解行政争议的重要法律制度。行政复议工作是法治工作的重要组成部分。党的十八大以来，以习近平同志为核心的党中央从推进全面依法治国的大局出发，对行政复议工作部署了一系列新要求，行政复议工作也进入了改革创新、快速发展的新时期。①《中共中央关于全面深化改革若干重大问题的决定》提出："改革行政复议体制，健全行政复议案件审理机制，纠正违法或不当行政行为。"《中共中央关于全面推进依法治国若干重大问题的决定》提出："完善调解、仲裁、行政裁决、行政复议、诉讼等有机衔接、相互协调的多元化纠纷解决机制。"2020年2月，习近平总书记在中央全面依法治国委员会第三次会议上明确指出："要落实行政复议体制改革方案，优化行政复议资源配置，推进相关法律法规修订工作，发挥行政复议公正高效、便民为民的制度优势和化解行政争议的主渠道作用。"②《法治中国建设规划（2020—2025年）》《法治社会建设实施纲要（2020—2025年）》《法治政府建设实施纲要（2021—2025年）》等也对行政复议工作作出了部署。长期以来，行政复议在行政监督、化解行政争议和保护公民、法人或其他组织合法权益，促进社会和谐稳定、加快建设法治政府方面发挥了重要作用。③

<hr />

① 黄学贤."化解行政纠纷主渠道"定位下的行政复议与行政诉讼之新型关系［J］.上海政法学院学报，2022(1).
② 习近平.推进全面依法治国，发挥法治在国家治理体系和治理能力现代化中的积极作用［J］.求是，2020(22).
③ 杨建顺.行政复议前置争议与选择的背后逻辑——新《行政复议法》要点解读［N］.上海法治报，2023.9.27(B7).

法律条文

《行政诉讼法》第44条 对属于人民法院受案范围的行政案件，公民、法人或者其他组织可以先向行政机关申请复议，对复议决定不服的，再向人民法院提起诉讼；也可以直接向人民法院提起诉讼。

法律、法规规定应当先向行政机关申请复议，对复议决定不服再向人民法院提起诉讼的，依照法律、法规的规定。

简要解读

现行《行政诉讼法》第44条第1款将1989年《行政诉讼法》第37条第1款中的"上一级行政机关或者法律、法规规定的行政机关"修改为"行政机关"，将"对复议不服"表述为"对复议决定不服"。1989年《行政诉讼法》第37条除了规定复议前置的情形外，明确了行政复议与行政诉讼两个方面的关系：一方面是只要属于行政诉讼受案范围的案件，公民、法人或者其他组织都可以提出行政复议，也就是行政复议的受案范围依附于行政诉讼；另一方面是公民、法人或者其他组织的选择权，2014年《行政诉讼法》第44条延续了1989年《行政诉讼法》的规定，即"当事人自由选择为原则，法律、法规规定复议前置为例外"。①

---

① 练育强.行政复议的功能定位与受案范围之关系［J］.国家检察官学院学报，2023(2).

（一）行政复议与行政诉讼的关系

行政复议与行政诉讼均是合法权益的重要救济途径和行政争议的重要解决方式，并称为行政争讼制度，存在着极为密切的逻辑联系。行政诉讼是司法监督，行政复议是行政监督。虽然两种制度性质不同，侧重点也不同，但在监督行政机关依法行政方面，目的是一致的，客观上形成了互补关系，共同发挥监督作用。① 有学者认为，行政复议和行政诉讼有诸多共同之处：都解决行政争议；双方当事人都具有恒定性；客体都是行政相对人认为侵犯其合法权益而引起争议的行政行为；性质上都属于救济机制。区别在于裁决机关不同、审查范围不同、适用程序不同、法律效力不同。② 实务界有观点认为，从纠纷解决角度来看，两者在受理（受案）范围、审查标准、裁决方式等方面基本相同，也服务于共同的目标：保障权利、监督行政、解决争议③；两者的原则性区别包括受理的机关、解决争议的性质、适用的程序、审查强度、审查范围不同。④

有观点认为，观察更多国家和地区的实践可以发现，有关行政复议与行政诉讼关系的安排在国外并不定规，复议强制先行或穷尽行政救济并非主导模式，自由选择模式与之并存。⑤ 就世界范围而言，行政复议与行政诉讼程序衔接关系主要有三种代表性的模式，即以美国为代表的"穷尽行政救济"模式、以德国为代表的"诉讼类型决定程序衔接"模式和以法国为代表的

---

① 马怀德.行政诉讼三十年·回首与前行［J］.中国法律评论，2019(2).
② 周佑勇.行政法原论（第三版）［M］.北京：北京大学出版社，2018:379-380.
③ 耿宝建，殷勤.《行政复议法》修改如何贯彻"行政一体原则"［J］.河南财经政法大学学报，2020(6).
④ 梁凤云.行政诉讼讲义（上）［M］.北京：人民法院出版社，2022:7-8.
⑤ 杨伟东.复议前置抑或自由选择——我国行政复议与行政诉讼关系的处理［J］.行政法学研究，2012(2).

"当事人自由选择"模式。①

行政复议和行政诉讼作为法定救济途径,不是并行关系,而是相互衔接的关系。《行政复议法》第10条规定:"公民、法人或者其他组织对行政复议决定不服的,可以依照《中华人民共和国行政诉讼法》的规定向人民法院提起行政诉讼,但是法律规定行政复议决定为最终裁决的除外。"《行政诉讼法》第44条是我国行政复议与行政诉讼程序衔接最为直接的法律依据,当下学界对两者关系的理论诠释或认识分歧皆来自对该规范条文的不同理解与分析。② 有观点认为,"以自由选择为原则、以复议前置为例外"是我国现行行政复议与行政诉讼程序衔接机制的基本规则。在该规则之下,又可以分为四种具体类型,即自由选择型、复议前置型、复议终局型及迳行起诉型。③ "总体来看,目前不存在更改或者调整现有自由选择模式的重要理由和原因。同时,更为重要的是,自由选择模式为两种渠道提供了制度竞争的空间,二者的优势和作用可以通过当事人的选择得到展现",既有模式应被维持。④ "在行政复议与行政诉讼的制度衔接中,一条基本经验是:行政争议的解决倚重行政机关,行政机关是'主战场',法院是行政争议解决的最后一道防线。"⑤

行政复议与行政诉讼的衔接既有过滤行政纠纷的作用,也有分流行政诉讼压力的考虑。⑥ 行政复议与行政诉讼相互衔接的制度设计,既充分保障

① 章志远.论行政复议与行政诉讼之程序衔接[J].行政法学研究,2005(4).
② 李大勇.行政复议与行政诉讼的制度竞争[J].法律科学,2023(2).
③ 张少波,孙运山.行政复议与行政诉讼程序衔接机制再探讨——兼评《行政复议法(修订)(征求意见稿)》的相关规定[J].中国司法,2021(11).
④ 杨伟东.行政复议与行政诉讼的协调发展[J].国家行政学院学报,2017(6).
⑤ 全国人大常委会法制工作委员会行政法室.行政诉讼法立法背景与观点全集[M].北京:法律出版社,2015:292.
⑥ 李大勇.行政复议与行政诉讼的制度竞争[J].法律科学,2023(2).

了行政相对人的合法权益，也有效避免了两种救济途径之间重复审查。从未来发展角度看，较为理想的安排是行政复议成为主渠道，行政诉讼为最终裁判者。① 有学者主张"通过行政相对人的自由选择实现行政复议与行政诉讼在激烈竞争中获得各自的生长空间"。② 也有学者提出，两者的关系应当随着时代的发展而不断调整优化，但无论何时都应防止行政复议同行政诉讼"趋同"。③

需要注意的是，人民法院裁判文书中还涉及了以下原则：

司法最终原则。"司法权是终极性权力，它对争执的判断和处理是最后的和最具权威的。"④ 司法最终裁决原则是指任何法律纠纷原则上只能由法院作出终局裁断。⑤ 人民法院裁判文书载明，司法最终原则是指，行政复议活动虽然是行政争议的重要救济方式，却不是最终裁决，除非法律另有规定，人民法院作出的终审判决才是最终决定。⑥《最高人民法院关于适用〈中华人民共和国行政诉讼法〉的解释》（法释〔2018〕1号）（以下简称法释〔2018〕1号）第57条规定："法律、法规未规定行政复议为提起行政诉讼必经程序，公民、法人或者其他组织既提起诉讼又申请行政复议的，由先立案的机关管辖；同时立案的，由公民、法人或者其他组织选择。公民、法人或者其他组织已经申请行政复议，在法定复议期间内又向人民法院提起诉讼的，人民法院裁定不予立案。"司法最终原则决定了行政复议和行政

---

① 应松年.完善行政诉讼制度——行政诉讼法修改核心问题探讨［J］.广东社会科学，2013(1).

② 章志远.我国行政复议与行政诉讼程序衔接之再思考［J］.现代法学，2005(4).

③ 刘权.主渠道视野下行政复议与诉讼关系的重构［J］.中国政法大学学报，2021(6).

④ 徐显明.论"法治"构成要件——兼及法治的某些原则及观念［J］.法学研究，1996(3).

⑤ 莫于川，雷振.我国《行政诉讼法》的修改路向、修改要点和修改方案——关于修改《行政诉讼法》的中国人民大学专家建议稿［J］.河南财经政法大学学报，2012(3).

⑥ 最高人民法院（2017）最高法行申358号。

诉讼应当是一种先后关系，而不能针对同一个争议同时进行这两种法律程序。[①]

诉讼专属原则。人民法院裁判文书载明，所谓诉讼专属意味着，如果某一事件已专属某一法院，作为对外效果它将排斥事件的再度专属，无论它是再度专属于另一法院，还是专属于另一个复议机关。[②]

自由选择行政复议与行政诉讼模式下当事人应择一而行之的原则。人民法院裁判文书载明，《行政诉讼法》第 44 条规定对于行政诉讼和行政复议的选择以当事人自由选择作为原则，法律规定的应当复议前置或者复议终局的情形除外，公民、法人或者其他组织对行政机关作出的行政行为不服的，可以选择向相应行政机关申请行政复议，或者直接向人民法院起诉。这种自由选择的立法模式充分尊重了行政相对人的意愿，但也应遵循"行政复议与行政诉讼，当事人应择一而行之"之原则。这一原则包括如下三个方面的内容：一是不得对同一行政行为同时提起行政复议与行政诉讼；二是不得对已经进入行政诉讼程序的行政行为提起行政复议，亦不得对已经进入行政复议程序的行政行为提起行政诉讼；三是不得对已经有行政诉讼结论的行政行为提起行政复议，亦不得对已经有行政复议结论的行政行为提起行政诉讼。本案中，复议机关甲已经作出责令行政机关乙进行答复的行政复议决定，乙未就信息有无、是否属公开的范围等实质性内容进行答复，当事人再次就同一请求提起行政诉讼，不仅违反《行政诉讼法》第 44 条的规定及立法精神，亦不符合人民法院行政诉讼受理条件。[③]

[①] 最高人民法院（2017）最高法行申 358 号、（2019）最高法行申 13691 号。
[②] 最高人民法院（2016）最高法行申 2671 号、（2016）最高法行申 2688 号。
[③] 最高人民法院（2017）最高法行申 6861 号。

案例指引

● 案例一

▶ **裁判要旨**　"原告选择为原则，复议前置为例外"模式

▶ **案号索引**　最高人民法院（2016）最高法行申 2671 号

▶ **文书摘要**　在行政复议与行政诉讼的关系方面，我国采取的是一种"原告选择为原则，复议前置为例外"的模式。也就是说，除非法律法规作出特别规定，行政复议并非提起行政诉讼之前的必经程序。而在原告选择方面，既可以选择先申请复议，再提起诉讼，也可以选择不申请复议，直接提起诉讼。如果同时选择了复议和诉讼，则应复议在先、诉讼在后，而不能在诉讼之后再申请复议，更不能复议和诉讼两种程序同时进行。

● 案例二

▶ **裁判要旨**　自由选择行政复议或者行政诉讼，但不能违背司法最终处理原则

▶ **案号索引**　最高人民法院（2018）最高法行申 1577 号

▶ **文书摘要**　在法律、法规并没有规定复议前置的情况下，对于行政复议和行政诉讼实行自由选择主义。所谓自由选择是指，公民、法人或者其他组织可以先向行政机关申请复议，对复议决定不服的，再向人民法院提起诉讼；也可以不经复议直接向人民法院提起诉讼。但是，自由选择并不意味着可以同时选择复议和诉讼，因为复议和诉讼这两种救济机制不能同时进行。自由选择也不能违背司法最终处理原则，在已经选择直接向人民法院提起诉讼的情况下，不能转而申请行政复议。只要

案件已经系属于人民法院，就不允许再就同一争议申请行政复议。在人民法院已经作出生效裁判的情况下，针对同一个原行政行为申请行政复议，或者请求人民法院判令行政复议机关受理其复议申请，都有违自由选择主义和司法最终处理原则的宗旨，且为生效裁判的既判力所不允许。

● 案例三

▶ **裁判要旨** 非复议前置案件中复议机关不予受理的起诉

▶ **案号索引** 最高人民法院（2018）最高法行申 1188 号

▶ **文书摘要** 行政复议和行政诉讼是两条不同的救济途径。在非复议前置案件中，对同一行政行为，当事人可以直接起诉；也可以先申请行政复议，对复议决定不服再提起行政诉讼。如果当事人选择先行复议，复议机关作出不予受理复议决定的，当事人要么选择起诉不予受理复议决定，要么选择起诉原行政行为，不能既起诉不予受理复议决定，又直接起诉原行政行为。因为，人民法院不能在判决复议机关受理复议申请，让复议机关对原行政行为的合法性作出行政复议决定的同时，自己又对原行政行为的合法性作出判决。

（二）行政复议前置

早在 20 世纪 80 年代中后期，就有学者提出我国应建立行政复议前置制度。[①] 所谓行政复议前置，是指依照法律、法规规定，公民、法人或者其他组织不服行政机关的行政行为，必须先向行政机关申请复议，对复议决定不

---

① 应松年. 行政复议与行政诉讼［N］. 法制日报，1988-5-9.

服的，才可以向人民法院起诉。公民、法人或者其他组织在法定的复议期间没有向行政机关申请复议的或者在复议期间内，不能向人民法院提起诉讼。① 我国《行政诉讼法》《行政复议法》都有关于有些情形下必须经过行政复议，对行政复议决定不服才能向人民法院提起行政诉讼的规定。所谓"经过行政复议"，是指原行政行为的合法性经过复议程序的实体审查。② 有观点认为，复议前置原则，反映了行政诉讼的一般规律。③

关于行政复议前置的目的，有不同的观点：有的认为是通过制度约束，将行政相对人的救济意愿"挽留"在行政机关，而后通过发挥行政复议相对于行政诉讼之优势，将矛盾化解在行政机关内部④；有的认为，复议前置是给行政系统一个自我纠正的机会⑤。实务界有的认为，行政复议的目的在于最大程度上实现"行政救济穷尽"原则，使相当一部分行政争议在行政范畴内得到解决，以发挥行政机关内部的层级监督作用，提高行政效率，减少行政诉讼⑥；有的认为，是考虑到有些行政案件专业性很强，法院对于行政专业知识不是特别了解，直接起诉法院不好审理，有的行政案件政策性强，由行政机关内部先行处理更加稳妥。⑦ 关于设定行政复议前置的法律依据，《行政诉讼法》规定的是"法律、法规"，《行政复议法》规定的是"法律、行政法规"。有观点主张，复议前置的设定"应限定于由法律规定而不宜扩大

① 马怀德.新编中华人民共和国行政诉讼法释义［M］.北京：中国法制出版社，2014:184.
② 最高人民法院第一巡回法庭关于行政审判法律适用若干问题的会议纪要［M］//最高人民法院第一巡回法庭.最高人民法院第一巡回法庭行政案件裁判精要.北京：中国法制出版社，2020:186.
③ 罗豪才.行政法学［M］.北京：中国政法大学出版社，1989:316.
④ 周玉超.行政复议前置范围再讨论［J］.华东政法大学学报，2023(4).
⑤ 何海波.行政诉讼法（第3版）［M］.北京：法律出版社，2022:250.
⑥ 张军.复议前置案件若干法律问题之我见［J］.法学论坛，1993(1).
⑦ 江必新，邵长茂.新行政诉讼法修改条文理解与适用［M］.北京：中国法制出版社，2015:161.

至法规"。① 据学者统计,我国至今设定复议前置的法律、行政法规总计 74
部/件,复议前置条款仍然有效的只有 32 部/件。从 1980 年到现行《行政
复议法》的 43 年间,我国法律、行政法规设定复议前置的行政行为共有 65
种。其中,已废除 28 种,占 43.1%;仍有效的有 37 种,占 56.9%。②

复议程序作为前置程序,能够发挥行政管理领域专业性强的优势,也可
减轻法院的诉讼压力,过滤分流行政纠纷。制度设计的焦点应集中在复议前
置模式与自由选择模式的协调与平衡,既要有效过滤繁杂的行政争议,又要
尊重当事人的选择意愿。③"行政复议与行政诉讼等其他行政争议解决方式
相比的优势,应是自然或非强制状态下的优势,由此给当事人带来的益处,
应体现或转化为当事人的自然选择。"④

新修订的《行政复议法》第 23 条第 1 款规定了申请人应当先向行政复
议机关申请行政复议,对行政复议决定不服的,可以再依法向人民法院提起
行政诉讼的情形,扩展了复议前置范围。《国务院法制办公室对湖北省人民
政府法制办公室〈关于人民法院裁决应当"复议前置"当事人申请行政复
议时已超过期限的复议申请是否受理的请示〉的复函》(国法函〔2003〕
253 号)、《最高人民法院行政审判庭对江西省高级人民法院〈关于人民法院
能否直接受理因纳税主体资格引起的税务行政案件的请示〉的答复》(法行
〔2000〕31 号)都对复议前置作出了规定。法释〔2018〕1 号第 56 条第 1 款
规定:"法律、法规规定应当先申请复议,公民、法人或者其他组织未申请
复议直接提起诉讼的,人民法院裁定不予立案。"

① 黎军.行政复议与行政诉讼之关系范畴研究〔J〕.法学评论,2004(3).
② 叶必丰.行政复议前置设定的法治实践〔J〕.法学评论,2024(1).
③ 李大勇.行政复议与行政诉讼的制度竞争〔J〕.法律科学,2023(2).
④ 杨伟东.复议前置抑或自由选择——我国行政复议与行政诉讼关系的处理〔J〕.行政
  法学研究,2012(2):76.

人民法院裁判文书载明，对于复议前置行为，判断已经完成复议前置程序可以进入诉讼程序的标准，是复议机关对当事人的复议请求进行了实体判断并作出实体处理。如果复议机关仅对复议申请是否符合受理条件进行程序判断和处理，而未对复议请求中的实体问题进行判断和处理，则不能认为复议前置程序已经完成，当事人不能直接起诉。①

案例指引

● 案例一

▶ **裁判要旨** 当事人无从判断行政行为性质及相应的法律规范，是否适用行政复议前置

▶ **案号索引** 最高人民法院（2005）行提字第1号；《最高人民法院公报》2006年第4期

▶ **文书摘要** 根据1996年《行政处罚法》第31条、第39条之规定，行政机关出具的罚款证明，既未告知当事人的违法事实，亦未告知适用的法律依据，在此情况下，当事人无从判断该行为性质及相应的法律规范。原一、二审法院以当事人未经复议直接向人民法院起诉，不符合行政法规关于复议前置之规定为由裁定不予受理，于法无据。

● 案例二

▶ **裁判要旨** 在复议机关不予答复或者程序性驳回复议申请的复议前置案件中，不能一并或单独对原行政行为提起行政诉讼

---

① 最高人民法院（2018）最高法行申197号、（2019）最高法行申11915号等。

▶ **案号索引**　最高人民法院（2018）最高法行申 947 号

▶ **文书摘要**　法律、法规规定复议机关对申请人的复议申请不予答复，或者程序性驳回复议申请的复议前置案件中，复议申请人只能起诉复议机关的不答复或驳回复议申请行为，不能一并或单独对原行政行为提起行政诉讼。理由是，复议前置案件经过复议程序实体处理，才能视为经过复议。复议机关对复议申请不予答复，或程序性驳回复议申请，不能视为已经经过复议，未经复议当然也就不能一并或单独对原行政行为提起行政诉讼。在不是法律、法规规定的复议前置案件中，复议机关对申请人的复议申请不予答复，或者程序性驳回复议申请的，申请人只能选择针对复议机关不答复、驳回复议申请的行为或者原行政行为两者之一，提起行政诉讼，不能对两者同时提起行政诉讼。理由是，复议程序和诉讼程序是两个具有承接关系的救济程序，申请人选择起诉复议机关的不予答复、驳回复议申请行为，实质是选择先行对复议进入救济程序，在针对复议机关的复议决定作出处理之前，人民法院对相关行政争议无管辖权，所以不能同时起诉原行政行为；如果复议申请人已选择直接起诉原行政行为，实质是放弃复议程序的救济，同时又起诉复议机关不予答复、驳回复议申请行为的，人民法院则无法既判决复议机关限期对被诉行政行为作出实质的复议决定，同时又由自己对被诉原行政行为的合法性进行实体审理并作出判决。①

---

① 最高人民法院（2019）最高法行申 11288 号文书中有更简洁的表述。

四、海关行政诉讼

《海关法》中关于行政诉讼的规定早于《行政诉讼法》的立法。1987年7月1日起施行的《海关法》中，"起诉"出现4次，分布在第46条、第53条两个条款中，其中第46条是关于纳税争议的，第53条是关于行政处罚的。2000年《海关法》第64条、第93条涉及诉讼，其中第64条为纳税争议复议前置。之后规定海关行政复议前置的法律、行政法规主要是《海关法》第64条、《进出口关税条例》第64条。①2024年4月26日，第十四届全国人民代表大会常务委员会第九次会议通过的《关税法》第66条第1款规定："纳税人、扣缴义务人、担保人对海关确定纳税人、商品归类、货物原产地、纳税地点、计征方式、计税价格、适用税率或者汇率，决定减征或者免征税款，确认应纳税额、补缴税款、退还税款以及加收滞纳金等征税事项有异议的，应当依法先向上一级海关申请行政复议；对行政复议决定不服的，可以依法向人民法院提起行政诉讼。"

从行政诉讼实践看，1988年2月，香港居民郑某某诉九龙海关行政处罚案在深圳市罗湖区人民法院公开开庭审理。这是全国首宗以海关为被告的行政诉讼案件。开庭时，有超过500人到庭旁听，境内外20余家报纸、电台、电视等媒体记者到庭采访，堪称中国海关"行政诉讼第一案"。②《最高人民法院公报》1989年第1期刊登第一起涉及海关的行政诉讼案件，该案是经过行政复议后又提起行政诉讼的案件。《最高人民法院公报》1990年

---

① 根据《关税法》第72条规定，《关税法》自2024年12月1日起施行，《进出口关税条例》同时废止。

② 深圳海关.以"第一案"照亮依法把关之路［J］.金钥匙，2021(4).

第 1 期刊登了《行政诉讼法》通过后的第一起海关行政诉讼案件，本案是公报创刊以来的第 6 个行政案件，也是首次对行政程序予以审查的公报案例。①1993 年 9 月，广东省高级人民法院对香港甲发展有限公司、乙有限公司不服湛江海关行政处罚决定案作出判决，维持海关处罚决定，该案刊登在《最高人民法院公报》1994 年第 1 期；《最高人民法院公报》2004 年第 1 期、2006 年第 5 期、第 6 期也刊登了海关行政诉讼案例。

2018 年，党中央将出入境检验检疫管理职责和队伍划入海关总署，对海关赋予了新使命、新任务。海关总署对行政诉讼工作非常重视，按照"谁涉诉、谁应诉、谁负责"的原则，全面落实涉诉海关负责人出庭应诉制度；深入落实海关重大行政诉讼案件挂牌督办办法；探索公职律师跨关区发挥作用；形成矛盾纠纷化解综合机制等，海关行政应诉工作进一步加强和规范。②

案例指引

● 案例一

▶ **裁判要旨**　机构改革后作出行政行为的主体

▶ **案号索引**　最高人民法院（2020）最高法行申 13322 号

▶ **文书摘要**　根据一、二审查明的事实，相对人甲向 A 市乙局举报投诉，该局以不符合受理条件为由，将其举报投诉材料移交丙出入境检

---

① 董暤. 涉境外行政诉讼第一案——台湾"光大二号"行政处罚点评[J] 中国法律评论，2019(2).

② 《中共海关总署委员会　海关总署关于 2021 年度推进法治政府建设情况的报告》（署党发〔2022〕27 号）、《海关总署党委　海关总署关于 2022 年度推进法治政府建设情况的报告》（署党发〔2023〕19 号）、《海关总署党委　海关总署关于 2023 年度推进法治政府建设情况的报告》（署党发〔2024〕22 号）。

验检疫局机场办事处，并未移交丁机场海关。至甲起诉时丁海关尚在筹备过程中，对外均以其直属海关名义开展执法活动。甲系以该直属海关不履行查处职责为由提起行政复议，在案件审理过程中，甲已知道丁海关尚未成立这一事实，亦就同一事项向该直属海关进行举报投诉，该直属海关依法受理，实质上回应了甲的举报投诉请求。因此，一审裁定认定甲在本案中并无诉的利益、驳回其起诉，二审裁定予以维持，并无不当。

● 案例二

▶ **裁判要旨** 海关纳税争议属于行政复议前置情形

▶ **案号索引** 江苏省高级人民法院（2018）苏行终 403 号

▶ **文书摘要** 依照《海关法》和《进出口关税条例》的规定，本案所涉的行政争议系海关纳税争议，属于应当复议前置的情形。根据《行政诉讼法》第 44 条第 2 款、《最高人民法院关于适用〈中华人民共和国行政诉讼法〉若干问题的解释》第 56 条第 1 款、第 69 条第 5 项的规定，上诉人甲公司对被上诉人乙海关 2015 年 11 月 12 日作出的追征税款行为不服，未经复议程序，于 2017 年 9 月 1 日具状提起本案之诉，不符合《行政诉讼法》规定的受理条件，一审法院据此驳回其起诉正确。

第二章　受案范围

　　人民法院的受案范围问题也就是人民法院的主管范围问题。它关系到公民、法人或者其他组织对哪些行政案件有起诉权，人民法院对哪些行政案件有审判权，反映着国家通过诉讼途径对公民、法人或者其他组织合法权益的保护程度，对行政机关行使行政职权的监督程度，因此，它在《行政诉讼法》中占有重要位置。[①] 它标志着行政法律关系中的相对一方诉权的范围，也规定着行政终局裁决权的范围，所解决的是人民法院与其他国家机关之间处理行政争议的分工与权限问题。[②]

　　纵观世界各国的行政诉讼制度，并非行政机关的全部行政行为都是可诉

---

① 　胡康生. 中华人民共和国行政诉讼法·《中华人民共和国行政诉讼法》讲话 [M]. 北京：中国民主法制出版社，1989:72.
② 　罗豪才. 行政审判问题研究 [M]. 北京：北京大学出版社，1990:166.

的，也并非所有的行政案件都是通过行政诉讼来解决的，由此必然产生行政诉讼受案范围问题。^① 在行政诉讼方面，没有一个国家宣称可以把所有行政争议都交由法院来管辖，而是均存在不同程度的限制。^②

我国《行政诉讼法》在第 2 条第 1 款原则性地规定了可诉行政行为的标准，在第 12 条、第 13 条分别规定了人民法院的受理范围、不予受理范围。《行政诉讼法》第 49 条第 4 项规定，提起诉讼应当"属于人民法院受案范围和受诉人民法院管辖"。法释［2018］1 号则进一步明确属于人民法院行政诉讼的受案范围和不属于人民法院行政诉讼的受案范围情形。法院能够受理哪些案件，是行政诉讼的一个基本问题。它不但关系到原告能否通过诉讼程序获得救济，也涉及法院对行政行为的审查范围。^③ 提起行政诉讼，是否属于人民法院的受案范围，既是原告能否启动行政诉讼程序的前提和关键，也决定了被告答辩应诉的角度。

一、行政诉讼法的调整范围

任何一项法律制度，基于其设立的价值取向与功能目标，往往都有特定的适用范围与适用对象。对该项制度适用范围与适用对象的限定，不论过于宽泛还是过于狭窄，都将导致对该项制度价值的损减甚至背离。^④

① 陈宏光，尚华.行政诉讼受案范围动态分析与现实思考［J］.政法论坛，2002(1).
② 江必新.行政审判中的立案问题研究［J］.法律适用，2018(3).
③ 何海波.行政诉讼受案范围：一页司法权的实践史（1990–2000）［J］.北大法律评论，2001(2).
④ 卓泽渊.法的价值论［M］.北京：法律出版社，1999:28-36.转引自李少平.最高人民法院第五巡回法庭法官会议纪要［M］.北京：人民法院出版社，2021:339.

法律条文

《行政诉讼法》第2条第1款 公民、法人或者其他组织认为行政机关和行政机关工作人员的行政行为侵犯其合法权益，有权依照本法向人民法院提起诉讼。

简要解读

本条第1款是关于《行政诉讼法》调整范围的规定（也有观点表述为"适用范围"），同时也涉及行政诉权、原告资格、被告、审查内容等方面，与《行政诉讼法》第12条、第13条以及法释〔2018〕1号等共同构成确定是否属于人民法院受案范围的重要依据。《行政诉讼法》第2条的规定，仅仅被理解为行政诉讼法的适用范围，而不是法院受理行政案件的依据；法院受理案件，还必须依照本法第二章"受案范围"的具体规定。[①] 这一规定明确了可诉行政行为的标准，表明我国行政诉讼制度中对于可诉行政行为的宽松态度。[②] 修改后的行政诉讼法，从立法目的、诉权保护、合法性审查原则，一直到受案范围、原告资格、适格被告、诉讼请求和事实根据、管辖法院、起诉期限等法定起诉条件，再到审理内容、审理方式和法定判决方式的适用，都离不开行政行为，行政行为贯穿行政诉讼的始终。明确被诉行政行为是行政审判的第一

---

① 何海波.行政诉讼受案范围：一页司法权的实践史（1990-2000）[J].北大法律评论，2001(2).
② 梁凤云.《行诉解释》重点条文理解与适用[J].法律适用，2018(11).

要务。①

新《行政诉讼法》并没有对"行政行为"作出界定，准确把握和运用这一核心概念将成为该法实施是否顺利达致预想效果的瓶颈问题。②"行政行为是行政法最重要、最复杂、最富实践意义、最具中国特色，也是研究尚不够充分，且是争议最多的部分。"③"行政行为"在某种意义上是一种"桥梁概念"，它是行政法学的支点之一，联结着行政法与行政诉讼法，但同时也是一个最令人困惑、众说纷纭又备受瞩目的概念。④较早曾有统计显示，对行政行为的界定有29种⑤；关于行政行为的分类数目最多达到30多种⑥。学界一般将行政行为的定义归纳为四类或五类观点，这些观点从不同角度探讨了行政行为的特性，各具积极意义。⑦行政主体说、行政作用说、公法行为说、行政处分说这四种学说中，公法行为说是目前我国行政法学界的通说。⑧另有观点认为，行政行为的定义主要有四种有代表性的解释：最广义说、广义说、狭义说、最狭义说⑨；从目前不同学者的主张来看，最广义说已经少有学者坚持，争议主要集

① 郭修江.以行政行为为中心的行政诉讼制度——人民法院审理行政案件的基本思路 [J].法律适用，2020(17).
② 杨海坤.我国法治政府建设的历程、反思与展望 [J].法治研究，2015(6).
③ 郭士辉.迈入法律实施的新时代——首届"中国法律实施"高端论坛综述 [N].人民法院报，2011-12-28(5).
④ 仝蕾.行政案件案由制度解析与适用 [M].北京：人民法院出版社，2022:11.
⑤ 王学辉.行政法学论点要览 [M].北京：法律出版社，2001:167-173.
⑥ 熊文钊.现代行政法原理 [M].北京：法律出版社，2000:242-260.
⑦ 朱维究，胡卫列.行政行为过程性论纲 [J].中国法学，1998(4).
⑧ 周佑勇.行政法原论（第三版）[M].北京：北京大学出版社，2018:171-173.
⑨ 杨海坤，蔡翔.行政行为概念的考证分析和重新建构 [J].山东大学学报（哲学社会科学版），2013(1).

中在广义说和最狭义说之间①。关于行政行为的定义，学界有观点认为，行政行为是指行政主体在实施行政管理活动、行使行政职权过程中所作的具有法律意义的行为；② 行政行为是享有行政权能的组织（行政主体）运用行政权力作出的能够产生法律效果的行为③；行政行为是指行政主体在职权行使过程中所作的能够引起行政法律效果的单方意思表示行为，其基本特征是公权力性、单方性、具有对外直接的法律效果④。行政行为的特征包括：（一）行政行为是行政主体的行为；（二）是行政主体行使行政职权的行为；（三）是产生法律效果的行为；（四）是行政主体实现行政管理目的的行为；（五）是具有法定表现形式的行为。⑤ 人民法院裁判文书载明，通常而言，《行政诉讼法》第2条第1款规定的行政行为是指行政主体作出的能够产生行政法律效果的行为，即行政主体行使行政职权，进行行政管理，产生了对行政相对人权利的减损或义务的增加等行政法律效果⑥；行政行为系指行政机关针对具体事件单方作出，具有外部效果的、行政法上的处理行为⑦。关于行政行为的成立要件，有学者认为，包括主体要件——行政权能的存在、权力要件——行政权力的运用、内容要件——法律效果的存在、形式要件——表示行为的存

① 刘海宇.何为内部行政行为：概念厘清与体系梳理［J］.太原理工大学学报（社会科学版），2023(3).
② 罗豪才，湛中乐.行政法学（第二版）［M］.北京：北京大学出版社，2006:107.
③ 周佑勇.行政法原论（第三版）［M］.北京：北京大学出版社，2018:173.
④ 余凌云.行政法讲义［M］.北京：清华大学出版社，2010:213.
⑤ 马怀德.新编中华人民共和国行政诉讼法释义［M］.北京：中国法制出版社，2014:11−13.
⑥ 最高人民法院（2019）最高法行申1141号。
⑦ 最高人民法院（2019）最高法行申4328号。

在。① 也有学者提出行政行为的合法要件说，包括主体合法、内容合法、程序合法、形式合法。② 不同学者的理解和表述并不一致，在此不一一列举对比。实务界有观点认为，行政行为包含四个要素：主体要素，是指行政行为的主体必须是行政机关、被法律法规授权组织等行政主体；公法要素，是指行政行为必须依据行政法等公法来实施；处分要素，是指行政机关就特定事项单方面作出的确认或者创设权利义务的行为；效果要素，是指行政行为必须是以发生特定的公法意义上的法律效果为目的的行为。③

"无救济则无权利"，任何有可能对相对人的权利造成不利影响的行政行为都应当接受监督。新《行政诉讼法》用"行政行为"取代"具体行政行为"，作为与"规范性文件"相对应的概念，目的是尽可能地扩大受案范围，解决立案难。④ 采用行政行为的概念，比起"具体行政行为"来，主要有三个方面的发展：首先，这个概念将法律行为扩大到了事实行为；其次，从单方行为扩展到双方或者多方行为；最后，从涉及人身权和财产权的行政行为扩展到除政治权利以外的所有其他权益的行政行为。⑤ 人民法院裁判文书认为，将现行行政诉讼法中的"具体行政行为"统一修改为"行政行为"是新《行政诉讼法》的一大亮点，目的是引入行政不作为、事实行为以及以行政协议为标志的双方行政行为，使行政诉讼法的适用范

① 周佑勇. 行政法原论第三版［M］. 北京：北京大学出版社，2018:173-176.
② 余凌云. 行政法讲义［M］. 北京：清华大学出版社，2010:217-218.
③ 梁凤云. 行政诉讼讲义（上）［M］. 北京：人民法院出版社，2022:80-81.
④ 童卫东. 进步与妥协：《行政诉讼法》修改回顾［J］. 行政法学研究，2015(4).
⑤ 《行政诉讼法及司法解释关联理解与适用》编委会. 行政诉讼法及司法解释关联理解与适用（上）［M］. 北京：中国法制出版社，2018:40.

围具有更大的包容性。① 但也有学者指出，在新修改的行政诉讼法以行政行为作为受案范围确定标准和行政诉讼审查对象的前提下，出于扩大对相对人合法权益保护的考虑，立法机关的意图是尽量扩张行政行为的范围，而司法机关也必然会遵从立法意旨而扩充行政行为的涵盖范围，此种立法意图和法律适用实践必将日益影响到作为学术概念的行政行为的理解，行政行为含义的扩展为大势所趋。②

对于如何理解本法中的"行政行为"，权威解读认为，也可以从以下几点进行理解：一是行政行为不包括行政机关制定的"规范性文件"；二是行政行为既包括作为，也包括不作为；三是行政行为还包括学理上所说的"事实行为"；四是行政行为包括行政机关签订、履行协议的行为。③《最高人民法院印发〈关于行政案件案由的暂行规定〉的通知》（法发〔2020〕44 号）规定：行政案件的一级案由为"行政行为"，是指行政机关与行政职权相关的所有作为和不作为。

"没有利益，就没有诉讼。"诉的利益就是当事人的请求足以具有利用国家审判制度解决争议的实际价值或者必要性。④ 诉的利益不是一个法律术语，《行政诉讼法》没有规定这个概念。但是诉的利益是诉讼法的重要理论分析框架，深刻地影响了起诉、审理、裁判等诸多诉讼规则的构造。诉的利益是联系实体法和程序法的桥

① 最高人民法院（2017）最高法行申 295 号。
② 闫尔宝. 论作为行政诉讼法基础概念的"行政行为"［J］. 华东政法大学学报，2015(2).
③ 信春鹰. 中华人民共和国行政诉讼法释义［M］. 北京：法律出版社，2014:8-9.
④ 王贵松. 信息公开行政诉讼的诉的利益［J］. 比较法研究，2017(2).

梁。诉讼程序的启动通常是要救济可能受到侵犯的实体法上的权益。提起行政诉讼需以被诉行政行为有可能"侵犯其合法权益"为前提。若实体法上的权益不可能受到侵犯，则诉讼程序的启动便缺乏实际的效用，起诉的提出便缺乏诉的利益。[1] 根据《行政诉讼法》第1条、第2条的规定，提起行政诉讼的前提，是存在被诉行政行为侵害原告合法权益的可能。如果认为被诉行政行为合法，未侵犯其合法权益，不存在行政争议，则无须启动行政诉讼程序。当然，如果造成相对人合法权益受到损害的行为不是行政行为，也不能通过行政诉讼予以救济。对于法院而言，没有诉的利益的案件必将浪费司法资源，增加法院的审理负担。[2]

人民法院裁判文书认为，诉最终能否获得审理判决还要取决于诉的内容，即当事人的请求是否足以具有利用国家审判制度加以解决的实际价值和必要性[3]；界定行政机关行为的性质要综合行为主体、职权、目的等方面来看，关键是行政职权的行使[4]。

案例指引

● 案例一

▶ **裁判要旨** "行政行为"替换"具体行政行为"

[1] 最高人民法院行政审判庭.最高人民法院行政审判庭法官会议纪要（第一辑）[M].北京：人民法院出版社，2022:61-62,68.
[2] 张卫平.诉的利益：内涵、功用与制度设计 [J].法学评论，2017(4).
[3] 最高人民法院（2016）最高法行申5032号。
[4] 最高人民法院（2017）最高法行申4185号。

▶ **案号索引**　最高人民法院（2016）最高法行申 2856 号

▶ **文书摘要**　修改后的《行政诉讼法》将原来的"具体行政行为"概念统一替换为"行政行为"，并在第 2 条第 1 款将行政诉讼受案范围作了总括性规定调整。作出这一修改的目的，是使行政不作为、行政事实行为、双方行政行为等能够纳入受案范围，而原来所使用的"具体行政行为"的概念显然因为欠缺包容性和开放性而给受理这些案件制造了障碍。

● **案例二**

▶ **裁判要旨**　被诉行政行为合法，无须启动行政诉讼程序

▶ **案号索引**　最高人民法院（2015）行提字第 34 号

▶ **文书摘要**　只有认为被诉行政行为侵犯其合法权益，公民、法人或者其他组织才有权依法提起行政诉讼；如果认为行政行为合法，则不能提起行政诉讼。行政行为一经作出即发生法律效力，未经法定程序予以撤销，其法律效力无须人民法院的行政判决予以确认。无争议即无诉讼。如果认为被诉行政行为合法，未侵犯其合法权益，不存在行政争议，则无须启动行政诉讼程序。

● **案例三**

▶ **裁判要旨**　行政机关以外的公民、法人或者其他组织实施的行为造成当事人损害的，不属于行政诉讼的受案范围

▶ **案号索引**　最高人民法院（2016）最高法行申 616 号

▶ **文书摘要**　根据《行政诉讼法》第 2 条及《最高人民法院关于执

行〈中华人民共和国行政诉讼法〉若干问题的解释》[①]第1条第2款第6项规定，因行政机关和行政机关工作人员的行政行为而使公民、法人或者其他组织合法权益遭受侵犯的，向人民法院提起诉讼，属于行政诉讼的受案范围。行政机关以外的公民、法人或者其他组织实施的行为造成当事人损害的，应当由造成损害的人承担法律后果，不应当由行政机关承担法律后果，故此类非行政行为不属于行政诉讼的受案范围。

● **案例四**

▶ **裁判要旨**　诉请人民法院确认行政行为合法，实质上并不存在行政争议

▶ **案号索引**　最高人民法院（2020）最高法行申6578号

▶ **文书摘要**　根据《行政诉讼法》第2条第1款规定，公民、法人或者其他组织提起行政诉讼，应当以被诉行政行为侵犯其合法权益为前提。只有当事人认为行政行为侵犯其合法权益时，才能提起行政诉讼。行政行为一经作出即具有拘束力，无须经人民法院判决确认其合法性。当事人诉请人民法院确认行政行为合法，实质上并不存在行政争议，并非认为行政行为侵犯其合法权益。

 # 二、行政诉讼的受案范围

有学者认为，行政诉讼制度的结构要素有二：一是受案范围，二是诉讼

[①] 《最高人民法院关于执行〈中华人民共和国行政诉讼法〉若干问题的解释》（法释〔2000〕8号），已被法释〔2018〕1号废止。

程序，两大要素构成行政诉讼制度基本架构。① "行政诉讼受案范围"，是指法院受理行政争议案件的界限，即法院可以受理什么样的案件、不能受理什么样的案件、哪些行政活动应当由法院审查、哪些不能被审查。② 受案范围表明的是行政行为的可诉性问题，所要回答的问题是哪些行政行为可以受到司法审查，可以被起诉到人民法院，或者说可以作为起诉的客体和对象。③ 行政诉讼受案范围的大小直接关系司法监督行政的强度和保障公民权益的力度，是行政诉讼制度的一个支撑点。④ 受案范围的宽窄是决定行政诉讼根本目的能否实现的要因之一。⑤

法律条文

《行政诉讼法》第 12 条　人民法院受理公民、法人或者其他组织提起的下列诉讼：

（一）对行政拘留、暂扣或者吊销许可证和执照、责令停产停业、没收违法所得、没收非法财物、罚款、警告等行政处罚不服的；

（二）对限制人身自由或者对财产的查封、扣押、冻结等行政强制措施和行政强制执行不服的；

（三）申请行政许可，行政机关拒绝或者在法定期限内不予答

① 莫于川.《行政诉讼法》修改及其遗留争议难题［J］.行政法学研究，2017(2).
② 江必新.中国行政诉讼制度的完善：行政诉讼法修改问题实务研究［M］.北京：法律出版社，2005:41.
③ 江必新.行政审判中的立案问题研究［J］.法律适用，2018(3).
④ 莫于川，雷振.我国《行政诉讼法》的修改路向、修改要点和修改方案——关于修改《行政诉讼法》的中国人民大学专家建议稿［J］.河南财经政法大学学报，2012(3).
⑤ 湛中乐，赵玄.国家治理体系现代化视野中的司法审查制度——以完善现行《行政诉讼法》为中心［J］.行政法学研究，2014(4).

复，或者对行政机关作出的有关行政许可的其他决定不服的；

（四）对行政机关作出的关于确认土地、矿藏、水流、森林、山岭、草原、荒地、滩涂、海域等自然资源的所有权或者使用权的决定不服的；

（五）对征收、征用决定及其补偿决定不服的；

（六）申请行政机关履行保护人身权、财产权等合法权益的法定职责，行政机关拒绝履行或者不予答复的；

（七）认为行政机关侵犯其经营自主权或者农村土地承包经营权、农村土地经营权的；

（八）认为行政机关滥用行政权力排除或者限制竞争的；

（九）认为行政机关违法集资、摊派费用或者违法要求履行其他义务的；

（十）认为行政机关没有依法支付抚恤金、最低生活保障待遇或者社会保险待遇的；

（十一）认为行政机关不依法履行、未按照约定履行或者违法变更、解除政府特许经营协议、土地房屋征收补偿协议等协议的；

（十二）认为行政机关侵犯其他人身权、财产权等合法权益的。

除前款规定外，人民法院受理法律、法规规定可以提起诉讼的其他行政案件。

简要解读

主要发达国家对法院的司法审查范围大都从列举式改为概括加

否定排除式，即排除某些行为不受司法审查之外规定其他行政行为均受司法审查。我国《行政诉讼法》对受案范围采用了概括加列举的方式，即对法院受理行政案件作出原则性规定之后又从行为的角度加以列举。[①] 行政诉讼法和相关司法解释根据我国国情和现阶段的法治发展程度，设计了符合实际的行政案件受案范围，这是人民法院受理行政诉讼案件的法定依据。总则中关于行政行为的规定在第二章进一步通过受案范围予以呼应，如何定位第二章与第二条的关系至关重要。[②]

（一）行政诉讼的受案范围

直观地看，我国三大诉讼法中，唯有行政诉讼法明确出现了"受案范围"这一法律名称，这或许本身即标明了受案范围对行政诉讼的特殊意义；现实中，对受案范围的论争和司法实践由此造成的种种冲突，构成了我国行政诉讼特有的一道风景线。[③] 王汉斌在《关于〈中华人民共和国行政诉讼法（草案）〉的说明》中指出，法院受理行政案件的范围，是行政诉讼法首先要解决的重要问题。对受案范围现在还不宜规定太宽，而应逐步扩大，以利于《行政诉讼法》制度的推行。[④] 随着行政管理实践和行政诉讼理论的发展，可诉的行政行为范围不断扩大。《行政诉讼法》施行后10年内，在《行政诉

[①] 张德瑞，吕群.内部行为可诉性若干问题研究［J］.河南省政法管理干部学院学报，2003(4).
[②] 王万华.新行政诉讼法中"行政行为"辨析——兼论我国应加快制定行政程序法［J］.国家检察官学院学报，2015(4).
[③] 杨伟东.行政诉讼受案范围分析［J］.行政法学研究，2004(3).
[④] 《中华人民共和国国务院公报》1989年第7号。

讼法》文本没有任何变化的情况下，行政诉讼受案范围已经大大扩张了。①

本条与1989年《行政诉讼法》第11条相比，主要变化：一是第1款的项数由原来的8项增加到12项，同时对原第1项至第7项也进行了修改，并调整顺序；二是将原第1款中的"对下列具体行政行为不服提起的诉讼"表述为"提起的下列诉讼"；三是兜底条款将原第1款第8项的"侵犯其他人身权、财产权"表述为"侵犯其他人身权、财产权等合法权益"，并作为本条的第12项。在逻辑上，第1至6项属于对可诉行政行为的列举，第7至10项是对行政诉讼所保护的合法权益范围的列举，第11项是对行政合同行为的专门列举，最后一项第12项属于兜底条款。② 我国行政诉讼采取的是权利与救济相分离的思路，只有行政诉讼法规定的行政行为才能进行审查，还不能针对公法权利提供无漏洞的保护。③ 有学者认为，我们要立即达到公民权利的无漏洞救济，暂时还不可能，我们还只能走逐步扩展、逐步发展、循序渐进的道路，因此，此次修法，仍以具体列举扩大受案范围，这是适应当前形势需要的，因而也是可行的。④

法释〔2018〕1号第1条第1款规定，公民、法人或者其他组织对行政机关及其工作人员的行政行为不服，依法提起诉讼的，属于人民法院行政诉讼的受案范围。《最高人民法院关于审理政府信息公开行政案件若干问题的规定》（法释〔2011〕17号）第1条第1款规定了起诉行政机关在政府信息公开工作中的行为、人民法院应当受理的五种情形。《最高人民法院关于审理行政

① 何海波. 行政诉讼受案范围：一页司法权的实践史（1990—2000）[J]. 北大法律评论，2001(2).
② 《行政诉讼法及司法解释关联理解与适用》编委会. 行政诉讼法及司法解释关联理解与适用（上册）[M]. 北京：中国法制出版社，2018:75.
③ 肖克. 国家治理现代化视野下的行政审判方式改革研究[M]. 北京：法律出版社，2022:38-39.
④ 应松年. 行政诉讼法律制度的完善、发展[J]. 行政法学研究，2015(4).

赔偿案件若干问题的规定》（法释〔2022〕10号）第2条规定："依据行政诉讼法第一条、第十二条第一款第十二项和国家赔偿法第二条规定，公民、法人或者其他组织认为行政机关及其工作人员违法行使行政职权对其劳动权、相邻权等合法权益造成人身、财产损害的，可以依法提起行政赔偿诉讼。"

此外，实践中最高人民法院的部分答复或者批复也涉及受案范围问题，如，《最高人民法院对广东省高级人民法院〈关于宋德基诉湛江市赤坎区国家税务局追缴税款行政纠纷最高人民检察院抗诉再审一案有关问题的请示〉的答复》（〔2001〕行他字第17号）、《最高人民法院关于教育行政主管部门出具介绍信的行为是否属于可诉具体行政行为请示的答复》（〔2003〕行他字第17号）、《最高人民法院关于请求公开与本人生产生活科研等特殊需要无关政府信息请求人是否具有原告诉讼主体资格问题的批复》（〔2010〕行他字第193号）、《最高人民法院关于"裁执分离"后行政机关组织实施行为是否具有可诉性问题的批复》（〔2017〕最高法行他550号）等。

案例指引

● 案例一

▶ **裁判要旨**　行政机关不履行法定职责可诉的前提条件

▶ **案号索引**　最高人民法院（2017）最高法行申6384号

▶ **文书摘要**　根据《行政诉讼法》第49条第3项、第12条第1款规定，行政机关不履行保护人身权、财产权等合法权益法定职责的行为可诉，应当同时具备两个前提条件：一是公民、法人或者其他组织具有合法的、值得法律保护的权益；二是行政机关依照法律规定、行政协议约定或者先前行为产生的附随义务等，具有保护当事人合法权益的职责义务。

● **案例二**

▶ **裁判要旨** 复议机关逾期不作决定，也未书面告知行为的可诉性

▶ **案号索引** 最高人民法院（2020）最高法行再18号

▶ **文书摘要** 根据《行政复议法》第5条、第17条第1款，《行政诉讼法》第45条的规定，行政机关收到行政复议申请后，决定不予受理的，应书面告知申请人。若逾期不作决定，亦未书面告知，申请人提起履行行政复议职责之诉的，人民法院应当予以受理。

● **案例三**

▶ **裁判要旨** 给付之诉可被视为宽泛意义上的履行法定职责之诉

▶ **案号索引** 最高人民法院（2020）最高法行再268号

▶ **文书摘要** 在诉讼类型上，再审申请人提起的本案诉讼系给付之诉。依照《行政诉讼法》第2条第1款，第12条第1款第3项、第6项、第10项、第12项之规定，公民、法人或其他组织系认为行政机关未依其申请作出特定行政行为致使其合法权益受到侵犯而提起给付之诉。在目前的行政诉讼实践中，给付之诉可被视为宽泛意义上的履行法定职责之诉。该种诉讼之所以被提起，系因公民、法人或其他组织基于在起诉之前的行政程序中发生的特定事实，主张其合法权益由于行政机关未作出特定行政行为而受到了侵犯。这种诉讼主张决定了给付之诉审理和裁判的对象，包括对法定起诉条件的审理和裁判，与对诉讼请求在实体上是否应予支持的审理和裁判。在此前的行政程序中，申请行政机关作出的特定行政行为既可以是具有权利义务调整内容的行政行为，又可以是这种产生法律效果的行政行为之外的其他行政行为。行政机关未

作出特定行政行为可以表现为行政机关明示拒绝了申请，也可以表现为行政机关逾期未作处理，还可以表现为行政机关作出的行政行为未达到预期。公民、法人或其他组织提起该种诉讼的根本目的是请求判决行政机关作出其所申请的行政行为。此即反映在给付之诉的诉讼请求上。

（二）可诉行政行为

按照各种不同标准对行政行为进行分类，实现了对行政行为的多角度解剖和透析，揭示了行政行为的各种不同特征和规律。[①] 根据行政行为能否被提起行政诉讼，可把行政行为分为可诉行政行为和不可诉行政行为。并非所有的行政行为均属于可诉的行政行为。可诉行政行为是指行政相对人或利害关系人根据法律有权对其提起行政诉讼，法院必须对此进行受理并作出相应裁判的一类行政行为。行政行为可诉与否的标准，事实上就是行政诉讼的受案标准。[②]

《最高人民法院印发〈关于依法保护行政诉讼当事人诉权的意见〉的通知》（法发〔2009〕54号）规定："凡是行政诉讼法明确规定的可诉性事项，不得擅自加以排除；行政诉讼法没有明确规定但有单行法律、法规授权的，也要严格遵循；法律和司法解释没有明确排除的具体行政行为，应当属于人民法院行政诉讼受案范围。"《最高人民法院印发〈关于行政案件案由的暂行规定〉的通知》（法发〔2020〕44号）规定，判断被诉行政行为是否属于行政诉讼受案范围，必须严格依据行政诉讼法及相关司法解释的规定。

行政行为的可诉性是指行政主体作出的行政行为在一定条件下可诉诸法

---

① 叶必丰.行政行为原理［M］.北京：商务印书馆，2019:51.
② 李大勇.行政行为分类的逻辑考量［J］.法律科学，2013(5).

院司法审查的一种本质属性，这是判断行政行为的一个根本标准。[①] 有观点认为，可诉性行政行为必须具备三个要素：须是拥有行政管理职权的机关、组织和个人所实施的行为；须是与行使行政职权有关的行为；须是对公民、法人、其他组织权利义务产生实际影响的行为。[②] 实务界有观点结合法律文本和分类学说，归纳出可诉行为的六个基本特征：一是既包括法律行为，也包括实际影响相对人合法权益的事实行为；二是既包括行政机关行使职权的行为，也包括受上述职权支配的其他行为；三是既包括行政机关针对特定对象和事项而为的行为，也包括对象和事项中只有一项特定的行为；四是既包括行政机关作出的外部行为，也包括虽非外部行为但直接产生外部效力的行为；五是既包括行政机关作出的单方行为，也包括双方行为和多方行为；六是既包括行政机关作出的涉及相对人人身权、财产权的行为，也包括涉及其他合法权益的行为。[③]

人民法院会议纪要载明，在行政诉讼领域，行政行为的可诉性至少包括三方面含义：一是对该行政行为的相对人而言，其得针对该行政行为向法院提起行政诉讼，法院不得以不属受案范围为由拒绝受理；二是对法院而言，如果相对人的起诉同时符合其他起诉条件，法院得（必须）对被诉行政行为依法进行审查；三是对作出该行政行为的行政机关而言，其必须就该行政行为接受法院的司法审查，而不得以不属受案范围为由进行抗辩。[④]

人民法院裁判文书认为，通常意义上的行政行为，仍需具有单方性、个

① 郝明金. 论可诉性是行政行为的本质属性 [J]. 法学论坛，2006(3).

② 应松年，袁曙宏. 走向法治政府：依法行政理论研究与实证调查 [M]. 北京：法律出版社，2001:346-347.

③ 王振宇. 可诉行政行为的基本特征 [M] // 最高人民法院行政审判庭. 行政执法与行政审判（总第74集）. 北京：中国法制出版社，2019:1-7.

④ 《最高法院行政庭会议纪要：合理解读原告方的诉讼请求》，"行政法实务"公众号，2022年8月28日发表。

别性和法效性等特征。^① 单方性强调的是，法律效果系基于行政机关单方意思表示；个别性强调的是，行为的对象必须是特定之人和具体事件；法效性强调的则是，行为直接对外发生法律效果。^② 也有裁判文书把"对外性"和"法效性"相提并论，如，一个可诉的行政行为，必须具有"对外性"和"法效性"，也就是该行为必须是直接对外发生法律效果。^③ 可诉的行政行为必须是行政机关作出的发生法律效果的行为，即对公民、法人或者其他组织权利义务产生确定的、终局的实际影响的行为。当该行政行为赋予、增加、减少、消灭了行政相对人的某些权利和义务，或使行政相对人申请或请求不能实现或者只能部分实现时，应当赋予行政相对人提起行政诉讼、寻求法律救济的权利。^④

案例指引

● 案例一

▶ **裁判要旨**　可诉行政行为的单方性

▶ **案号索引**　最高人民法院（2016）最高法行申第 4093 号

▶ **文书摘要**　法律上可诉的具体行政行为，是指国家行政机关和行政机关工作人员、法律法规授权的组织、行政机关委托的组织或者个人在行政管理活动中行使行政职权，针对特定的公民、法人或者其他组织，就特定的具体事项作出的有关该公民、法人或者其他组织权利义务的单方行

---

① 最高人民法院（2019）最高法行申 4328 号。
② 最高人民法院（2017）最高法行申 295 号。
③ 最高人民法院（2017）最高法行申 9273 号、（2017）最高法行申 9274 号、（2017）最高法行申 9275 号等。
④ 最高人民法院（2020）最高法行再 248 号。

为。故首先具体行政行为是行政机关单方作出的对行政相对人的权利义务产生实际影响的行为，在此情况下，该行政行为才属于可诉的具体行政行为。

● 案例二

▶ **裁判要旨** 可诉行政行为的个别性

▶ **案号索引** 最高人民法院（2017）最高法行申 7073 号

▶ **文书摘要** 可诉行政行为的一个重要标志，就是针对具体事件，并且指向特定个人。但是，个别与一般的区别不能仅根据数量确认，如果具体的处理行为针对的不是一个人，而是特定的或者可以确定的人群时，个别性仍然成立。

● 案例三

▶ **裁判要旨** 可诉行政行为的法效性

▶ **案号索引** 最高人民法院（2018）最高法行申 5391 号

▶ **文书摘要** 可诉的行政行为必须具有法效性，即行为直接对外发生法律效果。所谓"直接"，是指法律效果必须直接对相对人发生，导致法律关系的发生、变更或消灭。所谓"对外"，是指行政行为对于行政主体之外的人发生法律效果，行政机关之间或行政机关内部的请示报告等内部行为因欠缺对外性而不具有可诉性。

延伸阅读

行政诉讼实践中还有哪些行政行为属于人民法院行政诉讼受案范围？

1.不履行（拒绝履行）上级交办事项

根据行政管理职权，接受上级行政机关的指令，履行交办事项的行为，属于依职权行使行政权的行政行为。行政机关不履行（拒绝履行）上级机关交办事项，相对人认为侵犯其人身权、财产权等合法权益，向人民法院提起诉讼的，属于人民法院行政诉讼的受案范围。[①]

2.对申请人政府信息公开申请的实体处理

根据 2008 年施行的《政府信息公开条例》第 33 条第 2 款规定，对当事人权利义务产生实际影响的政府信息公开行政行为，属于行政诉讼的受案范围。申请人申请政府信息公开，行政机关审查后有多种处理方式：经审查符合公开条件的，依法予以公开；不符合公开条件的，不予公开并说明理由；属于其他职能部门公开事项的，告知申请人向相关部门申请公开等，其中对于申请的政府信息资料已经移交档案部门的，告知申请人向档案部门申请，也是一种答复方式。前述处理方式都是对申请人政府信息公开申请的实体处理，对申请人的权利义务当然产生实际影响，均属于可诉的行政行为。[②]

3.强制执行决定

根据《行政强制法》第 34 条、第 35 条、第 37 条第 1 款和第 2 款第 4 项规定，行政强制执行系由作为基础行政行为的行政决定，与强制

[①] 最高人民法院（2015）行提字第 38 号、（2017）最高法行再 4 号等。

[②] 最高人民法院（2019）最高法行申 5320 号。

执行决定以及具体实施强制的事实行为等几部分组成, 行政相对人在此过程中具有获得司法救济的权利。①

4. 责令改正违法行为决定

根据《行政处罚法》(2017年修正)第23条规定, 行政机关在作出行政处罚决定二十余日前, 对当事人作出《责令改正违法行为决定书》, 责令其立即停止违法行为, 并限期改正违法行为, 同时告知了当事人申请行政复议和提起行政诉讼的权利。因《责令改正违法行为决定书》可能影响当事人的经营权, 应当可以提起行政诉讼。②

5. 上级对下级的指示

审查行政机关内部上级对下级作出的指示是否属于人民法院行政诉讼受案范围内的可诉行政行为, 应当从指示内容是否对公民、法人或者其他组织权利义务产生了实际影响着手。本案中的行政机关分管负责人就特定事项、针对特定对象所作的电话指示, 对内、对外均发生了效力, 并已产生了影响法人合法权益的实际后果, 故属于人民法院行政诉讼的受案范围内的可诉行政行为。③

三、不可诉行政行为

不可诉行政行为, 是指法律明文规定排除在行政诉讼受案范围之外的哪些行政行为, 行政相对人或利害关系人无权起诉而人民法院也无权受理的行

---

① 最高人民法院(2018)最高法行申5985号。
② 最高人民法院(2021)最高法行申2757号。
③《最高人民法院公报》2006年第1期; 江苏省高级人民法院(2005)苏行终字第61号。

政行为。^①

法律条文

《行政诉讼法》第13条　人民法院不受理公民、法人或者其他组织对下列事项提起的诉讼：

（一）国防、外交等国家行为；

（二）行政法规、规章或者行政机关制定、发布的具有普遍约束力的决定、命令；

（三）行政机关对行政机关工作人员的奖惩、任免等决定；

（四）法律规定由行政机关最终裁决的行政行为。

简要解读

与1989年《行政诉讼法》第12条相比，本条除第4项将"具体行政行为"修改为"行政行为"外，其他未作修改。

法释〔2018〕1号第1条第2款规定："下列行为不属于人民法院行政诉讼的受案范围：（一）公安、国家安全等机关依照刑事诉讼法的明确授权实施的行为；（二）调解行为以及法律规定的仲裁行为；（三）行政指导行为；（四）驳回当事人对行政行为提起申诉的重复处理行为；（五）行政机关作出的不产生外部法律效力的行为；（六）行政机关为作出行政行为而实施的准备、论证、研究、

---

① 李大勇.行政行为分类的逻辑考量［J］.法律科学，2013(5).

层报、咨询等过程性行为；（七）行政机关根据人民法院的生效裁判、协助执行通知书作出的执行行为，但行政机关扩大执行范围或者采取违法方式实施的除外；（八）上级行政机关基于内部层级监督关系对下级行政机关作出的听取报告、执法检查、督促履责等行为；（九）行政机关针对信访事项作出的登记、受理、交办、转送、复查、复核意见等行为；（十）对公民、法人或者其他组织权利义务不产生实际影响的行为。"

有学者认为，新司法解释列出的十项不可诉事项背后似隐藏着如下逻辑：非行政行为或者虽是行政行为但不对当事人产生实际影响，这一隐含的标准构成了司法解释将相关行为排除在行政诉讼之外的基础。并以此为基础，作出如此分类：刑事司法行为、协助执行行为属于非行政行为的范畴；调解仲裁行为、行政指导行为、重复处理行为、无外部效力行为、过程性行为、内部层级监督行为、信访处理行为等，应归入未对当事人产生实际影响事项。①实务界有观点认为，本条第2款是对不属于人民法院行政诉讼受案范围事项的具体排除。理解本款规定要注意两个问题：第一，该款列举属于不完全列举，主要是就司法实践中比较常见的、争议较大的事项进行了列举，是否属于可诉的行政行为，应当考察该行政行为是否具有对外性、是否属于行政主体作出的行为、是否具有处分性等；第二，第2款各项内容之间存在重合或者包含关系，例如，有关不对外发生效力的行为与行政机关作出的过程性行为之间有一定重

---

① 杨伟东.新司法解释受案范围规定的思路、逻辑及未来发展［J］.行政法学研究，2018(5).

合。行政指导行为从尊重当事人意愿角度进行定义，重复处理行为是从"一事不再理"等角度进行定义，不产生实际影响则是从权利义务关系进行定义。这几种行为之间具有一定的相似性，但是角度和侧重点均有所不同。可见，本款内容是从不同角度、侧重不同作出的规定。①

除法释〔2018〕1号外，其他司法解释中也有涉及不可诉行政行为的规定，如《最高人民法院关于审理政府信息公开行政案件若干问题的规定》（法释〔2011〕17号）第2条规定了起诉行政机关在政府信息公开工作中的行为、人民法院不予受理的四种情形。《最高人民法院关于审理行政赔偿案件若干问题的规定》（法释〔2022〕10号）第5条规定："公民、法人或者其他组织认为国防、外交等国家行为或者行政机关制定发布行政法规、规章或者具有普遍约束力的决定、命令侵犯其合法权益造成损害，向人民法院提起行政赔偿诉讼的，不属于人民法院行政赔偿诉讼的受案范围。"此外，《最高人民法院关于"裁执分离"后行政机关组织实施行为是否具有可诉性问题的批复》（〔2017〕最高法行他550号）规定："一、人民法院作出准予执行裁定后，公民、法人或者其他组织又就行政机关申请执行的行政行为提起行政诉讼或者行政赔偿诉讼的，人民法院不予受理。二、被执行人及利害关系人仅以行政机关据以申请执行的行政行为（决定）本身违法等为由主张行政机关实施的强制执行行为违法提起行政诉讼或者行政赔偿诉讼的，人民法院不予

---

① 最高人民法院行政审判庭. 最高人民法院行政诉讼法司法解释理解与适用（上）[M].
北京：人民法院出版社，2018:45,53.

受理。"

本部分重点对《行政诉讼法》第 13 条第 2 项以及法释〔2018〕1 号第 1 条第 2 款中的部分规定予以阐述。

（一）具有普遍约束力的决定、命令

法释［2018］1 号第 2 条第 2 款规定，《行政诉讼法》第 13 条第 2 项规定的"具有普遍约束力的决定、命令"，是指行政机关针对不特定对象发布的能反复适用的规范性文件。

行政机关制定、发布的具有普遍约束力的决定、命令，即学理上所称的"抽象行政行为"，本法（《行政诉讼法》）也称为"规范性文件"。① 制定其他规范性文件与具体行政行为区分标准主要有以下几个方面：（1）是否针对特定的人；（2）是否针对特定的事项；（3）是否可以反复适用；（4）是否对同类事件今后一段时间持续发生效力；（5）是否产生直接的执行力。②

人民法院裁判文书载明，尽管一般认为，修改前的《行政诉讼法》将具体行政行为规定为提起行政诉讼的起诉权标准，立法本意是为了排除与之对应的抽象行政行为，修改后的《行政诉讼法》废除"具体行政行为"的概念，用"行政行为"取代了"具体行政行为"，同时也引入了规范性文件一并审查制度，但这并不意味着抽象行政行为就此纳入了行政诉讼的受案范围。按照《行政诉讼法》第 13 条第 2 项规定，直接针对"行政法规、规章或者行政机关制定、发布的具有普遍拘束力的决定、命令"等抽象行政行为的起

---

① 　信春鹰. 中华人民共和国行政诉讼法释义［M］. 北京：法律出版社，2014:46.
② 　《行政诉讼法及司法解释关联理解与适用》编委会. 行政诉讼法及司法解释关联理解与适用（上）［M］. 北京：中国法制出版社，2018:105-106.

诉，仍然被排除在受案范围之外。[1]

实践中需要注意一种特殊情形，最高人民法院办公厅印发的《行政审判办案指南（一）》（法办〔2014〕17号）规定，规范性文件包含具体行政行为内容时的可诉性问题。行政机关发布的具有普遍约束力的规范性文件不可诉，但包含具体行政行为内容的，该部分内容具有可诉性。最高人民法院行政审判庭编写的《中国行政审判案例》第44号案例"特定工程房屋拆迁补偿标准文件的性质认定案"中，人民法院裁判要旨载明，县级人民政府为辖区内特定工程出台的房屋拆迁补偿标准文件，关涉人数固定、范围确定的征地拆迁补偿安置相对人的合法权益，是可诉的具体行政行为。[2]

案例指引

● 案例一

▶ **裁判要旨**　直接提起规范颁布之诉不属于行政诉讼受案范围

▶ **案号索引**　最高人民法院（2016）最高法行申2864号

▶ **文书摘要**　应当承认，公民、法人或者其他组织的合法权益，不仅会由于具体行政行为而遭受侵害，也会由于行政机关应当颁布而未颁布相应规范而受到影响，但是，《行政诉讼法》只是规定公民、法人或者其他组织在针对行政机关作出的行政行为起诉时才可以一并请求对该行政行为所依据的规范性文件进行审查，并没有规定可以直接提起要求行政机关依照其申请制定规范或解释规范的规范颁布之诉，从这个意义

---

[1]　最高人民法院（2016）最高法行申2856号。

[2]　最高人民法院行政审判庭.中国行政审判案例（第2卷）[M].北京：中国法制出版社，2011:22.；湖南省高级人民法院（2010）湘高法行终字第57号。

上讲，再审申请人提起的本案之诉，既不符合履行职责之诉的法定起诉条件，也不属于行政诉讼的受案范围。

● 案例二

▶ **裁判要旨**　不予受理针对具有普遍约束力的决定、命令提起的诉讼

▶ **案号索引**　最高人民法院（2018）最高法行申 535 号

▶ **文书摘要**　不予受理针对具有普遍约束力的决定、命令提起的诉讼，既包括不予受理请求撤销、确认违法或者无效的起诉，也包括不予受理请求判令行政机关制定、发布一个具有普遍约束力的决定、命令的起诉。行政诉讼所保护的必须是公民、法人或者其他组织自身的合法权益。提起一个规范性文件的制定、发布之诉，虽然也会给原告自己带来一定利益，但这种利益仅属于反射利益，因为行政机关制定或者不制定具有普遍约束力的决定、命令，增加或者减损的只能是不确定的公众的利益，并不会对原告个人产生有别于公众的特殊影响。

（二）刑事司法行为

法释〔2018〕1 号第 1 条第 2 款第 1 项规定，公安、国家安全等机关依照刑事诉讼法的明确授权实施的行为，不属于人民法院行政诉讼的受案范围。该规定所列行为，根据《最高人民法院印发〈关于行政案件案由的暂行规定〉的通知》（法发〔2020〕44 号）规定，案由表述为"刑事司法行为"。

刑事司法行为，是指公安或者国家安全机关依照刑事诉讼法明确授权实施的行为，是公安或者国家安全机关在刑事案件的立案阶段采取的强制措

施。① 刑事侦查行为，是指公安等侦查机关在刑事案件立案之后，依照法定程序进行的各种专门调查工作，包括收集证据、证实犯罪、查获犯罪人及对犯罪嫌疑人采取必要强制措施的诉讼活动。刑事侦查行为与行政强制措施的区别主要有以下方面：（一）相对人违法程度不同；（二）法律依据不同；（三）时间节点不同；（四）救济途径不一样。②

《最高人民法院行政庭关于如何界定公安机关的行为是刑事侦查行为还是具体行政行为请示的答复意见》（［1999］行他字第26号）规定："一、在起诉受理阶段，受诉法院在公安机关被诉行为的性质尚不能确定的情况下，作为行政案件受理并无不当。二、在一审期间，公安机关不举证或所举的证据不能证明其实施的行为系刑事诉讼法明确授权的行为，法院不宜认定其是刑事司法行为。"如果刑事诉讼法没有明确授权公安机关或国家安全机关实施某种行为，公安机关或国家安全机关实施了，超出了授权范围，该行为就属于行政行为。③ 这里的"明确授权实施的行为"包括两个方面的要求：既要符合授权的范围，也要符合刑事诉讼法的授权目的。④

有观点认为，本项规定中的"公安、国家安全等机关"中的"等"是"等外等"，刑事司法行为的实施机关除了公安机关、国家安全机关外，还包括监狱管理部门、海关的缉私部门等。⑤ 根据《海关法》第4条、第6条、第

---

① 最高人民法院行政审判庭.最高人民法院行政诉讼法司法解释理解与适用（上）［M］.北京：人民法院出版社，2018:47.
② 李国宁，管筱笛.交警强制检验血液行为属于行政诉讼受案范围［M］//最高人民法院行政审判庭.行政执法与行政审判（总第82集）.北京：中国法制出版社，2021:165-167.
③ 江必新.中国行政诉讼制度之发展——行政诉讼司法解释解读［M］.北京：金城出版社，2001:61.
④ 最高人民法院行政审判庭.最高人民法院行政诉讼法司法解释理解与适用（上）［M］.北京：人民法院出版社，2018:48.
⑤ 梁凤云.行政诉讼讲义（上）［M］.北京：人民法院出版社，2022:138.

75条等规定，对海关而言，如果海关缉私部门依据《海关法》第6条的规定采取扣留人身措施，则属于行政强制措施，属于人民法院行政诉讼的受案范围；如果依据《刑事诉讼法》的规定履行侦查、拘留、执行逮捕、预审职责所采取的措施，则不属于人民法院行政诉讼受案范围。

案例指引

● 案例一

▶ **裁判要旨** 不属于刑事诉讼法规定的扣押行为，属于行政诉讼受案范围

▶ **案号索引** 最高人民法院（1994）行上字第2号

▶ **文书摘要** 上诉人行政机关甲局以刑事侦查为名，扣押了被上诉人乙公司所购钢材，无论从事实上或者法律上，该行为均不属于刑事诉讼法所规定的扣押行为。被上诉人不服依法提起行政诉讼，符合《行政诉讼法》第11条第1款第2项规定的受案范围。①

● 案例二

▶ **裁判要旨** 未举证其行为系依照刑事诉讼法明确授权实施的行为，属于行政诉讼受案范围

▶ **案号索引** 最高人民法院（2000）行终字第9号

▶ **文书摘要** 根据《行政诉讼法》第32条、第43条及《最高人民法院关于执行〈中华人民共和国行政诉讼法〉若干问题的解释》第26

---

① 《最高人民法院公报》1996年第1期；刘德权.最高人民法院司法观点集成·行政及国家赔偿卷［M］.北京：中国法制出版社，2017:127-128.

条的规定，上诉人行政机关应当在其收到起诉状副本之日起 10 日内向一审法院提交其实施冻结措施时的事实根据和法律依据，以证明其行为的合法性。上诉人行政机关在法定期间内未向一审法院提交证明其实施强制冻结措施符合法律规定的相关证据，因而不能证明其作出的行为是依照刑事诉讼法明确授权实施的行为，一审法院依法受理并确认上诉人行政机关实施的冻结强制措施行为违法并无不当。上诉人诉称"其实施冻结强制措施是刑事侦查行为，不属于行政诉讼受案范围"的理由不能成立。

● 案例三

▶ **裁判要旨**　请求返还刑事程序中的相关材料，不属于行政诉讼受案范围

▶ **案号索引**　最高人民法院（2019）最高法行申 2751 号

▶ **文书摘要**　根据《海关行政处罚实施条例》第 4 条，《海关办理行政处罚案件程序规定》第 53 条、第 55 条等规定，甲海关在发现乙公司的相关行为涉嫌犯罪后，将扣留的材料等证据移交甲海关缉私局，之后启动的程序即为刑事侦查程序。刑事判决后，对于作为刑事案件证据的案涉被扣留材料如何处理、是否予以返还、应当如何返还等问题，均系甲海关缉私局在刑事侦查案件中依据《刑事诉讼法》等相关法律法规进行的处理，乙公司起诉请求返还相关材料的行为系该案在刑事侦查程序以及与之相关联的程序中的行为，该行为不属于人民法院行政诉讼的审查范围。

（三）行政指导行为

法释［2018］1号第1条第2款第3项规定，行政指导行为，不属于人民法院行政诉讼的受案范围。《最高人民法院印发〈关于行政案件案由的暂行规定〉的通知》（法发［2020］44号）在"不可诉行为案件案由的确定"中规定，起诉行政机关行政指导行为的案件，案由表述为"行政指导行为"。

所谓"行政指导"，是指"行政主体在职权或其所管辖的事务范围内，为适应复杂多变的经济和社会生活需要，基于国家的法律或法律原则，适时灵活地采取非强制性手段，在行政相对方的同意或协助下，实现一定行政目的的行为。"[1] 行政指导是指行政主体在其职责范围内，采取劝告、建议、鼓励等非权力性的手段，在相对人同意和协助之下，要求其为一定作为或者不作为，以实现行政目的的行政活动。[2]《工商行政管理机关行政指导工作规则》（工商法字［2013］3号）第3条规定："本规则所称行政指导，是指工商行政管理机关在其法定职权范围内，通过建议、辅导、提醒、规劝、示范、公示、约谈等非强制性方式，引导公民、法人和其他组织自愿作出或者不作出某种行为，以实现一定行政管理目的的行为。"《湖南省行政程序规定》第99条规定："本规定所称行政指导，是指行政机关为实现特定的行政目的，在其法定的职权范围内或者依据法律、法规、规章和政策，以指导、劝告、提醒、建议等非强制性方式，引导公民、法人和其他组织作出或不作出某种行为的活动。"

实务界有观点认为，行政指导是指行政机关就其主管的行政事项，采取

---

① 罗豪才.行政法学［M］.北京：中国政法大学出版社，1999:286.
② 余凌云.行政法讲义［M］.北京：清华大学出版社，2010:272.

建议、劝告、说服等非强制手段，取得行政相对人同意和协助，自觉为一定行为或者不为一定行为，从而实现行政目的的活动。[①] 行政指导行为是指国家行政机关在其所管辖事务范围内，对于特定的公民、企业、社会团体等，通过制定诱导性法规、政策、计划、纲要等规范性文件以及采用具体的示范、建议、劝告、鼓励、提倡、限制等非强制性方式并付之利益诱导促使相对人自愿作出或不作出某种行为，以实现一定行政目的的行为。[②] 行政指导行为，是行政机关在行政管理过程中所作出的具有示范、倡导、咨询、建议等性质的行为。[③] 人民法院裁判文书载明，所谓行政指导行为，是指行政机关在进行行政管理的过程中，所作出的具有咨询、建议、训导等性质的行为。[④]

行政指导行为是一种非强制执法活动，一般不具有行政强制执行力。但有观点认为，如果行政机关以行政指导的形式，作出了发生行政法律关系的意思表示或者在事实上影响了行政相对人的合法权益的行为，那么这种行为就不再是行政指导行为。当事人对此种行为不服，可以向人民法院提起行政诉讼。是否属于行政诉讼受案范围仍然需要坚持"实际影响"标准。[⑤] 也有学者认为，如果行政指导的内容确有违法之处，比如没有管辖权或者违反比例原则，就应当赋予当事人通过行政诉讼来救济的途径。[⑥]

[①] 江必新.中国行政诉讼制度的完善：行政诉讼法修改问题实务研究［M］.北京：法律出版社，2005:66.
[②] 江必新，梁凤云.行政诉讼法理论与实务（上下卷第二版）（上卷）［M］.北京：北京大学出版社，2011:282.
[③] 《最高人民法院公报》2006年第1期；江苏省高级人民法院（2005）苏行终字第61号。
[④] 《最高人民法院公报》2003年第4期；江苏省高级人民法院（2003）苏行终字第025号。
[⑤] 梁凤云.行政诉讼讲义（上）［M］.北京：人民法院出版社，2022:143.
[⑥] 王锴.论行政事实行为的界定［J］.法学家，2018(4).

案例指引

● 案例一

▶ **裁判要旨** 不具有强制力的行政指导行为不属于行政诉讼受案范围

▶ **案号索引** 最高人民法院（2017）最高法行申 20 号

▶ **文书摘要** 《最高人民法院关于执行〈中华人民共和国行政诉讼法〉若干问题的解释》第 1 条第 2 款第 4 项规定，不具有强制力的行政指导行为不属于行政诉讼的受案范围。本案中，行政机关根据国家政策调整作出的号召，系行政指导行为，不属于行政诉讼的受案范围。

● 案例二

▶ **裁判要旨** 不能通过提起履责之诉要求行政机关履行行政指导职责

▶ **案号索引** 最高人民法院（2018）最高法行申 906 号

▶ **文书摘要** 通常情况下，行政指导因其不具有羁束力和强制力，不能成为撤销之诉的对象。基于同样的道理，也不能通过提起一个履行法定职责之诉，要求判令行政机关履行行政指导职责，因为履行法定职责之诉要求作出的行为必须是一个法律行为，但行政指导显然并不属于这样一种旨在设定某种法律后果的个别调整。在一个行政机关明显不具有原告所申请履行的法定职责的情况下，不能因为原告曾经提出过申请并且行政机关拒绝履行或者不予答复而就此拥有了诉权。针对一个明显没有管辖权的行政机关提起履行职责之诉，属于不符合法定起诉条件，人民法院应当不予立案或者裁定驳回起诉。

（四）重复处理行为

法释〔2018〕1 号第 1 条第 2 款第 4 项规定，驳回当事人对行政行为提起申诉的重复处理行为，不属于人民法院行政诉讼的受案范围。根据《最高人民法院印发〈关于行政案件案由的暂行规定〉的通知》（法发〔2020〕44 号）在"不可诉行为案件案由的确定"中的规定，案由具体表述为"重复处理行为"。

重复处理行为是行政行为理论的新领域，学界的理解不尽一致。通说认为，行政重复处理行为是指行政机关在法定救济程序外作出的、没有改变原有行政法律关系、没有对当事人的权利义务产生新的影响的行为。该类行为的主要特征是：第一，是针对原行政处理行为的复查处理；第二，未形成新的行政法律关系，对当事人的权利义务不产生新的影响；第三，不是依法定救济程序作出的行为，而是一种权利保障措施或诉求表达机制。[①] 人民法院裁判文书载明，重复处理行为是指行政机关根据公民的申请或者申诉，对原有的生效行政行为作出的二次决定。[②]

学界多认为行政重复处理行为对行政法律关系主体不产生新的法律效果，属行政事实行为，不具可诉性。《最高人民法院关于进一步保护和规范当事人依法行使行政诉权的若干意见》（法发〔2017〕25 号）规定，当事人针对行政机关未设定其权利义务的重复处理行为、说明性告知行为及过程性行为提起诉讼的，也依法不予立案。重复处理行为是行政法上的重要概念，是行政行为效力理论的反映，其不可诉的理由主要是：一是并未创设新的行

---

① 陈明国，蒋敏.行政重复处理行为不属于行政复议受理范围［J］.人民司法·案例，2008(22).
② 湖北省宜昌市中级人民法院（2015）鄂宜昌中行终字第 00164 号。

政法律关系；二是如果允许行政相对人对重复处理行为提起行政诉讼，就意味着行政诉讼法上关于起诉期限的规定失去了实际意义。^① 因此，重复处理行为不属于行政诉讼的受案范围。但也有学者提出，重复处理行为的救济应当视具体情形来决定，如果行政重复处理行为是行政相对人及其利害关系人通过法定申诉要求救济，而行政主体经过法律规定的程序作出的，就具有可诉性。^②

案例指引

● 案例一

▶ **裁判要旨** 驳回当事人对行政行为提起申诉的重复处理行为，不属于行政诉讼的受案范围

▶ **案号索引** 最高人民法院（2019）最高法行申 3602 号

▶ **文书摘要** 举报人认为下级行政机关作出的行政行为违法，请求上级行政机关启动层级监督程序，依法撤销或变更下级行政机关违法行政行为的情形，属于申诉上访行为。上级行政机关作出的未改变下级行政机关行政行为的处理决定，是驳回当事人对行政行为提起申诉的重复处理行为，对当事人权利义务不产生实际影响，不属于行政诉讼的受案范围。

● 案例二

▶ **裁判要旨** 驳回当事人对行政行为提起申诉的重复处理行为，不

---

① 最高人民法院行政审判庭.最高人民法院行政诉讼法司法解释理解与适用（上）［M］.北京：人民法院出版社，2018:49,50.

② 黄学贤，廖振权.行政重复处理行为探究［J］.行政法学研究，2008(4).

属于行政诉讼的受案范围

▶ **案号索引**　最高人民法院（2020）最高法行申 14294 号

▶ **文书摘要**　一般情况下，行政机关在作出行政行为之后，若利害关系人在法定期限内不提出行政复议、行政诉讼或经上述程序未获支持的，该行为原则上不能随意改变，行政机关亦无须就同一事项再次作出行政行为。在此之后，当事人仍可能向行政机关提出要求重新处理或自行纠正等的申诉请求。对于此类申诉，行政机关可能予以驳回或不予答复，或作出与之前相同的行为，或告知其已处理等，即可视为驳回当事人对行政行为提起申诉的重复处理行为。行政机关以已经存在相关行政行为不得随意变更或者撤销为理由，明示或者默示拒绝申请，以及在拒绝的同时增加拒绝理由的，不发生法律效果，未创设新的权利义务，故不属于行政诉讼受案范围。

（五）内部行为

法释［2018］1 号第 1 条第 2 款第 5 项规定，行政机关作出的不产生外部法律效力的行为，不属于人民法院行政诉讼的受案范围。该项规定一般称为"内部行为"。

行政法学通常按不同标准将行政行为分为侵害行为与给付行为、外部行为与内部行为、行政实体与行政程序、管理行为与组织行为等。[①] 传统理论认为，划分内、外部行为的意义之一在于内部行为不可诉，而外部行为可以提起行政复议或者行政诉讼。[②]"如果行政机关作出的行为仅仅是在行使行

[①]　杨登峰. 行政法定原则及其法定范围［J］. 中国法学，2014(3).
[②]　张德瑞，吕群. 内部行为可诉性若干问题研究［J］. 河南省政法管理干部学院学报，2003(4).

61

政机关内部的管理职能，其性质属于内部行为。"① 行政机关的内部行为通常不对相对人的权利义务直接作出处分，如果行政行为的效力仅停留在行政内部领域，并未对公民、法人或者其他组织的权利义务产生直接影响，则不具有可诉性，不属于人民法院的受案范围。但事实上，内部行政领域与外部行政领域存在深度的联动关系，内外部行政领域之间还存在其他诸多衔接问题。内部行为与外部行为之间存在效果承接甚至相互影响。前段行为的合法性、科学性会对后续行为的合法性产生影响。②

在比较法的视野中，20世纪以来内部行政法在一些国家开始受到关注。在20世纪90年代的中国，也已经有行政法学者关注到了这个问题。内部行为法效果外化是一种例外情形。通常情况是，行为形成于内部程序，但它的法效果却溢出了内部行政边界，进入了外部行政领域，影响了行政相对人的权益。内部行为法效果外化因其影响外部行政相对人的权益，故在其外化之后就纳入了外部行政法调整的范围。③ 有学者主张，行政机关的内部行为因为没有行政相对人的权利因素，不属于传统行政法调整的范围。但是，在内部行为涉及行政相对人的权利因素时，则产生了效力外部化的现象。④ 依学理分析，内部行政行为外化指内部行政行为的效力反射到外部行政相对人，进而对行政相对人的权利义务产生实际影响，产生效力外化现象。效力外化一般通过行政机关的职权行为或行政权力运作的方式得以实现。⑤ 有观点总结，内部行为外部化的判断标准包括三大要素：涉权性要素；具体、确定和

① 江必新，梁凤云.行政诉讼法理论与实务（第三版）（上）［M］.北京：法律出版社，2016:427.
② 白云锋.论行政法的内外部双层结构体系［J］.甘肃政法大学学报，2023(1).
③ 章剑生.作为担保行政行为合法性的内部行政法［J］.法学家，2018(6).
④ 章剑生.现代行政法总论（第2版）［M］.北京：法律出版社，2019:137.
⑤ 最高人民法院行政审判庭.最高人民法院行政审判庭法官会议纪要（第二辑）［M］.北京：人民法院出版社，2023:74.

直接性要素；相对人知悉要素。三大要素在判断时层层递进，最终完成外部化的过程而具备可诉性。[1]

对外性是可诉行政行为的重要特征之一。内部行政行为并非一概均能提起诉讼或均不能提起诉讼。对于内部行政行为应作具体分析。[2] 我国行政法学上一直存在"内部行为外部化"的讨论，正是为了使那些表面上发生在行政机关内部，但实际上造成外部影响的行为接受行政诉讼监督。[3] 如果内部行为超出了内部界限而对外部相对人的权利义务有直接影响，司法实践中也有将其认定为可诉的行政行为而纳入受案范围的实例。在行政审判中，常常以内部行为外部化为理由，例外地承认其可诉性。[4] 内部行政行为的"外化"，就是内部行政行为没有转换成外部行政行为而直接对外部的公民、法人或者其他组织的合法权益产生实际影响。[5]《最高人民法院关于进一步保护和规范当事人依法行使行政诉权的若干意见》（法发〔2017〕25号）规定，当事人因请求上级行政机关监督和纠正下级行政机关的行政行为，不服上级行政机关作出的处理、答复或者未作处理等层级监督行为提起诉讼，或者不服上级行政机关对下级行政机关作出的通知、命令、答复、回函等内部指示行为提起诉讼的，人民法院在裁定不予立案的同时，可以告知当事人可以依法直接对下级行政机关的行政行为提起诉讼。上述行为如果设定了当事人的权利义务或者对当事人权利义务产生了实际影响，人民法院应当予以立案。

---

① 刘飞，谭达宗.内部行为的外部化及其判断标准［J］.行政法学研究，2017(2).
② 闫尔宝.论内部行政行为的几个问题［J］.行政法学研究，1996(4).
③ 彭錞.我国政府信息公开制度的宪法逻辑［J］.法学，2019(2).
④ 刘飞，谭达宗.内部行为的外部化及其判断标准［J］.行政法学研究，2017(2).
⑤ 最高人民法院行政审判庭.最高人民法院行政案件案由暂行规定理解与适用［M］.北京：人民法院出版社，2023:291.

案例指引

● 案例一

▶ **裁判要旨** 行政机关内部工作程序行为属于不可诉的行政行为

▶ **案号索引** 最高人民法院（2016）最高法行申 3237 号

▶ **文书摘要** 根据《行政诉讼法》第 2 条第 1 款、《最高人民法院关于执行〈中华人民共和国行政诉讼法〉若干问题的解释》第 1 条第 2 款第 6 项规定，行政机关内部就相关法律、政策问题进行咨询、答复，上级行政机关将政策解释转发下级行政机关的行为，以及下级行政机关向上级行政机关汇报工作的意见，属于行政机关内部工作程序行为，均不会对当事人的权利义务产生实际影响，属于不可诉的行政行为。

● 案例二

▶ **裁判要旨** 上级指令或者上下级行文不可诉

▶ **案号索引** 最高人民法院（2017）最高法行申 317 号

▶ **文书摘要** 虽然上级行政机关的指令具有法律和处理行为的属性，但通常认为，其仍然属于内部行政领域，由于并不直接产生外部效果，因而不是可诉的行政行为。仅是上下级机关之间的内部行文，仍然缺乏外部性，内容上也不直接产生法律效果。对于这种内部行政行为，即使是在法定起诉期限之内起诉，也因不具有可诉性而应当驳回。

● 案例三

▶ **裁判要旨** 内部行为的实质效果等同于行政行为的，纳入行政诉讼受案范围

▶ **案号索引**　最高人民法院（2016）最高法行申 4375 号

▶ **文书摘要**　行政机关针对外部事项但属于启动行政行为或行政行为过程中的内部程序，不属于行政行为，不在行政诉讼受案范围之内。仅有的例外情况是，上述内部行为在某些特定条件下无须借助行政行为即可直接作用于公民、法人或其他组织并对其权利义务产生影响。此时，内部行为的实质效果等同于行政行为，从《行政诉讼法》保护公民、法人或其他组织合法权益的立法目的出发，应纳入行政诉讼受案范围。

延伸阅读

行政诉讼案例中不可诉的内部行为还有哪些？

1. 上级机关根据下级机关请示作出的决定

上级机关甲作出的决定系针对下级机关乙局的请示而作出，未向相对人丙送达，且下级机关乙局收到该决定后，作出了强制处理决定，并据此进行了强制处理。故对外发生法律效力的应是强制处理决定，而非甲的决定。原审法院认定甲作出决定的行为实质属于上下级行政机关之间的内部行为，不属于人民法院行政诉讼受案范围，并无不当①；涉案《通知》系上级行政机关根据下级行政机关及行政部门的请示而作出的一个回复，属于上级行政机关对下级行政机关作出的内部审批行为，对外并不发生法律效力。虽然通过其他途径为再审申请人所知悉，但并未改变其系内部行政行为的性质。通知未创设行政法上的权利义务关系，

---

① 最高人民法院（2016）最高法行申 275 号。

对再审申请人并不直接产生实际影响。[①]

2. 上级机关批示

案涉批示行为在性质上属于行政机关之间的内部指令，并不直接对外发生法律效果，不属于可诉的行政行为。即使批示内容向公民、法人或者其他组织进行了送达，对外直接发生法律效果的行为也是后续的行政处理行为。再审申请人如持有异议，应直接针对行政处理行为提起诉讼。[②]

3. 内部工作部署安排

行政机关就特定事项作出的内部工作部署安排，对当事人的权利义务不产生实际影响的，不属于行政诉讼的受案范围。[③]

4. 作出公文处理专用单

根据《最高人民法院关于适用〈中华人民共和国行政诉讼法〉的解释》第1条第2款第5项规定，本案中行政机关作出的两份"公文处理专用单"是行政机关履行内部相关程序的行政行为，未对相对人设定权利义务，系行政机关的内部程序性行为，不具有可诉性。[④]

5. 行政机关之间的执法意见咨询行为

根据《最高人民法院关于适用〈中华人民共和国行政诉讼法〉的解释》第1条第2款第5项、第6项的规定，可诉的行政行为应当具备直接对外发生法律效果的特点，即行政行为的作出必须直接导致行政相对人及利害关系人权利义务的变动。如果行政机关某一行为的内容需要借助另一行政行为的作出才能对外发生效力，则该行为因不具备外部法律

---

① 最高人民法院（2017）最高法行申 8072 号。
② 最高人民法院（2017）最高法行申 4732 号。
③ 最高人民法院（2018）最高法行申 1616 号。
④ 最高人民法院（2019）最高法行申 5383 号。

效力，对公民、法人或者其他组织的权利义务不产生实际影响，不属于人民法院行政诉讼的受案范围。本案中，行政机关甲局应行政机关乙局的咨询请求作出的行政处罚意见书属于内部行政行为，不具备外部法律效力，对公民、法人或者其他组织的权利义务不产生实际影响。①

延伸阅读

行政诉讼案例中可诉性内部行为有哪些？

根据《党政机关公文处理工作条例》第8条第12项、第15项规定，批复、会议纪要都属于公文。一般情形下，批复、会议纪要的内容属于行政机关内部管理事项，通常作为内部行为，仅在行政机关内部适用，不对当事人的权利义务作出实质性认定，不直接对外产生法律效果，不属于可诉的行政行为范畴。只有当批复、会议纪要的内容转化为对外发生效力的行政行为时，才具有法律上的强制执行力。

1. 批复

批复适用于答复下级机关请示事项，本质上体现的是上级行政机关就请示事项如何处理作出的意思表示。如果下级行政机关接到行政批复之后，落实上级行政机关的批复内容时，再以自身名义对公民、法人或者其他组织作出行政行为，则批复在性质上属于上下级行政机关之间的内部行为，不直接对外产生法律效果。即便可以通过政府信息公开的形式为申请人所知悉，也未改变其系内部行政行为的性质。

有观点认为，在司法实践中，上述公文是否具有可诉性，要注意把

---

① 最高人民法院（2018）最高法行申5860号、（2018）最高法行申5868号。

握以下问题：一是不能仅仅从名称或者形式上进行判断，而应当探求行政机关的真意；二是应当考察是否存在后续的法律行为；三是该种文件属于法律行为还是内部规程行为产生争议时，应当先予受理。①

最高人民法院于 2000 年 2 月作出的一份行政判决载明，行政机关甲作出的 21 号报告从形式上看属于行政机关内部公文，但在抄送相对人乙本人后，即已具有具体行政行为的性质；由于该报告需待上级主管部门审批，其内容尚未最终确定，对乙的权利义务并未产生实际影响，故该行为属不成熟的行政行为，不具有可诉性。② 有观点认为，该案判决虽然最终没有认定涉案内部行政行为可诉，但其结论却承认内部行政行为外部化后具有可诉性。③《中国行政审判指导案例（第 1 卷）》第 1 号案例中，肯定了内部行政行为在特定情况下的可诉性，即批复的内容外化后，可以纳入行政诉讼的受案范围。④ 最高人民法院指导案例 22 号载明，行政机关批复属于内部行政行为，不向相对人送达，对相对人的权利义务尚未产生实际影响，一般不属于行政诉讼的受案范围。但本案中，行政机关甲作出批复后，行政主管部门乙没有制作并送达对外发生效力的法律文书，即直接交丙中心根据该批复实施，对原使用权人的权利义务产生了实际影响；原使用权人也通过申请政府信息公开知道了该批复的内容，并对批复提起了行政复议，复议机关作出复议决定时也告知了诉权，该批复已实际执行并外化为对外发生法律效力的具体行政行为。因此，对

---

① 江必新，梁凤云. 行政诉讼法理论与实务（第三版）（上）[M]. 北京：法律出版社，2016:468−470.

② 最高人民法院（1998）行终字第 10 号。

③ 最高人民法院案例指导工作办公室. 指导案例 22 号之理解与参照——内部行为外部化具有可诉性 [J]. 中国法律评论，2014(1).

④ 最高人民法院行政审判庭. 中国行政审判指导案例（第 1 卷）[M]. 北京：中国法制出版社，2010:1−5；陕西省高级人民法院（2009）陕行终字第 28 号。

该批复不服提起行政诉讼的，人民法院应当依法受理。① 最高人民法院将该案作为指导性案例予以发布，并在裁判要点中确立了将部分内部行政行为纳入行政诉讼受案范围的裁判规则，即内部行政行为同时满足以下条件的，属于行政诉讼受案范围：第一，行政管理部门直接将该批复付诸实施；第二，该批复对行政相对人的权利义务产生了实际影响。②

人民法院裁判观点认为，上下级行政机关的请示、批复等内部行政行为，通常不会直接设定和影响当事人的权利义务，不属于行政诉讼的受案范围。当事人可以依法直接起诉具有法定职权的行政机关作出的发生法律效力且对其权利义务直接产生影响的行政行为。③ 判断是否属于内部行政批复，不能简单从形式上如行政行为的名称进行判断，而应当审查其实质内容是否增设了行政相对人的权利义务或者完全属于其他类型的行政行为。④

人民法院裁判文书载明，判断批复是否可诉，要从形式和内容是否符合可诉行政行为的特征进行分析判断。首先是形式上是否具备可诉行政行为的外部性特征，即产生外部法律效力。其次是内容，是否具备可诉行政行为的具体性特征，即行为的内容必须是针对特定对象设定具体权利义务。⑤

---

① 《最高人民法院公报》2014年第5期；安徽省高级人民法院（2012）皖行终字第14号；最高人民法院案例指导工作办公室.指导案例22号甲、乙诉丙县人民政府收回土地使用权批复案的理解与参照——内部行为外部化具有可诉性［M］// 江必新.最高人民法院司法解释与指导性案例理解与适用（第二卷）.北京：人民法院出版社，2014:490-496.

② 王红建.行政指导性案例实证研究［M］.北京：法律出版社，2022:103-104.

③ 上下级行政机关之间的请示、批复等内部行政行为，通常产生外部法律效力，不属于行政诉讼受案范围［M］// 最高人民法院第三巡回法庭.最高人民法院典型行政案件裁判观点与文书指导.北京：中国法制出版社，2018:21.

④ 姜伟.最高人民法院第四巡回法庭疑难案件裁判要点与观点［M］.北京：人民法院出版社，2020:457.

⑤ 最高人民法院（2018）最高法行申1225号。

案例指引

● 案例一

▶ **裁判要旨** 内部批复能否可诉取决于两个因素

▶ **案号索引** 最高人民法院（2013）行提字第 2 号

▶ **文书摘要** 根据《行政诉讼法》第 2 条、《最高人民法院关于执行〈中华人民共和国行政诉讼法〉若干问题的解释》第 1 条第 1 款规定，上级行政机关对下级行政机关请示的内部批复能否作为可诉的具体行政行为取决于两个因素：一是该批复是否通过一定途径已经外化；二是该批复是否直接对相对人权益产生影响。如果行政机关的内部批复等公文往来行为不直接对行政相对人的权利义务产生影响，则不应作为可诉的具体行政行为，但如果内部批复已经外化，当事人认为该行政行为对其权利造成了实质性影响，其可以通过行政诉讼获得救济。本案中，甲局作出的第 155 号批复针对的是乙省丙局的请示，虽然形式上属于上下级行政机关之间的公文往来行为，但该批复的内容涉及丁公司的行为是否构成商标侵权这一具体事项的认定。鉴于该批复已通过一定的途径公开，客观上对行政相对人的权益产生了直接影响。特别是在商标领域，依据该批复已经出现多个具体行政行为，使当事人难以针对多个具体行政行为主张权利。在此情况下，当事人针对作出该批复行政机关的行政行为提起的诉讼，属于行政诉讼法规定的受案范围，人民法院应当受理。

● 案例二

▶ **裁判要旨** 判断上级行政机关批复是否可诉的标准

▶ **案号索引** 最高人民法院（2018）最高法行申 2613 号

▶ **文书摘要**　根据司法解释的规定，"对公民、法人或者其他组织权利义务不产生实际影响的行为"，不属于行政诉讼的受案范围。人民法院在审理涉批复的案件时，要防止"一刀切"，不宜泛化认定相关实际影响而将批复一律纳入行政诉讼的受案范围，亦不可片面限缩援引司法解释上述规定而将批复一律拒之门外。要结合案件的具体情况，看是否对当事人的实体权益产生重要影响和侵害，是否存在明确设定或者改变其权利义务的情形，是否确有必要对在此环节所作的行政行为的实体、程序合法性单独进行审查判断，从而对不同表现情形的批复之可诉性作出科学合理的界定。本案中，涉案批复的有关表述内容，只是一般性、概括性和程序性的表述，亦没有对当事人的权利义务作出实质性认定，没有直接设立或者改变具体的权利义务，尚未对其产生实质性影响，不构成对其合法权益的侵害。因此，能够适用司法解释的上述规定精神，不作为行政诉讼的受案范围。

● **案例三**

▶ **裁判要旨**　判断上级行政机关批复是否可诉的标准

▶ **案号索引**　最高人民法院（2023）最高法行再7号

▶ **文书摘要**　关于人民法院行政诉讼的受案范围，《行政诉讼法》第12条、第13条及《最高人民法院关于适用〈中华人民共和国行政诉讼法〉的解释》第1条第1款、第2款从正反两个方面作出了规定。基于这些条款，判断被诉行为是否具有可诉性，根本上取决于被诉行为是否对公民、法人或者其他组织的人身权、财产权等合法权益产生实际影响。对公民、法人或者其他组织的权利义务产生实际影响的，构成可诉的行政行为。相反，对公民、法人或者其他组织的权利义务不产生实际影响的，则为不可诉的行为。为有效达到行政管理服务目标，行政机关往往以公民、法人或者其他组织为相对人，直接对外作出行政行为，实现权利义务的变动。但在特殊情况下，行政机关尽管没有直接对行政相对人作出行政行为，但其行为却具有对公民、法人或者其他组织的权利义务产生实际影响的法律效果。可诉的行政批复行为便是如此。若下级行政机关接到行政批复之后，落实上级行政机关的意思表示，再以自身名义对公民、法人或者其他组织作出行政行为，则行政批复纯为内部行为，终止于上下级行政机关内部，不直接对外产生法律效果。若下级行政机关接到实际影响公民、法人或者其他组织权利义务的行政批复之后，奉之而行，直接将行政批复付诸实施，未再以自身名义对外作出行政行为，则行政批复就跨越内部行为范畴，构成了可诉的行政行为。

2. 会议纪要

会议纪要适用于记载会议主要情况和议定事项，属于行政机关内部公文，具有过程性和决策性的特点。《行政审判办案指南（一）》规定，行政机关的内部会议纪要不可诉。但其直接对公民、法人或者其他组织的权利义务产生实际影响，且通过送达等途径外化的，属于可诉的具体行政行为。

人民法院会议纪要载明，会议纪要是否可诉，取决于其是否已经外化并对外发生了法律效力，具体包括：实质标准是对相对人权利义务产生实际影响；内容要件是具体、明确、具有可执行性。如果会议纪要的内容仅为内部文件，仍需要相关职能部门在职权范围内作出行政决定，则会议纪要不可诉，当事人可以针对职能部门的行政行为提起诉讼。①

---

① 最高人民法院行政审判庭. 最高人民法院行政审判庭法官会议纪要（第二辑）[M]. 北京：人民法院出版社，2023:74-76.

根据人民法院裁判文书，会议纪要作为行政机关用于记载和传达有关会议情况和议定事项的内部公文，通常不对行政相对人的权利和义务产生影响。只有在其转化为对外发生效力的行政行为时，才具有法律上的强制执行力。判断会议纪要是否属于行政诉讼的受案范围，主要审查其是否对行政管理相对人的权利和义务产生直接影响；[①] 会议纪要通常情况下其效力限于行政机关内部，并不对行政相对人的权利和义务产生直接影响。只有当会议纪要的内容对相关当事人的权利义务作出具体规定且直接对外发生法律效力，才可认定对当事人的合法权益已产生实际影响，具有可诉性。[②]

案例指引

● 案例一

▶ **裁判要旨**　会议纪要对外发生法律效力应满足的条件

▶ **案号索引**　最高人民法院（2019）最高法行申 370 号

▶ **文书摘要**　会议纪要对外发生法律效力应满足两个条件：一是会议纪要的内容直接涉及公民、法人或其他组织的具体权利义务；二是会议纪要通过一定方式外化。会议纪要外化的途径应当限于正当途径。会议纪要如果转化为其他对外发生法律效力的行政行为，当事人可对其他发生法律效力的行政行为起诉。

---

① 最高人民法院（2016）最高法行申 2711 号。
② 最高人民法院（2021）最高法行申 2404 号。

● 案例二

▶ **裁判要旨**　判断会议纪要是否可诉的标准

▶ **案号索引**　最高人民法院（2019）最高法行申5463号

▶ **文书摘要**　通常情况下会议纪要的效力限于行政机关内部，并不对行政相对人的权利和义务产生直接影响，如要落实会议纪要的内容或精神，一般仍需相关行政机关另行作出行政行为，对当事人合法权益产生实际影响的是后续的行政行为而非会议纪要。但若会议纪要的内容对相关当事人的权利义务作出了具体规定且直接对外发生了法律效力，可认定该会议纪要对当事人的合法权益已产生了实际影响，具有可诉性。

（六）过程性行为

法释［2018］1号第1条第2款第6项规定，行政机关为作出行政行为而实施的准备、论证、研究、层报、咨询等过程性行为，不属于人民法院行政诉讼的受案范围。《最高人民法院印发〈关于行政案件案由的暂行规定〉的通知》（法发［2020］44号）规定，"过程性行为"是对行政行为性质的概括，在确定案件案由时还应根据被诉行为名称来确定。

行政行为的过程性是指，行政行为不是静止的事物，而是一个不断发展的动态过程。它包括两方面的涵义：首先，任何一个特定的行政行为都是包含若干发展阶段的动态过程；其次，为履行某项行政管理职权而实施的一系列行政行为，形成一个前后承接的动态过程。管理活动的动态性决定行政行为的过程性。[①] 过程性行为通常是指行政机关在最终作出影响相对人合法权

---

① 朱维究，胡卫列.行政行为过程性论纲［J］，中国法学，1998(4).

益的行政行为之前，于经历的法定程序阶段或环节上所作的行为。在这个意义上也可称为"阶段性行为"。① 行政法中的阶段性行为，又叫不成熟的行政行为，其最大特征在于行为方式和法律效果的特殊性，这反映在阶段性行为的两个基本要素：一是观念表示要素；二是间接法律效果要素。② 过程性行为本质是一种程序性行为。③ 所谓程序性行政行为，是指行政主体在处理行政事务过程中，运用程序职权职责处分行政相对人的程序权利义务，从而间接影响行政相对人实体权益的公法行为④。人民法院裁判文书中既有"过程性、程序性行为""程序性、过程性行为"并用的表述，也有"阶段性、过程性行为"并用的表述。

　　一般认为，由于阶段性行为并非最终的、确定的行政行为，而大多是预备性、中间性、阶段性的行为，尚未具备司法审查的成熟度，故不具有可诉性。⑤ 一般而言，程序性行政行为往往不具有诉讼意义上的独立性，亦即不具有可诉性。⑥ 在现实的行政实践中，除了产生对外效果的末端行为部分，一个行政行为在作出过程中往往经历了从决策、报批、审批、告知到执行等多个阶段，其中诸多的阶段性行为虽然不直面相对人，但对行政机关行为整体的合法性、合理性也起到至关重要的作用。⑦ 传统行政法关注末端的、终局性质的行为，只有作为结果的行为才对当事人有实际效果和影响，而过程中的阶段性、程序性行为，不属行政法学研究对象，不属

————————

① 沈岿.论失信惩戒的行政诉讼可诉性［J］.中国应用法学，2023(2).
② 许鹏.阶段性行为可诉性的认定标准［M］//最高人民法院行政审判庭.行政执法与行政审判（总第 84 集）.北京：中国法制出版社，2021:132.
③ 王锴.论行政事实行为的界定［J］.法学家，2018(4).
④ 杨科雄.试论程序性行政行为［J］.法律适用，2010(8).
⑤ 许鹏.阶段性行为可诉性的认定标准［M］//最高人民法院行政审判庭.行政执法与行政审判（总第 84 集）.北京：中国法制出版社，2021:133.
⑥ 焦玉珍，张慧颖.程序性行政行为不具有可诉性［N］.人民法院报，2017-6-29.
⑦ 白云锋.论行政法的内外部双层结构体系［J］.甘肃政法大学学报，2023(1).

受案范围。现代行政程序和公开制度,已使绝大多数的内部行为暴露给当事人。那些未成立的、正在行政主体内部运作的行为,的确可以或者已经对当事人产生权利义务实际影响。诸多前置性行为会被告知当事人或者被知悉,它们对于最后出现的行政决定具有实质影响力。[①] 随着行政处理程序的完善和行政诉讼制度的发展,越来越多的过程性行为被诉诸法院。很多告知行为、中间行为、初步行为和一些后续行为、层级行为被视为过程性行为。[②]

从部分国家或地区的法律规定看,对于程序行政行为,不能单独提起行政诉讼,例外情形下方才准许。[③] 从域外经验来看,美国除成文法所规定的时间限制以外,法院的判例又提出了两个能够开始起诉的时间原则:成熟原则和穷尽行政救济原则。成熟原则是指行政程序必须发展到适宜由法院处理的阶段,即已经达到成熟的程度,才能允许进行司法审查。[④] 在日本,"只要没有达到对当事人的权利义务作出最终决定的所谓终局阶段,便不承认其具有处分性。"[⑤] 不仅是美国、日本,各国法院在审查行政行为时都将成熟性原则作为重要审查因素。成熟性原则旨在避免法院过早进行裁判,既发挥司法对于行政的监督功能,又要给予行政权足够的尊重,充分保障行政权的有效行使。[⑥]

[①] 于立深,刘东霞.行政诉讼受案范围的权利义务实际影响条款研究 [J].当代法学,2013(6).

[②] 王海燕,温贵能.论过程性行政行为的诉讼介入——以"实际影响"条款的适用为视角 [J].山东审判,2017(1).

[③] 沈跃东.论程序行政行为的可诉性——以规划环境影响评价公众参与为视角 [J].行政法学研究,2012(3).

[④] 王名扬.美国行政法(下)[M].北京:北京大学出版社,2016:479.

[⑤] 杨建顺.日本行政法通论 [M].北京:中国法制出版社,1998:730.

[⑥] 最高人民法院行政审判庭.最高人民法院行政审判庭法官会议纪要(第二辑)[M].北京:人民法院出版社,2023:78.

成熟性原则对我国来说可谓是个舶来品，尽管不是我国法律上的法定标准，但为我们分析行政行为可诉性提供了内在规律性的规则。[①] 虽然我国行政诉讼法并没有确立"成熟原则"，但"实际影响"条款却表达了"成熟原则"的意思。对当事人权利义务不产生实际影响的行为不可诉，主要基于起诉的时机尚未成熟。具体到过程性行为问题审查上，其尚未达到对当事人权利义务产生不利影响并适于法院审查的"成熟"程度。[②] 当然，成熟性原则并非放之四海而皆准的法律原则。完善我国行政诉讼受案范围体系的指导理论，仍应当立足于我国行政诉讼制度的特殊性。[③] 而且，"'正常行政程序的最后阶段已经完成'的标准不是绝对的。在有的情况下，尽管行政程序的最后阶段尚未完成，但行政行为已经对公民造成实质性的不利影响的，应当认为这个行政行为已经成熟"，具有可诉性。[④] 因此，程序性行为不可诉也并不是绝对的。"有时过程行为也可以具有事实上的最终性，并影响公民、法人或者其他组织的合法权益，如果坚持让其等待行政机关作出最终决定后再起诉，则可能使司法救济丧失有利时机，甚至失去意义。为了及时有效地监督行政机关依法行政，保护公民、法人或者其他组织的合法权益，此时应当承认过程行为的可诉性，作为通常标准的一个例外。"[⑤] 只要该中间性、程序性行为对当事人的权利义务已经产生不利影响，甚至造成损害，该行政行为就是一个可诉的行政行为。人民法院和复议机关都不能以所谓行政行为成熟

[①] 刘行. 行政程序中间行为可诉性标准探讨 [J]. 行政法学研究，2018(2).
[②] 王海燕，温贵能. 论过程性行政行为的诉讼介入——以"实际影响"条款的适用为视角 [J]. 山东审判，2017(1).
[③] 王红建. 行政指导性案例实证研究 [M]. 北京：法律出版社，2022:108.
[④] 蔡小雪. 行政审判与行政执法实务指引 [M]. 北京：人民法院出版社，2009:466.
[⑤] 赵大光，杨临萍，王振宇.《关于审理行政许可案件若干问题的规定》的理解和适用 [N]. 人民法院报，2010-1-6(5).

性理论判断该类行政行为的可诉性。①

《最高人民法院关于进一步保护和规范当事人依法行使行政诉权的若干意见》（法发〔2017〕25号）规定，当事人针对行政机关未设定其权利义务的重复处理行为、说明性告知行为及过程性行为提起诉讼的，也依法不予立案。《最高人民法院关于审理政府信息公开行政案件若干问题的规定》（法释〔2011〕17号）第2条规定，公民、法人或者其他组织对下列行为不服提起行政诉讼的，人民法院不予受理，第1项为"因申请内容不明确，行政机关要求申请人作出更改、补充且对申请人权利义务不产生实际影响的告知行为"。《最高人民法院关于审理行政许可案件若干问题的规定》（法释〔2009〕20号）第3条规定："公民、法人或者其他组织仅就行政许可过程中的告知补正申请材料、听证等通知行为提起行政诉讼的，人民法院不予受理，但导致许可程序对上述主体事实上终止的除外。"对于程序性、过程性行为的合法性审查可以在对最终的行政行为的合法性审查中予以审查。当然，如果在作出某项程序性、过程性行为后，不再作出后续的或最终的行政行为，该项程序性、过程性行为则可能具有事实上的最终性，并可能对当事人的合法权益产生实际影响，此种情形下，该项程序性、过程性行为则具有了独立的价值，若不允许当事人就该行为提起诉讼，其合法权益则无从救济。②最高人民法院在指导案例69号的裁判要点中确立了程序性行为附条件可诉的裁判规则，即程序性行政行为对当事人的权利义务产生明显的实际影响，且无法通过提起针对相关的实体性行政行为的诉讼获得救济的，可以就该程序性行政行为提起诉讼。③

① 郭修江，林璐.行政复议与应诉若干实践问题〔J〕.法律适用，2023(5).
② 江苏省南通市中级人民法院（2019）苏06行终677号。
③ 王红建.行政指导性案例实证研究〔M〕.北京：法律出版社，2022:106.

人民法院裁判文书载明，一般来说，阶段性行为并非最终的、确定的行政行为，因其尚未具备司法审查的成熟度，故不具有可诉性。对于行政行为成熟性的判定标准，主要取决于当事人的法律地位是否受到了行政决定的实质影响，是否导致当事人权利义务的增减得失，是否会妨碍行政主体作出最终行政行为。但是成熟性原则亦存在例外，如果一个行为最终包括一个或几个独立的实体行为，则相对人可对最终行为或任何一个实体行为提起诉讼以寻求救济。①

案例指引

● 案例一

▶ **裁判要旨**　过程性、程序性行为的可诉性

▶ **案号索引**　最高人民法院（2017）最高法行申 4409 号

▶ **文书摘要**　针对程序性事项所作的行为以及过程性行为虽具有一定法律意义，也会间接影响相对人权利义务，但它的法律效果是依附并被最终的行政决定所吸收，除非过程性行为具有独立的价值且对当事人权利义务产生重大影响。对过程性行为合法性的评价，可以在对最终的行政决定合法性评价中一并进行，过程性、程序性行为存在违法情形的，可能会导致最终的行政决定被认定为违法。行政主体在行政程序中所作的程序性行为以及过程性行为的合法性问题，可以在对最终的行政决定的合法性审查中予以解决。对于是在最终行政决定作出后，甚至行政相对人已对最终的行政行为申请复议或提起诉讼的情况下，当事人再

---

① 重庆市高级人民法院（2019）渝行终 649 号、（2021）渝行终 27 号。

对过程性行为、程序性行为单独提起行政诉讼，显然已不再具有诉的利益，不再具备诉讼的必要性和实效性。因此，行政主体程序性行为、过程性行为，通常不能单独申请行政复议或提起诉讼，除非该程序性行为具有事实上的最终性，并影响公民、法人或者其他组织的合法权益。

● 案例二

▶ **裁判要旨**　程序性行政行为的可诉性

▶ **案号索引**　最高人民法院（2020）最高法行申 6826 号

▶ **文书摘要**　可诉的行政行为需要具备成熟性、终结性。行政机关在作出具有法律效果的行政行为之前，一般要进行一系列的准备工作。这些准备工作并非最终的行政行为，不具备可诉性。在行政机关的准备程序之后，如果存在后续的法律行为，则后续的法律行为才是真正产生法律效果的行政行为。程序性行为的效力通常为最终的行为所吸收和覆盖，当事人可以通过起诉最终的行政行为获得救济。

延伸阅读

行政诉讼案例中哪些过程性行为不可诉？

1. 告知投诉处理结果的行为

行政机关就投诉人投诉事项的处理结果通知投诉人的行为，属于程序性告知行为，对投诉人的权利义务不产生实际影响，投诉人对该通知行为提起行政诉讼的，不属于行政诉讼的受案范围，人民法院应当不予受理。[①]

---

① 最高人民法院（2017）最高法行申 8318 号。

2. 告知申请人作出更改、补充的行为

在申请内容不明确的情况下，行政机关有权依照《政府信息公开条例》第21条第4项的规定"告知申请人作出更改、补充"。而这种告知行为系行政机关基于对申请书内容的审查而作出的一种程序处置，是一种中间阶段的行为，尚不属于最终的行政决定，根据《最高人民法院关于审理政府信息公开行政案件若干问题的规定》第2条第1项的规定，针对告知行为提起诉讼的，人民法院不予受理。[①]

3. 送达决定的程序性行为

行政机关向行政相对人送达行政决定、通过公告方式向社会公示行政决定内容的行为，均属于对当事人权利义务不产生实际影响的程序性行为，属于不可诉的行政行为[②]；一个公开而个别的通知，目的是通知行政行为的相对人参加行政程序，并不具有任何旨在创设、变更、解除或具有约束力地确认某种权利义务的内容。因此，不能成为撤销之诉的对象。对于程序行为，并不能单独诉请撤销，而只能以程序违法为由诉请撤销此后作出的实体决定。这是为了防止单独诉请撤销程序行为而拖延行政程序的进行，同时也符合法律保护利益的观点，即程序违法只有在影响实体决定的情况下才予以救济。此外，也是为了防止出现针对程序行为和针对实体决定同时进行诉讼的危险。[③]

4. 不予告知送达程序行为

行政行为作成后的"告知送达"，是一种重要的行政程序。未予告知送达的行政行为属于无效的行政行为，但是，针对不予告知送达这类

---

① 最高人民法院（2017）最高法行申7093号。
② 最高人民法院（2019）最高法行申3991号。
③ 最高人民法院（2018）最高法行申538号。

程序行为本身，却不能单独提起诉讼。这是因为，法律尚无针对程序行为设置单独的法律保护，针对程序行为的法律救济手段，只能在针对最终的实体决定提起诉讼时同时采用，除非这个程序行为再也不能纳入实体决定的整体之中一并得到解决。[1]

5. 行政机关作出的立案通知行为

行政机关作出的立案通知行为，属于行政处理中的程序性行为，不会对当事人的权利义务产生实际影响，亦属于不可诉的行政行为。[2]

6. 委托鉴定的行为

政府委托鉴定机构鉴定的行为，此类委托鉴定行为可视为过程性行政行为，虽然可能间接影响行政相对人的权利义务，但此类行为的法律效果会依附并被最终的行政决定所吸收，依法不能作为行政诉讼受案范围。[3]

7. 行政机关的调查取证等活动

一般认为，申请行政机关履行的法定职责是指行政机关对外作出产生法律效力的行政行为，行政机关在作出行政行为前进行的调查取证等活动仅是过程性行为，不是最终对外生效的行政行为，因此不能成为履行法定职责诉讼所请求的对象。[4]

---

① 最高人民法院（2017）最高法行申 5817 号、（2018）最高法行申 2968 号等。
② 最高人民法院（2017）最高法行申 101 号。
③ 最高人民法院（2019）最高法行申 10754 号。
④ 最高人民法院（2019）最高法行申 14727 号。

延伸阅读

中止行政复议行为的可诉性

人民法院裁判文书载明,行政复议中止是行政复议的程序性规定,属于过程行为。因复议尚未终结,中止复议的阶段性程序行为并未对当事人的实体权利义务产生实际影响,因此不具有可诉性。[①] 但是实践中,中止行政复议决定并非一律不可诉,有些情形也具有可诉性。

1. 不存在中止行政复议法定情形等

该种情形必然会对复议申请人的权利保护造成延宕,甚至还会影响其进一步请求司法救济,因此也不宜一概否定中止行政复议决定的可诉性,应当根据案件具体情况作出判断,例如,根本不存在一个中止行政复议的法定情形,或者中止的期限异乎寻常的长久。[②]

2. 复议机关中止复议超过合理期限

复议机关作出行政复议中止通知书中止复议审理后,至今尚未作出复议决定,虽然法律没有明确规定中止期限,但复议机关未作释明将中止期限延续至今,明显超过了合理的期限,造成再审申请人获得法律救济的复议请求权不能在合理的期限得以实现,已经对再审申请人的合法权益产生了实际影响。[③]

3. 中止行为对当事人的权利义务有实际影响

一般而言,中止行为仅是复议程序中的过程性行为,并非最终对外发生法律效力的行为,也不会对当事人的权利义务产生实际影响,最终

[①] 最高人民法院(2017)最高法行申 687 号。

[②] 最高人民法院(2017)最高法行申 7760 号。

[③] 最高人民法院(2017)最高法行申 3680 号。

发生法律效力和产生实际影响的行为系中止事由消失后复议机关作出的行政复议决定。复议机关中止复议程序的行为一般不属于行政诉讼应当受理的"行政行为"的范畴，除非该中止行为直接设定了当事人的权利义务，或者实际上剥夺了当事人依法寻求救济的权利。[1]

（七）执行生效裁判行为

法释〔2018〕1号第1条第2款第7项规定，行政机关根据人民法院的生效裁判、协助执行通知书作出的执行行为，不属于人民法院行政诉讼的受案范围，但行政机关扩大执行范围或者采取违法方式实施的除外。《最高人民法院印发〈关于行政案件案由的暂行规定〉的通知》（法发〔2020〕44号）规定"执行生效裁判行为"为案由。

《民事诉讼法》第253条第2款规定："人民法院决定扣押、冻结、划拨、变价财产，应当作出裁定，并发出协助执行通知书，有关单位必须办理。"第254条第2款规定："人民法院扣留、提取收入时，应当作出裁定，并发出协助执行通知书，被执行人所在单位、银行、信用合作社和其他有储蓄业务的单位必须办理。"第262条规定："在执行中，需要办理有关财产权证照转移手续的，人民法院可以向有关单位发出协助执行通知书，有关单位必须办理。"第117条规定了人民法院对拒不履行协助执行义务的单位的处理措施。

所谓协助执行，是指人民法院之外的有关单位和个人，按照人民法院的通知，协助完成执行事宜。行政机关按照法院生效判决作出的行为，本质上

---

[1] 最高人民法院（2018）最高法行申6244号。

属于履行生效判决的行为，并非行政机关自身依职权主动作出的行为，亦不属于可诉的行为。①《最高人民法院办公厅关于房地产管理部门协助人民法院执行造成转移登记错误，人民法院对当事人提起的行政诉讼的受理及赔偿责任问题的复函》（法办〔2006〕610号）、《最高人民法院关于行政机关不履行人民法院协助执行义务行为是否属于行政诉讼受案范围的答复》（〔2012〕行他字第17号）、《最高人民法院行政审判庭关于行政机关撤销或者变更已经作出的协助执行行为是否属于行政诉讼受案范围请示问题的答复》（〔2014〕行他字第6号）等就协助人民法院执行的诉讼受理等问题作出规定。

行政机关根据人民法院的协助执行通知书实施的行为，是行政机关必须履行的法定协助义务。行政机关在协助执行通知书载明的范围内，且采取合法方式的执行行为不属于行政诉讼受案范围。当事人请求人民法院判决行政机关限期履行协助执行义务的，人民法院不予受理。但也有例外情形，属于人民法院的受案范围，主要包括：一是根据法释〔2018〕1号第1条第2款第7项的规定，行政机关扩大执行范围或者采取违法方式实施协助执行行为；二是根据《最高人民法院关于行政机关不履行人民法院协助执行义务行为是否属于行政诉讼受案范围的答复》（〔2012〕行他字第17号）的规定，当事人认为行政机关不履行协助执行义务造成其损害，请求确认不履行协助执行义务行为违法并予以行政赔偿的，人民法院应当受理；三是根据《最高人民法院行政审判庭关于行政机关撤销或者变更已经作出的协助执行行为是否属于行政诉讼受案范围请示问题的答复》（〔2014〕行他字第6号）规定，行政机关认为根据人民法院生效裁判或者协助执行通知书作出相应行政行为可能损害国家利益、公共利益或他人合法权益，可以向相关人民法院提出建

---

① 贺小荣.最高人民法院第二巡回法庭法官会议纪要（第一辑）〔M〕.北京：人民法院出版社，2019:306.

议；行政机关擅自撤销已经作出的行政行为，相对人不服提起行政诉讼的，人民法院应当依法受理。

案例指引

● 案例一

▶ **裁判要旨**　行政机关根据人民法院的生效裁判、协助执行通知书作出的执行行为的可诉性

▶ **案号索引**　最高人民法院（2018）最高法行申 904 号

▶ **文书摘要**　根据原审法院查明的事实，被诉行为系行政机关根据人民法院的生效裁判、协助执行通知书作出的执行行为，根据《最高人民法院关于适用〈中华人民共和国行政诉讼法〉的解释》第 1 条第 2 款第 7 项规定，此类协助执行行为不属于人民法院行政诉讼的受案范围。例外情形即"行政机关扩大执行范围或者采取违法方式实施的除外"。这种情况下，行政机关的执行行为属于行政诉讼受案范围，是因为行政机关的此种行为已经失去了人民法院裁判文书的依托，超出了人民法院协助执行通知书的范围和本意，在性质上不再属于实施司法协助的执行行为，应当受到司法审查并独立承担法律责任。

● 案例二

▶ **裁判要旨**　行政机关不履行协助执行义务时构成行政不作为，属于行政诉讼的受案范围

▶ **案号索引**　最高人民法院（2019）最高法行申 7682 号

▶ **文书摘要**　根据《行政诉讼法》第 49 条第 3 和第 4 项、《最高人

民法院关于适用〈中华人民共和国行政诉讼法〉的解释》第 1 条第 2 款第 7 项、《最高人民法院关于行政机关不履行人民法院协助执行义务行为是否属于行政诉讼受案范围的答复》(〔2012〕行他字第 17 号)等规定,行政机关执行法院协助执行通知书的行为,实际上是司法行为的延伸,而非行政机关独立作出的行政行为,此时协助执行机关不承担法律责任。但是,行政机关在协助执行过程中扩大执行范围或者采取违法方式实施,以及不履行协助执行义务造成当事人损失的,并非执行法院命令的结果,相应的法律责任应由行政机关承担。行政机关作为协助执行义务人不履行协助执行义务时,构成行政不作为,当事人通过行政诉讼途径解决确认不作为行为违法和行政赔偿问题,属于行政诉讼的受案范围,人民法院应依法受理。

● 案例三

▶ **裁判要旨** 被诉行政机关执行法院生效判决的拍卖行为,不予受理

▶ **案号索引** 广州铁路运输中级法院(2020)粤 71 行初 1115 号

▶ **文书摘要** 根据《行政诉讼法》第 2 条第 1 款、第 49 条第 4 项规定,被诉行政机关的拍卖行为属于被诉行政机关执行法院生效判决的执行行为,并非该机关履行行政职责的行政行为,依法不属于人民法院行政诉讼的受案范围。

(八)内部层级监督行为

法释〔2018〕1 号第 1 条第 2 款第 8 项规定,上级行政机关基于内部层级监督关系对下级行政机关作出的听取报告、执法检查、督促履责等行为,不属于人民法院行政诉讼的受案范围。《最高人民法院印发〈关于行政案件

案由的暂行规定〉的通知》（法发〔2020〕44号）规定，"内部层级监督行为"是对行政行为性质的概括，在确定案件案由时还应根据被诉行为名称来确定。

在我国，行政层级监督是指上级人民政府对下级人民政府、本级人民政府对其所属工作部门、上级行政部门对下级行政部门的监督，是行政监督中不可或缺的部分。行政层级监督的主要内容和方式有报告、检查、审批、备案、改变和撤销、惩戒。① 人民法院裁判文书载明，内部层级监督行为是指行政机关基于领导与被领导关系对其所属部门和下级行政机关进行的监督，是政府系统的内部监督，具有内部性特征。② 根据《行政诉讼法》第12条第1款第6项规定，请求行政机关履行的，必须是法律、法规、规章等明确赋予行政机关对外行使的行政管理职责。那些仅限于行政内部领域的措施，例如请求上级行政机关对下级行政机关作出一个命令、对下级行政机关实施监管监督，因其不具有对外性、不直接设定新的权利义务，通常不能在请求履行法定职责之诉中提出。③ 上级行政机关对下级行政机关监督、协调职责的履行与否，一般并不直接设定当事人新的权利义务。从司法权与行政权的关系出发，人民法院也不宜过多地介入行政机关的内部关系当中。此外，从诉的利益考虑，当事人如果认为下级行政机关的行政行为侵犯其合法权益，可以通过直接针对下级行政机关提起行政诉讼的方式寻求救济，更为便捷直接。④

有观点认为，行政内部行为已不宜也不能成为层级监督行为（不作为）不可诉的责任避风港，因此，在一定条件具备下将层级监督行为纳入行政

---

① 杨伟东.关于创新行政层级监督新机制的思考［J］昆明理工大学学报（社会科学版），2008(1).
② 最高人民法院（2019）最高法行申14012号。
③ 最高人民法院（2017）最高法行申3348号。
④ 最高人民法院（2017）最高法行申7109号。

诉讼可诉范围，在中国或许是必要且可行的。①人民法院裁判观点认为，公民、法人或者其他组织可以向行政机关隶属的人民政府或其上一级人民政府提出申诉、控告，但与以直接救济行政相对人为目的的复议和诉讼制度有所不同，申诉或控告可以成为启动上下级之间内部监督的线索，不直接和必然启动内部监督程序。是否启动内部监督程序以及程序启动后如何处理，属于行政机关内部管理范畴，原则上不属于行政复议受理范围和行政诉讼受案范围。只有在上级行政机关撤销或者改变原行政行为以及作出新的影响当事人权利义务关系的行政行为时，这种内容监督行为才外化为可复议和诉讼的行政行为。②

案例指引

● 案例一

▶ **裁判要旨** 申请行政机关履行保护合法权益的法定职责，不应包括层级监督职责

▶ **案号索引** 最高人民法院（2016）最高法行申 1820 号、（2017）最高法行申 5545 号

▶ **文书摘要** 根据《行政诉讼法》第 12 条第 1 款第 6 项规定，申请行政机关履行保护人身权、财产权等合法权益的法定职责，行政机关拒绝履行或者不予答复，公民、法人或者其他组织因此提起诉讼的，人民

---

① 章剑生. 行政机关上下级之间层级监督行为的可诉性［J］. 政治与法律，2017(12).
② 行政机关内部监督行为依职权外化，对相对人权利义务造成影响的，属于行政复议受理和行政诉讼的受案范围［M］// 最高人民法院第三巡回法庭. 最高人民法院典型行政案件裁判观点与文书指导. 北京：中国法制出版社，2018,17.

法院应当受理。此处的法定职责，系指行政机关依据法律、法规或者规章等规定，具有针对行政管理相对人申请直接进行处理、直接解决行政管理相对人诉求的职责，不应包括上级行政机关对下级行政机关、本级人民政府对所属工作部门的层级监督、内部管理职责。行政管理相对人对具有管辖职权的行政机关处理不满意的，可以向上级行政机关或者同级人民政府投诉、举报、反映，要求上级行政机关或者同级人民政府监督、督促具有相应管辖职权的行政机关依法履行职责；上级行政机关或者同级人民政府也有权依据相关法律规定进行相应处理。但行政管理相对人对上级行政机关或者同级人民政府的处理不服，以上级行政机关或者同级人民政府为被告，要求人民法院责令上级行政机关或者同级人民政府履行保护人身权、财产权等合法权益的法定职责的，一般不属人民法院行政诉讼的监督范畴。

● 案例二

▶ **裁判要旨**　举报行政机关不依法履行政府信息公开义务，对于收到举报的机关的调查处理结果或者不予调查处理、不予答复的行为不能提起行政诉讼

▶ **案号索引**　最高人民法院（2018）最高法行申 3685 号

▶ **文书摘要**　根据《政府信息公开条例》第 33 条第 1 款规定，任何人，包括向行政机关申请公开政府信息遭到拒绝的申请人，都可以就行政机关不依法履行政府信息公开义务的情况向上级行政机关、监察机关或者政府信息公开工作主管部门举报，收到举报的机关也有义务调查处理。但是，对于收到举报的机关的调查处理结果或者不予调查处理、不予答复的行为却不能提起行政诉讼，因为此类行为属于行政机关的内部

层级监督畴，按照《最高人民法院关于适用〈中华人民共和国行政诉讼法〉的解释》第1条第2款第8项规定，不属于人民法院行政诉讼的受案范围。除了内部层级监督关系的考虑，不受理此类起诉还在于，当事人有其他更为便捷的救济渠道可以利用——针对下级行政机关不依法履行政府信息公开义务的行为，公民、法人或者其他组织完全可以依照《政府信息公开条例》第33条第2款的规定，直接申请行政复议或者提起行政诉讼。

● 案例三

▶ **裁判要旨** 层级监督的可诉性

▶ **案号索引** 最高人民法院（2019）最高法行申193号

▶ **文书摘要** 上级行政机关不启动内部层级监督程序的，不改变公民、法人或者其他组织既有的权利义务关系，利害关系人不能以上级行政机关不履行法定职责为由提起行政诉讼。内部层级监督行为启动后，上级行政机关基于内部监督管理职责作出的不改变或不撤销下级行政机关行政行为的处理、答复，因没有对公民、法人或者其他组织设定新的权利义务关系，利害关系人申请复议或者提起诉讼的，不属于行政诉讼受案范围。上级机关基于内部监督管理职责作出的改变或者撤销下级行政机关行政行为的决定、命令等行为，因对公民、法人或者其他组织设定了新的权利义务关系，这种内部监督行为外化为可诉讼的行政行为，利害关系人提起诉讼的，属于行政诉讼受案范围。

▍ 延伸阅读

行政诉讼案例中还有哪些不属于人民法院受案范围的层级监督行为?

1. 被申请人不履行行政复议决定的行为

根据 2017 年《行政复议法》第 32 条规定,被申请人不履行复议决定的,应由行政复议机关或者上级行政机关责令其履行,不属于行政诉讼受案范围。本案中,相对人甲认为行政机关乙局不履行复议机关作出的行政复议决定,提起行政诉讼,该请求不属于行政诉讼受案范围。①

2. 要求上级机关履行行政复议监督职责

当事人不对复议行为提起行政诉讼,却要求上级行政机关履行监督职责,进而对该监督行为提起行政诉讼,无异于舍近求远。尽管上级行政机关具备监督下级行政机关依法开展行政复议工作的监督职责,但司法并没有、也没必要为这些内部监督行为敞开大门。②

3. 对下级行政机关追究执法过错责任

上级行政机关对下级行政机关执法过错行为的调查及追责,既是行政机关上下级之间的内部管理行为,也是行政机关上下级之间的内部监督行为。不论内部监督行为的结果如何,都不对申请人的权利义务产生直接影响。针对下级行政机关的执法过错行为,不论上级行政机关是否立案调查,是否作出相应决定,当事人对相关决定是否接受,均不属于人民法院司法监督范畴,也非行政诉讼受案范围。③

---

① 最高人民法院(2020)最高法行申 3489 号。
② 最高人民法院(2018)最高法行申 6319 号。
③ 最高人民法院(2017)最高法行申 1129 号、(2017)最高法行申 1133 号等。

4. 行政机关对仅依据层级监督关系提出的行使监督权申请的答复

行政机关的法定职责既有具体的有明确针对性和指向的职责，也存在基于上下级关系的层级监督职责。一般而言，当事人在法律、法规没有赋予其具有请求行政机关对下一级行政机关或者所属部门行使监督权的情况下，仅仅依据层级监督关系即提出申请，要求上级行政机关行使改变或撤销权的，此时无论行政机关是否对该申请作出答复，均不具有可诉性。[①]

（九）对公民、法人或者其他组织权利义务不产生实际影响的行为

法释〔2018〕1号第1条第2款第10项规定，对公民、法人或者其他组织权利义务不产生实际影响的行为，不属于人民法院行政诉讼的受案范围。

有学者认为，一个行政行为是否具有可诉性，判断标准并非它是内部行为还是外部行为、是抽象行政行为还是具体行政行为，而在于这个行政行为对相对人的权益是否产生了实际影响（权利义务的增加或者减少）。如果对相对人的权利义务产生了实际影响，不管是抽象还是具体、内部还是外部，都应当具有可诉性。因为诉讼的目的是救济权利，只要权利受到损害就必须救济。[②] 随着行政诉讼法学理论研究的不断深入，"权利义务实际影响"标准已逐渐成为受案范围判断的实质和首要标准，行政行为类型、形态等因素，则作为衡量受案范围的次要素。[③] 权利义务实际影响作为受案范围的新

---

① 最高人民法院（2018）最高法行申 2221 号。
② 王学辉. 行政法意思表示理论的建构［J］. 当代法学，2018(5).
③ 胡建淼，崔美晨. 行政证明：作为一种行政行为的考察［J］. 行政法学研究，2023(4).

标准，是中国行政诉讼独特的制度，从横向与纵向上扩展了受案范围，扩张了司法权对行政权的监督作用，提升了对私人权益的救济。概括看，"实际影响"至少有四重涵义：法律效果、不利后果、事实效果和相对后果。[①]

实务界有观点认为，所谓"对当事人的权利义务造成损害或不利影响"，既包括行政处罚、行政处理、行政强制等对当事人权利义务作出终结性处理的行政行为，也包括对当事人行为作出不利法律定性或者法律责任划分的中间性行政行为。[②] 对权利义务产生实际影响有以下几种情况：一是行为作出以后已经完全执行了；二是基础性行为与执行性行为合二为一；三是行为作出以后还没执行，但是这个行为已经成立，对当事人已经产生了约束力；四是具有侵害性的事实行为。这些行为一实施，损害结果就相继出现。[③]

案例指引

● 案例一

▶ **裁判要旨**　当事人申请审查规章以下的规范性文件，行政机关作出的答复意见或者不予答复行为不可诉

▶ **案号索引**　最高人民法院（2016）最高法行申1039号

▶ **文书摘要**　根据《行政诉讼法》第13条第2项以及《最高人民法院关于执行〈中华人民共和国行政诉讼法〉若干问题的解释》第1条第2款第6项规定，当事人申请行政机关审查规章以下的规范性文件，行

[①]　于立深，刘东霞.行政诉讼受案范围的权利义务实际影响条款研究 [J].当代法学.2013(6).
[②]　郭修江，林璐.行政复议与应诉若干实践问题 [J].法律适用，2023(5).
[③]　江必新.中国行政诉讼制度之发展——行政诉讼司法解释解读 [M].北京：金城出版社，2001:149.

政机关作出的答复意见或者不予答复行为，仍然属于行政机关对规范性文件效力问题的作为或者不作为行为，对当事人的权利义务不产生实际影响，不属于行政诉讼的受案范围。

● 案例二

▶ **裁判要旨** 行政机关向公安机关进行通报的行为以及立案通知行为，属于不可诉的行政行为

▶ **案号索引** 最高人民法院（2017）最高法行申 101 号

▶ **文书摘要** 根据《行政诉讼法》第 2 条第 1 款、《最高人民法院关于执行〈中华人民共和国行政诉讼法〉若干问题的解释》第 1 条第 2 款第 6 项规定，行政机关在行政执法过程中发现可能存在犯罪线索，向公安机关通报相关情况的行为，不会对当事人的权利义务产生直接影响，属于不可诉的行政行为。行政机关作出的立案通知行为，属于行政处理中的程序性行为，不会对当事人的权利义务产生实际影响，亦属于不可诉的行政行为。

延伸阅读

行政诉讼案例中，对公民、法人或者其他组织权利义务不产生实际影响的行为有哪些？

1. 主动公开的政府信息

政务微博是政府信息公开的新方式，但政府主动公开的政府信息并不当然属于行政诉讼的受案范围。行政行为是指依法享有行政职权的行政主体行使权力对国家和社会公共事务进行管理和提供服务的一种法律

行为。行政机关微博发布的公告内容并没有对相对人设定、变更、解除行政法律权利和行政法律义务，更没有对其产生行政法律效果，故行政机关微博发布的公告不符合行政行为的构成要件。①

2. 告知类

（1）行政机关要求申请人更改、补充的告知行为

行政机关依据《政府信息公开条例》有关规定，对申请人作出的要求更改、补充的告知行为，并不对申请人权利义务产生不利影响。根据《最高人民法院关于审理政府信息公开行政案件若干问题的规定》第2条第1项之规定，原审法院以申请人针对该告知行为所提行政诉讼不属于行政诉讼受案范围为由不予受理，并无不当。②

（2）没有处罚权的行政机关终止处罚程序行为的告知行为

行政机关启动行政处罚程序后，发现自身没有处罚权，未及时终止行政处罚程序。在有权机关作出行政处罚决定后，经被处罚人请求，没有处罚权的行政机关告知其终止行政处罚程序，属于对当事人权利义务不产生实际影响的过程性行为。③

（3）上级行政机关经审查认为行政复议申请不符合法定受理条件后作出的告知行为

根据2009年《行政复议法》第20条、《行政复议法实施条例》第31条规定，公民、法人或者其他组织如认为行政复议机关不予受理其行政复议申请无正当理由，虽可依法向上级行政机关反映，但上级行政机关经审查认为行政复议申请不符合法定受理条件后作出的告知行为，

---

① 最高人民法院（2017）最高法行申8081号。
② 最高人民法院（2016）最高法行申658号。
③ 最高人民法院（2018）最高法行申3944号。

并未对公民、法人或者其他组织的合法权益产生实际影响，此种告知行为依法不属于行政诉讼受案范围。①

（4）告知适格复议机关行为

行政机关告知申请人应向其他机关申请行政复议的告知书仅具有指示作用，在申请人已按照告知书指示向相应机关申请复议并已收到相应复议决定的情况下，前述行政复议告知书对申请人的权利义务并不产生实际影响，不属于人民法院行政诉讼的受案范围。②

（5）发出催告书

行政机关依法发出催告履行通知书催告履行的行为，仅仅是对协议约定义务的重复告知行为，并未对相对人设定新的权利义务，属于对当事人权利义务不产生实际影响的程序性告知行为，是不可诉的行政行为。③

3. 拒绝决定类

（1）拒绝申请人在其掌握的政府信息上盖章、签名等要求的

要求行政机关在其已经掌握的政府信息上加盖公章、签上经办人姓名、注明日期等，并非《政府信息公开条例》所规定的政府信息公开的方式和形式，甚至不属于政府信息公开范畴。行政机关对此予以拒绝，不构成不履行政府信息公开法定职责。④

（2）上级行政机关不履行对信访事项作出处理法定职责行为

根据《行政处罚法》第20条规定，属地管辖是行政机关管辖权分

---

① 最高人民法院（2016）最高法行申4946号。
② 最高人民法院（2021）最高法行申2830号。
③ 最高人民法院（2017）最高法行申6500号。
④ 最高人民法院（2018）最高法行申1579号。

配的基本原则。如果举报人违反属地管辖原则，向有处理权的行政机关的上级机关投诉，实质是向上级行政机关的信访行为，上级行政机关不履行对信访事项作出处理法定职责行为，对举报人的权利义务不产生实际影响，不属于行政诉讼的受案范围。①

（3）复议机关对明显不属于行政复议范围申诉事项的复议申请作出的不予受理（或驳回复议申请）决定

当事人对明显不属于行政复议范围的申诉事项申请行政复议，复议机关作出的不予受理或驳回复议申请的决定，实质仍然是对申诉上访事项的不予受理行为，对当事人的权利义务不产生实际影响，当事人不服复议机关作出的不予受理或驳回复议申请决定提起行政诉讼的，不属于行政诉讼的受案范围。②

4. 释明、指引类

（1）对参与行政复议的指导、释明

案涉通知书系行政机关对相对人如何参与行政复议进行的指导、释明，对相对人的权利义务并不产生实际影响，故依法不属行政诉讼的受案范围。③

（2）对当事人反映问题的解释和告知

行政机关作出的回复仅仅是对当事人反映问题的解释和告知，对当事人的合法权益并未产生实际影响，不属于行政诉讼的受案范围。④

---

① 最高人民法院（2019）最高法行申 13872 号、（2020）最高法行申 3007 号。
② 最高人民法院（2019）最高法行申 3602 号。
③ 最高人民法院（2019）最高法行申 5085 号、（2019）最高法行申 5795 号。
④ 最高人民法院（2021）最高法行申 97 号。

5. 答复类

（1）行政机关对法律咨询所作的答复行为

政府信息公开申请人申请内容系要求公开答复中"不再受理"的法律依据。案涉请求一、二审法院已经认定系咨询行为而非政府信息公开申请行为。以政府信息公开答复书的形式进行答复的行为，既未侵犯申请人的人身权、财产权，也未侵犯其知情权，对其权益明显不产生实际影响，不论申请人是否满意，均不属于可诉的行政行为。针对行政机关根据当事人就法律问题咨询所作出的答复，不论该种答复是否合法、正确和全面，均不属人民法院司法审查的范围。[①]

（2）行政机关对事实或者政策咨询的答复或者不予答复的行为

根据《行政诉讼法》第2条第1款、《最高人民法院关于执行〈中华人民共和国行政诉讼法〉若干问题的解释》第1条第2款第6项规定，公民、法人或者其他组织就有关事项向行政机关提出咨询，无论是对事实的咨询还是对政策的咨询，行政机关答复或者不予答复的行为，均不会对当事人的权利义务产生实际影响，不属于行政诉讼的受案范围。[②]

（3）行政机关对以信息公开为名请求解答相关事项疑问的答复行为

根据《最高人民法院关于适用〈中华人民共和国行政诉讼法〉的解释》第1条第2款第10项规定，公民、法人或者其他组织以申请政府信息公开为名，请求解答相关事项疑问，属于向政府提出咨询的行为，不属于政府信息公开申请。行政机关对公民、法人或者其他组织提出咨询的答复行为，对当事人的权利义务不产生实际影响，不属于行政诉讼

[①] 最高人民法院（2016）最高法行申2308号。
[②] 最高人民法院（2016）最高法行申3606号。

的受案范围。[①]

6. 配合、协助类

（1）行政机关配合人民法院开展诉讼活动而提供相关材料

根据《行政诉讼法》第2条第1款规定，行政机关将已经存在的相关材料向人民法院提供，是配合人民法院开展诉讼活动的行为，没有造成申请人权利的减损或义务的增加，没有产生行政法律效果，不属于《行政诉讼法》第2条规定的行政行为，不具有可诉性。[②]

（2）一行政机关向另一行政机关作出的执法协助意见

行政机关作出的《执法协助书面意见》并非对上诉人作出的，亦未设定上诉人的权利和义务，对上诉人的权利和义务并未产生实际影响，故该事项不属于人民法院行政诉讼的受案范围。[③]

7. 管理类

（1）行政机关对公务员职务、级别及工资待遇的调整

《行政诉讼法》第13条第3项规定，行政机关对行政机关工作人员的奖惩、任免等决定，不属于行政诉讼的受案范围。行政机关对公务员职务、级别及工资待遇的调整行为，属于行政机关内部的人事管理行为，不属于行政诉讼的受案范围。[④]

（2）干部档案的移交

《干部档案工作条例》[⑤]第33条规定，干部工作调动或职务变动后应及时将档案转给新的主管部门。《机关档案工作条例》第26条、第27条

---

① 最高人民法院（2020）最高法行申10262号。
② 最高人民法院（2019）最高法行申1141号。
③ 上海市高级人民法院（2017）沪行终893号。
④ 最高人民法院（2018）最高法行申415号。
⑤ 已于2018年11月20日被《干部人事档案工作条例》废止。

也规定，机关撤销或合并时，必须将本机关包括人事档案在内的全部档案进行认真整理、妥善保管，并根据不同的情形向有关机关移交。干部档案的移交涉及行政机关之间的工作衔接，不属于行政诉讼受案范围。①

8. 其他

（1）起诉行政机关负责人不出庭应诉

被诉行政机关负责人虽有法定义务参与行政诉讼活动，但该义务的履行不以公民、法人或其他组织的申请为前提，亦不以直接保护公民、法人或其他组织的合法权益为目的。如果被诉行政机关负责人不出庭应诉也不委托相应的工作人员出庭，需要就此追究有关人员责任的，应当通过《公务员法》《行政监察法》②等规定的内部追责程序加以解决，而不属于行政诉讼的受案范围。③

（2）起诉行政机关拒绝提供新创制信息

根据《政府信息公开条例》第2条、《国务院办公厅关于做好政府信息依申请公开工作的意见》第2条、《最高人民法院关于审理政府信息公开行政案件若干问题的规定》第2条规定，可以公开的政府信息，一般指的是行政机关记录和保存的现有信息，不包括需要行政机关在汇总、加工和分析现有信息的基础上重新制作的信息。对要求政府提供新创制信息的申请，行政机关可以拒绝。当事人起诉行政机关拒绝提供新创制信息的，不属于行政诉讼的受案范围。④

（3）针对赔偿义务机关拒收申请等行为，另行提起确认违法之诉

---

① 最高人民法院（2016）最高法行申1744号。
② 《行政监察法》已于2018年3月20日被《监察法》废止。
③ 最高人民法院（2017）最高法行申559号；最高人民法院（2017）最高法行申5328号援引过此案例。
④ 最高人民法院（2018）最高法行申251号。

根据《国家赔偿法》第 14 条规定，在符合提起行政赔偿诉讼要件的情况下，赔偿请求人在向赔偿义务机关提出赔偿申请后，如赔偿义务机关存在拒收申请等情形的，其可以向人民法院提起赔偿诉讼，而不是针对赔偿义务机关拒收申请等行为另行提起确认违法之诉。这种程序设置有利于及时给予赔偿申请人司法救济，避免程序烦琐冗长，体现了权利保护的经济性。因此，本案的诉讼请求不属于行政诉讼的受案范围。①

延伸阅读

哪些行为是否具有可诉性视具体情况而定？

1. 通报

本案中，从被诉通报的内容和性质看，其不具有强制性，属于行政指导行为，但由于其发布主体具有权威性，发布的内容具有很强的针对性，对相关企业的后续处理作了明确的规定，客观上可能对甲公司的权益产生实际影响，故二审认定通报具有可诉性并无不当。②

2. 公告

一般而言，行政机关作出一个行政行为，需要向行政相对人送达才能生效，在一些特殊情况下，如行政相对人人数众多时，法律规定以公告作为对行政行为进行送达的方式，在这种情况下，对行政相对人权利义务产生实际影响的是行政行为而非公告，行政相对人对公告提起诉讼的，不符合起诉条件。但是，如果行政机关在发布公告之前并未单独作

---

① 最高人民法院（2018）最高法行申 2533 号。
② 最高人民法院（2019）最高法行申 10633 号。

出行政行为，那么公告除了是公示送达方式之外，同时也是行政行为本身的载体，此时公告应具有可诉性。[①]

3. 行政机关执行法院判决作出的处理

根据《最高人民法院关于适用〈中华人民共和国行政诉讼法〉的解释》第1条第2款第7项、第91条规定，行政履行判决中，如果行政机关已经没有裁量余地的，为了减少程序空转，人民法院可作出责令行政机关履行特定义务的判决；如果行政机关尚有裁量空间或判断余地，人民法院应当尊重行政机关的首次判断权，判决对原告的诉讼请求进行处理。在前一种情况下，行政机关完全按照人民法院生效判决的内容作出特定的行为，行政机关作出的执行生效裁判或执行通知行为体现的是人民法院的司法判断，并非行政机关基于本身意志作出的行政行为，属于司法权的延伸，故不属于行政诉讼受案范围；在后一种情况下，人民法院虽然判令行政机关对相关事项进行处理，但具体如何处理并未完全明确。行政机关按照判决要求，结合案件事实，运用独立的裁量权作出相应行为，则体现了行政机关的独立意志和判断，属于可诉的行政行为。[②]

4. 补发证书

补发证书相对于原证书而言，应当保持原证书各记载事项不变动。如果补发证书记载的各事项与原证书记载事项完全一致，则补发证书行为对利害关系人的权利义务不产生新的影响，不具有可诉性；如果补发证书记载的各事项与原证书记载事项不完全一致，发生变动，则补发证书的变动部分可能对利害关系人的权利义务产生新的影响，利害关系人可以对该补发证书行为提起行政诉讼，人民法院应当受理，但审理范围

---

① 最高人民法院（2019）最高法行申8351号。
② 最高人民法院（2020）最高法行再237号。

应限于补发证书记载事项的变动部分。①

5. 先行登记保存行为

先行登记保存是行政执行过程中的一种取证手段和行为，不属于行政强制措施，是行政机关作出具体行政行为中的一个环节，该行为的法律后果由最终的行政行为所吸收和覆盖，相对人不能单独对先行登记保存行为提起行政诉讼，但可以通过起诉最终行政行为获得救济。本案中，行政机关甲局在接到举报进行查处的过程中，依据《行政处罚法》第 37 条第2 款赋予的职权对乙公司涉嫌违法的物品先行登记保存，其目的在于保存案件证据，为最终的行政处罚提供事实依据，并非独立的行政行为，原审裁定驳回乙公司对先行登记保存行为的起诉并无不当。② 根据《行政处罚法》第 37 条第 2 款规定，先行登记保存属于证据收集和保全行为，通常不具有可诉性。但法定的先行登记保存期限是七日，七日内行政机关就应当作出处理。本案中，行政机关甲局作出《先行登记保存通知书》之后，直至裁定当日没有后续的处理行为，其行为明显对当事人的权益产生实际影响。故乙厂的起诉符合人民法院审理行政案件的受理条件。③

实务疑难

1. 热线平台的答复是否属于行政诉讼受案范围？

12345 市民服务热线是为畅通群众与政府之间交流沟通渠道，由

① 最高人民法院（2016）最高法行申 311 号。
② 山西省高级人民法院（2018）晋行申 218 号。
③ 吉林省高级人民法院（2020）吉行再 12 号。

政府设立的政务服务便民热线工作平台，是统一受理群众诉求并协调、督促办理的一项便民服务，不同于行政机关在履行法定职责过程中针对特定申请事项所作出的行政行为。《国务院办公厅关于进一步优化地方政务服务便民热线的指导意见》指出，12345 热线负责受理企业和群众诉求、回答一般性咨询，不代替部门职能，部门按职责分工办理相关业务、实施监管执法和应急处置等。通过热线平台投诉举报，并不能等同于直接向具体行政机关提出履责申请，12345 平台对问题的答复行为亦不应认为系代表行政机关作出的履职行为，即12345 平台对群众投诉问题的答复事项不属于行政机关依法定职权作出的特定行政行为，不属于行政诉讼的受理范围。①

2. 原行为不可诉，予以维持的行政复议决定是否可诉？

《最高人民法院关于适用〈中华人民共和国行政诉讼法〉的解释》第 136 条第 7 款规定，原行政行为不符合复议或者诉讼受案范围等受理条件，复议机关作出维持决定的，人民法院应当裁定一并驳回对原行政行为和复议决定的起诉。人民法院对于经复议机关作出维持决定，是否可以作出一并驳回起诉的裁定，应该建立在对原行政行为可诉性判断的基础之上。如果原行政行为不属于行政诉讼受案范围，则对原行政行为予以维持的复议决定当然也不可诉，人民法院可以作出一并驳回起诉的裁定。②

3. 能否就出口报关单提起撤销之诉？

根据《行政诉讼法》第 49 条的规定，当事人提起行政诉讼，应

---

① 最高人民法院（2023）最高法行申 1579 号。
② 最高人民法院（2018）最高法行再 99 号。

当符合法定起诉条件。根据 2017 年《海关法》第 25 条、《海关进出口货物申报管理规定》第 2 条、第 7 条规定，报关单是进出口货物的收发货人办理进出口货物时向海关提交的申报手续。本案中，甲公司诉请撤销的《出口货物报关单》并非乙海关作出的行政行为，其针对该行为提起的诉讼依法不属于行政诉讼受案范围。[①]

4. 预归类决定是否可诉？

根据《最高人民法院关于适用〈中华人民共和国行政诉讼法〉的解释》第 69 条第 1 款第 8 项规定，行政行为对原告合法权益明显不产生实际影响的，已经立案的，应当裁定驳回起诉。依据海关进出口货物商品归类管理相关法律规范，申请人实际进出口《预归类决定书》所述商品，并且按照该决定书申报的，海关按照该决定书所确定的归类意见审核放行。本案中，甲公司缺乏证据证明其申请商品预归类后存在实际进出口被诉预归类决定所述商品的事实，被诉预归类决定对该公司合法权益尚未产生实质性影响，故该公司提起本案诉讼不符合法定起诉条件。[②]

5. 海关稽查结论是否可诉？

根据《海关法》第 45 条、《海关稽查条例》第 2 条等规定，海关有权实施稽查。《海关稽查条例》第 23 条规定，海关应当自收到稽查报告之日起 30 日内，作出海关稽查结论并送达被稽查人。海关应当在稽查结论中说明作出结论的理由，并告知被稽查人的权利。对于稽

---

① 重庆市高级人民法院（2018）渝行终 595 号。

② 北京市高级人民法院（2018）京行终 5705 号。预归类决定制度已被《海关进出口货物商品归类管理规定》（海关总署令第 252 号）废止，预裁定制度见《海关预裁定管理暂行办法》（海关总署令第 236 号）。

查结论是否可诉，在行政诉讼实践中主要有两种情形。

一是不可诉。人民法院裁判文书载明，根据《海关稽查条例》第2条、第22条至第27条之规定，海关进行稽查后需作出稽查结论并送达被稽查人；海关根据稽查情况，对被稽查人分别作出补征或追征税款、给予行政处罚、追究刑事责任等不同处理，对被稽查人的权利义务产生终局实际影响的并非稽查结论而是最终的征缴决定、行政处罚等处理决定。根据《最高人民法院关于适用〈中华人民共和国行政诉讼法〉的解释》第1条第2款第6、10项规定，过程性行政行为，对公民、法人或者其他组织权利义务不产生实际影响的行为不属于人民法院行政诉讼受案范围。可诉的行政行为需要具备成熟性、终结性，同时必须是行政机关作出的发生法律效果的行为，对行政相对人的权利义务关系产生调整作用。海关作出《稽查结论》，认为相对人对进口货物错误归入申报税则号列并涉嫌违法，告知相对人将涉案情事移交海关相关部门作进一步处理，故案涉稽查结论是过程性行为，不具有终结性，不发生独立的法律效果，对相对人的权利义务不产生实际影响，不属于人民法院行政诉讼受案范围。[①]

二是可诉。人民法院裁判文书载明，甲海关经稽查认为，相对人乙公司在以一般贸易进口货物时因归类问题导致海关少征税款，根据2013年《海关法》第62条规定，决定征补有关税款。相对人对此不服，申请行政复议。行政复议维持后，相对人向丙市中级人民法院起

[①] 北京市高级人民法院（2021）京行终1942号、北京市第三中级人民法院（2020）京03行初259号；山东省高级人民法院（2020）鲁行终1349号、山东省威海市中级人民法院（2020）鲁10行初25号；北京市第三中级人民法院（2020）京03行初260号、（2020）京03行初261号。

诉。一审法院认为，海关作出涉案《稽查结论》并无不当，起诉意见均不能成立，驳回诉讼请求。二审法院维持一审判决。[1] 在另一起案件中，人民法院认为，根据《海关稽查条例》第2条、第22条、第23条规定，被告甲海关有权对原告乙公司已入关的进口货物实施海关稽查，并作出稽查结论；而且在发现有少征或漏征税款情形的，有权予以补征，决定维持被告甲海关作出的《稽查结论》和征税决定。[2] 在原告请求撤销被告海关作出的《稽查结论》及复议机关作出的《行政复议决定书》一案中，人民法院认为，海关对案涉货物作出被诉稽查结论，事实清楚，证据充分，适用法律、法规正确。复议机关经复议作出被诉行政复议决定书、维持被诉稽查结论，亦程序合法。原告请求缺乏事实和法律依据，本院不予支持。[3] 在上海市高级人民法院公布的典型案例中，甲海关对涉案商品归类存疑，启动专项稽查，并作出稽查结论，认定乙公司在某一时段以一般贸易方式进口货物22票，申报税号为A，应归入税号B，造成少征税款。根据2017年《海关法》第62条、《进出口关税条例》第51条规定，补征关税及增值税合计X元。一审法院认为，甲海关作出的被诉稽查结论职权依据充分、认定事实清楚、适用法律正确、程序合法，据此判决驳回乙公司的诉讼请求，二审法院予以维持。该案的典型意义在于：本案例涉及稽查结论、商品归类、关税认定等方面的司法审查，可作为此类案件

---

[1] 广东省高级人民法院（2013）粤高法行终字第281号。
[2] 广东省广州市中级人民法院（2010）穗中法行初字第49号。
[3] 广州铁路运输中级法院（2019）粤71行初271号。

的审判参考，对从事相关经营的市场主体亦具有一定的教育意义。①

虽然上述行政诉讼案例中不同法院有不同的裁判，但事实上，人民法院对于稽查结论是否可诉，并非存在不同的观点或者是相互矛盾。

从总体上看，行政行为根据阶段性可以分为多阶段行政行为和分阶段行政行为。这两类行政阶段行为虽然参与主体不同，但是行为阶段性是相同的，它们分为前阶段行为和后阶段行为。一般来说，后阶段行为具有可诉性，而前阶段行为原则上不可诉。但是，如果前阶段行为直接产生对外效力，特别是法律对前阶段行为有特殊规定，后阶段机关受前阶段行为的拘束，前阶段行为有时也具有可诉性。标准是前阶段行为效力或者效果是否外化，前阶段行为与后阶段行为是否可相互吸附。②判断一个行为是否属于法院行政诉讼的权利救济范围，关键是看该行为是否产生法律上的效果，是否对公民、法人或者其他组织权利义务产生实际影响。具体到阶段性行为可诉性的标准，只要其具备以下两个要件，即具有了可诉性：一是不妨碍行政主体作出最终行政行为的正常程序；二是该阶段性行为具有独立的行政法律效力。③在某些情况下，阶段性行政行为有可能对当事人的权利义务产生事实上的影响，实际上已经等同于一个行政行为。④

---

① 法宝引证码：CLI.C.500579047（二审）上海市高级人民法院发布 13 起 2021 年行政审判典型案例之一：某水产品有限公司诉中华人民共和国上海浦东海关稽查结论案。
② 杨科雄.阶段性行政许可与行政法［C］// 社会管理创新与行政法：中国法学会行政法学研究会 2010 年会论文集.北京：中国政法大学出版社，2012.138-141.
③ 许鹏.阶段性行为可诉性的认定标准［M］// 最高人民法院行政审判庭，行政执法与行政审判（总第 84 集）.北京：中国法制出版社，2021:131,133.
④ 莫于川.行政法学原理与案例教程（第二版）［M］.北京：中国人民大学出版社，2017:418.

　　从海关稽查结论的内容看，大致可以分为两种情形。一类是认定存在违法嫌疑而移送给海关办案部门。至于是否追究行政责任或者刑事责任，依赖于办案部门的调查或者侦查最终确定。此种情形下被稽查人的权利义务是待定的，稽查结论本身并未对行政相对人权利义务产生实际影响，故该行政行为更接近于过程性行政行为，因此这类稽查结论具有"过程性"特点，一般不具有可诉性。另一类是排除具有涉嫌违法移送追究行政责任或者刑事责任，而仅认定需要补征税款，此时，被稽查人的权利义务是明确的，包括对价格、归类等认定也是确定的，即便后续仍需作出征收税款的法律文书。因此，这类稽查结论对被稽查人的权利义务有实际影响，因此一般具有可诉性。

　　从行政诉讼案例看，人民法院对于海关稽查结论是否可诉的审查，始终围绕是过程性行为还是终局性行为、是否对当事人的权利义务产生实际影响、是否对外发生效力或者效果等标准，并未出现一案一标准的不一致或者差异，符合《行政诉讼法》和司法解释等有关规定。

第三章　管辖

"管辖通常是司法首先要讨论的问题。"[1] 管辖问题是行政审判的一个核心问题，是开启司法公正的第一把钥匙。[2] "行政诉讼管辖是指人民法院之间受理第一审行政案件的分工和权限，也即一审行政案件在上下级法院以及同级法院之间分配的法律制度。"[3] 行政诉讼的管辖，通常指的是一审案件的管辖。至于二审，除了司法改革中出现的个别试点领域，都由一审案件的上一级法院进行。所以，确定了一审管辖就确定了二审管辖。[4]

正确划分和确定人民法院的管辖权，不仅有利于防止法院间相互争执或

① 苏力. 制度是如何形成的 [M]. 北京：北京大学出版社，2007:51.

② 江必新. 新行政诉讼法专题讲座 [M]. 北京：中国法制出版社，2015:77.

③ 最高人民法院行政审判庭. 行政诉讼跨区划管辖改革实践与探索 [M]. 北京：人民法院出版社，2018:1.

④ 何海波. 行政诉讼法（第 3 版）[M]. 北京：法律出版社，2022:231.

推诿，有利于明确职责，合理负责，及时顺利地行使审判权，而且避免当事人四处奔波、投诉无门，有利于当事人行使起诉、应诉等诉讼权利。①有学者提出，行政诉讼管辖确定所遵循的基本原则是：便于当事人参加诉讼，特别是便于作为原告的行政相对人参加诉讼；有利于人民法院对案件的审理、判决和执行；有利于保障行政诉讼的公正、准确；有利于人民法院之间工作量的合理分担。②实务界则有观点认为，由于行政诉讼的管辖涉及多种因素，必须遵循一定的基本要求（案件性质与法院体系相适应；法院负担的均衡性及审理某些具体案件的可能性；便于原告诉讼；有利于人民法院行使审判权；原则性与灵活性相结合），才能建立正确、合理的管辖。③

根据不同的标准，《行政诉讼法》规定的管辖可作不同的划分：1.法定管辖和裁定管辖；2.专属管辖、协议管辖和选择管辖；3.共同管辖和合并管辖。④根据《行政诉讼法》第三章"管辖"、法释〔2018〕1号"二、管辖"及有关规定，行政诉讼管辖有级别管辖、地域管辖、移送管辖、指定管辖、提级管辖等。人民法院裁判文书载明，级别管辖解决的是案件由哪一级人民法院管辖，地域管辖进一步解决同一级人民法院之间审理第一审行政案件的分工和权限，跨行政区域法院集中管辖则是人民法院根据审判工作的实际情况，对于行政案件地域管辖范围的特别调整。⑤考虑到海关行政诉讼案件的特点，本章仅就管辖恒定原则和跨行政区划（区域）管辖作简要解读，再阐

---

① 《行政诉讼法及司法解释关联理解与适用》编委会.行政诉讼法及司法解释关联理解与适用（上）［M］.北京：中国法制出版社，2018:161−162.
② 姜明安.行政诉讼法（第三版）［M］.北京：北京大学出版社，2016:177−178.
③ 江必新，梁凤云.行政诉讼法理论与实务［M］.北京：北京大学出版社，2009:305−306.
④ 马怀德.新编中华人民共和国行政诉讼法释义［M］.北京：中国法制出版社，2014:63.
⑤ 最高人民法院（2017）最高法行申4313号。

述海关行政诉讼案件的管辖。

 一、行政诉讼管辖恒定原则

确定管辖的目的是解决由哪一级与哪一个人民法院具体行使行政审判权的问题。民事诉讼领域有一项重要的原则——管辖恒定原则。"管辖恒定"，又称为管辖固定，指的是受诉法院对案件具有管辖权，该案件的管辖权与管辖原因相对脱钩，恒定或固定于受诉法院。[1] 有学者指出，管辖恒定，是指在某些情况下，以起诉为标准时点确定管辖后，即使诉讼中管辖根据发生变化，也不影响已经确定的管辖。[2]《最高人民法院关于适用〈中华人民共和国民事诉讼法〉的解释》（法释〔2022〕11号）第37条规定，案件受理后，受诉人民法院的管辖权不受当事人住所地、经常居住地变更的影响。

行政诉讼管辖恒定原则来源于民事诉讼法司法解释。实务界则有观点认为，管辖恒定原则是指管辖权确定之后，不以确定管辖的事实在诉讼过程中发生变化而影响管辖权，即一审法院对于已经系属的行政案件有管辖权，案件就应当自始至终由其管辖，其后即便存在确定管辖权的因素发生变化，受诉法院亦不得将案件移送给因确定管辖权因素发生变化而在理论上拥有管辖权的法院，而是应当继续审理本案直至作出判决。[3] 行政诉讼管辖恒定原则的内容是：1.案件已经立案，这是适用管辖恒定原则的基础；2.受理的法院有管辖权，这是适用管辖恒定原则的前提；3.当事人住所地改变、追加被告

---

① 陈杭平.论民事诉讼管辖恒定原则［J］.法律科学，2023(2).
② 张卫平.民事诉讼法（第三版）［M］.北京：法律出版社，2013:88.
③ 梁凤云.行政诉讼法司法解释讲义［M］.北京：人民法院出版社，2018:048.

等事实和法律状态变更影响到管辖权的确定，这是是否适用管辖恒定原则的关键；4.案件的管辖权不受影响，这是管辖恒定原则的基本要求。①

法释〔2018〕1号第4条规定，立案后，受诉人民法院的管辖权不受当事人住所地改变、追加被告等事实和法律状态变更的影响。第10条第3款规定，人民法院对管辖异议审查后确定有管辖权的，不因当事人增加或者变更诉讼请求等改变管辖，但违反级别管辖、专属管辖规定的除外。人民法院裁判文书载明，管辖恒定原则一般是指确定管辖权以起诉时为标准，起诉时对案件享有管辖权的人民法院，不因确定管辖的事实在诉讼过程中发生变化而影响其管辖权。②

有观点认为，管辖恒定分为级别管辖恒定和地域管辖恒定。级别管辖恒定，是指受诉法院对已经系属的行政案件具有自始至终的管辖权，不因级别管辖权要素的变更而发生变更；地域管辖恒定，是指受诉法院对已经系属的行政案件具有自始至终的管辖权，不因地域管辖权要素的变更而发生变更。管辖恒定原则并不妨碍管辖权异议的行使。从当事人起诉时开始，管辖权异议只是一个"异议检验"的过程，一个进一步明确管辖权的过程。③

案例指引

● 案例一

▶ **裁判要旨**　管辖恒定原则

---

① 《行政诉讼法及司法解释关联理解与适用》编委会.行政诉讼法及司法解释关联理解与适用（上）〔M〕.北京：中国法制出版社，2018:161-162.
② 最高人民法院（2017）最高法行再63号。
③ 梁凤云.行政诉讼讲义（上）〔M〕.北京：人民法院出版社，2022:167-168.

▶ **案号索引**　最高人民法院（2017）最高法行再63号

▶ **文书摘要**　依照2017年《行政诉讼法》第101条规定，该法对管辖相关问题没有规定的，适用《民事诉讼法》的相关规定。2017年《民事诉讼法》第127条第2款规定，当事人未提出管辖异议，并应诉答辩的，视为受诉人民法院有管辖权，但违反级别管辖和专属管辖规定的除外。《最高人民法院关于适用〈中华人民共和国民事诉讼法〉的解释》第37条、第38条、第39等条款对民事诉讼管辖恒定原则的具体适用情形作了规定。适用管辖恒定原则的基本前提条件是受诉人民法院具有管辖权。若在起诉时受诉人民法院根本就没有管辖权，则不发生管辖恒定的效力。

● **案例二**

▶ **裁判要旨**　管辖恒定原则的要求

▶ **案号索引**　山西省高级人民法院（2020）晋行终914号、（2020）晋行终915号

▶ **文书摘要**　管辖恒定是我国诉讼管辖制度中的一项基本原则，该原则要求：管辖权一经确定，有管辖权的人民法院始终对案件享有管辖权，除非上级人民法院提审、指定其他人民法院管辖，或者出现排斥原审人民法院管辖的特殊情况。

 二、跨行政区划（区域）管辖

习近平总书记在《关于〈中共中央关于全面推进依法治国若干重大问题的决定〉的说明》中指出："探索设立跨行政区划的人民法院和人民检察院。

这有利于排除对审判工作和检察工作的干扰、保障法院和检察院依法独立公正行使审判权和检察权，有利于构建普通案件在行政区划法院审理、特殊案件在跨行政区划法院审理的诉讼格局。"①

　　行政诉讼管辖制度是行政诉讼制度的重要基础，是行政审判体制改革的关键，不仅决定着人民法院之间对审理第一审行政案件的工作分工，也决定着行政案件公正高效地审理。党的十八大以来，党中央对司法管辖制度高度重视，并作出顶层设计和改革部署。② 党的十八届三中全会提出："探索建立与行政区划适当分离的司法管辖制度，保证国家法律统一正确实施。"《中共中央关于全面推进依法治国若干重大问题的决定》提出："探索设立跨行政区划的人民法院和人民检察院，办理跨地区案件。"2014 年 12 月，中央全面深化改革领导小组第七次会议审议通过了《设立跨行政区划人民法院、人民检察院试点方案》，会议指出："探索设立跨行政区划的人民法院、人民检察院……有利于构建普通案件在行政区划法院审理、特殊案件在跨行政区划法院审理的诉讼格局。"

▎法律条文

　　《行政诉讼法》第 18 条第 2 款　经最高人民法院批准，高级人民法院可以根据审判工作的实际情况，确定若干人民法院跨行政区域管辖行政案件。

---

① 习近平. 关于《中共中央关于全面推进依法治国若干重大问题的决定》的说明［M］// 习近平. 论坚持全面依法治国. 北京：中央文献出版社，2020:100.

② 程琥. 国家治理现代化与行政审判体制改革——兼论跳出行政诉讼管辖改革周期率的因应之道［J］. 中国应用法学，2021(3).

简要解读

党的十八届四中全会强调要"实现立法和改革决策相衔接，做到重大改革于法有据"。跨行政区域管辖是《行政诉讼法》修订时增加的内容，旨在贯彻落实党的十八届四中全会改革精神，破除此前法院与行政区划设置——对应体制下行政审判工作受到的不当干预掣肘，保障行政审判工作依法独立公正开展。①

根据党的十八届四中全会精神，行政审判领域正在积极探索与行政区划适当分离的管辖制度。如借助普通法院进行集中管辖，即将一定区域内的行政一审案件，集中确定由某一人民法院管辖。同时还可以将该人民法院管辖的行政案件，交由其他同级人民法院或者直接由上一级人民法院管辖。而部分地方也在利用铁路运输法院、铁路中级法院、开发区法院、垦区法院、林业法院等进行跨行政区划法院改革，将这些法院改造为跨行政区划法院，并主要审理行政案件。②

根据中央的改革部署，2014年10月16日，最高人民法院下发了《关于开展铁路法院管辖改革工作的通知》（法〔2014〕257号），确定北京、上海、吉林、辽宁、江苏、陕西、广东7个省（直辖市）在全国先期开展铁路运输法院管辖改革试点（吉林、辽宁两省因故未开展）。后甘肃、河南两省经报最高人民法院批准也开展了铁路运输法院管辖改革试点。另外，天津、浙江、云南3省

---

① 江必新，邵长茂，李洋. 新行政诉讼法导读：附新旧条文对照表及相关法律规范［M］. 北京：中国法制出版社，2015:7.
② 江必新. 新行政诉讼法专题讲座［M］. 北京：中国法制出版社，2015:89.

也在本省内根据自身实际开展了铁路运输法院集中管辖改革工作。①
《设立跨行政区划人民法院、人民检察院试点方案》审议通过后，
2014年12月28日，上海建立第三中级人民法院、知识产权法院
和检察院第三分院，是全国首个探索设立跨行政区划的人民法院和
人民检察院的省市。②2014年12月30日，北京市第四中级人
民法院和北京市人民检察院第四分院成立。"上海市第三中级人民
法院成为我国首个跨行政区划的人民法院。""北京市第四中级人
民法院成为经中央批准的第二家试点审理跨行政区划案件的人民
法院。"③

2015年2月，最高人民法院在《关于全面深化人民法院改革
的意见——人民法院第四个五年改革纲要（2014—2018）》（法发
〔2015〕3号）中提出"将铁路运输法院改造为跨行政区划法院"。
2015年6月，最高人民法院印发的《关于人民法院跨行政区域集
中管辖行政案件的指导意见》（法发〔2015〕8号）第2条规定："行
政案件集中管辖改革以普通人民法院为主，同时可以充分挖掘其他
可利用司法资源，诸如铁路运输法院、林区法院、农垦法院、油田
法院及开发区法院等潜力"，"已经设立跨行政区划人民法院的北
京、上海，可以逐步将行政案件向跨行政区划法院及两地铁路运输
基层法院集中"。这一意见的出台，标志着全国法院行政审判体制

---

① 梁凤云.行政诉讼法司法解释讲义［M］.北京：人民法院出版社，2018:46.
② 卫建萍.上海设立全国首个跨行政区划人民法院和人民检察院［N］.人民法院
报.2014-12-29(1).
③ 梁凤云.行政诉讼法司法解释讲义［M］.北京：人民法院出版社，2018:46.

机制改革由相对集中管辖迈入跨行政区域集中管辖的新阶段。[1]《最高人民法院关于深化人民法院司法体制综合配套改革的意见——人民法院第五个五年改革纲要（2019—2023）》（法发〔2019〕8号）规定："深化与行政区划适当分离的司法管辖制度改革。科学界定人民法院跨行政区划管辖案件的范围和标准，推动形成有利于打破诉讼'主客场'现象的新型诉讼格局。配合人民法院组织体系改革，推动整合铁路运输法院、林区法院、农垦法院等机构，进一步优化司法资源配置。"

跨行政区划法院的设置及其管辖是一项具有中国特色的司法制度，是一项新生事物。从全国法院行政案件跨区划管辖改革实践综合看来，改革模式主要有：1.由跨行政区划法院集中管辖行政案件；2.依托铁路法院跨行政区划集中管辖行政案件；3.由普通基层法院开展相对集中管辖；4.由铁路法院以外的专门法院实施集中管辖；5.在全省实施异地交叉管辖；6.由当事人选择管辖。[2]也有观点认为，行政案件跨区划集中管辖模式主要包括：一是依托跨区划法院集中管辖，该模式就是通过成立跨区划法院集中管辖特殊行政案件，如北京四中院和上海三中院。二是依托铁路法院开展集中管辖，方式主要有三种：一是将试点地区的全部行政案件集中到铁路法院管辖，广州、西安、兰州等地采取该模式；二是将试点地区的部分行政案件交由铁路法院管辖，主要是郑州、南宁

---

[1]　梁凤云.行政诉讼法司法解释讲义［M］.北京：人民法院出版社，2018:47.

[2]　江必新.从跨区划管辖到跨区划法院——兼论新型诉讼格局之构建［J］人民司法·应用，2017(31).

等地采取的模式；三是将试点地区的部分类案交由铁路法院管辖，天津铁路法院属于此种模式的代表。① 根据改革部署要求，全国各高级人民法院根据各自辖区实际情况和特点，主要通过探索设立跨行政区划法院集中管辖行政案件、依托铁路法院实施行政案件跨行政区划集中管辖以及在现有的普通法院行政审判庭体制内开展集中管辖改革三种模式开展行政案件跨区划集中管辖改革试点工作，取得了较丰富的改革经验和明显的改革成效。② 面对新时代人民法院行政审判工作的一系列深刻变化，人民法院跨行政区划法院改革取得了开创性的历史成就。③

有学者将行政案件跨行政区划管辖作为提级管辖、交叉管辖和集中管辖之外的又一种管辖模式。④ 司法界观点认为，"'跨行政区划人民法院'并不是专门法院，也不是传统意义上在省、自治区内按地区设立，或在直辖市内设立的不对应行政区划的中级人民法院"⑤；跨行政区划管辖实质上是一种特殊的集中指定管辖形式⑥。跨行政区划管辖对行政诉讼案件的管辖带来了影响，如，天津市第二

---

① 林国香，邓蔚长.行政案件跨区划集中管辖的检视与规制——基于8个试点法院管辖方式的实证分析［M］//最高人民法院行政审判庭.行政执法与行政审判（总第82集）.北京：中国法制出版社，2021:41-42.

② 程琥.国家治理现代化与行政审判体制改革——兼论跳出行政诉讼管辖改革周期率的因应之道［J］.中国应用法学，2021(3).

③ 最高人民法院行政审判庭.行政诉讼跨区划管辖改革实践与探索［M］.北京：人民法院出版社，2018:3.

④ 侯宇，陈悦.行政诉讼跨行政区域管辖制度的宪法学分析：以河南"推磨"模式为例［J］.上海政法学院学报，2017(5).

⑤ 李少平.为什么要设立跨行政区划人民法院?［J］.求是，2015(14).

⑥ 曹也汝.跨行政区划法院的性质与功能——以铁路运输法院改革试点为参照［J］.法治现代化研究，2018(4).

中级人民法院和天津市铁路运输法院经最高人民法院批准，分别获得了管辖以天津海关为被告的行政案件和环境保护行政案件的权限；广州市范围内所有的行政案件（包括非诉行政案件）都集中由广州铁路运输中级法院管辖。①

案例指引

● 案例一

▶ **裁判要旨**　行政案件跨行政区划管辖的受理法院

▶ **案号索引**　最高人民法院（2016）最高法行申4521号

▶ **文书摘要**　行政复议机关于2015年7月15日作出被诉复议决定，并告知"如不服本决定，可自收到本决定书之日起15日内，依法向人民法院提起行政诉讼"，但由于被诉复议决定并未明确指向应当提起诉讼的具体人民法院，当事人在2015年7月16日收到被诉复议决定后，于7月30日通过邮寄方式向甲区人民法院提起行政诉讼，是积极行使诉权的表现，且没有超过2009年《行政复议法》第19条规定的15日起诉期限；即使存在错误选择管辖法院的情形，也不能因此承担相应的不利后果。因行政案件跨区划管辖及级别管辖的调整原因，本案无管辖权的甲区人民法院在收到当事人邮寄的起诉状后，作出《立案审查暨补正告知书》，告知当事人应依法另行向有管辖权的中级人民法院

① 昆明铁路运输中级法院.跨行政区划集中管辖行政案件审判机制研究［M］//最高人民法院行政审判庭.行政执法与行政审判（总第68集）.北京：中国法制出版社，2018:55,57.

起诉，并不违反法律规定。

● 案例二

▶ **裁判要旨**　省内行政案件地域管辖事项的调整

▶ **案号索引**　最高人民法院（2017）最高法行申 5828 号

▶ **文书摘要**　根据 2014 年《行政诉讼法》第 14 条、第 15 条、第 18 条第 2 款规定，山西省高级人民法院于 2016 年 4 月 20 日作出《山西省高级人民法院关于跨行政区域集中管辖行政案件的公告》，对山西省范围内各中级人民法院实行一审案件相对交叉管辖、基层法院实行相对集中管辖等问题作出规定。但该公告仅对山西省范围内行政案件的地域管辖事项作出调整，并不涉及级别管辖问题。

● 案例三

▶ **裁判要旨**　铁路运输中级法院管辖行政案件范围的调整

▶ **案号索引**　甘肃省高级人民法院（2018）甘行辖终 2 号

▶ **文书摘要**　根据 2017 年《行政诉讼法》第 18 条第 2 款规定，甘肃省高级人民法院根据审判工作的实际情况，经最高人民法院批准，有权确定兰州铁路运输中级法院跨行政区划集中管辖行政案件。根据《最高人民法院关于同意兰州铁路运输法院跨行政区划集中管辖行政案件试点工作方案的批复》及《甘肃省高级人民法院关于兰州铁路运输两级法院跨行政区划集中管辖行政案件的公告》的规定，自 2015 年 12 月 1 日起，确定兰州铁路运输中级法院管辖原由武威市中级人民法院管辖的被告所在地在兰州市范围内且为县处级以上行政机关（县级以上人民政府除外）的一审行政诉讼案件。

三、海关行政诉讼案件的管辖

行政诉讼的受案范围，解决了哪些行政争议可以提交人民法院进行审判的问题，而行政诉讼管辖则解决第一审行政案件具体应当由何地、何级法院受理的问题。行政诉讼管辖包括"纵""横"两方面内容。上下级人民法院之间受理第一审行政案件的权限分工，称为"级别管辖"；同一级人民法院之间受理第一审行政案件的权限分工，称为"地域管辖"。地域管辖与级别管辖存在着密切联系，只有确定了级别管辖才能确定地域管辖问题。换言之，只有明确了级别管辖后，才能通过确定地域管辖落实具体的管辖法院。[①]级别管辖和地域管辖是确定行政案件管辖的两条纵横坐标系。级别管辖是在纵向坐标上明确哪一级法院具有某一案件的管辖权；地域管辖是在横向坐标上明确哪一个法院具有某一案件的管辖权。[②]在行政诉讼实践中，涉及海关行政诉讼案件的管辖主要集中在级别管辖方面，地域管辖相对较少，在2018年机构改革后有部分移送管辖的案例。

（一）海关行政诉讼案件的级别管辖

级别管辖是指在人民法院系统内，划分和确定各级人民法院审理一审行政案件的职责权限，也就是上下级人民法院之间在管辖上的具体分工。[③]所

[①]　江必新.新行政诉讼法专题讲座［M］.北京：中国法制出版社，2015:77,87.

[②]　江必新，邵长茂.新行政诉讼法修改条文理解与适用［M］.北京：中国法制出版社，2015:69-70.

[③]　马怀德.新编中华人民共和国行政诉讼法释义［M］.北京：中国法制出版社，2014:68.

谓级别管辖，是指上下级人民法院之间受理第一审案件的分工。①《行政诉讼法》第14条至第17条是级别管辖的规定。本部分仅对与海关有直接关系的第15条第2项进行解读。

法律条文

《行政诉讼法》第15条　中级人民法院管辖下列第一审行政案件：

（一）对国务院部门或者县级以上地方人民政府所作的行政行为提起诉讼的案件；

（二）海关处理的案件；

（三）本辖区内重大、复杂的案件；

（四）其他法律规定由中级人民法院管辖的案件。

简要解读

1989年《行政诉讼法》第14条规定"中级人民法院管辖下列第一审行政案件：（一）确认发明专利权的案件、海关处理的案件……"，相比之下，现行《行政诉讼法》一是把1989年《行政诉讼法》的第2项作为第1项同时作出修改；二是把原第1项中的"确认发明专利权的案件"删除，把原第1项中的"海关处理的案件"单独作为本条的第2项；三是增加兜底条款。

海关处理的案件，是指公民、法人或者其他组织对海关管理机

---

① 最高人民法院（2018）最高法行申2031号。

关作出的行政行为不服向人民法院起诉的行政案件。[①] 有观点认为，基于公正司法和保障行政相对人合法权益的要求，由能够胜任此类案件审理的中级人民法院受理本案，合乎法律原则和诉讼法理。[②] 由中级人民法院管辖，能够更准确地适用法律，确保案件质量。同时，海关总署、直属海关和隶属海关三级设置，大多分布在大中城市，由相应的中级人民法院审理，也不会增加司法成本。[③] 权威解读认为，从海关的业务看，种类繁多，专业技术性较强，同时也涉及对外贸易和科技文化的交流；从海关的设置看，只有部分地方设置了海关，且多设在大中城市。把海关处理的案件，规定由中级法院管辖，符合方便当事人进行诉讼的原则，也便于人民法院审理。[④]

关于海关行政处罚案件是否属于海事法院管辖的问题，起因于甲海事法院受理的一起不服乙海关行政处罚决定的行政诉讼案件。2000年11月30日，丙公司不服乙海关行政处罚决定，向甲海事法院提起诉讼。甲院受理后，乙海关提出管辖异议，甲院于2001年1月15日裁定驳回管辖异议。乙海关向丁省高院提出上诉。在此期间，海关总署向最高人民法院建议最高人民法院对海事行政案件的范围加以界定，并明确海关行政处罚案件是否属于海事行政案

① 马怀德.新编中华人民共和国行政诉讼法释义［M］.北京：中国法制出版社，2014:74；江必新，邵长茂.新行政诉讼法修改条文理解与适用［M］.北京：中国法制出版社，2015:65.
② 董暤.涉境外行政诉讼第一案——台湾"光大二号"行政处罚案点评［J］.中国法律评论，2019(2).
③ 江必新.中华人民共和国行政诉讼法理解适用与实务指南［M］.北京：中国法制出版社，2015:96.
④ 信春鹰.中华人民共和国行政诉讼法释义［M］.北京：法律出版社，2014:51-52.

件。[①] 2002年1月,《最高人民法院关于海关行政处罚案件诉讼管辖问题的解释》(法释〔2002〕4号)规定:相对人不服海关作出的行政处罚决定提起诉讼的案件,由有管辖权的地方人民法院依照《中华人民共和国行政诉讼法》的有关规定审理。相对人向海事法院提起诉讼的,海事法院不予受理。虽然我国设有海事法院,但涉及海关处理的案件不属于海事法院管辖范围。[②]

《行政诉讼法》第26条第6款规定,行政机关被撤销或者职权变更的,继续行使其职权的行政机关是被告。法释〔2018〕1号第23条对没有继续行使其职权的行政机关时被告如何确定作了规定。2018年机构改革前,海关作为被告的第一审行政诉讼案件,由中级人民法院审理。2018年4月机构改革后,也有一部分案件由基层人民法院作出裁判。其原因是,与海关处理的案件的第一审法院在中级人民法院不同,原出入境检验检疫行政诉讼案件的第一审法院一般在基层人民法院,而且这部分案件按照原管辖范围在机构改革前已经由基层人民法院受理或审理,至机构改革时尚未作出裁判;还有一部分案件是机构改革后原告向基层人民法院起诉,基层人民法院予以受理,海关向基层人民法院作出机构改革有关情况的说明,提出变更被告申请或者管辖异议。受理法院或者移送至中级人民法院,或者继续审理作出裁判。随着行政诉讼程序的终结,此类案件已不复存在。

① 人民法院出版社.解读最高人民法院司法解释(含指导性案例)行政·国家赔偿卷[M].北京:人民法院出版社,2023:136.
② 江必新,邵长茂.新行政诉讼法修改条文理解与适用[M].北京:中国法制出版社,2015:65.

　　当时上述案件的后续处理主要有两种方式：一是基层人民法院将案件移送中级人民法院管辖①；二是原审基层人民法院继续审理并作出裁判，如原告甲诉被告盐城出入境检验检疫局一案，原告于 2018 年 2 月 12 日诉至江苏省盐城市盐都区人民法院，该院于同年 8 月 10 日作出行政裁定书，并得到二审法院维持；原告乙诉被告黄岛出入境检验检疫局进口车辆检验一案，针对的是被告于 2016 年 10 月 8 日作出的"进口机动车辆随车检验单"，山东省青岛市黄岛区人民法院于 2018 年 7 月 6 日作出行政裁定书；原告丙诉被告某某机场出入境检验检疫局一案，陕西省咸阳市渭城区人民法院于 2019 年 3 月 12 日作出行政判决等。

案例指引

● 案例一

▶ **裁判要旨**　　机构改革后海关行政诉讼案件的管辖

▶ **案号索引**　　天津市滨海新区人民法院（2018）津 0116 行初 55 号

▶ **文书摘要**　　在原告甲诉被告天津滨海机场海关行政管理案中，原天津机场出入境检验检疫局于 2017 年 11 月 22 日作出《关于某某某举报澳洲 C 牌牛奶奶片的回复》，决定撤案，且举报不能予以奖励。原告不服，诉至天津市滨海新区人民法院。受理法院另查，按照海关机构改革的部署，自 2018 年 4 月 20 日起，原出入境检验检疫系统统一以海关名义对外开展工作，原天津机场出入境检验检疫局机关法人终止。后经天津海

①　见本章三、"（三）海关行政诉讼案件的移送管辖"。

关决定，原天津机场出入境检验检疫局并入天津滨海机场海关，职责和工作由天津滨海机场海关承担。受理法院继续审理并作出裁定。

● 案例二

▶ **裁判要旨**　是否属于受诉人民法院管辖主要是立案阶段的审查内容

▶ **案号索引**　陕西省咸阳市中级人民法院（2018）陕 04 行终 140 号

▶ **文书摘要**　2018 年 4 月 13 日，上诉人向原审法院递交了本案行政起诉状，请求确认被告西安咸阳机场出入境检验检疫局未对其 2017 年 8 月 23 日投诉举报事项作出处理的行为违法，并判令对所投诉举报的违法行为限期重新作出处理。原审审理过程中，西安咸阳机场海关向原审法院提供了 2018 年 4 月 18 日海关总署文件。该文件表明，国家质量监督检验检疫总局的出入境检验检疫管理职责和队伍划入海关总署，2018 年 4 月 20 日统一以海关名义对外开展工作。西安咸阳机场海关于 2018 年 5 月 25 日向原审法院提出管辖权异议，认为根据《行政诉讼法》第 15 条第 2 项规定，本案应移送至咸阳市中级人民法院审理。原告也表示同意进行变更，将被告变更为西安咸阳机场海关。原审法院认为，《行政诉讼法》第 15 条第 2 项规定，对海关处理的案件提起诉讼的第一审行政案件，由中级人民法院管辖。原告的起诉不符合《行政诉讼法》第 49 条规定的起诉条件，故依照《行政诉讼法》第 15 条第 2 项、第 49 条第 4 项，《最高人民法院关于适用〈中华人民共和国行政诉讼法〉的解释》第 69 条第 1 款第 1 项之规定，裁定驳回起诉。

本院认为，是否属于受诉人民法院管辖主要是立案阶段的审查内容。如果已经立案受理，根据管辖恒定原则，起诉时对案件享有管辖权的人民法院，不因确定管辖的事实在诉讼过程中发生变化而影响其管辖权。《最高人民法院关于适用〈中华人民共和国行政诉讼法〉的解释》第4条也规定"立案后，受诉人民法院的管辖权不受当事人住所地改变、追加被告等事项和法律状态变更的影响。"本案中，上诉人甲在起诉时原审法院具有管辖权，只是在诉讼中因国家行政机关体制改革，起诉时的被告西安咸阳机场出入境检验检疫局并入西安咸阳机场海关的原因，原审中的被告变更为西安咸阳机场海关，此种变化并不能影响原审法院对本案具有管辖权，原审认为原告的起诉不符合级别管辖的规定而驳回原告甲的起诉，属适用法律错误。

（二）海关行政诉讼案件的地域管辖

地域管辖是同级法院在各自辖区范围内对第一审行政案件的分工与权限。[①] 地域管辖解决的是同一层级、不同法院之间的管辖权划分。行政诉讼地域管辖的原则是"原告就被告"；涉及公民人身自由和不动产的诉讼，适用特殊规则。[②]《行政诉讼法》第18条至第20条系地域管辖的规定，结合海关行政诉讼案件的地域管辖，仅对第18条第1款作分析。

> **▍法律条文**
>
> 《行政诉讼法》第18条第1款　行政案件由最初作出行政行为的行政机关所在地人民法院管辖。经复议的案件，也可以由复议机关所在地人民法院管辖。

---

① 江必新，邵长茂.新行政诉讼法修改条文理解与适用［M］.北京：中国法制出版社，2015:70.
② 何海波.行政诉讼法（第3版）［M］.北京：法律出版社，2022:239.

▌ 简要解读

本条确定了行政诉讼一般地域管辖原则，也是"原告就被告"。"原告就被告"原则是民事诉讼的一项基本原则。1989 年制定《行政诉讼法》时，行政诉讼制度的设计受到了民事诉讼模式的深刻影响，特别是在管辖原则上参考了民事诉讼一般地域管辖的原则，也确定为"原告就被告"。[①]

有学者认为，级别管辖是地域管辖的前提和基础，地域管辖则是级别管辖的继续和完成。[②] 实务界有观点认为，级别管辖解决人民法院管辖的纵向分工问题，地域管辖解决人民法院管辖的横向分工问题。我国《行政诉讼法》根据两个因素来规定地域管辖：一是各级人民法院的辖区；二是当事人或诉讼标的与人民法院辖区的关系。地域管辖和级别管辖又存在密切联系。前者是在后者的基础上发生的，只有明确级别管辖才能确定地域管辖，也只有明确了级别管辖后才能通过地域管辖进一步落实具体受理的人民法院，最终解决案件管辖问题。[③] 人民法院裁判文书载明，地域管辖与级别管辖互相补充，互不矛盾，但地域管辖不能逾越级别管辖的规定。[④]

① 江必新. 从跨区划管辖到跨区划法院——兼论新型诉讼格局之构建 [J] 人民司法·应用，2017(31).
② 马怀德. 新编中华人民共和国行政诉讼法释义 [M]. 北京：中国法制出版社，2014:80.
③ 梁凤云. 行政诉讼讲义（上）[M]. 北京：人民法院出版社，2022:182.
④ 安徽省高级人民法院（2019）皖行辖终 1 号。

案例指引

● 案例一

▶ **裁判要旨**　*行政诉讼案件的地域管辖*

▶ **案号索引**　*最高人民法院（2018）最高法行申1261号*

▶ **文书摘要**　根据《行政诉讼法》第18条第1款规定，重庆市第一中级人民法院和重庆市第五中级人民法院分别作为沙坪坝区政府和重庆市政府所在地人民法院，均对本案具有管辖权。《行政诉讼法》第21条规定"两个以上人民法院都有管辖权的案件，原告可以选择其中一个人民法院提起诉讼。原告向两个以上有管辖权的人民法院提起诉讼的，由最先立案的人民法院管辖。"依据上述规定，本案依法应由最先立案的重庆市第一中级人民法院管辖，重庆市第五中级人民法院对本案的管辖权应予排除。

● 案例二

▶ **裁判要旨**　*行政诉讼案件的地域管辖*

▶ **案号索引**　*广东省高级人民法院（2017）粤行申81号*

▶ **文书摘要**　根据申请人甲申请再审提交的材料反映，甲认为其于2015年12月在某分店购入的咖啡豆系违法进口食品，被申请人皇岗海关、佛山海关的行政监管行为侵犯其合法权益，向佛山市中级人民法院提起诉讼。根据《行政诉讼法》第18条第1款、第25条第1款、第49条规定，申请人甲起诉皇岗海关的行政监管行为，不属于原一审法院的管辖范围。

● **案例三**

▶ **裁判要旨**　行政诉讼案件的地域管辖

▶ **案号索引**　广东省佛山市中级人民法院（2016）粤 06 行初 58 号、（2016）粤 06 行初 88 号

▶ **文书摘要**　原告以其在某分店购买了原产美国的咖啡豆商品，故主张被告佛山海关、皇岗海关行为违法，向佛山市中级人民法院提起诉讼。两份文书均对地域管辖和原告主体资格进行了裁判：其中（2016）粤 06 行初 58 号文书首先根据《行政诉讼法》第 18 条第 1 款关于地域管辖的规定，原告起诉被告皇岗海关的行政监管行为，不属于本院的管辖范围，原告可向有管辖权的法院另案诉讼，再对原告主体资格进行评判；（2016）粤 06 行初 88 号则首先阐明原告与被诉行政行为没有法律上的利害关系，不具有提起本案行政诉讼的原告主体资格，再对管辖问题作出评判："另外，根据《行政诉讼法》第 18 条第 1 款关于地域管辖的规定，原告起诉被告皇岗海关的行政监管行为不属于本院的管辖范围，原告可向有管辖权的法院另案诉讼。"

（三）海关行政诉讼案件的移送管辖

法律条文

《行政诉讼法》第 22 条　人民法院发现受理的案件不属于本院管辖的，应当移送有管辖权的人民法院，受移送的人民法院应当受理。受移送的人民法院认为受移送的案件按照规定不属于本院管辖的，应当报请上级人民法院指定管辖，不得再自行移送。

简要解读

移送管辖是指人民法院对已经受理的案件经审查发现不属于本法院管辖时，将案件移送给有管辖权的人民法院管辖的一种法律制度[①]；是指人民法院受理行政案件以后，发现所受理的行政案件确实不属于自己管辖而应当由其他人民法院管辖，将案件移送给有管辖权的人民法院审理的制度[②]。《最高人民法院关于进一步保护和规范当事人依法行使行政诉权的若干意见》（法发〔2017〕25号）规定，对于属于人民法院受案范围的行政案件，人民法院发现没有管辖权的，应当告知当事人向有管辖权的人民法院起诉；已经立案的，应当移送有管辖权的人民法院。法释〔2018〕1号第10条第2款规定，对当事人提出的管辖异议，人民法院应当进行审查。异议成立的，裁定将案件移送有管辖权的人民法院；异议不成立的，裁定驳回。

人民法院裁判文书认为，移送管辖是法院错误受理案件之后采取的一种补救措施，目的不仅在于纠正法院的管辖错误，也旨在谋求对于原告的便利。如果人民法院像对待不具备起诉条件的其他情形一样裁定驳回起诉，那么原告不仅需要花费再诉的时间和费用，还有可能导致起诉期限的耽误。[③]

有学者认为，移送管辖主要发生在同级人民法院之间，用于纠

---

① 《行政诉讼法及司法解释关联理解与适用》编委会. 行政诉讼法及司法解释关联理解与适用（上册）[M]. 北京：中国法制出版社，2018:163.
② 梁凤云. 行政诉讼讲义（上）[M]. 北京：人民法院出版社，2022:193.
③ 最高人民法院（2018）最高法行申1119号、（2018）最高法行申1133号、（2018）最高法行申1134号、（2018）最高法行申1303号等。

正地域管辖方面的错误，少数情况下也会发生在上下级人民法院之间。① 实务界有观点认为，移送管辖的情形包括：（1）同级异地法院之间的移送，这属于地域管辖方面的调整；（2）上下级法院之间的移送，这属于级别管辖方面的调整。② 移送管辖一般发生在同级异地人民法院之间。从法律上讲，它也可以发生在不同审级人民法院之间。例如，海关处理的案件，被基层人民法院受理，然后移送中级人民法院管辖。③

《最高人民法院对十三届全国人大二次会议第 5785 号建议的答复》载明，移送管辖是人民法院在受理民事案件后，发现本院对案件无管辖权，依法将案件移送给有管辖权的法院审理的制度。既包括同级法院之间的移送，也包括不同级法院之间的移送。人民法院有的裁判文书认为，《行政诉讼法》第 22 条是关于移送管辖的规定，解决的是人民法院之间因地域管辖发生争议的处理规则问题，不适用于起诉人违反级别管辖规定向没有管辖权的上级人民法院起诉的情形④；该条规定主要是指同级法院之间的案件移送，而非上下级法院之间的移送⑤；移送管辖主要发生在同级法院之间，对于上下级法院之间主要适用管辖权转移⑥。人民法院也有裁判文书认为，移

---

① 马怀德. 新编中华人民共和国行政诉讼法释义［M］. 北京：中国法制出版社，2014:94.
② 江必新，邵长茂. 新行政诉讼法修改条文理解与适用［M］. 北京：中国法制出版社，2015:76.
③ 梁凤云. 行政诉讼讲义（上）［M］. 北京：人民法院出版社，2022:193-194.
④ 最高人民法院（2016）最高法行申 730 号；安徽省高级人民法院（2020）皖行终 874 号等。
⑤ 最高人民法院（2017）最高法行申 2863 号。
⑥ 最高人民法院（2016）最高法行申 2301 号。

送管辖主要包括发生在同级法院之间的地域管辖错误，有时也包括发生在上下级法院之间的级别管辖错误。[①]此外，人民法院裁判文书载明，移送管辖的前提是案件已经受理。而案件尚未被受理，原审法院在立案阶段即发现案件不属于该院管辖，可以迳行裁定不予立案，并不符合移送管辖的条件。[②]

行政诉讼实践中，涉及海关行政诉讼案件移送管辖的案例相对较少。如，在浙江某公司与嘉兴海关案中，浙江省嘉兴市中级人民法院裁判文书载明，原告不服嘉兴海关作出的行政处罚决定，于2007年5月29日向嘉兴市南湖区人民法院提起行政诉讼，嘉兴海关于同年6月6日提出级别管辖异议，嘉兴市南湖区人民法院于同日移送至嘉兴市中级人民法院。嘉兴市中级人民法院于同年6月12日受理，于次日向被告送达了起诉状副本及应诉通知书，并依法组成合议庭于同年7月12日公开开庭审理了该案。

2018年机构改革时，原出入境检验检疫行政诉讼案件已由基层人民法院受理或审理，至机构改革时尚未作出裁判。机构改革后原告向基层人民法院起诉，基层人民法院予以受理。海关在收到应诉通知书后向基层人民法院作出机构改革有关情况的说明，提出变更被告申请或者管辖异议，有些基层人民法院将案件移送中级人民法院管辖。这实际上是因机构改革继续行使其职权的行政机关作为被告的变化带来级别管辖的变化。

---

① 最高人民法院（2018）最高法行申1119号、（2018）最高法行申1133号、（2018）最高法行申1134号、（2018）最高法行申1303号等。
② 最高人民法院（2017）最高法行申360号。

案例指引

● 案例一

▶ **裁判要旨**　机构改革后管辖法院的变化

▶ **案号索引**　广东省高级人民法院（2019）粤行终 1438 号

▶ **文书摘要**　2018 年 4 月 15 日，原告甲向深圳市盐田区人民法院邮寄起诉状等诉讼材料，提起行政诉讼，因本案不属该院管辖而移送至深圳市中级人民法院。起诉要求撤销深圳湾检验检疫局于 2017 年 12 月 12 日作出《政府信息公开答复书》的具体行政行为，并责令在法定期限内重新作出具体行政行为；撤销深圳检验检疫局于 2018 年 3 月 30 日作出《行政复议决定书》的具体行政行为等。原审法院认为，本案被诉政府信息公开答复系由深圳湾检验检疫局作出，因机构改革该局的职权现由深圳湾海关继续行使，故深圳湾海关系本案的适格被告。而行政复议机关深圳检验检疫局的职权现由深圳海关继续行使，故深圳海关亦是本案的适格被告。该案一审法院广东省深圳市中级人民法院依照《行政诉讼法》第 69 条之规定，判决驳回原告的诉讼请求。上诉人不服上述判决，向本院提起上诉。二审法院经审查，原审法院查明的事实属实，本院予以确认。

● 案例二

▶ **裁判要旨**　机构改革后管辖法院的变化

▶ **案号索引**　广东省深圳市盐田区人民法院（2018）粤 0308 行初 1009 号

▶ **文书摘要**　原告因不服深圳湾出入境检验检疫局政府信息公开行

为、深圳出入境检验检疫局行政复议决定，于 2018 年 4 月 24 日向本院提起行政诉讼，本院已于当日立案。经查，因机构改革，出入境检验检疫管理职责现已划入海关，原深圳湾出入境检验检疫局、深圳出入境检验检疫局的职权现分别由深圳湾海关、深圳海关继续行使。本院认为，《行政诉讼法》第 15 条规定："中级人民法院管辖下列第一审行政案件：……（二）海关处理的案件；……"第 26 条第 6 款规定："行政机关被撤销或者职权变更的，继续行使其职权的行政机关是被告。"据此，本案被告依法应确定为深圳湾海关、深圳海关，本案属于海关处理的案件，第一审应由中级人民法院管辖。综上，依照《行政诉讼法》第 22 条之规定，裁定本案移送广东省深圳市中级人民法院管辖。

第四章　行政诉讼的当事人

行政诉讼法律关系主要有三方主体：人民法院、原告和被告。围绕这三方主体而参加行政诉讼法律关系的还有第三人、诉讼代理人、证人、鉴定人、勘验人、翻译人员乃至法律监督机关等。[1] 行政诉讼参加人，是指参加行政诉讼的整个过程或者主要阶段的，与行政争议存在利害关系的人，以及与他们的诉讼地位相类似的人。[2] 诉讼当事人是诉讼参加人的一个子概念，是指因发生行政争议，以自己名义进行诉讼，并受人民法院裁判拘束的主体。诉讼当事人包括原告、被告、第三人、共同诉讼人。[3]

《行政诉讼法》第四章专章规定了行政诉讼参加人，包括行政诉讼的原

①　姜明安.行政诉讼法（第三版）[M].北京：北京大学出版社，2016:117.
②　梁凤云.行政诉讼讲义（上）[M].北京：人民法院出版社，2022:205.
③　马怀德.新编中华人民共和国行政诉讼法释义[M].北京：中国法制出版社，2014:104.

告、被告、共同诉讼人、诉讼中的第三人和诉讼代理人。其中，原告、被告、共同诉讼人、诉讼中的第三人统称为"行政诉讼的当事人"。当然，依照《行政诉讼法》的规定，行政诉讼的当事人在一审程序中称"原告""被告""第三人"；参照《民事诉讼法》的规定，在二审程序中称"上诉人""被上诉人"，在审判监督程序中称"原审原告""原审被告"或"原上诉人""原被上诉人"。[①] 行政诉讼的当事人应当有参与行政诉讼的能力。这种参与能力，又称当事人能力或者诉讼权利能力，是指当事人在诉讼案件中取得作为原告或者被告法律地位的能力，与诉讼行为能力和当事人适格不同，这是一种对所有当事人普遍适用的抽象的资格要求。当事人能力又分为原告当事人能力与被告当事人能力。[②] 诉讼实施权的归属主体既可以是实体权利或法律关系主体本人，也可以是实体权利或法律关系主体以外的第三人。[③]

结合行政诉讼案例和应诉实践，本书仅对第一审普通程序中的原告、被告和第三人作简要介绍。

 ## 一、原告

谁有权或有资格提起行政诉讼，进入法院大门，质问公共行政的合法性？就法律术语而言，它经常被置于"行政诉讼原告资格"概念之下予以讨论。[④] 为了避免权利救济给行政效率造成过大的冲击，各国行政诉讼制度均在起诉环节设置了一系列门槛，原告资格就是其中一个重要的

---

① 周佑勇.行政法原论（第三版）[M].北京：北京大学出版社，2018:386.
② 最高人民法院（2017）最高法行申 6546 号、（2017）最高法行申 6549 号等。
③ 肖建国，黄忠顺.诉讼实施权理论的基础性构建[J].比较法研究，2011(2).
④ 沈岿.行政诉讼原告资格：司法裁量的空间与限度[J].中外法学，2004(2).

门槛。[①]

　　原告资格，是指公民、法人或者其他组织提起行政诉讼，在主体上获得法律认可的条件。[②] 行政诉讼的原告资格是指在行政诉讼中，公民、法人或者其他组织必须具备一些什么条件才可以以自己的名义提起诉讼。原告是指认为行政行为侵犯其合法权益并向人民法院提起诉讼的公民、法人或者其他组织[③]；原告是指依照《行政诉讼法》向人民法院提起诉讼的行政相对人以及其他与行政行为有利害关系的公民、法人或者其他组织[④]。有学者提出，检验原告资格的四项标准包括：1.原告是自然人和组织；2.存在合法权益（法律权益）；3.合法权益（法律权益）属于原告；4.合法权益（法律权益）可能受到被诉行为影响。[⑤] 实务界有观点认为，一般来说，判断是否具有原告主体资格通常从以下三方面考虑：第一，行政行为的作出是否与权利义务的增减得失有关；第二，提起诉讼后能否得到实际的诉讼利益；第三，诉讼完结后能否承担裁判确定的权利义务。[⑥] 有学者提出，关于行政诉讼原告的范围，有20种情形下的个人、组织（其中可能有部分重合、交叉）依法可以取得行政诉讼原告的资格，他们如果处在具体行政法律关系中，与被诉行政行为有了利害关系，可以成为实际行政诉讼法律关系中的原告。[⑦]

[①]　王振宇.行政诉讼与国家赔偿审判理论与实务［M］.北京：人民法院出版社，2023:25−26.

[②]　江必新.中国行政诉讼制度的完善：行政诉讼法修改问题实务研究［M］.北京：法律出版社，2005:99.

[③]　《行政诉讼法及司法解释关联理解与适用》编委会.行政诉讼法及司法解释关联理解与适用（上）［M］.北京：中国法制出版社，2018:178.

[④]　姜明安.行政诉讼法（第三版）［M］.北京：北京大学出版社，2016:121.

[⑤]　沈岿.行政诉讼原告资格：司法裁量的空间与限度［J］.中外法学.2004(2).

[⑥]　江必新.行政审判中的立案问题研究［J］.法律适用，2018(3).

[⑦]　姜明安.行政诉讼法（第四版）［M］.北京：法律出版社，2021:136−137.

法律条文

《行政诉讼法》第 25 条　行政行为的相对人以及其他与行政行为有利害关系的公民、法人或者其他组织，有权提起诉讼。

有权提起诉讼的公民死亡，其近亲属可以提起诉讼。

有权提起诉讼的法人或者其他组织终止，承受其权利的法人或者其他组织可以提起诉讼。

人民检察院在履行职责中发现生态环境和资源保护、食品药品安全、国有财产保护、国有土地使用权出让等领域负有监督管理职责的行政机关违法行使职权或者不作为，致使国家利益或者社会公共利益受到侵害的，应当向行政机关提出检察建议，督促其依法履行职责。行政机关不依法履行职责的，人民检察院依法向人民法院提起诉讼。

简要解读

"现行行政诉讼法关于原告资格的规定比较原则。实践中，有的将行政诉讼原告仅理解为具体行政行为的相对人，排除了其他利害关系人。建议明确：具体行政行为的相对人以及其他与具体行政行为有利害关系的公民、法人或者其他组织，有权作为原告提起诉讼。（修正案草案第十条）"① 有学者认为，2017 年《行政诉讼法》第25 条的规定，至少发生了两方面的显著变化：一是"相对人"这一

① 信春鹰. 中华人民共和国行政诉讼法释义［M］. 北京：法律出版社，2014:314-315.

学术概念经由立法在我国已成为含义清晰的法律概念，以往，"相对人"在法律上的内涵是狭义的，仅指行政行为针对的"直接相对人"，即直接被法律文书所承载并受行政行为法律效力拘束的人；二是立法第一次明确了行政诉讼原告资格的二元结构，即原告分为"相对人型原告"和"其他利害关系人型原告"或曰"相关人型原告"即"行政第三人型原告"两大类，当然，"其他"二字表明，"相对人型原告"和"行政第三人型原告"统称为"利害关系人"，即原告就是与行政行为有利害关系的人。① 根据大陆法系有关诉讼目的基准之学说，行政诉讼被划分为主观诉讼与客观诉讼。客观诉讼的目标是探寻客观法秩序的维护，主观诉讼的目的是化解行政纠纷及维护公民合法权益。② 在日本，通说性理解是，所谓主观诉讼，是指以保护个人权利利益为目的的诉讼；而客观诉讼，是指以保障法规的客观公正适用或一般公共利益为目的的诉讼。③ 从比较法的视角观察，主观诉讼与客观诉讼的区分标准有二：一是诉讼目的，二是法律争议的性质。④ 在一些国家或者地区的行政诉讼中，客观诉讼与主观诉讼并存。⑤

我国行政诉讼的性质究竟是主观诉讼还是客观诉讼，无论在理论界还是在实务界，都存在一定争议。⑥ 理论界主要观点包括：一是行政诉讼是主观诉讼与客观诉讼的统一体，任何一个行政诉讼案件兼具

① 倪洪涛. 论行政诉讼原告资格的"梯度性"结构 [J]. 法学评论，2022(3).
② 黄学贤，李凌云. 行政诉讼合法性审查原则的理论研究与实践发展 [J]. 学习与探索，2020(5).
③ 王贵松. 信息公开行政诉讼的诉的利益 [J]. 比较法研究，2017(2).
④ 成协中. 保护规范理论适用批判论 [J]. 中外法学，2020(1).
⑤ 马怀德. 保护公民、法人和其他组织的权益应成为行政诉讼的根本目的 [J]. 行政法学研究，2012(2).
⑥ 王贵松. 行政诉讼的诉审判一致性 [J]. 中国法学，2024(2).

主观诉讼与客观诉讼的特征。① 二是主观诉讼为主、客观诉讼为辅。②
三是整体上归属于主观诉讼，无论是否强调行政争议实质性解决与行
政诉讼制度性质的关系，我国既有的行政诉讼制度整体上应归属于主
观诉讼，而非一般所理解的客观诉讼（也存在客观诉讼的情况，但仅
仅限于《行政诉讼法》第25条规定的检察行政公益诉讼）。③ 四是客
观诉讼，如行政诉讼原告资格条款、合法性审查原则以及判决种类，
进一步夯实了行政诉讼的客观诉讼功能④；我国《行政诉讼法》更多地
体现出客观诉讼的特质，强调对客观法律秩序的维护⑤。五是寓客观诉
讼于主观诉讼之中，《行政诉讼法》第1条中的"监督行政机关依法
行使职权"在行政诉讼中添加了一种客观诉讼成分，或者说寓客观诉
讼于主观诉讼之中；第74条第1款第2项中"行政行为程序轻微违
法，但对原告权利不产生实际影响的"，法院判决确认违法，但不撤
销行政行为，这条也被渗入了客观诉讼的成分。⑥ 六是我国行政诉讼
既不是完整意义上的主观诉讼，也不是完整意义上的客观诉讼。⑦

　　人民法院会议纪要载明，我国的行政诉讼制度越来越多地体现
出主观诉讼的特征。⑧ 从我国《行政诉讼法》规定看，我国的行政

---

① 邓刚宏. 行政诉讼举证责任分配的逻辑及其制度构建［J］. 政治与法律，2017(3).
② 王青斌，张莹莹. 论投诉人和举报人在行政诉讼中的原告资格［J］. 求索，2022(4).
③ 闫尔宝. 论实质解决行政争议的规范主义进路［J］. 法治研究，2023(1).
④ 成协中. 论我国行政诉讼的客观诉讼定位［J］. 当代法学，2020(2).
⑤ 贾亚强. 论行政诉讼实质性解决行政争议的实现——以争讼行政法律关系的确定为
研究进路［J］. 法律适用，2012(4).
⑥ 章剑生. 行政诉讼中滥用诉权的判定［J］. 交大法学，2017(2).
⑦ 薛刚凌，杨欣. 论我国行政诉讼构造："主观诉讼"抑或"客观诉讼"？［J］. 行政法
学研究，2013(4).
⑧ 最高人民法院行政审判庭. 最高人民法院行政审判庭法官会议纪要（第一辑）［M］.
北京：人民法院出版社，2022:58.

诉讼更接近于主观诉讼，更多强调的是对自身合法权益的保护。虽然在公益诉讼方面逐步有所放开，但目前仅限于环境保护、消费者权益保护等方面的公益诉讼，且原告主体资格仍然有严格的限定，并未完全放开至所有公民。[①] 人民法院裁判文书载明，行政诉讼的原告资格关系到什么样的人有权提起行政诉讼并启动对行政行为的司法审查。因而，原告资格问题实质上也是诉权问题。通说认为，诉权概念的产生有其历史背景，当时是为了拒绝这样一种观点：行政诉讼是一种客观合法性审查。客观合法性审查事实上会导致个人可以主张他人的权利乃至民众的权利，会把行政诉讼变成一种民众诉讼。但行政诉讼制度之发端，终究是为了对每一个其自身权利受到侵害的个人提供法律保护。《行政诉讼法》第2条第1款规定就体现了这样一种更加侧重权利救济的主观诉讼性质。[②] 根据《行政诉讼法》第2条第1款、第25条第1款可知，除法律明确规定的公益诉讼外，行政诉讼原则上属于主观诉讼。原告提起行政诉讼，必须是认为他自己的合法权益受到行政行为侵犯。换句话说，只有自己的合法权益受到侵犯，才具备利害关系，也才具有行政诉讼的原告资格。[③]

具备原告资格是公民、法人或者其他组织提起行政诉讼的法定起诉条件之一。有学者将"如何判定原告资格？"视为中国行政法理论与实务上多年来未能很好解决的"哥德巴哈猜想"式的难

① 最高人民法院行政审判庭.最高人民法院行政审判庭法官会议纪要（第二辑）[M].北京：人民法院出版社，2023:105.
② 最高人民法院（2016）最高法行申2560号。
③ 最高人民法院（2018）最高法行申2975号。

题。① 行政诉讼的原告资格关系到什么样的人有权提起行政诉讼并启动对行政行为的司法审查，也是被告答辩应诉需关注的一个基本角度和重要方面。

（一）行政相对人

"行政相对人"的定义众说纷纭。有学者认为，所谓"行政相对人"，是指在行政管理法律关系中与行政主体相对应的另一方当事人，即行政主体行政行为影响其权益的个人、法人或其他组织。行政相对人不仅指行政行为的直接对象（直接相对人），也包括其权益受行政行为影响的其他人（间接相对人）。② 也有观点认为，行政相对人是指行政机关的行政行为直接针对的公民、法人或者其他组织。③ 人民法院裁判文书认为，在通常情况下，行政行为的相对人总是有诉权的，因为一个不利行政行为给他造成的权利侵害之可能性是存在的，因而其原告资格总是显而易见。因而，有人把行政相对人称为"明显的当事人"。④

（二）其他与行政行为有利害关系的公民、法人或者其他组织

《行政诉讼法》第 25 条第 1 款规定"其他与行政行为有利害关系的公民、法人或者其他组织"有权提起行政诉讼。因为，可能受到行政行为侵害

① 章剑生. 行政诉讼原告资格中"利害关系"的判断结构［J］. 中国法学，2019(4).
② 姜明安. 行政诉讼法（第三版）［M］. 北京：北京大学出版社，2016:121.
③ 梁凤云. 行政诉讼讲义（上）［M］北京：人民法院出版社，2022:206.
④ 最高人民法院（2016）最高法行申 2560 号。

的绝不仅仅限于直接相对人。"其他与行政行为有利害关系的公民、法人或者其他组织",又称为行政相关人,是指因行政行为受到实质的、不利的影响的,除相对人之外的公民、法人或者其他组织。① 之所以肯定行政相关人的原告资格,也是考虑行政诉讼比通过其他途径解决争议的效率更高、成本更低,更有利于保护公民、法人或者其他组织的合法权益。② 也有学者认为,《行政诉讼法》第 25 条所指"其他与行政行为有利害关系的公民、法人或者其他组织"即为间接相对人。③

回溯过去近 40 年的行政法史,行政诉讼原告资格大致经历如下几个发展阶段:"直接利害关系"标准、"行政相对人"标准、"法律上利害关系"标准、"利害关系"标准。④"行政诉讼法修改,既没有采用司法解释中的'法律上的利害关系',也没有采用民事诉讼法中的'直接利害关系',而是采用'利害关系'标准。主要原因是,在目前法院不愿意受理行政案件的情况下,'法律上的利害关系'的不同理解,也可能会客观上限制公民的起诉权利;用'直接利害关系'标准,可能会被解释成行政行为的相对人。所以,无论是用'法律上的利害关系'还是'直接利害关系',都不适应解决当前行政诉讼中存在的立案难问题。采用'利害关系'标准,有助于司法实践根据实际需要,将应当纳入受案范围的行政争议纳入受案范围。"⑤ 当然,这里的"利害关系",也并非漫无边际,需要在实践中根据具体情况作出判断。还有哪些公民、法人或者组织可以作为原告,可以根据实践需要,通过对利

① 梁凤云. 行政诉讼讲义（上）［M］. 北京：人民法院出版社, 2022:206.
② 袁杰. 中华人民共和国行政诉讼法解读［M］. 北京：中国法制出版社, 2014:73–74.
③ 姜明安. 行政诉讼法（第三版）［M］. 北京：北京大学出版社, 2016:121.
④ 章剑生. 行政诉讼原告资格中"利害关系"的判断结构［J］. 中国法学, 2019(4).
⑤ 信春鹰. 中华人民共和国行政诉讼法释义［M］. 北京：法律出版社, 2014:70；梁凤云. 行政诉讼法司法解释讲义［M］. 北京：人民法院出版社, 2018:70.

害关系的解释，进一步扩大。[①] 原告范围不断扩大，这是世界各国行政诉讼制度发展的共同经验，我国也不例外。[②] 行政诉讼原告资格的范围呈现出一个不断拓宽的趋势，行政诉讼原告资格判断标准从主观转向客观，与法治国家发展和权利保护需求相适应，符合实质法治的精神。[③]

人民法院裁判文书认为，可能受到行政行为侵害的绝不仅仅限于直接相对人。为了保证直接相对人以外的公民、法人或者其他组织的诉权，而又不使这种诉权的行使"失控"，法律才限定了一个"利害关系"的标准。[④] 是否与该行政行为有法律上的利害关系，是判断原告主体资格的实质标准。换言之，一个案件是否应当受理，主要看该公民、法人或者其他组织在诉讼中是否有诉讼利益的存在。[⑤]

1."利害关系"

"利害关系"是我国法律规范中经常出现的法律用语。《行政诉讼法》除了规定"利害关系"外，第56条第1款第2项、第77条第2款还有"利害关系人"的表述。"利害关系"是一个极其宽泛的概念，既有法律上的利害关系，又有事实上的利害关系；既有直接的利害关系，又有间接的利害关系；既有必然的利害关系，又有或然的利害关系；既有行政法上的利害关系，又有民法上的利害关系；既有涉及法律上明确保护的权利和值得法律保护的利益的利害关系，又有涉及反射利益的利害关系；等等，不一而足。[⑥]

① 童卫东.进步与妥协：《行政诉讼法》修改回顾［J］.行政法学研究，2015(4).
② 最高人民法院行政审判庭.最高人民法院行政诉讼法司法解释理解与适用（上）［M］.北京：人民法院出版社，2018:104.
③ 最高人民法院行政审判庭.最高人民法院行政审判庭法官会议纪要（第二辑）［M］.北京：人民法院出版社，2023:90.
④ 最高人民法院（2016）最高法行申2560号。
⑤ 最高人民法院（2016）最高法行申3083号。
⑥ 黄先雄.我国行政诉讼中必要参加诉讼第三人制度之构建［J］.法商研究.2018(4).

从行政诉讼实践来看，利害关系这个概念所可以包含的情形是多种多样的，也是多层次和有程度差异的，有所谓直接利害关系与间接利害关系，有重大利害关系与非重大利害关系。[①]

《最高人民法院关于进一步保护和规范当事人依法行使行政诉权的若干意见》（法发〔2017〕25号）规定，要准确把握新行政诉讼法第25条第1款规定的"利害关系"的法律内涵，依法审查行政机关的行政行为是否确与当事人权利义务的增减得失密切相关，当事人在诉讼中是否确实具有值得保护的实际权益，不得虚化、弱化利害关系的起诉条件。

根据人民法院会议纪要，通常而言，从行政法上理解，利害关系是指自然人、法人或者其他组织与行政行为有法律上的权利义务关系，即行政行为对自然人、法人或者其他组织的权益有法律上的影响，产生了法律效果。目前对"利害关系"的判断，常见的是主客观相统一的评判标准。[②]判断公民、法人或其他组织与行政行为是否具有"利害关系"，通常要考虑的三个基本要素：是否存在一项权利、该权利是否属于原告的正当权利以及该权利是否可能受到了被诉行政行为的侵害。[③]在司法实践中，大致符合以下几个条件，就可以认定利害关系存在：（1）原告主张的必须是合法的权利或者类似权利的利益；（2）权益归属于原告；（3）权益损害实际存在且有证据证明，而非主观臆想；（4）原告主张的权益受到行政法律规范的保护。[④]人民法院会议纪要也是把上述四个条件作为判断是否具有利害关系的标准，但表述上更加

①　杨小军.行政诉讼原告与被告资格制度的完善〔J〕.行政法学研究，2012(2).

②　最高人民法院行政审判庭.最高人民法院行政审判庭法官会议纪要（第一辑）〔M〕.北京：人民法院出版社，2022:6-7.

③　李广宇.最高人民法院第四巡回法庭典型行政案件裁判观点〔M〕.北京：法律出版社，2020:148.

④　国家法官学院，最高人民法院司法案例研究院.中国法院2023年度案例·行政纠纷〔M〕.北京：中国法制出版社，2023:179.

详尽：一是原告主张的必须是权利或者类似权利的利益；二是该权益归属于原告，如果原告主张的利益属于他人，或者属于公共利益，也不宜承认其与行政行为之间具有利害关系；三是权益损害可能性必然存在而非主观臆想，虽然在立案阶段并不要求权益受到行政行为侵害的结果已经实际发生，但从原告的主观层面看其受损可能性是可以预见的；四是原告主张的权益受到行政法律规范的保护，即原告所主张的利益从规范或者目的来看，属于行政机关在作出行政行为时应予保护或考虑的范畴。①

人民法院裁判文书载明，行政诉讼作为一种主观诉讼，其既然将行政行为相对人以外的当事人纳入权利保障的范围，就必然要设置一个标准以防止诉权的滥用，这就是"利害关系"。②所谓"利害关系"，也就是有可能受到行政行为的不利影响③；"利害关系"是指行政行为在客观上对已经或者必将对当事人的合法权益产生实际影响④；利害关系是指行政机关的行政行为对公民、法人或者其他组织的合法权益已经或者必将产生实际影响，这种影响既包括有利影响，也包括不利影响⑤；所谓"利害关系"应当是指被诉行政行为可能对起诉人的合法权益造成现实的、特别的、直接的损害或者不利影响⑥；"利害关系"一般仅指公法上的利害关系，不包括私法上的利害关系⑦。《行政诉讼法》第25条规定的"利害关系"应当包含四个方面的含义，即：1.存在一项法律赋予和保护的权利或利益；2.该权利或利益归属于原告个

① 最高人民法院行政审判庭.最高人民法院行政审判庭法官会议纪要（第二辑）[M].北京：人民法院出版社，2023:93.
② 广西壮族自治区南宁市中级人民法院（2018）桂01行终44号。
③ 最高人民法院（2016）最高法行申2560号。
④ 最高人民法院（2018）最高法行申464号。
⑤ 最高人民法院（2016）最高法行申3083号。
⑥ 最高人民法院（2017）最高法行申5239号、（2019）最高法行申7896号、（2019）最高法行申7899号。
⑦ 最高人民法院（2021）最高法行申919号。

人；3.该权利或利益可能受到了被诉行政行为的侵害；4.该权利或利益具有通过所提诉讼予以救济的可能性和必要性等。① 是否存在一项权利、该权利是否属于原告的主观权利以及是否可能受到了被诉行政行为的侵害，是"利害关系"标准具体要考虑的要素。②

2."有利害关系"

"有利害关系"这一标准为认定行政诉讼的原告提供了较为合理的依据和尺度。人民法院裁判文书载明，有利害关系的含义是指，作为行政诉讼的原告，必须主张一项属于他自己的主观权利，并且该权利可能受到了被诉行政行为的侵害③；所谓"有利害关系"，可以理解为被诉行政行为有可能对起诉人的权利义务造成区别于其他人的特别损害或者不利影响，且起诉人无法通过其他有效方式寻求救济④。

3."与行政行为有利害关系"

根据人民法院裁判文书，这里的"与行政行为有利害关系"应当指受到行政行为的实际影响，即行政行为实际上处分了其权利义务，包括行政行为增加了其义务或减损了其权利等情形。因此，只有行政行为确与当事人的权利义务增减得失相关的，当事人权利和法律上利益才有受到行政行为侵害的可能性。⑤ 也有裁判文书认为，根据《行政诉讼法》第25条规定，判断行政行为的相对人与行政行为是否有利害关系，应当看行政行为是否对相对人的权利义务造成实质上的影响。⑥ 结合上述"利害关系""有利害关系"等

---

① 最高人民法院（2017）最高法行再77号。
② 最高人民法院（2016）最高法行申2560号、（2017）最高法行申1164号、（2018）最高法行申221号、（2018）最高法行申223号等。
③ 最高人民法院（2017）最高法行申4076号。
④ 最高人民法院（2020）最高法行再110号。
⑤ 最高人民法院（2019）最高法行申10675号、（2019）最高法行申10680号。
⑥ 最高人民法院（2019）最高法行申10506号。

分析，"与行政行为有利害关系"不应限于"实际影响"，也应包括可能对权益的损害或者不利影响。《行政审判办案指南（一）》规定，公民、法人或其他组织认为行政行为对自身合法权益具有潜在的不利影响，如果这种影响以通常标准判断可以预见，则其对该行政行为具有原告资格。即以存在"权利侵害可能性"为标准，只要原告主张的权利存在遭受被诉行政行为侵害的可能性，原告就具有利害关系。①

根据上述规定和行政诉讼案例，结合《行政诉讼法》第2条第1款的规定，除行政相对人外，"其他与行政行为有利害关系的公民、法人或者其他组织"要成为适格的行政诉讼原告需具备的条件：一是该公民、法人或者其他组织具有法律保护的权益。在确定原告资格时，要以行政机关作出行政行为时所依据的行政实体法是否要求行政机关考虑和保护原告诉请保护的权利或法律上的利益，作为判断是否具有"利害关系"的重要标准。这里所指的行政实体法应当作为一个体系进行整体考察，即不能仅仅考察某一个法律条文或者某一个法律法规，而应当参照整个行政实体法律规范体系、该行政实体法的立法宗旨和目的、作出被诉行政行为的目的和性质，来进行综合考量。②二是该公民、法人或者其他组织认为其合法权益受到行政行为的侵犯。行政诉讼的起诉人，只要能提供初步的证据证明其存在合法权益被侵犯的可能性，则应当认可其提起诉讼的资格。不能以事后查明的不具备合法权益或者其合法权益未被侵犯事实，来否认其提起诉讼的资格。③三是该公民、法人或者其他组织必须与被诉行政行为有利害关系。公民、法人或者其他组织提起行政诉讼，其原告资格中的利害关系应当以"可能性"为标准，只要原告的主张

---

① 最高人民法院（2018）最高法行再191号。
② 最高人民法院（2019）最高法行再107号。
③ 最高人民法院（2016）最高法行申1759号。

与被诉行政行为存在利害关系的可能性即具有利害关系。至于是否事实上存在利害关系则不属于原告资格的审查范畴，而是实体审查的范畴。[①]

此外，人民法院裁判文书载明，行政诉讼的裁判基准，应当以行政行为作出时的事实和法律状态为判断的基准。只有行政行为作出时，受其影响的主体才具备提起诉讼的资格。如果在行政行为作出后事实发生了变化，那么之后参与的主体及其利益也不是行政机关作出行政行为时所能考虑的对象及利益。[②]

案例指引

● 案例一

▶ **裁判要旨**　当事人是否具有法律保护的权益，作为判断当事人是否具有原告主体资格的重要标准

▶ **案号索引**　最高人民法院（2017）最高法行申 169 号

▶ **文书摘要**　将当事人是否具有法律保护的权益，作为判断当事人是否具有原告主体资格的重要标准，与行政行为合法性审查原则也相互契合。法院对行政行为合法性的评判，除了依据行政诉讼法等行政基本法，更要依据行政机关所主管的行政实体法；在实体问题上的判断，更多是依据行政实体法律、法规、规章甚至规范性文件。如果原告诉请保护的权益，并不是行政机关作出行政行为时需要考虑和保护的法律上的权益，即使法院认可其原告主体资格，但在对行政行为合法性进行实体审查时，仍然不会将行政机关未考虑原告诉请保护权益之情形，作为认

---

① 最高人民法院（2017）最高法行再 41 号。
② 最高人民法院（2019）最高法行申 10675 号、（2019）最高法行申 10680 号等。

定行政行为违法的标准。对于仅具有反射性利益，而非法律上权益的当事人而言，也不能以被诉行政行为被作否定性评价后，可能会间接有利于保护其所主张的权益为由取得原告主体资格。申言之，当事人民法上的权益或者习惯法上的权益，只有在有关行政法律规范对其加以保护的情形下，才能成为行政法上保护的权益，才能形成行政法上的利害关系，才能取得原告主体资格，才能请求司法保护该权益。

将当事人是否具有法律保护的权益，作为判断当事人是否具有原告主体资格的重要标准，与现行公益诉讼的立法和实践相一致。行政诉讼的立法宗旨，体现了权利保护和权力监督的统一性。适格原告的起诉，既在主观上维护自身合法权益，又在客观上维护法秩序，监督依法行政，有利于法治国家建设，从而体现出主观为自己、客观为他人的样态。因而，通过适度扩大原告主体资格、坚持合法性全面审查、严格审查标准等，可以在一定程度上弥合行政诉讼主、客观诉讼的争议。但行政诉讼虽有一定的公益性，却显然不能将原告主体资格范围无限扩大，将行政诉讼变相成为公益诉讼。

● 案例二

▶ **裁判要旨**　保护规范理论或者保护规范标准与原告资格

▶ **案号索引**　最高人民法院（2019）最高法行申 293 号

▶ **文书摘要**　原告资格问题、诉权问题以及受理条件问题，既有联系也有区别。具有原告资格的当事人的起诉，还必须具有提起行政诉讼的必要性和实效性，具备诉的利益。具有原告资格的当事人，可能由于合同或者其先行行为，通过明示、默示或者其他方式处分、抛弃或者放弃了诉权，或者存在比提起本案诉讼更为简便直接的其他救济方式，人民法院因而无须认可其诉权并受理其起诉。如果相关联的法律规范要求行政机关在作出决定时对某一要素予以考虑，行政机关若不予考虑，又会使第三人"具体且特别"地受到行政决定影响时，即可认为第三人属于规范保护范围。

保护规范理论或者说保护规范标准，将法律规范保护的权益与请求权基础相结合，具有较强的实践指导价值。即以行政机关作出行政行为时所依据的行政实体法和所适用的行政实体法律规范体系，是否要求行政机关考虑、尊重和保护原告诉请保护的权利或法律上的利益，作为判断是否存在公法上利害关系的重要标准。而准确理解并正确适用保护规范理论的前提，是准确、全面查找并参酌行政行为应当适用的保护规范，即行政机关作出行政行为时所应当依据的法律、法规、规章以及规范性文件。

● 案例三

▶ **裁判要旨**　相对人以外的人若有利害关系也可以起诉

▶ **案号索引**　最高人民法院（2018）最高法行申 2515 号、2516 号、2518 号、2519 号

▶ **文书摘要**　根据《行政诉讼法》第 25 条第 1 款、第 49 条第 1 项，《最高人民法院关于适用〈中华人民共和国行政诉讼法〉的解释》第 54 条第 1 款规定，行政行为相对人以外的利害关系人也可以依法提起行政诉讼，但是要提交初步的证据材料证明其与被诉行政行为具有利害关系。

● 案例四

▶ **裁判要旨** 起诉人应证明涉案行政行为对其权利义务造成何种实际影响

▶ **案号索引** 广东省高级人民法院（2019）粤行终 834 号

▶ **文书摘要** 根据《行政诉讼法》第 25 条第 1 款、《最高人民法院关于适用〈中华人民共和国行政诉讼法〉的解释》第 54 条第 1 款规定，起诉人应证明涉案行政行为对其权利义务造成何种实际影响。但本案中，当事人仅泛泛主张涉案《中华人民共和国海关进口货物报关单》《入境货物检验检疫证明》对其造成损害，却并未提供证据予以证实，故与涉案《中华人民共和国海关进口货物报关单》《入境货物检验检疫证明》无法律上的利害关系，不是适格原告。

延伸阅读

保护规范理论、主观公权利与反射利益

习近平总书记指出，我们要学习借鉴世界上优秀的法治文明成果，但是，学习借鉴不等于是简单的拿来主义，必须坚持以我为主、为我所用，认真鉴别、合理吸收，不能搞"全盘西化"，不能搞"全面移植"，不能照搬照抄。[①] 以 2017 年"刘某某诉张家港市人民政府行政复议案"为标志，法院开始大量援引"保护规范理论"来阐释原告资格，或是借助与保护规范理论密切关联的主观权利、反射利益等概念来框定和厘清

---

① 习近平.加快建设社会主义法治国家［M］// 习近平.论坚持全面依法治国.北京：中央文献出版社，2020:111.

作为原告资格基准的"利害关系"。① 与其他域外理论的纳入路径不同，我国对保护规范理论的吸收明显是审判实践先行。在学界尚未兴起对这一理论的研究热潮前，司法实务就已率先开始援引这一域外理论，并予以大范围推广。② 保护规范理论的产生，原本并不是为了识别和判断原告资格。与保护规范理论相伴相生的"主观公权利"概念，本是为了厘清国家行政权是否必须以及何时直接回应、落实并保护法律条文规定的公民的权利。简言之，保护规范所规定的权益，才是可以直接请求国家保护的"主观公权利"，如果个人只是从法条规定的事实上受益，但法律并未赋予其法律实现的权能，此时其享有的仅是反射利益；此种法条规定的权能并不能直接、自动转化为公民的权利，公民也无权仅凭此法条即主张实现权利。适用保护规范理论的前提是明确界分出"主观公权利"和"反射利益"。③ 保护规范理论也因此成为区分主观公权利和反射利益的核心基准。④ 考虑到上述理论在行政诉讼案例中出现频率较高，在此作简单介绍：

1. 保护规范理论

保护规范理论源于德国，保护规范理论强调两个重要因素：一是根据法律可以清楚界定的潜在原告人的范围；二是规范的目的，至少也必须是旨在保护原告的。⑤ 在德国和日本，判断行政救济的原告资格，一

① 赵宏. 保护规范理论在举报投诉人原告资格中的适用 [J] 北京航空航天大学学报（社会科学版），2018(5).
② 赵宏. 保护规范理论的误解澄清与本土适用 [J]. 中国法学，2020(4).
③ 耿宝建. 主观公权利与原告主体资格——保护规范理论中国式表述与运用 [J]. 行政法学研究，2020(2).
④ 赵宏. 原告资格从"不利影响"到"主观公权利"的转向与影响 [J]. 交大法学，2019(2).
⑤ 弗里德赫尔穆·胡芬. 行政诉讼法 [M]. 莫光华，译. 北京：法律出版社，2003:252.

般采取保护规范说，也就是说，主要看个案中所适用的法规是否存在保护私人利益的目的，如果存在，则为保护规范。① 有学者认为，鉴于我国行政诉讼的原告资格与德国法中的诉讼权能基本相当，而德国法又将这一问题诉诸主观公权利以及保护规范理论，保护规范理论遂成为我国司法裁判借鉴的重要资源。② 保护规范理论的纳入使行政诉权的判定回归至行政实体法，回归至实体法上主观公权利的有无。由此，行政诉权以个体在实体法上的主观公权利为准据，其范围和界限也由实体法上的主观公权利来框定，成为理解原告资格的全新视角。③ 从发展演替来看，保护规范理论的核心大致又可归纳为如下两点：第一，保护规范理论的首要因素在于规范性，即对个人公法权利的析出需以实体法规范为依据；第二，支配保护规范理论的另一轴心是其对公益／私益的区分，以及对于规范必须具有"私益保护性"的强调。④

"刘某某案"对保护规范理论的适用，"所表达的保护规范理论或有不周，甚至保护规范理论本身就是伴随着种种批评而展开至今的，但其基点——以规范为线索——对于确保行政诉讼原告适格认定的客观性而言，有着不可替代的意义"。⑤ 将"受影响权益应受司法保护"转向被诉行政行为所涉及的实体法规范的思路，打破了传统行政审判中有关"原告主张权益应属诉讼法明确列举"的认识窠臼，使中国行政诉讼所保护的原告权益不再拘泥于诉讼法的明确列举，或是法院在个案裁判中的逐

---

① 王贵松. 行政法上利害关系的判断基准 [J]. 交大法学，2016(3).
② 赵宏. 保护规范理论的历史嬗变与司法适用 [J]. 法学家，2019(2).
③ 赵宏. 主观公权利、行政诉权与保护规范理论 [J]. 行政法学研究，2020(2).
④ 赵宏. 中国式保护规范理论的内核与扩展——以最高人民法院裁判为观察视角 [J]. 当代法学，2021(5).
⑤ 王天华. 主观公权利的观念与保护规范理论的构造 [J]. 政法论坛，2020(1).

步推进，具有相当的积极意义。①我国最高人民法院通过指导性案例引入的保护规范理论和主观公权利的概念，是对我国行政诉讼的司法准入标准的一个重要的突破。②人民法院裁判文书载明，公法（行政法）上利害关系的判断，同样较为复杂。原告主体资格问题与司法体制、法治状况和公民意识等因素密切相关，且判断是否具备原告主体资格的标准多重，并呈逐渐扩大和与时俱进态势。其中，保护规范理论或者说保护规范标准，将法律规范保护的权益与请求权基础相结合，具有较强的实践指导价值。③

"保护规范理论的缺点同时也恰是其优点。"④保护规范理论虽然在德国公法史上历史悠久且意义重大，却同样遭遇诸多批评。⑤保护规范理论虽然为主观公权的判定提供基准和框架，但在很多情况下都绝非一台毫厘无差的仪器，并无法对主观公权和反射利益进行精确区分，即使德国法同样在宽严之间不停摇摆。⑥有学者指出，保护规范理论绝非一个价值中立、放之四海而皆准的普适性理论，其适用具有严格的制度背景，对于司法解释技术具有高度的依赖性。其在我国的适用可能面临诸多理论上和制度上的困境。⑦保护规范理论为我国原告资格的判定提供了清晰确定的思考框架和操作步骤。但我国司法实践在适用这一理论时

① 赵宏. 保护规范理论在举报投诉人原告资格中的适用 [J] 北京航空航天大学学报（社会科学版），2018(5).
② 罗冠男. 我国行政诉讼准入标准的变化与演进——从"法益"标准的角度 [J]. 中共中央党校（国家行政学院）学报，2021(3).
③ 最高人民法院（2017）最高法行申 169 号、（2017）最高法行申 4361 号等.
④ 哈特穆特·鲍尔. 新旧保护规范论 [J]. 王世杰，译. 财经法学，2019(1).
⑤ 赵宏. 法律关系取代行政行为的可能与困局 [J]. 法学家，2015(2).
⑥ 赵宏. 保护规范理论在举报投诉人原告资格中的适用 [J]. 北京航天航空大学学报（社会科学版），2018(5).
⑦ 成协中. 保护规范理论适用批判论 [J]. 中外法学，2020(1).

也暴露出诸多问题，这些问题产生的原因在很大程度上源于我们对这一理论的整体发展脉络缺乏系统观察。① 伴随司法实践对这一理论的大量援引，学界同样开始出现对这一理论及其适用的质疑。② 如，有观点认为，保护规范理论未必能带来客观、稳定的原告资格判断框架③；法律解释技术的不成熟导致保护规范理论在适用中遭遇法规范目的解释不确定与"空转"困境，并在客观效果上导致当事人的诉权受到限缩④。这也说明了要坚持将学习借鉴域外经验与中国实际相结合，不能照搬照抄，要从中国实际出发。经由最高人民法院的裁判努力，保护规范理论的中国版本已基本塑成。中国式保护规范理论也需在未来的审判实践中通过明确适用领域、进行类案积累、提炼解释方法等方式进一步予以优化和提升。⑤ 对于当代中国而言，去推动实体法观念的确立，使"行政诉权"获得更为坚实的权利性、使行政诉讼制度获得更为牢靠的法律性，进而使"依法裁判"在行政诉讼中逐步落到实处。而向这个目标的接近，需要学界与实务界的共同努力。⑥ 中国法语境下研究并适用保护规范理论，亦应是中国化、当代化的。保护规范理论的中国式表述体现以下功能：有利于原告资格判断标准的客观化和精细化保护；有利于扩大而不是限缩原告资格范围；有利于强化对权利尤其是基本权利的保障；有利于保护受到行政行为结果影响的当事人诉权；能有效制止滥用诉讼权利。⑦

① 赵宏.保护规范理论的历史嬗变与司法适用［J］.法学家，2019(2).
② 杨建顺.适用保护规范理论应当慎重［N］.检察日报，2019-4-24(7).
③ 陈无风.我国行政诉讼中"保护规范理论"的渐变和修正［J］.浙江学刊，2020(6).
④ 何源.保护规范理论的适用困境及其纾解［J］.法商研究，2022(3).
⑤ 赵宏.中国式保护规范理论的内核与扩展——以最高人民法院裁判为观察视角［J］.当代法学，2021(5).
⑥ 王天华.有理由排斥保护规范理论吗？［J］.行政法学研究，2020(2).
⑦ 耿宝建.主观公权利与原告主体资格——保护规范理论中国式表述与运用［J］.行政法学研究，2020(2).

2. 主观公权利

保护规范理论始终都与德国法上的另一重要装置——主观公权利紧密相连。更准确地说，保护规范理论自始都被作为识别、判定和查明主观公权利的基准，主观公权利也因此构成了保护规范理论的背景。如果说保护规范理论是显见的前台运转程序的话，那么主观公权利就是在后台支配其运转的真正内核。①

主观公权利，从公民的角度来看，是指公法赋予个人为实现其权益而要求国家为或者不为特定行为的权能。主观公权利的实践意义在于司法救济。②在德国现代公法中，主观公权利被定义为"个人在根据公法规范所享有的，为自身利益而向国家要求为一定行为、不为一定行为或承担一定容忍义务的权能"。③客观法所规定的国家义务有很多，其中，只有规定该国家义务的行政法规范"至少也"以保护个人利益为目的者，才对应着该个人的主观公权利。④

"主观公权利"这一概念进入我国学者视野较为晚近，但影响却日渐增强。至2017年"刘某某案"，主观公权利以及与之密切相连的保护规范理论正式进入我国行政审判实务并获广泛推广。受其影响，我国行政诉讼所保护的"个人合法权益"也开始出现为主观公权利所替换的趋势。⑤与要求起诉人证明"利害关系""不利影响""权利减损"等证明负担相比，"主观公权利"标准更加客观、更加方便逻辑推理，也更加容易论证起诉

---

① 赵宏.保护规范理论的误解澄清与本土适用［J］.中国法学，2020(4).
② 哈特穆特·毛雷尔.行政法学总论［M］.高家伟，译.北京：法律出版社，2000:152-153.
③ 赵宏.原告资格从"不利影响"到"主观公权利"的转向与影响［J］.交大法学，2019(2).
④ 王天华.主观公权利的观念与保护规范理论的构造［J］.政法论坛，2020(1).
⑤ 赵宏.主观公权利的历史嬗变与当代价值［J］.中外法学，2019(3).

人存在某项主观公权利，更加有利于贯彻"有权利必有救济，无救济则无权利"的理念。[1]

人民法院裁判文书载明，现行行政诉讼法在确定原告主体资格问题上，总体坚持主观诉讼而非客观诉讼理念，行政诉讼首要以救济原告权利为目的，因此有权提起诉讼的原告，一般宜限定为主张保护其主观公权利而非主张保护其反射性利益的当事人。只有主观公权利，即公法领域权利和利益，受到行政行为影响，存在受到损害的可能性的当事人，才与行政行为具有法律上的利害关系，才形成了行政法上的权利义务关系，才具有原告主体资格（原告适格），才有资格提起行政诉讼。[2]

3. 反射利益

在德国、日本，曾经以"权利的反射"或"反射利益"概念，把由于法律保护公共利益而间接地给有关人员带来的利益，排除在私人享有的法律利益范围之外。[3]反射利益系指个人因公法规范而获得之事实上利益，该个人不能单独对行政机关有所请求。亦即客观的法规基于公益的目的，命令行政主体作为或不作为时，就该单纯的反射效果，个人事实上所享受的利益，因法律相关规定未赋予该个人得为裁判上主张自己利益的请求权，而只是一种事实上的期待与机会而已，故与公权力不同。[4]反射利益表明了当事人感受到的利益并非真正的利益本身，而是真正利益的投影。同时，反射利益也进一步提供了规范上的解释即反射利益主要是

① 耿宝建. 主观公权利与原告主体资格——保护规范理论中国式表述与运用［J］. 行政法学研究，2020(2).
② 最高人民法院（2017）最高法行申 169 号。
③ 弗里德赫尔穆·胡芬. 行政诉讼法［M］. 莫光华，译. 北京：法律出版社，2003:251；杨建顺. 日本行政法通论［M］. 北京：中国法制出版社，1998:198—200.
④ 最高人民法院行政审判庭. 最高人民法院行政审判庭法官会议纪要（第二辑）［M］. 北京：人民法院出版社，2023:107.

公共利益，通过行政主体履行职责就可以实现。个体当事人通过集体行动而最终实现这个反射利益，这一过程无须司法机关介入。这样的逻辑论证足以使当事人接受司法机关对其要求不予保护的决定。① 有学者认为，今天，反射利益理论还没有消亡，但随着法律的发展，它已经渐露颓势，陷入危机。"理论的危机源于它在方法论上的笨拙，将公民的权利与法律规定挂钩已经成为法律发展的'紧身衣'。"②

有观点认为，虽然我国行政诉讼的发展毫无疑问地体现了原告资格不断扩大的趋势，但当前的理论仍然在强调反射利益与主观公权利之间的区分，认为反射利益应当排除在行政诉讼保护的范围之外。反射利益的概念似乎并没有正式出现在行政法的教科书中，但已经多次出现在行政裁判文书中。目前，我国的行政司法实践并未把反射利益纳入诉讼保护的范围。③ 我国最高司法机关最终明确提出了"反射利益"的概念，并形成了"反射利益享有者不享有诉权，不具有作为提起行政诉讼的原告主体资格"的裁判规则。④

人民法院会议纪要载明，反射性利益仅仅是在维护公共利益的同时客观上给私人带来的一定的利益，而非直接保护私权利实现的利益。在我国，《行政诉讼法》强调的利害关系以及行政诉讼所保护的合法权益，应当是通过行政法律规范即公权力加以保护的权益，而非通过民事途径

① 王本存. 论行政法上的反射利益［J］. 重庆大学学报（社会科学版），2017(1).
② 何海波. 实质法治：寻求行政判决的合法性（第二版）［M］. 北京：法律出版社，2020:171.
③ 罗冠男. 我国行政诉讼准入标准的变化与演进——从"法益"标准的角度［J］. 中共中央党校（国家行政学院）学报，2021(3).
④ 张建文，张锐. 反射利益的概念及其法律地位［J］. 河北法学，2023(12).

或其他途径等私法上的权利予以保护。① 人民法院裁判文书载明，所谓"利害关系"仍应限于法律上的利害关系，不宜包括反射性利益受到影响的公民、法人或者其他组织。行政诉讼乃公法上之诉讼，上述法律上的利害关系，一般也仅指公法上的利害关系；除特殊情形或法律另有规定，一般不包括私法上的利害关系。② 固然，当法律规范基于公共利益的目的，命令行政机关作为或不作为时，这些不确定的多数受益人中的某一个个人也会从中获得事实上的利益，但这种利益无论如何都是权利的反射，却不是自己的权利。为了防止出现民众诉讼，法律并不认可作为公众之一部分、仅具有反射利益的个人具有诉权。③

延伸阅读

哪些情形下起诉人不具有原告资格？

1. 主张的不是起诉人的权益

（1）个人起诉主张的是公众的权利，或者不是为救济自己的权益。按照《行政诉讼法》第 25 条的规定，行政诉讼的原告应当是与被诉行政行为有利害关系的公民、法人或者其他组织。如果一个个人主张的是公众的权利，该个人则没有诉权，即使他可能属于公众的一部分④；按照《行政诉讼法》第 2 条第 1 款规定，只有自己的合法权益受到行政机关

---

① 最高人民法院行政审判庭. 最高人民法院行政审判庭法官会议纪要（第二辑）[M]. 北京：人民法院出版社，2023:107.

② 最高人民法院（2017）最高法行申 169 号。

③ 最高人民法院（2018）最高法行申 2975 号。

④ 最高人民法院（2017）最高法行申 4076 号。

和行政机关工作人员的行政行为侵犯的，才能提起行政诉讼。《行政诉讼法》第 25 条第 1 款规定的原告资格，也要求与行政行为"有利害关系"。如果不是为救济自己的权益而提起诉讼，除法律明确规定的公益诉讼等特殊情形外，原则上均不能受理。[①]

（2）原告只是有可能受到被诉行政行为影响的不特定公众中的一个或者一部分。当原告主张一项权利，是否属于权利保护范围是一回事，是否属于他自己的权益是另一回事。即使某些权利属于《行政诉讼法》规定的权利保护范围，但如果被诉行政行为并非针对特定个人，如果原告只是有可能受到被诉行政行为影响的不特定公众中的一个或者一部分，那他也不具有提起行政诉讼的资格。[②]

（3）提起履责之诉与诉讼标的无利害关系。为维护自身合法权益向行政机关投诉，具有处理投诉职责的行政机关作出或者未作出处理的，投诉者与该行政行为具有利害关系。据此，原告起诉司法行政机关不履行对某一案件中委托诉讼代理律师的投诉进行处理的法定职责时，如原告既非委托人，也不是该案件当事人，则其与该案诉讼标的无利害关系，不具备提起相应履责之诉的原告资格。[③]

2. 不存在法律保护的权益

（1）明显不具有值得保护的合法权益。依照《行政诉讼法》第 2 条第 1 款的规定，合法权益可能受到行政行为的侵犯是获得原告资格的基本前提。若提起诉讼的公民、法人或者其他组织明显不具有值得保护

[①] 最高人民法院（2018）最高法行申 1576 号。
[②] 最高人民法院（2018）最高法行申 1127 号。
[③] 最高人民法院（2021）最高法行申 5707 号。

的合法权益，则不应赋予其原告资格。①

（2）起诉人并不具有行政机关作出行政行为时需要考虑的权益。影响原告主体资格是否成立的因素可分为以下两种：一是起诉人诉请保护的权益类型，二是行政实体法律规范的规定。只有当起诉人诉请保护的权益，恰好落入行政机关作出行政行为时所依据的行政实体法律规范的保护范围时，起诉人的原告主体资格才能被承认。反之，如果起诉人虽有某种权益，但并非行政机关作出行政行为时需要考虑的，或者起诉人并不具有行政机关作出行政行为时需要考虑的权益，人民法院均不宜认可其原告主体资格。②

（3）起诉人的权益并不在行政法要求行政机关考虑的范围内。《行政诉讼法》第25条规定的"利害关系"应限于法律上的利害关系，一般应仅指行政法上的利害关系。而只有相关行政法要求行政机关，在作出被诉行政行为时必须对某人的特定权益予以考虑甚至必须予以保护，才能认定法律上利害关系的存在。否则，即便某人客观存在某种合法权益，但该权益并不在行政法要求行政机关考虑的范围内，亦不能认定法律上利害关系存在。③

（4）事后形成的权益或者已经消失的权益。对行政行为合法性的评价，主要依据行为作出时的事实和法律状态，一般不受事后变化了的事实和法律规定的影响，因而当事人主张的权益，应当是行政机关作出行政行为时已经存在和需要考虑的权益，原则上对于事后形成的权益或者已经消失的权益，当事人无权提起诉讼，除非存在因行政法律关系存续

---

① 最高人民法院（2017）最高法行申2899号。
② 最高人民法院（2017）最高法行申4361号。
③ 最高人民法院（2018）最高法行申1491号。

而事后受到影响等特殊情形或者法律有特殊规定。[①]

（5）无区别于其他普通人的、特别的合法权益需要保护。根据《行政诉讼法》第25条第1款规定，当事人甲对海关作出的进出境货物监管行为提起行政诉讼，但是，当事人甲不是海关作出的进出境货物监管行为的行政相对人，该进出境货物监管行为不会对其合法权益产生直接影响，其并无区别于其他普通人的、特别的合法权益需要保护，故其与被诉行政行为没有利害关系，不具有提起本案诉讼的原告资格。[②]

3. 被诉行政行为根本不可能对起诉人的合法权益造成区别于其他人的特别损害或不利影响

《行政诉讼法》第25条第1款规定的"有利害关系"，是指被诉行政行为有可能对原告的合法权益造成区别于其他人的、特别的不利影响或者侵害。如果被诉行政行为根本不可能对起诉人的合法权益造成区别于其他人的特别损害或不利影响，起诉人不具有原告资格。[③]

4. 权益应当通过民事诉讼或者直接对其设定权利义务的行政行为提起行政诉讼等方式来保护

《行政诉讼法》第25条规定的"有利害关系的公民、法人或者其他组织"，既不能过分扩大理解，认为所有直接或者间接受行政行为影响的公民、法人或者其他组织都有利害关系，也不能过分限制理解，将"可能性"扩展到必须要有充分证据证实被诉行政行为影响其实体权利。对于"利害关系"的认定需要综合考虑案件情况以及当事人的诉讼请求，首先，应将当事人是否具有法律保护的权益作为判定当事人是否具有原

---

① 最高人民法院（2017）最高法行申169号。
② 最高人民法院（2019）最高法行申7896号、（2019）最高法行申7899号等。
③ 最高人民法院（2020）最高法行申2686号。

告主体资格的重要标准；其次，在当事人确有法律可保护权益的情况下，还需要考虑该权益是否应当通过本案的行政诉讼来保护。在有些情况下，即使当事人具有可保护的法律权益，但该权益应当通过民事诉讼或者直接对其设定权利义务的行政行为提起行政诉讼等方式来保护，则当事人虽然有法律保护的权益，但针对本案不具有原告主体资格。①

实务疑难

投诉举报人的原告资格如何确定？

《法治中国建设规划（2020－2025 年）》提出："完善行政执法投诉举报和处理机制。"《法治政府建设实施纲要（2021－2025 年）》提出："畅通违法行为投诉举报渠道，对举报严重违法违规行为和重大风险隐患的有功人员依法予以奖励和严格保护。"投诉举报人原告资格的判定是近年来我国行政审判实务中的热点问题之一，也是行政机关行政应诉中的一个难点问题。

1."投诉"与"举报"

"投诉""举报"有时相提并论，有时则分开表述。《市场监督管理投诉举报处理暂行办法》第 3 条对投诉与举报进行了区分：投诉是指消费者为生活消费需要购买、使用商品或者接受服务，与经营者发生消费者权益争议，请求市场监督管理部门解决该争议的行为；举报是指自然人、法人或者其他组织向市场监督管理部门反映经营者涉嫌

---

① 最高人民法院（2018）最高法行申 2411 号。

违反市场监督管理法律、法规、规章线索的行为。

2.投诉举报人与利害关系

根据《行政诉讼法》第25条第1款、《最高人民法院关于适用〈中华人民共和国行政诉讼法〉的解释》第12条第5项，参考《最高人民法院关于举报人对行政机关就举报事项作出的处理或者不作为行为不服是否具有行政复议申请人资格问题的答复》（〔2013〕行他字第14号）等规定，行政诉讼对行政行为相对人以外的原告资格以与行政行为有利害关系为前提。人民法院会议纪要载明，行政机关的行政行为对投诉人权益的影响应当具有直接关联性，因与行政行为的间接关联而对投诉人权益产生影响的，投诉人原则上不具有利害关系。①公民、法人或者其他组织认为第三人实施的违法行为侵犯自身合法权益，请求行政机关依法查处的，属于《最高人民法院关于适用〈中华人民共和国行政诉讼法〉的解释》第12条第5项规定的投诉。投诉人与行政机关对其投诉作出或者未作出处理的行为有法律上的利害关系。公民、法人或者其他组织认为第三人实施的违法行为侵犯他人合法权益或者国家利益、社会公共利益，请求行政机关依法查处的，属于举报。举报人与行政机关对其举报作出或者未作出处理的行为无法律上的利害关系。②上述观点在人民法院裁判文书中也有体现〔如河南省高级人民法院（2019）豫行申1612号〕。

---

① 最高人民法院行政审判庭.最高人民法院行政审判庭法官会议纪要（第二辑）〔M〕.北京：人民法院出版社，2023:107.

② 《最高人民法院行政法官专业会议纪要（6）（投诉领域），最高人民法院行政法官专业会议纪要（1—8）》（公布日期：2019年11月29日），"行政法实务"公众号，2024年2月7日发表。

3. 投诉举报人原告资格的判断

在行政机关不依法处理投诉举报事项等行政不作为引发的诉讼中，认可因自己法律上的权益受侵害而投诉举报的当事人的原告主体资格，就比认可因公共利益受损而投诉举报的当事人的原告主体资格，更具有正当性。[①] 有观点认为，即使是为了个人利益维护而举报投诉的举报人，也并不必然具备原告资格。从主观公权和保护规范理论出发，公民并不拥有普遍的、概括性的要求行政遵守法律和执行法律的请求权，举报投诉人也因此不能仅因其举报权受损就具备原告资格。但认为举报人为私益维护而举报投诉就当然具有原告资格同样存在重大疑问，这一观点忽视了民事诉讼和行政诉讼的必要分工，忽视了举报投诉人要求行政机关惩处第三人时，国家保护义务和公民的防御权之间的冲突和矛盾问题。[②] 有观点提出，在履责之诉中，投诉人和举报人均享有三类法定权利，第一类是获得答复权，第二类是启动相关行政程序权，第三类是获得保护权。此外，举报人还享有获得奖励权。与此相对应，实践中的行政机关不履行法定职责主要体现为以下四种样态：一是不履行奖励职责；二是不履行答复职责；三是不履行受理、查处职责；四是不履行保密职责。前三类均涉及投诉人和举报人的原告资格认定：一是诉请履行奖励职责的举报人具有原告资格；二是诉请履行答复职责的投诉人和举报人均具有原告资格；三是诉请履行查处职责的投诉人不必然具有原告资格，诉请履行查处职

---

① 章剑生. 行政诉讼原告资格中"利害关系"的判断结构 [J]. 中国法学，2019(4).
② 赵宏. 保护规范理论在举报投诉人原告资格中的适用 [J] 北京航天航空大学学报（社会科学版），2018(5).

责的举报人不具有原告资格。在撤销之诉中，投诉人和举报人的原告资格这一问题，学界多持反对态度，认为利害关系并不成立。对举报人而言确实如此。但投诉人的情形较为复杂，仍需展开分析。假自益型投诉人不具备原告资格；真自益型投诉人其合法权益受损与行政处理决定之间的因果关系具有不确定性，与之对应，投诉人与行政处理决定之间的利害关系具有或然性，其原告资格也要区分不同的情况而定：存在利害关系时，应当承认其原告资格；如投诉人同时是受害人（被投诉人是加害人），投诉人具备原告资格。①

上海市政府法制办课题组认为，在投诉举报领域认定利害关系的核心要件是"是否为维护自身合法权益"，包括主观上是否具有维护权益的正当目的，客观上是否确实存在合法权益受损、维护方式本身是否符合法律要求两项内容。在具体认定上，应当注意把握四个方面：1.关联性；2.个别性；3.针对性；4.合法正当性。②实务界有观点认为，行政诉讼原告资格判断标准应着重于权益与损害两个维度，当然，在二者之间尚有一些作为要件的连接点，如因果关系。对此的完整表述大致可以归纳为，行政行为对公民、法人或其他组织的合法权益已经或将会产生不利影响、侵害乃至损害。举报投诉人提起行政诉讼要求判令行政机关履行保护合法权益法定职责或提起行政赔偿诉讼要求行政机关赔偿因其怠于履行保护救助义务造成的损失才具有诉之利益，在此情形下，理应赋予举报投诉人诉权。而应排除仅基于复

---

① 王青斌，张莹莹.论投诉人和举报人在行政诉讼中的原告资格［J］.求索，2022(4).
② 上海市政府法制办课题组：《投诉举报领域利害关系的认定与处理》，"行政执法研究"公众号，2018 年 5 月 24 日发表。

仇心态或举报奖励等其他考虑要求行政机关履行对加害人进行查处、加重处罚等依职权具有普遍意义的课予行政责任的职责。①

《最高人民法院关于进一步保护和规范当事人依法行使行政诉权的若干意见》（法发〔2017〕25号）规定："当事人因投诉、举报、检举或者反映问题等事项不服行政机关作出的行政行为而提起诉讼的，人民法院应当认真审查当事人与其投诉、举报、检举或者反映问题等事项之间是否具有利害关系，对于确有利害关系的，应当依法予以立案，不得一概不予受理。对于明显不具有诉讼利益、无法或者没有必要通过司法渠道进行保护的起诉，比如当事人向明显不具有事务、地域或者级别管辖权的行政机关投诉、举报、检举或者反映问题，不服行政机关作出的处理、答复或者未作处理等行为提起诉讼的，人民法院依法不予立案。"

根据人民法院裁判文书，公民、法人或者其他组织可以就何种事项向哪个行政机关投诉举报，取决于法律、法规或者规章的具体规定；与此相应，能否就投诉举报事项提起行政诉讼，也需要根据法律、法规或者规章对于投诉举报请求权的具体规定作出判断。通常情况下，对是否具备原告资格的判断，取决于以下方面：第一，法律、法规或者规章是否规定了投诉举报的请求权；第二，该投诉举报请求权的规范目的是否在于保障投诉举报人自身的合法权益。②

根据人民法院会议纪要，投诉举报系基于维护自身合法权益是判

---

① 霍振宇. 举报投诉人行政诉讼原告资格探讨——兼论行政诉讼原告资格的判断方法〔J〕. 法律适用·司法案例，2019(6).
② 最高人民法院（2017）最高法行申281号。

断投诉举报人与被诉行政行为是否具有利害关系的核心，只有基于维护自身合法权益这个核心目的，才属于与行政行为有利害关系。而自身合法权益的判断可以从两个方面进行衡量：一是是否具有诉的利益，即是否应当通过行政诉讼保护其利益；二是从保护规范理论考察是否具有可保护的权利，是否属于行政法规范保护的范围。在投诉举报类案件中，投诉举报人与投诉举报的事项是否有利害关系，要判断其是否有诉的利益，即只有基于维护自身合法权益的投诉，才属于与行政行为有利害关系。一方面，投诉举报人应当有区别于其他人的可保护的特别权益；另一方面，投诉举报人应当是基于维护自身合法权益而非基于公益或其他原因。① 一般来讲，对于投诉和举报应予以区分，为维护自身合法权益向行政机关投诉，投诉人与法定的处理其投诉的行政机关作出的处理结论有利害关系，可以作为原告向法院提起行政诉讼；但对于举报，法律法规赋予举报人举报权的目的主要在于为行政机关查处被举报人违反法律、法规或者规章的行为提供线索或者证据，规范目的在于维护公共利益，而非保障举报人自身的合法权益，行政机关针对举报所作的处理结论，对举报人自身合法权益并没有直接影响，由此举报人也就不具备提起行政诉讼的原告资格，属于明显不具有诉讼利益，人民法院对举报人的起诉应当裁定不予立案或者驳回起诉。②

　　单就举报人的原告资格而言，《最高人民法院关于举报人对行政机

① 最高人民法院行政审判庭.最高人民法院行政审判庭法官会议纪要（第二辑）[M].
北京：人民法院出版社，2023:104-106.
② 李广宇.最高人民法院第四巡回法庭典型行政案件裁判观点[M].北京：法律出版
社，2020:142-143.

关就举报事项作出的处理或者不作为行为不服是否具有行政复议申请人资格问题的答复》（〔2013〕行他字第14号）就举报人的行政复议申请人资格问题作出了规定。关于行政诉讼的原告资格，最高人民法院在2016年发布的第77号指导案例（简称指导案例77号）中，明确"举报人就其自身合法权益受侵害向行政机关举报的，与行政机关的举报处理行为具有法律上的利害关系，具备行政诉讼原告主体资格"。有观点认为，其推论过程可以分为三步：第一步，举报并非一项主观权利，仅是"作为特定法律技术"的权利；第二步，行政机关举报答复的内容旨在保护公共利益；第三步，作为举报人的原告不具有原告资格，并不意味着原告在案件中当然地不具有原告资格。[1] 指导案例77号正式确立了以被举报行为是否侵害举报人权益为标准的举报人原告资格裁判规则，但是，其并没有正面回应举报人与行政机关举报处理行为之间利害关系应当如何判定，而且通过这种利害关系的转介继承，作出了利害关系的认定。当然，学术界也不乏对指导案例77号举报人原告资格裁判规则的批判。[2] 实践中，不少未受举报事项侵害的举报人，基于实名举报而期待获得举报奖励的权利或者利益，往往针对举报处理行为提起行政诉讼。但未受举报事项侵害的举报人获得举报奖励只是一种可期待的权利或者利益，举报人可能获得举报奖励，也可能无法获得举报奖励，其主张与举报处理行为具有法律上的利害关系，并没有客观上的事实根据。因此，未受举报事项侵害的举报人不服

---

[1] 黄锴.行政诉讼中举报人原告资格的审查路径——基于指导案例77号的分析 [J].政治与法律，2017(10).

[2] 王红建.行政指导性案例实证研究 [M].北京：法律出版社，2022:112.

举报答复行为，以此为由起诉的，人民法院不应受理。这种情况下，举报人可以应当获得举报奖励而未获得为由提起行政诉讼。[①]人民法院裁判文书认为，行政机关对于举报所作的处理，包括答复或者不答复，均与举报人自身合法权益没有直接关系，由此举报人也就不具备提起行政诉讼的原告资格。[②]举报人如果是为了获取行政机关允诺的举报奖励进行举报，对法定职责机关不予处理或处理结果不服提起行政诉讼，通常具有行政诉讼原告资格。但是，其前提条件是，举报事项必须有相应的初步事实和证据线索支持。[③]根据我国法律规定，任何公民均享有依法举报公民、法人或其他组织违法行为的权利，负有行政管理职权的行政机关也均有及时查处违法行为的法定义务。但举报权与诉权，是不同性质的两个法律权利……只有行政机关的行政行为侵犯了公民的合法权益的，该公民才享有诉权。[④]

单就投诉人的原告资格而言，法释〔2018〕1号第12条第5项规定，为维护自身合法权益向行政机关投诉，具有处理投诉职责的行政机关作出或者未作出处理的，属于行政诉讼法第25条第1款规定的"与行政行为有利害关系"，以"为维护自身合法权益"作为赋予投诉人原告资格的限定条件。权威解读认为，投诉处理行为可诉需要满足两个条件：一是行政机关作出或者未作出处理，这里的"处理"指的是对相对人的权利义务或者地位加以改变或者意图改变；二是

① 郑红葛，石磊.《罗某某诉吉安市物价局物价行政处理案》的理解与参照——行政机关实施的与举报人有利害关系的举报处理行为具有可诉性［J］.人民司法·案例，2018(23).
② 最高人民法院（2017）最高法行申281号。
③ 最高人民法院（2020）最高法行申1259号。
④ 江苏省泰州市中级人民法院（2016）苏12行终143号。

投诉的目的在于维护投诉人的合法权益。行政诉讼本质上是受害人之诉，只有主张维护自身合法权益的人才可能成为行政诉讼的原告。如果申诉人是出于消费目的的购买者，则其原告资格应当得到认可。① 人民法院裁判文书载明，通常认为，法律、法规或者规章规定的投诉请求权，在于促使行政机关对于投诉事项发动行政权。如果行政机关发动了行政权，并将调查处理结果告知投诉人，就属履行了法定职责。如果投诉人对调查处理结果不服，其提起诉讼的目的是为第三人施加负担，例如要求作成或者加重对于第三人的处罚，则应依赖于法律、法规或者规章是否规定了为第三人施加负担的请求权。②

案例指引

● 案例一

▶ **裁判要旨**　投诉举报人可以提起行政诉讼的情形

▶ **案号索引**　最高人民法院（2018）最高法行申 6603 号

▶ **文书摘要**　投诉举报是公民、法人或者其他组织维护自身合法权益、监督行政机关依法行政的重要途径之一。在法律、法规或者规章规定了投诉举报的请求权，且该请求权的规范目的在于保障投诉举报人自身合法权益的情况下，相关行政机关对举报投诉不予受理或者不履行依法纠正、查处的法定职责的，举报投诉人可以提起行政诉讼。

---

① 最高人民法院行政审判庭.最高人民法院行政诉讼法司法解释理解与适用（上）[M].北京：人民法院出版社，2018:102.
② 最高人民法院（2017）最高法行申 281 号。

● 案例二

▶ **裁判要旨** 举报人原告主体资格的判断

▶ **案号索引** 最高人民法院（2017）最高法行申6447号

▶ **文书摘要** 对于行政机关的举报处理行为，包括作为和不作为，是否可以提起行政诉讼，取决于法律、法规及规章是否有关于行政机关对于举报事项要在一定期限内受理并依法作出处理的明确规定，即规定行政机关的法定职责。只有行政法上对举报处理行为有明确规定而行政机关拒绝处理的，才可能属于行政诉讼的管辖范围，而对于行政机关已经受理并作出相应处理后，举报人提起诉讼，应当有法律的明确规定。

● 案例三

▶ **裁判要旨** 投诉人原告资格的判断

▶ **案号索引** 最高人民法院（2019）最高法行申2677号

▶ **文书摘要** 根据《行政诉讼法》第25条第1款、《最高人民法院关于适用〈中华人民共和国行政诉讼法〉的解释》第12条第5项规定，行政诉讼对行政行为相对人以外的原告资格以与行政行为有利害关系为前提，针对投诉人的利害关系问题，更是以"为维护自身合法权益"，作为判断投诉人与行政行为是否有利害关系的核心标准。一方面，只有基于维护自身合法权益的投诉，才属于与行政行为有利害关系，即投诉人有区别于其他人的可保护的特别权益，且应当是基于维护自身合法权益而非基于公益；另一方面，行政机关的行政行为对投诉人权益的影响应当具有直接关联性，因与行政行为的间接关联而对投诉人权益产生影响的，投诉人原则上不具有利害关系。

● 案例四

▶ **裁判要旨**　投诉人原告资格的判断

▶ **案号索引**　最高人民法院（2020）最高法行申 5666 号、（2020）最高法行申 5667 号等

▶ **文书摘要**　根据《行政诉讼法》第 25 条第 1 款、《最高人民法院关于适用〈中华人民共和国行政诉讼法〉的解释》第 12 条规定，当事人甲在乙公司购买了"原产国：荷兰"进口预包装食品，并认为该商品缺乏必要单证，属违法进口，遂起诉请求确认丙海关放行上述商品进入中国港的行为违法并撤销涉案进口货物报关单。根据原审查明的事实，甲并非丙海关被诉行政行为的相对人，其亦未提交充分证据证明其就丙海关对包含案涉商品在内的货物实施进出境监管的行为享有不同于其他普通消费者的需要特别保护的利益。甲与乙公司已经通过民事诉讼程序解决纠纷。因此，一审裁定认定甲与被诉行政行为之间不存在行政法上的利害关系，并裁定驳回其起诉，二审裁定予以维持，符合法律规定。

实务疑难

委托收货人进口货物并实际缴纳税款的委托方，能否提起行政诉讼？

《海关法》第 54 条规定，进口货物的收货人、出口货物的发货人、

进出境物品的所有人，是关税的纳税义务人。《海关关于超期未报关进口货物、误卸或者溢卸的进境货物和放弃进口货物的处理办法》（2023 年第五次修正）第 12 条规定，"进口货物收货人"，指经对外经济贸易主管部门登记或者核准有货物进口经营资格，并向海关办理报关单位备案的中华人民共和国关境内法人、其他组织或者个人。《海关报关单位注册登记管理规定》（海关总署令第 221 号）[1] 第 43 条第 3 款规定，进出口货物收发货人，是指依法直接进口或者出口货物的中华人民共和国关境内的法人、其他组织或者个人。本案中，上诉人甲公司与乙公司就进口货物签订代理进口协议，乙公司又与丙公司订立买卖合同，应当认定乙公司是对外直接签订并履行货物买卖进口合同的主体，是《海关法》规定的纳税义务人。上诉人甲公司虽不是本案所涉关税缴纳的法定义务主体，但由于其与涉案关税的纳税义务人乙公司之间为代理进口货物关系，双方代理合同也明确约定，关税实际由甲公司缴纳，海关税单正本归甲公司自行抵扣，故应当认定上诉人甲公司与被诉的海关关税征收行为有法律上的利害关系，可以提起本案之诉。[2]

二、被告

根据诉讼法的一般原理，被告就是诉讼中被原告起诉、控告的人。就"被告"的本义来说，被告即"为人所告"，法律设定被告这一角色，旨在给"为人所告"的人设定一定的法律地位，即赋予其诉讼上的权利和义务，

---

① 已被《海关报关单位备案管理规定》（海关总署令第 253 号）废止。
② 江苏省高级人民法院（2015）苏行终字第 00236 号。

以便有秩序地进行诉讼活动，最终达到弄清事实真相、解决争议的目的，而绝不是说被诉一方就是违法的人（或单位）。① 正确确定行政诉讼当事人资格，特别是行政诉讼被告资格，不仅是贯彻落实行政诉讼法的需要，也是及时切实有效准确保护人民群众合法权益的需要。"被告不仅仅是一个名义，而且意味着应诉的义务、行政绩效考评和行政责任的承担。"②

有学者认为，行政诉讼中的被告，是指被原告指控其行政行为侵犯原告行政法上的合法权益，由人民法院通知应诉的行政主体③；是指其实施的行政行为被作为原告的个人或者组织指控侵犯其合法权益，而由人民法院通知应诉的行政主体④。权威解读认为，行政诉讼被告，是指公民、法人或者其他组织认为侵犯了其行政法上的合法权益或者与之发生行政争议，而由人民法院通知应诉的行政机关或者组织⑤。人民法院裁判文书载明，被告是指被公民、法人或者其他组织起诉某一行政行为侵犯其合法权益，而由人民法院通知应诉的具有国家行政职权的机关或者组织⑥。

有学者提出，关于行政诉讼被告的范围，根据《行政诉讼法》及最高人民法院《行政诉讼法》司法解释的有关规定，包括 15 种情形，还有 5 种特殊情形的被告。20 种情形的行政机关、法律、法规、规章授权的组织在实施了被诉行政行为，行政相对人（直接相对人或间接相对人）向人民法院对之提起诉讼后，他们即成为行政诉讼的适格被告。⑦

---

① 江必新. 行政诉讼问题研究［M］. 北京：中国人民公安大学出版社，1989:127.
② 何海波. 行政诉讼法研究 3.0［J］. 北京航空航天大学学报（社会科学版），2018(5).
③ 周佑勇. 行政法原论（第三版）［M］. 北京：北京大学出版社，2018:387.
④ 姜明安. 行政法与行政诉讼法（第七版）［M］. 北京：北京大学出版社，高等教育出版社，2019:452.
⑤ 最高人民法院行政审判庭. 最高人民法院行政诉讼法司法解释理解与适用（上）［M］. 北京：人民法院出版社，2018:132.
⑥ 最高人民法院（2017）最高法行再 49 号。
⑦ 姜明安. 行政诉讼法（第四版）［M］. 北京：法律出版社，2021:141-144.

法律条文

《行政诉讼法》第 26 条 公民、法人或者其他组织直接向人民法院提起诉讼的，作出行政行为的行政机关是被告。

经复议的案件，复议机关决定维持原行政行为的，作出原行政行为的行政机关和复议机关是共同被告；复议机关改变原行政行为的，复议机关是被告。

复议机关在法定期限内未作出复议决定，公民、法人或者其他组织起诉原行政行为的，作出原行政行为的行政机关是被告；起诉复议机关不作为的，复议机关是被告。

两个以上行政机关作出同一行政行为的，共同作出行政行为的行政机关是共同被告。

行政机关委托的组织所作的行政行为，委托的行政机关是被告。

行政机关被撤销或者职权变更的，继续行使其职权的行政机关是被告。

简要解读

行政主体在过去和现在都是我国行政法学的重要概念之一，其所涉及的都是国家—行政主体—行政机关三者之间的关系，行政主体概念是总体把握这种关系的重要抓手。1989 年《行政诉讼法》规定的被告不仅仅是行政机关，还有法律法规授权的组织。如何有效地找到行政诉讼的被告、如何简便地称呼行政诉讼的被告，"行政主体"便是一个可以借用的概念。[①] 在我国行政法学界，主流观点将行政主体理论作为认定行政诉讼被告资格的基础。这一理论的核心观点是，只有当一个组织具备了行政主体资格才能作为行政诉讼被告。该理论虽然获得了广泛的认同，但我国的行政主体理论自身存在缺陷，应遵循实现立法目的、诉讼经济、协调性三原则重构行政诉讼被告认定标准。[②]

实务界有观点认为，行政诉讼的被告一般由原告提出，由法院确定。确定的基本原则包括：（1）"谁行为，谁被告"；（2）"谁主体，谁被告"；（3）"谁越权，谁被告"。[③] 如何确定适格被告，有以下几个方法可以遵循：第一，谁作出行为谁负责；第二，适格的被告必须是能独立承担法律责任、法律后果或者诉讼后果的机关；第三，如果一个行为是基于其他机关委托作出的，这个行为应由委托人承担，受托方不承担责任。[④]

人民法院裁判文书载明，在我国确定行政诉讼被告时，应当考虑以下四个要素：一是在程序上，受公民、法人或其他组织起诉，且由人民法院通知应诉的机关或组织；二是在实体上，行使国家行政管理职权职责并作出行政行为（作为或者不作为），且该行为被公民、法人或其他组织认为侵犯其合法权益的机关或者组织；三是

① 王贵松. 行政主体论的中国变迁 [J]. 法学评论，2023(2).
② 王青斌. 行政诉讼被告认定标准的反思与重构 [J]. 法商研究，2018(5).
③ 江必新，邵长茂. 新行政诉讼法修改条文理解与适用 [M]. 北京：中国法制出版社，2015:93.
④ 江必新. 行政审判中的立案问题研究 [J]. 法律适用，2018(3).

在组织上，属于能够独立承担法律责任的机关或组织，亦即行政主体；四是在方便性上，即使不属于行政主体，为便利当事人诉权的行使，通过法律、法规或者规章授权亦可将非行政主体的组织在行政诉讼中作为被告。① 在行政诉讼中，确定适格被告的依据是所谓法定主体原则，即：行政机关作出了被诉的那个行政行为，或者没有作出被申请的行政行为，并且该机关在此范围内能对争议的标的进行处分。《行政诉讼法》第 26 条第 1 款的规定就是法定主体原则的具体体现。通常情况下，法定主体原则具体包括这样两个要件：第一，谁行为，谁为被告；第二，行为者，能为处分。② 行政诉讼被告一般应遵循"谁行为，谁被告"的确认原则，由作出行政行为的行政机关担任行政诉讼的被告，参加诉讼并对其行为负责。所谓"谁行为，谁被告"，既包括行政机关作出一个法律行为，也包括行政机关作出一个事实行为；既包括行政机关作出一个拒绝决定，也包括行政机关针对申请逾期不作任何答复。如果行政机关作出的是一个书面决定，那么提供这个书面决定通常就能证明被告适格。如果行政机关作出的是一个事实行为或者是不作为，原告则需要提供一些事实根据以证明是这个行政机关作出了一个事实行为或者逾期不作为。③

　　有观点认为，现行法律和诉讼实践形成的被告资格标准，比较复杂，也过于严格。一般来说，需要三个主体标准合一才能确定正

---

① 最高人民法院（2017）最高法行再 49 号。
② 最高人民法院（2016）最高法行申 2719 号。
③ 安徽省高级人民法院（2018）皖行终 321 号、（2018）皖行终 1093 号。

确的被告，即权力主体、行为主体和责任主体的合一。在立法规定和行政实践中，这三个主体有时是不统一的。[①] 通常情况下，行政行为一经作出，该行为的主体就已确定。但在某些特殊情况下，行政行为的适格主体在起诉时难以确定，只能通过审理并运用举证责任规则作出判断。最高人民法院（2018）最高法行再113号裁判文书载明，根据《最高人民法院关于行政诉讼证据若干问题的规定》第4条第1款的规定，起诉人起诉时向一审法院提交的证据，可以初步证明行政机关负有法定职责。在行政机关无法举证证明非其所为的情况下，可以推定其实施或委托实施了行政行为并承担相应责任。在该案中，最高人民法院就创设地运用"推定被告"方法，撤销了一、二审法院以起诉的被告不适格为由作出的驳回起诉裁定。[②] 有学者认为，本案裁决引入了"初始推定被告人"的实践性做法，以此来改进适用行政诉讼法及其司法解释相关规定的便利性和有效性。这是一个富有实践和理论意义的新做法。[③]

（一）作出行政行为的行政机关

作出行政行为的行政机关为被告是一个规则。"作出"的含义不仅包括作为行为，还包括不作为行为；行政机关不仅包括原行政机关，还包括行政复议机关。"作出行政行为的行政机关"为被告，是一个总括性的、基本性

---

① 杨小军. 行政诉讼原告与被告资格制度的完善［J］. 行政法学研究，2012(2).
② 章志远. 行政诉权分层保障机制优化研究［J］. 法学论坛，2020(3).
③ 于安. 守护城市发展的法治底线［J］. 中国法律评论，2019(2)，

的确认原则。[①]

行政主体与行政机关两个概念的关系极为密切。行政机关是行政主体的一种，是行政主体中最重要的一种。[②] 行政机关，即国家行政机关，是指国家根据其统治意志，按照宪法和有关组织法的规定设立的，依法享有并运用国家行政权，负责对国家各项行政事务乃至相应的社会公共事务进行组织、管理、指挥和监督的国家机关，具体包括中央行政机关和地方国家行政机关。[③] 也有观点认为，我国行政机关包括中央行政机关和一般地方行政机关、民族区域自治机关、特别行政区行政机关。[④][⑤] 还有观点认为，行政机关包括从乡镇政府到国务院的各级人民政府，以及县级以上人民政府具有独立行政管理职能的机构[⑥]；我国行政机关应当包括国务院和地方各级人民政府及其职能部门[⑦]。

人民法院裁判文书认为，行政机关与行政机构的区别主要体现在，行政机关是按照宪法和有关组织法的规定而设立，代表国家依法行使行政权、组织和管理国家行政事务的国家机关，具有独立的行政主体资格，对外可以以自己的名义进行行政活动、作出行政行为。行政机构是行政机关的组成部分，一般对外表现为内设机构、派出机构、办事机构等形式。行政机构只有在获得法律、法规和规章授权的情况下，才能具备行政主体资格，否则只能以其所代表的行政机关名义作出行政行为。[⑧]

---

① 梁凤云.行政诉讼讲义（上）[M].北京：人民法院出版社，2022:230-231.
② 姜明安.行政法与行政诉讼法（第七版）[M].北京：北京大学出版社，高等教育出版社，2019:87.
③ 李洪雷.中华人民共和国行政处罚法评注[M].北京：中国法制出版社，2021:123.
④ 姜明安.行政法[M].北京：北京大学出版社，2017:179-182.
⑤ 莫于川.行政法与行政诉讼法[M].北京：中国人民大学出版社，2015:78.
⑥ 何海波.行政诉讼法（第3版）[M].北京：法律出版社，2022:219.
⑦ 张晓莹.行政处罚视域下的失信惩戒规制[J].行政法学研究，2019(5).
⑧ 最高人民法院（2018）最高法行再61号。

案例指引

● 案例一

▶ **裁判要旨**　被告适格包括形式上与实质性适格

▶ **案号索引**　最高人民法院（2016）最高法行申 2907 号

▶ **文书摘要**　在行政诉讼中，被告适格包括两个层面的含义。一是形式上适格，也就是《行政诉讼法》第 49 条第 2 项规定的"有明确的被告"，以及第 26 条规定的关于适格被告的各款规定。形式上适格属于法定起诉条件的范畴，不符合这些规定的，应当裁定不予立案或者在立案后裁定驳回起诉。二是实质性适格，它是指被诉的行政机关作出了被诉的那个行政行为，并且该机关在此范围内能对案涉标的进行处分。实质性适格问题相对复杂，通常需要通过实体审理查明，如果通过实体审理确实不构成实质性适格，则以理由不具备为由判决驳回原告的诉讼请求。当然，也不排除在特别明显地不具备实质性适格的情况下，在进入实体审理之前即以起诉不符合法定条件为由裁定驳回起诉。

● 案例二

▶ **裁判要旨**　行政诉讼的被告是否适格的判断

▶ **案号索引**　最高人民法院（2020）最高法行申 2169 号

▶ **文书摘要**　根据《行政诉讼法》第 26 条第 1 款的规定，一般而言，判断行政诉讼的被告是否适格，既要审查该机关是否是行政行为的作出者，亦应审查行为者是否具有行政主体资格。倘若存在授权、委托等职权转移情形的，则应当按照《行政诉讼法》第 26 条、《最高人民法院关于适用〈中华人民共和国行政诉讼法〉的解释》第20条等条款的规定，确定适格被告。但有职权者，并不必然是行为者。在确定适格被告时，主要是审查行为者是否具有普遍意义上的行政职权，从而判断其是否具有行政主体资格；而被告是否具有作出被诉行政行为的法定职权，则是认定被告是否超越职权、被诉行为是否合法的实体审查内容。

● **案例三**

▶ **裁判要旨**　明显不具有法定职责的行政机关能否成为提起履责之诉的被告

▶ **案号索引**　最高人民法院（2017）最高法行申1467号

▶ **文书摘要**　提起履行职责之诉，对于原告来讲，需具有实体法上的请求权基础；对于被告来讲，需具有相应的法定职责。原告是否具有请求权基础、被告是否具有相应的法定职责，固然可以在实体审理中查明，但在事实情况和法律状况非常明显的情况下，亦可以迳行裁定驳回起诉，没有必要仅仅因为"拒绝"了一个没有实体法上请求权基础的申请而使一个明显不具有法定职责的行政机关卷进诉讼当中。

● **案例四**

▶ **裁判要旨**　以作出行为的上级机关为被告系错列被告

▶ **案号索引**　广东省高级人民法院（2018）粤行终594号

▶ **文书摘要**　根据《行政诉讼法》第25条第1款、第49条规定，涉案《入境货物检验检疫证明》系由甲出入境检验检疫局向乙公司作出的。甲出入境检验检疫局具有负责所辖区域出入境检验检疫工作的法定职责，具有独立承担诉讼权利义务的能力，涉案检验检疫证明系由该局作出，如不服涉案检验检疫证明，以深圳海关（原深圳出入境检验检疫局，系甲的上级机关）为被告提起本案诉讼，属于错列被告。

（二）行政复议机关作为被告

复议机关是否作被告理论界早已有过讨论，先后有"部分被告说""全部被告说""全部非被告说"三种认识。[①]"全部被告说"，是指只要经过行政复议，如果相对人对复议决定不服，复议机关都必须作被告，其又被称为"完全肯定说"。"全部非被告说"，是指无论行政复议机关作出何种复议决定，都不应当将其作为行政诉讼的被告，其往往又被称为"完全否定说"。"部分被告说"，是指并非所有复议机关都有可能成为被告，只是在复议决定改变了原行政行为的情况下，才会被作为被告，它往往也被称为"折中说"。[②]《最高人民法院印发〈关于行政案件案由的暂行规定〉的通知》（法发〔2020〕44号）规定，行政复议机关成为行政诉讼被告，主要有三种情形：一是行政复议机关不予受理或者程序性驳回复议申请；二是行政复议机关改变（包括撤销）原行政行为；三是行政复议机关维持原行政行为或者实体上驳回复议申请。也就是说，经过行政复议程序的案件，复议机关可能是双被告之一，也可能是单独被告。《最高人民法院关于审理行政赔偿案件若干问题的规定》（法释〔2022〕10号）第9条规定："原行政行为造成赔偿请求人损害，复议决定加重损害的，复议机关与原行政行为机关为共同被告。"

1.经复议案件的共同被告制度

1989年《行政诉讼法》第25条第2款规定："经复议的案件，复议机

---

① 熊樟林.行政复议机关做被告的理论逻辑［J］.法学，2021(7).
② 余凌云、梁凤云、王青斌、熊樟林、曹鎏、梁君瑜.关于行政复议机关是否应当作被告的讨论［J］.民主与法制，2022(15).

关决定维持原行政行为的，作出原行政行为的行政机关是被告；复议机关改变原行政行为的，复议机关是被告。"行政复议案件决定维持率维持在较高水平，如 2013 年为 55.84%、2014 年为 59.73%。[1] 据统计，行政复议机关维持原行政行为的比例大约在 60%，而人民法院维持被诉行政行为的比例则在 10%~20%，甚至在 10% 以下。[2] 复议制度解决行政争议的作用没有很好地发挥，复议制度的优势没有得到很好地实现，与行政复议作为解决行政争议主渠道的定位相去甚远。[3]

"为了从制度上促使复议机关发挥监督下级行政机关的行政行为……新法对现行制度作出了修改。"[4] 新修改的《行政诉讼法》明确了复议机关维持原行政行为由复议机关和原行为机关作共同被告的制度。主要的考虑因素包括：一是维持原行政行为，表达了复议机关的意志，复议决定也是一种行政行为，应当接受司法监督；二是要通过加大复议机关的责任，倒逼复议机关积极作为，发挥行政复议解决行政争议的主渠道作用；三是有利于加强政府对部门的监督。[5] 有学者指出，"这一条款彻底改变了旧法有关'复议机关维持原行政行为即不作被告'的规定，对行政诉讼、行政复议制度的发展乃至整个行政救济法的基本格局都将产生实质性影响"[6]，"规定复议机关当被告，可能是这次《行政诉讼法》修改冲击最为显著、影响最为深远的一个条款"[7]。依据《行政诉讼法》第 26 条第 2 款、第 79 条，以及法释〔2018〕1 号

---

① 许安标.行政复议法实施二十周年回顾与展望［J］.中国法律评论，2019(5).
② 梁凤云.行政诉讼讲义（上）［M］.北京：人民法院出版社，2022:263-264.
③ 袁杰.中华人民共和国行政诉讼法解读［M］.北京：中国法制出版社，2014:77.
④ 全国人大常委会法制工作委员会行政法室.《中华人民共和国行政诉讼法》解读与适用［M］.北京：法律出版社，2015:59.
⑤ 童卫东.进步与妥协：《行政诉讼法》修改回顾［J］.行政法学研究，2015(4).
⑥ 章志远.行政诉讼"双被告"制度的困境与出路［J］.福建行政学院学报，2016(3).
⑦ 何海波.《行政诉讼法》修改的理想与现实［J］.中国法律评论，2014(4).

第 134 条第 1 款、第 135 条第 1 款等规定，我国行政诉讼制度确定了行政复议维持原行政行为由复议机关和原行为机关作共同被告，人民法院对复议决定和原行政行为一并审查一并裁判的新型制度。

有研究认为，在理性选择机制的作用下，复议机关作共同被告制度取得了较好的效果。复议机关作被告是一项相对成功的制度改革方案。[①] 从实施效果来看，这一制度发挥了较好的作用，2015 年以来行政复议机关作出纠错决定（撤销、变更、确认违法和责令履行等）的复议案件数量明显增多，纠错率由此前的 8% 左右大幅上升，2016 年为 16.8%，2017 年为 14.6%，2018 年为 15.1%，同时复议决定维持率则相应下降。但这一规定也对复议制度运行产生了巨大影响，增加了复议机关的应诉压力和应诉成本。[②]

《行政诉讼法》第 27 条、法释〔2018〕1 号第 27 条第 3 款规定了共同诉讼。在诉讼法原理上，共同被告制度属于共同诉讼制度的一种。原告一方或者被告一方在二人以上，以及原被告双方都在二人以上的，称为共同诉讼。共同诉讼一般分为必要的共同诉讼和普通的共同诉讼。前者是指当事人一方或者双方为两人以上，诉讼标的同一的诉讼；后者是指当事人一方或者双方为两人以上，诉讼标的为同样的诉讼。[③] 法释〔2018〕1 号第 26 条第 2 款规定："应当追加被告而原告不同意追加的，人民法院应当通知其以第三人的身份参加诉讼，但行政复议机关作共同被告的除外。"应当说，复议机关作共同被告的情形，不是普通的共同诉讼，也不是典型的必要共同诉讼。复议决定和原行政行为是两个不同的行政行为。但是这两个行政行为具有极

① 俞祺.复议机关作共同被告制度实效考〔J〕.中国法学，2018(6).
② 许安标.行政复议法实施二十周年回顾与展望〔J〕.中国法律评论，2019(5).
③ 《行政诉讼法及司法解释关联理解与适用》编委会.行政诉讼法及司法解释关联理解与适用（上）〔M〕.北京：中国法制出版社，2018:237-238.

高的关联度，维持的复议决定强化了原行政行为，又依附于原行政行为的效力状态。[1] 这种情形实际上是必要共同诉讼和普通共同诉讼的中间状态，行政诉讼法关于复议机关作共同被告的规定是对共同诉讼理论的新发展。[2] 作出原行政行为的机关和复议机关作共同被告，是一种特殊形态的共同诉讼，虽然被诉的行政行为既有原行政行为，又有复议决定，但实际上对当事人权利义务产生拘束力的仍然是原行政行为，而非维持该行政行为的复议决定。复议机关只是对原行政机关的意志加以肯定而已，并没有对当事人附加任何不利益。新《行政诉讼法》所建立的原行政机关和复议机关为共同被告的双被告制度是一种法定的新型共同被告制度。[3]

《行政诉讼法》第 79 条规定："复议机关与作出原行政行为的行政机关为共同被告的案件，人民法院应当对复议决定和原行政行为一并作出裁判。"法释〔2018〕1 号第 135 条第 1 款规定："复议机关决定维持原行政行为的，人民法院应当在审查原行政行为合法性的同时，一并审查复议决定的合法性。"有观点认为，"双被告"制度被认为源于行政一体原则。行政一体原则要求将原行政行为和复议决定视为一个整体对待，由复议机关统一对外表达行政系统的意志，接受司法审查。[4] 在复议机关作共同被告的情况下，同时存在一个原行政行为和一个复议决定，二者作为一个统一的整体共同构成人民法院的审查对象。以"统一性原则"作为"复议机关改变原行政行为"的界定标准，在客观效果上可以更好地发挥行政复议机关的作用，鼓励复议

---

[1] 袁杰. 中华人民共和国行政诉讼法解读［M］. 北京：中国法制出版社，2014:215.
[2] 江必新，梁凤云. 最高人民法院新行政诉讼法司法解释理解与适用［M］. 北京：中国法制出版社，2015:76.
[3] 王雪梅. 复议机关为共同被告的审判问题研究［J］. 法律适用，2016(8).
[4] 耿宝建，殷勤.《行政复议法》修改如何体现"行政一体原则"［J］. 河南财经政法大学学报，2020(6).

机关积极查明修补原行政行为存在的事实和法律问题，纠正原行政行为存在的错误，不仅使行政争议能够得到更加及时有效的处理，也能够减轻司法机关的负担，减少当事人的诉累。就这一点来说，也符合《行政诉讼法》第26条的立法本意。① 当然，也有不少学者对"双被告"从不同角度提出了观点。②

案例指引

● 案例一

▶ **裁判要旨**　复议机关作为共同被告的审理焦点

▶ **案号索引**　最高人民法院（2016）最高法行申 2738 号

▶ **文书摘要**　经复议的案件，复议机关决定维持原行政行为的，作出原行政行为的行政机关和复议机关是共同被告。这是修改后的《行政诉讼法》作出的新的制度设计，目的是促进行政复议功能得到更好的发挥。但在复议机关作共同被告的情况下，审理的焦点通常仍会指向原行政机关的行政行为或者不作为。这是因为维持原行政行为的复议决定并没有施与当事人新的权利义务，可能对当事人合法权益造成侵害的，实质上仍是原行政机关的行政行为或者不作为。

---

① 李广宇.新行政诉讼法司法解释读本［M］.北京：法律出版社，2015:152.

② 王春业.论复议机关作被告的困境与解决［J］.南京社会科学，2015(7)；莫于川.复议机关做行政诉讼被告的制度变化及其理据分析——我国《行政诉讼法》首次修改中的一个争议点检讨［J］.南都学刊，2016(1)；章志远.行政诉讼"双被告"制度的困境与出路［J］.福建行政学院学报，2016(3)；沈福俊.复议机关共同被告制度之检视［J］.法学，2016(6)；梁君瑜.复议机关作行政诉讼共同被告——现状反思与前景分析［J］.行政法学研究，2017(5)；张旭勇.复议机关作共同被告的逻辑转换与制度重构［J］.浙江学刊，2019(5)；王青斌.反思行政复议机关作共同被告制度［J］.政治与法律，2019(7)；曹鎏，冯健.行政复议"双被告"制度的困境与变革［J］.中外法学，2019(5)；等等。

● 案例二

▶ **裁判要旨** 行政复议维持案件的审查对象

▶ **案号索引** 最高人民法院（2017）最高法行申 2620 号

▶ **文书摘要** 根据《行政诉讼法》第 26 条第 2 款,《最高人民法院关于适用〈中华人民共和国行政诉讼法〉若干问题的解释》第 7 条、第 9 条和第 10 条规定,现行行政诉讼制度对经过复议维持的案件,人民法院司法审查的对象或者说诉讼标的既包括原行政行为,也包括复议决定,人民法院必须对原行政行为和复议决定的合法性均进行评价,而不能仅审查原行政行为或者复议决定。无论原告起诉状中如何列举被告和表述诉讼请求,作出原行政行为的行政机关和复议机关是法定的共同被告,原行政行为和复议决定均属于行政案件的审查对象。原告不能通过仅起诉原行政行为,而排除人民法院对复议决定一并审查。

2. 维持原行政行为

法释〔2018〕1 号第 22 条明确了"复议机关改变原行政行为"的情形。第 134 条第 1 款规定:"复议机关决定维持原行政行为的,作出原行政行为的行政机关和复议机关是共同被告。原告只起诉作出原行政行为的行政机关或者复议机关的,人民法院应当告知原告追加被告。原告不同意追加的,人民法院应当将另一机关列为共同被告。"有学者认为,复议机关作出维持原行政行为复议决定的,与原行政机关一起列作共同被告,其核心功能在于处理好复议机关与原行政机关之间的诉讼关系,以方便查明它们之间法律关系和案件事实,合理划分它们应分担的责任,以简化诉讼程序、节省诉讼成本。故复议机关和原行政机关不是由同一行政行为产生的共同被告,而应归为因同类行政行为产生的共同被告。复议机关因维持决定而成为共同被告，基本符合由同类行政行为产生的共同被告的特质。[①] 复议机关的维持决定虽然是行政行为，但这一行政行为的"特殊性"就在于其只是覆盖了原行政行为的效力而已。本质上，真正发生法律效力的是原行政行为。[②]

法释〔2018〕1号第133条规定："行政诉讼法第二十六条第二款规定的'复议机关决定维持原行政行为'，包括复议机关驳回复议申请或者复议请求的情形，但以复议申请不符合受理条件为由驳回的除外。"所谓"维持"，既包括明确表示的"维持"，也包括"复议机关驳回复议申请或者复议请求"、但实质效果是对原行政行为予以"维持"的情形。分辨驳回复议申请或者复议请求是否属于对原行政行为"维持"，关键是要看复议决定是否对原行政行为的合法性进行了实质审查判断。[③]

《行政复议法》第68条规定："行政行为认定事实清楚，证据确凿，适用依据正确，程序合法，内容适当的，行政复议机关决定维持该行政行为。"这种处理是就案件实体问题所作的处理，其实质是肯定被申请人的行政行为，对申请人的请求实体上不予支持。《行政复议法实施条例》第43条对行政复议机关应当决定维持的情形作出了规定。"维持决定是对被申请人、申请人已经形成的行政法律关系的认可，是对被申请人的行政行为合法、适当的肯定，维持原行政行为的效力，实际上是驳回申请人的请求。"[④]《行政复议法实施条例》第48条第1款规定："有下列情形之一的，行政复议机关应当决定驳回行政复议申请：（一）申请人认为行政机关不履行法定职责申

①　方世荣.论复议机关做被告与做共同被告的不同价值功能［J］.中外法学，2019(2).
②　梁凤云.《行诉解释》重点条文理解与适用［J］.法律适用，2018(11).
③　最高人民法院（2018）最高法行申2965号。
④　郜风涛.中华人民共和国行政复议法实施条例释解与应用［M］.北京：人民出版社，2007:171.

请行政复议，行政复议机关受理后发现该行政机关没有相应法定职责或者在受理前已经履行法定职责的；（二）受理行政复议申请后，发现该行政复议申请不符合行政复议法和本条例规定的受理条件的。"《行政复议法》对此未予规定，其立法宗旨，是想让行政复议机关尽可能多地受理案件，避免因种种借口拒不受理行政复议案件的现象发生，但在实践中也确实存在某些不符合受理条件的案件，因立案审查时不够严谨或者审查期限已过而受理的情形。对于这些案件的处理，《行政复议法》提供的现行决定类型都不合适，各地区、各部门的行政复议机关都强烈要求增加这一行政复议决定方式。《行政复议法实施条例》顺应这一要求，补充规定了这一行政复议决定方式。①驳回行政复议申请存在两种情形：程序上驳回和实体上驳回。程序上驳回即不符合受理条件的驳回，应该单独起诉驳回申请决定。实体上驳回的，属于维持决定的范畴，应该和原行政行为一起提起共同诉讼。②

《行政复议法实施条例》第 48 条第 1 款第 1 项规定"申请人认为行政机关不履行法定职责申请行政复议，行政复议机关受理后发现该行政机关没有相应法定职责或者在受理前已经履行法定职责的"，在性质上是对复议申请进行审查之后作出的实体处理决定，它和维持决定一样，都是对申请人的请求实体上不予支持。在这种情况下如果提起行政诉讼，就应当以复议机关和作出原行政行为的行政机关为共同被告。③

有观点认为，维持决定包括驳回复议申请的决定，但不包括因不符合受理条件驳回复议申请的情形。这种观点同意维持决定包含了驳回复议申请决

① 张越.行政复议法学［M］.北京：中国法制出版社，2007:448.
② 最高人民法院行政审判庭.最高人民法院行政案件案由暂行规定理解与适用［M］.北京：人民法院出版社，2023:335.
③ 最高人民法院（2016）最高法行申 2671 号。

定。但是同时也认为，并非所有驳回复议申请决定都可以为"维持决定"所包括。其中，《行政复议法实施条例》第48条第1款第2项"受理行政复议申请后，发现该行政复议申请不符合行政复议法和本条例规定的受理条件的"属于程序性驳回，该驳回决定属于行政复议机关自己的判断，如果作被告，只能是单独被告。[①]

根据人民法院会议纪要，通常而言，不属于复议维持的即属于复议改变，反之亦然。但需要注意的是，无论是复议维持抑或复议改变，都是在复议机关已经进行实体审理并对原行政行为的合法性进行明确表态的情形。但是，对于复议机关未明确表态的，即从程序上驳回复议申请、未进行实体审查和判断的复议决定，并不能从中推断出复议机关肯定或否定原行政行为的实体合法性。因此，对于此类情形，其既不适用复议维持的规定，也不适用复议改变的规定，而有其自身单独适用的法律规则。客观上，复议申请人对复议决定不服的，其实质主张复议机关应当进行实体审查而未进行，属于复议不作为的情形，对此不服提起行政诉讼的，应当按照复议不作为的法律规定进行。[②] 人民法院裁判文书载明，《行政复议法实施条例》第48条第1款第2项规定在性质上属于对行政复议申请的程序性驳回，既不属于维持原行政行为，也不属于改变原行政行为，因为行政复议机关并没有对被申请的行政行为的合法性作出认定和处理[③]，在这种情况下如果提起行政诉讼，要么单独起诉原行政行为，要么单独起诉复议机关的驳回作为，不能同时以原行

[①] 梁凤云.行政复议机关作共同被告问题研究：基于立法和司法的考量 [J].中国政法大学学报，2016(6)；梁凤云.《行诉解释》重点条文理解与适用 [J].法律适用，2018(11).

[②] 姜伟.最高人民法院第四巡回法庭疑难案件裁判要点与观点 [M].北京：人民法院出版社，2020:456.

[③] 最高人民法院（2016）最高法行申2671号、（2017）最高法行申6098号、（2019）最高法行申13691号等。

政机关和复议机关为共同被告①。《行政复议法实施条例》第48条第1款规定的两种情形并不难理解，但受限于当时立法技术的原因，将分别属于实体决定和程序决定的两种决定规定在"驳回行政复议申请"这一决定之下。行政诉讼法2014年修改后，有关原告的诉讼请求已经形成规范的概念，故本司法解释②将两种情况以不同的表述加以区分，既符合基本法理，又便于实务操作。③

案例指引

● 案例一

▶ **裁判要旨**　不属于复议机关作为共同被告的情形

▶ **案号索引**　最高人民法院（2020）最高法行申5102号

▶ **文书摘要**　根据《行政诉讼法》第26条第2、3款和《最高人民法院关于适用〈中华人民共和国行政诉讼法〉的解释》第133条规定，在非法定复议前置案件中，复议机关对申请人的复议申请不予答复，或者程序性驳回复议申请的，不属于复议机关维持原行政行为、复议机关与原行政行为机关作共同被告的情形。

● 案例二

▶ **裁判要旨**　复议机关以违反法定程序为由确认原行政行为违法，属

---

① 最高人民法院（2016）最高法行申2671号。
② 即法释〔2018〕1号。
③ 最高人民法院行政审判庭.最高人民法院行政诉讼法司法解释理解与适用（下）[M].北京：人民法院出版社，2018:619-620.

于共同被告情形

▶ **案号索引**　最高人民法院（2017）最高法行申 4197 号

▶ **文书摘要**　复议机关以违反法定程序为由确认原行政行为违法并不属于改变原行政行为，原行政行为虽被确认程序违法但其法律效力仍得到保留，故复议机关以违反法定程序为由确认原行政行为违法，应当属于法律和司法解释规定的共同被告的情形。

● 案例三

▶ **裁判要旨**　驳回复议申请但对复议请求作出了实体审查的，构成对原行政行为的维持

▶ **案号索引**　最高人民法院（2018）最高法行申 152 号

▶ **文书摘要**　根据《最高人民法院关于适用〈中华人民共和国行政诉讼法〉的解释》第 133 条规定，区分复议机关的驳回复议申请究竟属于因理由不成立而驳回，还是因不符合受理条件而驳回，应当适用实质性标准。名为驳回复议申请，甚至名为不予受理决定，但事实上对复议请求作出了实体审查的，也应当定性为驳回复议请求，进而构成对原行政行为的维持。

3. 复议机关不作为

《行政诉讼法》第 26 条第 3 款规定："复议机关在法定期限内未作出复议决定，公民、法人或者其他组织起诉原行政行为的，作出原行政行为的行政机关是被告；起诉复议机关不作为的，复议机关是被告。"由此可知，我国实行的是一级复议制度，法律并没有规定对行政复议决定不服还可以向其上一级行政机关再次申请行政复议。

按照立法本意，《行政诉讼法》第 26 条第 3 款所说的"复议机关在法定期限内未作出复议决定"，仅指未就实体处理作出决定。"复议机关不作为"，既包括复议机关在法定期限内不作出任何决定的消极不作为，也包括复议机关明确作出不予受理复议申请决定的积极不作为。[①] 既包括受理之后逾期不作复议决定，也包括对复议申请不予受理；既包括书面决定不予受理的积极不作为，也包括对是否受理怠为处分的消极不作为。[②]

对于复议机关在法定期限内未作出复议决定的，法律已经明确规定当事人的权利救济途径是起诉原行政行为或起诉复议机关不作为。《最高人民法院行政审判庭关于不予受理决定是否属于行政诉讼受案范围问题的答复》（［2010］行他字第 15 号）规定："根据行政复议法和行政诉讼法的有关规定，公民、法人或者其他组织不服行政复议机关作出的不予受理决定，依法提起行政诉讼的，人民法院应当受理。"《行政审判办案指南（一）》规定："行政复议机关作出不予受理决定，并不表明原行政行为经过复议。在复议前置的情况下，当事人起诉不予受理决定的，应当依法受理；起诉原具体行政行为的，应当裁定不予受理。在法律没有规定复议前置的情况下，当事人在不予受理决定和原行政行为之间择一起诉的，应当依法受理。"复议不作为的，申请人既可以就原行政行为提起诉讼，也可以就复议不作为提起诉讼，但不能对原行政行为与复议不作为同时提起诉讼，主要理由为：两个诉讼请求相互矛盾，人民法院难以作出处理，即若复议不作为成立的，人民法院应当判令复议机关履行复议职责，对原行政行为的实体合法性进行审查及处理。如人民法院同时又审理原行政行为的，复议机关显然不再具有对原行政行为审查的空间以及必要性。因此，如复议申请人对复议不作为提起行政诉讼的，

---

① 最高人民法院（2017）最高法行申 358 号。
② 最高人民法院（2018）最高法行申 9429 号。

表明其仍寄望于通过复议程序先行救济其合法权益，人民法院应当对复议机关是否应当进行实体审查作出判断；如复议申请人对原行政行为提起行政诉讼的，表明其已不再寄望复议机关，而直接选择最终的行政诉讼救济路径，直接对原行政行为的合法性作出处理。① 即在法律没有规定复议前置的情况下，仅可在驳回行政复议申请决定和原行政行为之间择一起诉。无论是直接起诉原行政行为还是起诉复议机关不作为，都不涉及另一机关作共同被告问题。"如果同时起诉原行政行为和复议机关不作为，就会违反一事不再理原则，造成人民法院和复议机关的重复劳动，还违反了司法最终原则。"②

案例指引

● 案例一

▶ **裁判要旨** 复议机关不受理复议申请的起诉

▶ **案号索引** 最高人民法院（2017）最高法行申 358 号、（2018）最高法行申 5591 号

▶ **文书摘要** 在复议机关不予受理复议申请的情况下，当事人有两种法律救济手段可以选择：一种是直接起诉原行政行为。因为可能对当事人合法权益造成侵害的，实质上仍是原行政机关的行政行为或者不作为。复议机关尽管没有受理行政复议申请，但在法律没有规定行政复议必须是前置程序的情况下，并不影响当事人直接对原行政行为提起行政

---

① 姜伟.最高人民法院第四巡回法庭疑难案件裁判要点与观点［M］.北京：人民法院出版社，2020:456-457.
② 最高人民法院（2017）最高法行申 6092 号、（2017）最高法行申 6098 号、（2019）最高法行申 13691 号等。

诉讼，并且直接起诉原行政行为还有利于从根本上解决行政争议。另一种是起诉复议机关不作为。如果当事人坚持认为复议机关应当受理其复议申请，也可以以复议机关不作为为由提起诉讼。但是，无论是直接起诉原行政行为还是起诉复议机关不作为，都不涉及另一机关作共同被告问题。虽然法律规定了上述两种救济手段，但却不可以同时进行，而应当选择其一。这是因为，直接起诉原行政行为，目的是要求人民法院对原行政行为的合法性作出认定和处理；起诉复议机关不作为，直接的诉求虽然是要求人民法院撤销不予受理复议申请的决定，但撤销不予受理复议申请决定的效果，则必然导致复议机关同样要对原行政行为的合法性作出认定和处理。

● 案例二

▶ **裁判要旨**　复议机关不受理复议申请的起诉

▶ **案号索引**　最高人民法院（2017）最高法行申 4311 号

▶ **文书摘要**　案涉 022 号驳回行政复议申请决定从性质上属于对行政复议申请的程序性驳回，未对被申请行政行为的合法性作出实体性评判和处理，不同于"复议机关决定维持原行政行为"之情形。在复议机关不受理复议申请的情况下，根据《行政诉讼法》第 44 条规定，当事人可以起诉原行政行为，也可以起诉复议机关驳回行政复议申请的决定，即行政不作为。但当事人不可以同时起诉两项行为，因为后者审查的结果可能是撤销驳回行政复议申请的决定，重启行政复议程序，由此造成人民法院和行政复议机关在并行的两个法定程序中对同一行为即原行政行为合法性进行审查，两个程序重复且结果可能矛盾，也违背司法最终原则。

● 案例三

▶ **裁判要旨**　复议机关不受理复议申请的起诉

▶ **案号索引**　江苏省高级人民法院（2020）苏行终 388 号

▶ **文书摘要**　根据《行政诉讼法》第 26 条第 2 款、第 3 款，《最高人民法院关于适用〈中华人民共和国行政诉讼法〉的解释》第 133 条的规定，本案中，甲海关认为乙公司的复议请求不属于《行政复议法》《海关行政复议办法》[①] 规定可以提起行政复议的范围，根据《行政复议法实施条例》第 48 第 1 款第 2 项规定，作出案涉 5 号《复议决定》驳回乙公司的行政复议申请。因案涉 5 号《复议决定》是甲海关以上诉人的复议申请不符合受理条件为由作出的驳回行政复议申请决定，未对丙海关行政行为的合法性作出实体认定和处理，故原审法院认为该复议决定并非"复议机关决定维持原行政行为"范畴、乙公司在本案中同时将丙海关与甲海关列为共同被告不当，该认定正确。

延伸阅读

行政诉讼案例中行政复议机关不属于共同被告还有哪些情形？

1. 复议机关自行撤销复议决定的

复议行为是复议机关依法履行复议权的行政行为，与原行政行为具有相对独立性，复议机关确有正当理由撤销复议决定的，应当予以支持。复议机关已经自行撤销复议决定的，不属于维持原行政行为的情

---

① 海关总署令第 166 号，已被海关总署令第 265 号《海关审理行政复议案件程序规定》废止。

形。若行政相对人已经对原行政行为提起诉讼且未要求复议机关重新作出复议决定的，仅将原行政行为作出机关列为被告，并无不当。[①]

2.以解决赔偿义务机关行政赔偿问题为目的的诉讼

对于以获得行政赔偿为目的的诉讼而言，《国家赔偿法》规定的救济方式是直接起诉赔偿义务机关，并不包括起诉复议机关，即不包括要求人民法院判决复议机关就赔偿义务机关的行政赔偿问题作出处理或者重新处理的情形。《行政诉讼法》有关复议机关为被告的规定同样不包括该情形。从实践层面看，以起诉复议机关履行法定职责的方式解决赔偿义务机关的行政赔偿问题，与直接起诉赔偿义务机关相比，不仅程序更加烦琐，耗费更多的资源，而且难以直接解决行政赔偿问题，容易形成循环诉讼。从行政诉讼实质解决行政争议的立法宗旨看，上述法律在这一问题上未作规定表明，以解决赔偿义务机关行政赔偿问题为目的的诉讼不宜以复议机关为被告。[②]

3.针对复议送达程序提起的履责诉讼

根据《行政诉讼法》第26条第2款、第3款规定，虽然复议机关所作复议决定的结果是维持原行政行为，但再审申请人并非起诉经复议维持的原行政行为，而仅是挑战复议送达程序问题，故不符合将作出原行政行为的行政机关和复议机关列为共同被告的条件。[③]

---

① 最高人民法院（2019）最高法行申9339号。
② 最高人民法院（2018）最高法行再128号。
③ 最高人民法院（2018）最高法行申2968号。

三、第三人

所谓第三人，是指因为与被提起诉讼的行政行为有利害关系，通过自己申请或法院通知的形式，参加到诉讼中的公民、法人或者其他组织。[①] 行政诉讼的第三人是指同被诉行政行为有利害关系但没有提起诉讼，或者同案件处理结果有利害关系的公民、法人或者其他组织[②]；是原、被告之外，同被诉行政行为有利害关系，或者同案件处理结果有利害关系，为维护自己的合法权益，参加到已开始的诉讼中的公民、法人或者其他组织[③]。人民法院裁判文书认为，行政诉讼的第三人是指同被诉行政行为有利害关系或者同案件处理结果有利害关系的公民、法人或者其他组织。[④] 第三人参加诉讼，"有利于人民法院查明事实，保证案件的审判质量，也有利于简化诉讼程序，节省诉讼时间和诉讼费用。"[⑤] 在行政诉讼中不区分有独立请求权的第三人和无独立请求权的第三人。[⑥]

> ## 法律条文
>
> 《行政诉讼法》第 29 条　公民、法人或者其他组织同被诉行政行为有利害关系但没有提起诉讼，或者同案件处理结果有利害关

---

① 周佑勇. 行政法原论（第三版）[M]. 北京：北京大学出版社，2018:388.
② 姜明安. 行政诉讼法（第三版）[M]. 北京：北京大学出版社，2016:130.
③ 信春鹰. 中华人民共和国行政诉讼法释义 [M]. 北京：法律出版社，2014:78.
④ 最高人民法院（2016）最高法行申 1188 号。
⑤ 胡康生. 行政诉讼法释义 [M]. 北京：北京师范学院出版社，1989:49.
⑥ 《行政诉讼法及司法解释关联理解与适用》编委会. 行政诉讼法及司法解释关联理解与适用（上）[M]. 北京：中国法制出版社，2018:269-270.

系的，可以作为第三人申请参加诉讼，或者由人民法院通知参加诉讼。

人民法院判决第三人承担义务或者减损第三人权益的，第三人有权依法提起上诉。

简要解读

信春鹰在《关于〈中华人民共和国行政诉讼法修正案（草案）〉的说明——2013 年 12 月 23 日在第十二届全国人民代表大会常务委员会第六次会议上》指出："细化第三人制度。现行行政诉讼法有关第三人的规定较为原则。实践中，行政诉讼涉及第三方利益的情形逐渐增多，完善第三人制度有利于解决行政争议。建议规定：公民、法人或者其他组织同被诉具体行政行为有利害关系但没有提起诉讼，或者同案件处理结果有利害关系的，可以作为第三人申请参加诉讼，或者由人民法院通知参加诉讼。人民法院判决承担义务的第三人，有权依法提起上诉。（修正案草案第十三条）"人民法院裁判文书载明，一般认为，行政诉讼第三人制度的性质是"诉讼参加"，设立这一制度不仅是对利害关系人权利的尊重和维护，也有利于增强判决的确定性和稳定性，减少诉讼周折，从而实现诉讼的最佳效益。与被诉行政行为有关的其他行政机关作为第三人参加诉讼，通常属于一种单纯辅助参加，尤其在涉及批准行为、前置行为、辅助行为、行政合同以及超越职权的案件中，允许其他行政机关作为第三人参加诉讼，对于查明案件事实、分清法律责任，更具有积极意义。① 第三人的法律地位属于诉讼参加，也就是参加到别人的诉讼当中，因此，第三人的诉讼参加须以他人之间的诉讼已经或能够进行为前提。在一个诉讼因为不符合法定起诉条件而无法开启的情况下，断无追加第三人参加诉讼的必要。②

从比较法的视角来考量，其他国家（如法国、德国、奥地利、日本）关于行政诉讼第三人的规定虽然不同（例如称谓、种类及相关法律条文表达有所差异），但行政诉讼第三人的范围大同小异，往往不仅包括与被诉行政行为有利害关系的第三人，还包括与诉讼结果有利害关系的第三人；而且，所谓"与诉讼结果有利害关系"，并不能完全为"与行政行为有利害关系"这一概念所包容。③

对于行政诉讼中的第三人应该如何分类，我国行政诉讼法学界目前尚未达成共识，有研究总结了必然性利害关系第三人、或然性利害关系第三人与预决性利害关系第三人等主要观点，并提出划分为必要参加诉讼第三人与普通参加诉讼第三人。④ 有观点认为，行政诉讼第三人制度和民事诉讼第三人制度是两种不同的诉讼制度，行政诉讼第三人既不同于民事诉讼中有独立请求权的第三人，也不同于无独立请求权的第三人。根据行政诉讼的基本原理，结合行政诉讼实际特点，以第三人与被诉具体行政行为的利害关系为标准，对行政诉讼第三人作如下分类：（1）权利关系第三人；（2）义务

---

① 最高人民法院（2016）最高法行申 2907 号。
② 最高人民法院（2017）最高法行申 5809 号。
③ 莫于川. 我国《行政诉讼法》的若干修改建议及理由说明 [J]. 临沂师范学院学报，2006(5).
④ 黄先雄. 我国行政诉讼中必要参加诉讼第三人制度之构建 [J]. 法商研究，2018(4).

关系第三人；（3）事实关系第三人。① 有学者认为，行政诉讼中根据诉的利益，可以将第三人划分为近似被告地位的第三人和近似原告地位的第三人。② 还有学者总结在实践中作为行政诉讼第三人的个人、组织大致有行政处罚的被处罚人等9种情形。③ 实务界有观点认为，根据不同的标准，行政诉讼第三人有两种分类方式：第一种，"原告型第三人"与"被告型第三人"；第二种，"同被诉行政行为有利害关系但没有提起诉讼"的第三人与"同案件处理结果有利害关系"的第三人。④

《行政诉讼法》第29条第1款、第2款为行政诉讼设置了两种第三人，即与被诉行政行为有利害关系的第三人，以及与案件处理结果有利害关系的第三人。"这次《行政诉讼法》修改，将同被诉行政行为有利害关系和同案件处理结果有利害关系均纳入利害关系范畴，承认了间接利害关系作为第三人的判断标准之一。因此，只要实际影响了公民、法人或者其他组织合法权益的，均应认定为有利害关系。这一点与原告是相同的。"⑤ "同被诉行政行为有利害关系，一般来说，就是具有原告资格，可以以自己名义提起行政诉讼，如果没有提起诉讼，其他利害关系人提起诉讼，可以作为第三人参加诉讼。"⑥ 人民法院裁判文书认为，与被诉行政行为有利害关

---

① 马怀德，解志勇. 行政诉讼第三人研究［J］. 法律科学，2000(3).
② 张树义. 寻求行政诉讼制度发展的良性循环［M］. 北京：中国政法大学出版社，2000:141.
③ 姜明安. 行政诉讼法（第三版）［M］. 北京：北京大学出版社，2016:131-133.
④ 江必新，邵长茂. 新行政诉讼法修改条文理解与适用［M］. 北京：中国法制出版社，2015:106-107.
⑤ 江必新. 新行政诉讼法专题讲座［M］. 北京：中国法制出版社，2015:135.
⑥ 袁杰. 中华人民共和国行政诉讼法解读［M］. 北京：中国法制出版社，2015:83.

系的第三人因其直接与诉讼标的有利害关系，因此属于必须参加诉讼的第三人。与案件处理结果有利害关系的第三人，则基于与案件的事实认定有关联等利害关系，可以作为第三人参加诉讼，但除非判决直接设定其权利义务，否则并无上诉权。①

需要注意的是，第三人原则上是行政相对人，在法律规定的特殊情况下可以是行政机关。原告与第三人的区别主要有两点：一是原告是起诉者，而第三人是主动要求参加他人诉讼的或者被法院通知参加他人诉讼的；二是原告是行政管理的对象，而第三人虽然原则上也是行政管理的对象，但在法律规定的特殊情况下可以是行使行政管理权的行政机关。②

案例指引

● 案例一

▶ **裁判要旨**　应当参加诉讼而未参加诉讼的第三人，可以通过申请再审的方式维护自己的合法权益应当具备的条件

▶ **案号索引**　最高人民法院（2018）最高法行申 4736 号、（2019）最高法行再 102 号

▶ **文书摘要**　根据《最高人民法院关于适用〈中华人民共和国行政诉讼法〉的解释》第 30 条第 3 款规定，应当参加诉讼而未参加诉讼的

---

① 北京市第一中级人民法院（2016）京 01 行终 916 号。
② 《行政诉讼法及司法解释关联理解与适用》编委会. 行政诉讼法及司法解释关联理解与适用（上）[M]. 北京：中国法制出版社，2018:261.

第三人，可以通过申请再审的方式维护自己的合法权益，但应当具备以下两个条件：第一，因不能归责于本人的事由未参加诉讼；第二，有证据证明发生法律效力的判决、裁定、调解书损害其合法权益。前者可以参照《最高人民法院关于适用〈中华人民共和国民事诉讼法〉的解释》第 295 条所列举的情形；后者则以《行政诉讼法》第 29 条第 1 款规定的"利害关系"为标准。

● 案例二

▶ **裁判要旨**　能否作为第三人参加诉讼的认定

▶ **案号索引**　上海市高级人民法院（2004）沪高行终字第 7 号

▶ **文书摘要**　案涉行政处罚认定的被处罚主体是甲企业（集团）股份有限公司，乙企业集团公司是上诉人甲企业（集团）股份有限公司的全资子公司。根据 1989 年《行政诉讼法》第 27 条规定，同提起诉讼的具体行政行为有利害关系的其他公民、法人或者其他组织，可以作为第三人申请参加诉讼。因乙企业集团公司与被诉具体行政行为没有利害关系，原审法院对其要求作为第三人参加诉讼的申请不予准许，符合法律规定，并未违反法定程序。

实务疑难

1. 复议机关单独作被告的行政诉讼案件，原处理机关是否应该列为案件第三人？

在行政复议法律程序中，复议机关依法对原处理机关的行政行为实施法律监督。根据《行政诉讼法》第 29 条第 1 款规定，在复议机关单独作被告的行政诉讼案件中，原处理机关既不是同被诉行政行为有利害关系的公民、法人或者其他组织，也与本案处理结果没有利害关系，依法不应列为第三人。[1] 行政机关对于上级机关的复议决定必须履行，根据 2017 年《行政复议法》第 32 条规定，原行政机关即使对复议决定有异议，也不能通过司法途径救济。若允许原行政机关参加诉讼，则意味着原行政机关享有了通过诉讼途径对复议决定提出质疑的权利，违背了该条规定。故，不应追加原行政机关为第三人参加诉讼。[2]

2. 报关企业接受收发货人委托办理报关纳税手续引发行政诉讼的，是否属于第三人？

根据《海关法》第 9 条第 1 款、第 10 条第 1 款规定，报关企业接受进出口货物收发货人的委托，以委托人的名义办理报关手续，出现纳税或者行政处罚争议时，是否属于第三人？

有观点认为，收发货人委托报关企业办理报关纳税手续，是民事委托代理关系，法律责任由委托人即收发货人承担。如果因报关企业未尽到审慎勤勉之义务，违反了海关监管规定，影响海关监管秩序，海关对收发货人作出追补征税款、行政处罚等处理，收发货人作为纳税义务人、行政处罚的当事人，对由此造成的损失和承担的责任只能通过民事渠道解决。这种观点有一定道理。《海关法》对收发货人或者报关企业办理报关纳税手续的要求非常明确。从税收的角度看，根

---

[1]　广西壮族自治区高级人民法院（2017）桂行终 1167 号。

[2]　河南省新乡市中级人民法院（2020）豫 07 行初 103 号。

据《海关法》第54条规定，进口货物的收货人是纳税义务人（《关税法》第3条第1款称之为纳税人）。《关税法》第55条、《海关行政处罚实施条例》第16条和第17条等对纳税人、报关企业的法律责任作出了明确规定。而从行政处罚的角度看，收发货人委托报关企业办理报关纳税手续的，收发货人和报关企业都有可能成为行政处罚的当事人。海关行政处罚的当事人既可以是收发货人，也可以是报关企业，还有一种情况可能是委托人和代理人都有过错，则均应当承担法律责任。无论哪种情形，如果仅有一方向人民法院起诉海关的，根据《行政诉讼法》第29条、法释〔2018〕1号第30条规定，为查明案情、界定责任，另一方可以作为第三人申请参加诉讼，或者由人民法院通知作为第三人参加诉讼。

3. 海关行政诉讼案件中消费使用单位能否作为第三人参加行政诉讼？

根据《海关进出口货物报关单填制规范》（海关总署公告2019年第18号）的规定，境内收发货人、消费使用单位/生产销售单位均是报关单的填制项目。消费使用单位填报已知的进口货物在境内的最终消费、使用单位的名称，包括：1. 自行进口货物的单位；2. 委托进出口企业进口货物的单位。在收货人作为纳税义务人缴纳税款，但实际纳税主体是消费使用单位的情况下，如果收货人不服海关的征税决定提起行政诉讼，消费使用单位是否作为第三人参加诉讼？

《对外贸易法》第8条规定："本法所称对外贸易经营者，是指依法办理工商登记或者其他执业手续，依照本法和其他有关法律、行政法规的规定从事对外贸易经营活动的法人、其他组织或者个人。"

在海关行政诉讼案件中，如消费使用单位自行进口货物，作为涉诉行政争议的一方当事人，是行政诉讼的原告。如果消费使用单位委托收货人进口货物时，一般来说，其与收货人是一种委托与被委托的民事法律关系。对外贸易经营者作为消费使用单位的代理人，是报关单上的收货人。根据《海关法》第54条规定，进口货物的收货人是纳税义务人（《关税法》第3条第1款称之为纳税人）。尽管进口货物的最终用户是消费使用单位，按照海关法律规定，必须以收货人为纳税义务人，而不能因为消费使用单位是实际的纳税主体，就以消费使用单位作为纳税义务人。对于收货人因纳税争议提起的行政诉讼，对消费使用单位而言，如果其认为被诉的纳税争议与其有利害关系，或者与该诉讼结果有利害关系，根据《行政诉讼法》第29条、法释〔2018〕1号第30条规定，可以申请作为第三人参加诉讼，或者由人民法院通知作为第三人参加诉讼。

第五章　证据种类与举证责任

证据是法律程序的灵魂，离开证据的证明作用，任何设计精巧的法律程序都将变得毫无意义。[①]"先取证，后裁决"原则是行政行为自身的要求。了解取证是行政行为的必要组成部分。[②]"先取证后裁决"的行政程序原则要求行政机关先进行证据的调查和收集工作，待具备充分的事实与法律依据后才能作出行政行为。[③]一个行政执法必须有相应的证据的支持，在一定意义上讲，证据是行政执法能否成立的关键点。[④]行政行为一经作出即具有公定力和存续力，否定一个行政行为的效力，需有确凿的证据。[⑤]行政程序中的证明活动，实际上与行政诉讼举证责任有着内在的关联性，两者之间的关

---

① 徐继敏. 行政证据学基本问题研究［M］. 成都：四川大学出版社，2010:23.
② 朱维究，胡卫列. 行政行为过程性论纲［J］. 中国法学，1998(4).
③ 林莉红. 行政诉讼法学［M］. 武汉：武汉大学出版社，2015:122.
④ 关保英. 违反法定程序收集行政证据研究［J］. 法学杂志，2014(5).
⑤ 最高人民法院（2017）最高法行申 7107 号。

系可以简单地概括为一句话,即行政诉讼举证责任是行政程序证明责任的延续和再现。[1]

《行政诉讼法》第5条规定:"人民法院审理行政案件,以事实为根据,以法律为准绳。"《最高人民法院关于行政诉讼证据若干问题的规定》(法释〔2002〕21号)第53条规定:"人民法院裁判行政案件,应当以证据证明的案件事实为依据。"作为一个法律程序整体不可缺少的组成部分——行政程序同样也是在证据的作用下发挥着它应有的功能。[2]在司法体制中,证据具有不可或缺的地位。[3]证据是诉讼的核心,也是诉讼中技术性很强的部分。[4]完善的证据制度是实现司法公正、彰显司法文明的制度基石。[5]法释〔2018〕1号"四、证据"部分自第34条至第47条作出详细的规定,在其他部分条款中也有涉及证据的内容。

一、行政诉讼证据

有学者认为,诉讼中的证据是指控、辩、审三方依法收集并以法律规定的形式表现出来的、能够证明案件事实的材料,是表现形式与材料内容的统一。[6]由于证据本身的复杂性,在行政诉讼法学上,对行政诉讼证据的定义也有不同理解,归纳起来,有材料与手段说、事实与材料说、两义说(即手

---

① 高家伟.论行政诉讼举证责任〔M〕//罗豪才.行政法论丛(第1卷).北京:法律出版社,1998:479.转引自佘凌云,周云川.对行政诉讼举证责任分配理论的再思考〔J〕.中国人民大学学报,2001(4).
② 章剑生.行政程序中证据制度的若干问题探讨〔J〕.法商研究,1997(6).
③ 熊明辉,杜文静.在证据与事实之间:一种证据博弈观〔J〕.浙江社会科学,2019(6).
④ 刘革.修改后行政诉讼法:"创新"手段解决难题〔N〕.检察日报,2014-11-28.
⑤ 公丕潜.论我国行政诉讼法中被告逾期举证的法律后果与规制路径〔J〕.知与行,2019(4).
⑥ 卞建林.证据法学〔M〕.北京:高等教育出版社,2020:139.

段方法说与事实材料说）、纯粹事实说、根据说等。根据诉讼证据原理的相通性，行政诉讼证据与刑事诉讼证据具有相通性，刑事诉讼法关于证据的界定具有一定借鉴意义。[①]

在定义方面，学界和实务界也有不同的表述，如，行政诉讼的证据是行政诉讼法律关系主体用以证明被诉行政行为是否合法和是否侵犯相对人合法权益的事实材料[②]；是指行政诉讼中用来证明案件事实情况的材料[③]；是指诉讼当事人向法庭提供或者法庭调查取得的，认为能够用来证明特定的案件事实的材料[④]。行政诉讼证据是指行政诉讼主体可以用来证明行政案件事实的材料[⑤]；是指行政诉讼法律关系主体用以证明被诉具体行政行为是否合法的材料[⑥]；是指能够用来证明案件事实真实情况的一切材料或者手段[⑦]。对证据概念的不同界定，导致了在证据属性问题上的不同争论，形成了"二性说"（客观性与关联性）、"三性说"（客观性、关联性和法律性）和"四性说"（客观性、相关性、合法性、一贯性）等观点，还有观点提出了"新四性说"（相关性、可采性、证明力和可信性）。[⑧]证据的客观性，有的学者称之为证据的真实性。[⑨]还有观点认为，证据审查有四个标准，把真实性和客观性并列，

① 《行政诉讼法及司法解释关联理解与适用》编委会. 行政诉讼法及司法解释关联理解与适用（上）[M]. 北京：中国法制出版社，2018:286−287.

② 姜明安. 行政诉讼法（第三版）[M]. 北京：北京大学出版社，2016:193.

③ 江必新，邵长茂. 新行政诉讼法修改条文理解与适用[M]. 北京：中国法制出版社，2015:119.

④ 最高人民法院行政审判庭. 最高人民法院行政诉讼法司法解释理解与适用（上）[M]. 北京：人民法院出版社，2018:233.

⑤ 高家伟. 论行政诉讼举证责任[M] // 罗豪才. 行政法论丛（第1卷）. 北京：法律出版社，1998:456.

⑥ 江必新. 中国行政诉讼制度的完善：行政诉讼法修改问题实务研究[M]. 北京：法律出版社，2005:137.

⑦ 梁凤云. 行政诉讼讲义（上）[M]. 北京：人民法院出版社，2022:341.

⑧ 张保生. 证据法学（第三版）[M]. 北京：中国政法大学出版社，2018:14−30.

⑨ 卞建林. 证据法学[M]. 北京：高等教育出版社，2020:141.

关联性、合法性不变。① 尽管学界对于证据的属性存在诸多学说，一般认为"三性说"是通说。但也有观点对证据"属性说"持否定态度：证据不但不具有合法性，而且也没有客观性；就其本质而言，也不存在关联性。②

权威解读认为，证据是证明案件事实是否客观存在的材料。基本特征是客观性、关联性、合法性。③《最高人民法院关于行政诉讼证据若干问题的规定》（法释〔2002〕21号）第39条第1款规定："当事人应当围绕证据的关联性、合法性和真实性，针对证据有无证明效力以及证明效力大小，进行质证。"有观点认为，该条对证据"三性"的排列顺序亦是当事人对证据"三性"质证的顺序，法庭在庭审质证时，应当按照此顺序进行。④ 证据的"三性"，是指证据的关联性、合法性和真实性。"关联性、合法性和真实性"的排列，反映了法庭质证和认证的逻辑顺序或者思维逻辑，也是"三性"所具有的不同功能的要求。⑤ 法释〔2018〕1号第42条规定："能够反映案件真实情况、与待证事实相关联、来源和形式符合法律规定的证据，应当作为认定案件事实的根据。"本条仍然采信传统证据法学学说，强调定案证据要具备关联性、合法性和真实性。⑥ 据此，作为定案根据的证据，应当具有真实性、关联性和合法性。⑦ 证据的真实性、关联性和合法性是证据的三种基本属性。或者说，是证据材料能够成为证据所应具备的资格

① 关保英.行政程序法学（下册）〔M〕.北京：北京大学出版社，2021:529-530.
② 易延友.证据法学：原则 规则 案例〔M〕.北京：法律出版社，2017:11-13.
③ 信春鹰.中华人民共和国行政诉讼法释义〔M〕.北京：法律出版社，2014:85-86.
④ 蔡小雪.行政审判与行政执法实务指引〔M〕.北京：人民法院出版社，2009:205.
⑤ 人民法院出版社.解读最高人民法院司法解释（含指导性案例）行政·国家赔偿卷〔M〕.北京：人民法院出版社，2023:69.
⑥ 最高人民法院行政审判庭.最高人民法院行政诉讼法司法解释理解与适用（上）〔M〕.北京：人民法院出版社，2018:231.
⑦ 张保生，王旭.中国证据法治发展报告2017—2018〔M〕.北京：中国政法大学出版社，2022:42.

性条件。[1]

行政证据和行政诉讼证据是应当予以区分的，即是说二者并不可以完全等同。[2] "行政证据"即"行政执法证据"或"行政程序证据"，属于"非诉讼证据"，与"行政诉讼证据"分属两个不同的证据规则范畴，虽有密切联系但存在本质区别，其在基本属性上除了应具有行政诉讼证据的"三性"要件以外，还应符合"形成性的要求"。相比较而言，行政证据在本质上是一种形成性的证据，行政诉讼证据则是一种审查性的证据。[3] 司法解释解读认为，行政诉讼证据，是指在行政诉讼中用以证明案件事实的证据；而行政程序证据，是指行政机关在行政程序中用以证明待证事实的证据。两者是不同法律程序中的证据，在基本理念和具体制度设计上存在着差别。行政程序证据是潜在的行政诉讼证据，也是行政诉讼中的复审对象，两者具有延续关系，在证据的形式、处理（如质证和认证）上也具有相似性。[4]

案例指引

● 案例一

▶ **裁判要旨**　人民法院公正裁判的基础

▶ **案号索引**　最高人民法院（2018）最高法行再 204 号

▶ **文书摘要**　人民法院的公正裁判必须以事实为根据，以法律为准

---

[1] 《行政诉讼法司法解释实务指南与疑难问答》编委会.行政诉讼法司法解释实务指南与疑难问答［M］.北京：中国法制出版社，2018:120.

[2] 关保英.违反法定程序收集行政证据研究［J］.法学杂志，2014(5).

[3] 郑琦.行政裁量基准适用技术的规范研究——以某某某炒货店"最"字广告用语行政处罚案为例［J］.政治与法律，2019(3).

[4] 人民法院出版社.解读最高人民法院司法解释（含指导性案例）行政·国家赔偿卷［M］.北京：人民法院出版社，2023:67-69.

绳，必须以当事人和其他诉讼参与人向法庭提供真实证据、向法庭如实陈述为基础。诉讼参与人必须遵循诚信诉讼义务，保证所提交证据和发表意见的客观真实性，否则将被依法追究诉讼失信的法律责任。

● 案例二

▶ **裁判要旨**　人民法院裁判行政案件的依据

▶ **案号索引**　最高人民法院（2016）最高法行申 2652 号

▶ **文书摘要**　行政案件事实认定，一般实行明显优势证明标准，并实行卷宗审查主义和举证时限制度。人民法院裁判行政案件，以当事人在法定期限内提交到法庭的证据所证明的案件事实为依据。

● 案例三

▶ **裁判要旨**　行政证据与行政诉讼证据

▶ **案号索引**　贵州省高级人民法院（2017）黔行终 87 号

▶ **文书摘要**　行政案件中的证据分为行政证据和行政诉讼证据。行政证据是行政主体据以作出具体行政行为的依据，其目的是保证行政主体作出正确的行政行为。行政诉讼证据除行政主体在行政程序中作出行政行为的证据以外，还包括原告、被告或第三人在行政诉讼中依法补充收集的证据，其目的是保证法院查明案件事实、正确审理案件。《行政诉讼法》第 35 条和《最高人民法院关于行政诉讼证据若干问题的规定》第 60 条中所指的"证据"是行政证据，而非行政诉讼证据。根据立法精神，行政主体在作出行政行为后，不能收集据以作出行政行为的行政证据，如勘验笔录、现场笔录等，但并不包括当事人陈述等有助于还原案件事实的行政诉讼证据。

▶ **裁判要旨**　当事人提供证据的要求

▶ **案号索引**　江苏省南通市中级人民法院（2023）苏 06 行终 612 号

▶ **文书摘要**　诉讼是庄严神圣的司法活动，法庭是还原事实真相的场所。当事人一旦启动诉讼程序，便应严格遵守法律，恪守诚信原则，如实陈述案件事实，据实提供证据材料。任何虚假陈述、伪造证据的行为都是无视法律、藐视法庭的行为，不仅妨碍了正常的诉讼秩序，而且有损司法公信，依法应当受到惩戒，构成犯罪的还应追究刑事责任。谎言和伪造的证据并非"救命的稻草"，而会适得其反。

二、行政诉讼证据种类

　　证据的种类是证据的外在表现形式，也称为证据的形式。英美法系国家的诉讼立法或者证据立法上，一般并不对证据的概念进行专门的界定，也不对证据的形式进行明确的规定。大陆法系国家一般在诉讼法中对证据形式进行一定的分类，但这种分类对证据形式的限制并不严格，一般并不排除其他可以揭示案件事实的证据资料进入诉讼，其侧重于从证据调查的角度对不同证据种类适用的证据规则进行规定，并且强调任何有助于查明案件事实的证据都可以依一定程序进入诉讼。[①]

　　我国刑事诉讼领域最早规定了证据的种类，民事诉讼领域也较早规定了证据的种类，相比较而言，行政诉讼法领域规定证据种类较晚。三大诉讼法

---

① 《行政诉讼法及司法解释关联理解与适用》编委会. 行政诉讼法及司法解释关联理解
　　与适用（上）[M]. 北京：中国法制出版社，2018:287.

规定的种类都经历了从少到多、表述不断调整的过程。在长期的司法实践中，最高人民法院针对适用三大诉讼法的司法解释都涉及到证据问题，还专门就行政、民事诉讼证据作出司法解释。最高人民法院、最高人民检察院就证据问题联合印发或者联合有关国家机关印发多份司法解释或司法解释性质文件，完善了证据适用的规则。

法律条文

《行政诉讼法》第33条　证据包括：

（一）书证；

（二）物证；

（三）视听资料；

（四）电子数据；

（五）证人证言；

（六）当事人的陈述；

（七）鉴定意见；

（八）勘验笔录、现场笔录。

以上证据经法庭审查属实，才能作为认定案件事实的根据。

简要解读

本条有两个显著变化：一是第1款的证据种类方面。打官司就是打证据，证据制度是行政诉讼制度的重要内容。首次修法，证据制度发生一些变化，第1项是将电子数据增列为一类独立的证据类型。过去是 7 个种类，加了 1 个，变成 8 个种类，这第 8 个是重点。证据类型 7+1 以后，有利于证据制度法治化发展。① 《行政处罚法》第 46 条、《行政复议法》第 43 条均增加了证据种类，同《行政诉讼法》的规定完全一致。二是第 2 款的表述。1989 年《行政诉讼法》第 31 条第 2 款规定："以上证据经法庭审查属实，才能作为定案的根据。"2012 年《民事诉讼法》第 63 条第 2 款规定："证据必须查证属实，才能作为认定事实的根据。"《行政诉讼法》第 33 条第 2 款未使用"定案"的表述，而是表述为"认定案件事实"。之所以作这样修改，是因为并非有了证据就直接决定了判决结果，即便某个证据已被认定，也未必就直接据其定案，而只是将其作为认定案件事实的一个根据，还要考虑到其他的证据，共同组成证据链条来构成案件事实，此外还要考虑法律政策调整的问题，考虑案件具体情节的问题，以及其他需要考虑的因素，综合判断以上多种因素来作出裁判，决定案件的最终结果。上述证据制度修改具有重要的行政诉讼法治发展意义。②

也有学者认为，证据材料是一种真假未辨、关联度不清、法律状态不明的初始状态，不能成为司法裁判或行政行为的直接依据。从证据材料到定案根据有两个转化过程，一是证据材料经过"三性"的检验转化为证据，二是证据经过真实性检验成为定案根据。③ 实务界有观点认为，根据证据在认定案件事实中所起的作用，证据

———————
① 莫于川.《行政诉讼法》修改及其遗留争议难题［J］.行政法学研究，2017(2).
② 莫于川.《行政诉讼法》修改及其遗留争议难题［J］.行政法学研究，2017(2).
③ 江国华，张彬.证据的内涵与依法取证——以行政处罚证据的收集为分析视角［J］.
证据科学，2016(6).

可以区分为一般诉讼证据和可定案诉讼证据。一般诉讼证据，即通常所说的证据材料，是指符合行政诉讼法规定的与案件事实有一定联系的各种材料和事实。可定案诉讼证据，即通常所说的定案证据，是指能够据以证明案件事实的证据材料。定案证据应当具备真实性、关联性和合法性，即通常所说的"证据三性"，实际上这是对定案证据的要求，不是对证据材料的要求。[①] 考虑到篇幅安排，本部分仅对《行政诉讼法》第 33 条规定的 8 类证据中的电子数据、鉴定意见以及勘验笔录、现场笔录进行阐述。

（一）电子数据

《联合国国际贸易法委员会电子商务示范法》第 2 条规定："'数据电文'系指经由电子手段、光学手段或类似手段生成、储存或传递的信息。"随着信息社会的来临、电子技术的发展以及新媒体时代的开启，越来越多的证据以电子数据的形式表现出来，如短信微信飞信记录、电子邮件、网上聊天记录、电子签名、访问记录等。经过这些年的实践，在行政诉讼法中将电子数据作为单独的证据种类予以明确的时机已经成熟。将电子证据明确为一种证据形式，回应了电子技术特别是计算机和互联网技术的快速发展，同时也与民事诉讼法的相关规定保持一致。[②] 按照何家弘教授等专家的意见，今后打官司最主要的证据类型和争议焦点就是电子数据证据。[③]

---

① 《行政诉讼法及司法解释关联理解与适用》编委会.行政诉讼法及司法解释关联理解与适用（上）[M].北京：中国法制出版社，2018:291.

② 江必新，邵长茂，李洋.新行政诉讼法导读：附新旧条文对照表及相关法律规范[M].北京：中国法制出版社，2015:13.

③ 莫于川.《行政诉讼法》修改及其遗留争议难题[J]，行政法学研究，2017(2).

实践中，还有"电子证据"的表述。有观点认为，电子数据即是电子证据。所谓电子证据，就是在案件发生过程中生成的电子资料，这种电子资料本身能够反映某个事实的发生、发展。① 电子证据是依赖现代电子信息技术产生并存储在电子存储介质中用以证明案件事实的信息数据；电子证据是以电子形式生成，以数字化形式存在于磁盘、光盘、计算机等载体用以证明案件事实的电磁记录物。② 电子证据在立法上，我国使用的法律术语是"电子数据"。电子证据还被称为"电子数据证据"。③ 电子证据的特点包括：数字化、挥发性、复制的精确性、表现形式的多样性、无形性、可挽救性等特点。④ 根据我国《电子签名法》第 2 条第 2 款规定，数据电文是指以电子、光学、磁或类似手段生成、发送、接收或者存储的信息。数据电文包括电报、电传、传真、电子数据交换和电子邮件等可以有形地表现所载内容的形式。根据《电子签名法》及其他法律规定，数据电文可以作为证据使用。⑤

学界一般认为，电子数据作为一种超越传统证据形式的新型证据，是指以电子形式生成，以数字化形式存在于磁盘、光盘、计算机等载体，用以证明案件事实的电磁记录物。⑥ 也有学者认为，电子数据即电子形式的数据信息，电子形式包括由介质、磁性物、光学设备、计算机内存或类似设备生成、发送、接收、存储的任一信息的存在形式，电子数据信息根据其所承载信息类型分为模拟数据信息和数字数据信息。⑦

① 何培育.电子商务法［M］.武汉：武汉大学出版社，2021:204,205.
② 谢小剑.电子证据法学［M］.北京：高等教育出版社，2022:6,7.
③ 何家弘，刘品新.证据法学［M］.北京：法律出版社，2022:182.
④ 汪振林.电子证据学［M］.北京：中国政法大学出版社，2016:13-16.
⑤ 石磊.《李某某诉广东省交通运输厅政府信息公开案》的理解与参照［J］.人民司法·案例，2015(12).
⑥ 刘素霞.电子数据"入法"要细化三个问题［N］.检察日报，2012-5-25.
⑦ 樊崇义.电子证据及其在刑事诉讼中的运用［N］.检察日报，2012-5-18.

《最高人民法院关于适用〈中华人民共和国民事诉讼法〉的解释》（法释〔2022〕11号）第116条第2款规定："电子数据是指通过电子邮件、电子数据交换、网上聊天记录、博客、微博客、手机短信、电子签名、域名等形成或者存储在电子介质中的信息。"《最高人民法院关于民事诉讼证据的若干规定》（法释〔2019〕19号）第14条规定："电子数据包括下列信息、电子文件：（一）网页、博客、微博客等网络平台发布的信息；（二）手机短信、电子邮件、即时通信、通讯群组等网络应用服务的通信信息；（三）用户注册信息、身份认证信息、电子交易记录、通信记录、登录日志等信息；（四）文档、图片、音频、视频、数字证书、计算机程序等电子文件；（五）其他以数字化形式存储、处理、传输的能够证明案件事实的信息。"《网信部门行政执法程序规定》（国家互联网信息办公室第14号令）第21条第2款规定："电子数据是指案件发生过程中形成的，存在于计算机设备、移动通信设备、互联网服务器、移动存储设备、云存储系统等电子设备或存储介质中，以数字化形式存储、处理、传输的，能够证明案件事实的数据。"这些规定对于理解行政诉讼中的电子数据有借鉴意义。

实务界有观点认为，电子数据是基于计算机应用、通信和现代管理技术等电子化技术手段形成的，包括文字、图形符号、数字、字母等的客观资料，具有以数据信息形式存在、具有开放性、易变性与稳定性共存等特征。[①]电子数据指的是以电子、光学、磁或其他类似的手段生成、发送、接受或存储的信息，是证明案件事实的一种证据，包括电子交易信息、网络IP地址、通信记录、电子邮件等电子数据，具有综合性、易变性、隐蔽性、可挽救

---

① 江必新.新行政诉讼法专题讲座［M］.北京：中国法制出版社，2015:149.

性、微缩性、扩散激增性等特征。[①] 权威解读认为，电子数据是指以数字化形式存储、处理、传输的数据，具有复合性、高科技性、脆弱性、隐蔽性的特点。[②]

《最高人民法院关于互联网法院审理案件若干问题的规定》（法释〔2018〕16号）第10条规定了电子化处理后的证据一般视为符合原件形式要求，第11条第1款规定了电子数据真实性的审查判断要求。《最高人民法院关于民事诉讼证据的若干规定》（法释〔2019〕19号）第15条第2款规定："电子数据的制作者制作的与原件一致的副本，或者直接来源于电子数据的打印件或其他可以显示、识别的输出介质，视为电子数据的原件。"《最高人民法院关于行政诉讼证据若干问题的规定》（法释〔2002〕21号）第12条明确了当事人向人民法院提供计算机数据的要求。《最高人民法院印发〈关于审理证券行政处罚案件证据若干问题的座谈会纪要〉的通知》（法〔2011〕225号）规定，"由于电子数据证据具有载体多样，复制简单、容易被删改和伪造等特点，对电子数据证据的证据形式要求和审核认定应较其他证据方法更为严格"，并提出了相关电子数据证据应当符合的要求。

有观点认为，有必要建立电子证据真实性认定规则体系，根据对技术快速发展的预期，当新型电子证据出现之后，应当及时研究新型电子证据的特点及证据保全和公证的要素。[③] 实务界则有观点认为，《行政诉讼法》将电子数据作为一种独立的证据种类，有意突出电子数据的独特性。但现有条款只是原则性、概括性规定，关于电子数据的存证、取证、"三性"审查、证

[①] 江必新，邵长茂.新行政诉讼法修改条文理解与适用［M］.北京：中国法制出版社，2015:120.

[②] 信春鹰.中华人民共和国行政诉讼法释义［M］.北京：法律出版社，2014:86-87.

[③] 汪闽燕.电子证据的形成与真实性认定［J］，法学，2017(6).

明力认定等规则尚未明确，亟需建立一套符合电子数据自身特点的证据规则。目前，民事以及刑事领域出台了较多关于电子数据的司法文件，不同诉讼之间证据规则具有较大相通性，可以相互借鉴。关于电子数据的调查、收集、保全程序，《最高人民法院关于民事诉讼证据的若干规定》也有所涉及，《行政诉讼法》可借鉴吸收。①

在数字经济的潮流中，面对人工智能的兴起与带来的改变，接纳与创新应用是不二之选。随着我国法治建设的不断推进、科技水平的不断提升和数字经济的不断发展，人工智能在司法领域的成效不断显现。②2018年施行的《最高人民法院关于互联网法院审理案件若干问题的规定》第11条首次确认，电子签名、可信时间戳、哈希值校验、区块链等可作为验证电子数据真实性的技术手段。2021年通过的《人民法院在线诉讼规则》第16条再次明确区块链技术存储电子数据的效力，第16条至第19条对区块链存证的司法认定问题作出专门规定。2022年5月，最高人民法院印发《最高人民法院关于加强区块链司法应用的意见》（法发〔2022〕16号），为探索和推广区块链技术与司法审判的深度结合、促进人民法院数字化改革提供了具体方案。③目前，区块链在司法系统的应用主要集中于司法取证、存证、示证领域。④区块链技术具有去中心化、分布式记账、共识机制、加密机制、不可逆性、可信时间戳以及防篡改等技术特性，能够比较好地保障电子数据的可靠性。⑤现今，区块链技术的不可篡改、可溯源等功能能够保障电子证据的

① 江必新.法律规范体系化背景下的行政诉讼制度的完善〔J〕.中国法学，2022(3).
② 江苏省高级人民法院课题组.数字经济背景下人工智能的司法应用〔J〕.法律适用，2023(5).
③ 杨宗仁.深入学习贯彻党的二十大精神 以区块链司法应用助力创造更高水平的数字正义〔J〕.中国审判，2023(9).
④ 曹红星.区块链技术在司法领域的应用与探索〔J〕.中国审判，2019(14).
⑤ 张春波.电子证据 大数据时代下的挑战与机遇〔J〕.中国审判，2020(15).

完整性、真实性。区块链技术在电子证据领域具备适用的可行性，其中最主要的技术是时间戳技术和共识算法机制。前者提供时间先后证明，后者保障证据真实可信。[①]

案例指引

● 案例一

▶ **裁判要旨**　电子证据真实性的审查

▶ **案号索引**　最高人民法院（2019）最高法知行终 143 号

▶ **文书摘要**　对电子证据真实性的审查，应当考虑电子数据的生成、存储、传送、收集等多个环节中是否存在被篡改的可能性。如果电子数据是复制文件，或者是从另一电子文件安装而来，当另一方当事人提出合理怀疑时，则需要对电子数据的原始载体或者原始安装文件进行核验。

● 案例二

▶ **裁判要旨**　网络电子数据证据效力的认定

▶ **案号索引**　《最高人民法院公报》2014 年第 8 期；指导案例 26 号；广东省广州市越秀区人民法院（2011）越法行初字第 252 号

▶ **文书摘要**　原告于 2011 年 6 月 1 日通过行政机关公众网络系统向被告提交了政府信息公开申请。政府公众网络系统生成了相应的电子申请编号，并向原告手机发送了申请提交成功的短信。被告确认收到上述

---

① 谢小剑.电子证据法学［M］.北京：高等教育出版社，2022:213.

申请，却于 2011 年 8 月 4 日才向原告作出政府信息公开答复，已超过了法定答复期限。由于行政机关"政府信息网上依申请公开系统"作为政府信息申请公开平台所应当具有的整合性与权威性，如未作例外说明，则从该平台上递交成功的申请应视为相关行政机关已收到原告通过互联网提出的政府信息公开申请。至于外网与内网、上下级行政机关之间对于该申请的流转，属于行政机关内部管理事务，不能成为行政机关延期处理的理由。被告认为原告是向政府公众网络系统提交的申请，因其内网与互联网、省外网物理隔离而无法及时发现原告申请，应以其 2011 年 7 月 28 日发现原告申请为收到申请日期而没有超过答复期限的理由不能成立。因此，原告通过政府公众网络系统提交政府信息公开申请的，该网络系统确认申请提交成功的日期应当视为被告收到申请之日。

（二）鉴定意见

作为行政诉讼证据种类的鉴定意见是指具备资格的鉴定人对行政案件中出现的专门性问题，通过鉴别和判断后作出的书面意见。[1] 人民法院会议纪要载明，鉴定意见是指接受委托或者聘请的鉴定人，运用自己的专门知识和技能，利用专门的仪器和设备，对案件中某些专门性问题进行分析、鉴别和判断后作出的书面意见。[2]《最高人民法院关于行政诉讼证据若干问题的规定》（法释〔2002〕21 号）多个条款使用"鉴定结论"。鉴定是行政机关或者法院将行政程序或者诉讼程序中遇到的专门性问题，提交专业部门或者专

①　江必新，邵长茂. 新行政诉讼法修改条文理解与适用［M］. 北京：中国法制出版社，2015:121.
②　最高人民法院第一巡回法庭. 最高人民法院第一巡回法庭行政主审法官会议纪要（第 1 卷）［M］. 北京：中国法制出版社，2020:94.

业人员进行鉴别并得出结论。行政诉讼中涉及的鉴定结论既包括被告在行政程序中取得的鉴定结论，又包括法院指定鉴定部门得出的鉴定结论。①

2012 年修正后的《刑事诉讼法》吸收了 2005 年《全国人民代表大会常务委员会关于司法鉴定管理问题的决定》中的提法，将"鉴定结论"改为"鉴定意见"。这一修改虽然只有两字之差，却充分体现了立法对鉴定人所提供意见的基本态度的改变，不再将其作为理所当然应当采纳的证据，而是赋予法官选择权。这一修改恢复了鉴定人所提供意见的固有特征，符合诉讼规律和证据性质，被随后的民事诉讼法修改和本次行政诉讼法修改吸收。② 结论是"对人或者事务最后的论断"，具有终局性。鉴定结论往往被看作证明某个事实具有权威性的证据，是一个不容置疑的证据。而鉴定意见作为鉴定人个人的认识和判断表达的只是鉴定人个人的意见，对整个案件来说，鉴定意见只是诸多证据中的一种证据，用鉴定意见表述更为科学、准确，更符合鉴定活动的本质特征，因此，修改《行政诉讼法》时将"鉴定结论"修改为"鉴定意见"。③

由于鉴定意见是相关鉴定人员对诉讼涉及的专门性问题的个人认识和判断，除受到鉴定方法、材料等客观因素的制约外，也会受到鉴定人员的知识水平、业务能力和经验等主观因素影响，因此鉴定报告是否采信，属于法院认证范畴。《最高人民法院关于行政诉讼证据若干问题的规定》（法释［2002］21 号）第 32 条第 1 款规定，人民法院对委托或者指定的鉴定部门出具的鉴定书，应当审查是否具有 7 项内容：鉴定的内容；鉴定时提交的相

① 孔祥俊.行政诉讼证据规则通释——最高人民法院《关于行政诉讼证据若干问题的规定》的理解与适用［J］.法律适用，2002(10).
② 《行政诉讼法及司法解释关联理解与适用》编委会.行政诉讼法及司法解释关联理解与适用（上册）［M］.北京：中国法制出版社，2018:290.
③ 信春鹰.中华人民共和国行政诉讼法释义［M］.北京：法律出版社，2014:88.

关材料；鉴定的依据和使用的科学技术手段；鉴定的过程；明确的鉴定结论；鉴定部门和鉴定人鉴定资格的说明；鉴定人及鉴定部门签名盖章。

案例指引

● 案例一

▶ **裁判要旨**　结果不同的两份评估报告的采信

▶ **案号索引**　最高人民法院（2016）最高法行申 260 号

▶ **文书摘要**　在两份报告均真实有效的前提下，二审法院采信独立性和公正性更高的社会中介机构所出具的报告，认定损失的具体数额，亦属公平合理。

● 案例二

▶ **裁判要旨**　鉴定意见效力的认定

▶ **案号索引**　北京市高级人民法院（2020）京行终 3430 号

▶ **文书摘要**　甲海关隶属乙海关依据第三人委托丙公司检测报告认定被举报产品中的乙酰磺胺酸钾（安赛蜜）含量并无不当。举报人主张其不认可第三人及国外生产商提供的检测报告、应当依据其提出的四份检测报告对该批次被举报产品中的乙酰磺胺酸钾（安赛蜜）的含量进行认定。本院认为，应当对相应检测报告的证明效力分别进行判断。根据《检验检测机构资质认定管理办法》第13条第2款、第28条规定，同时根据原调查材料，针对该批次被举报的产品，第三人委托丙公司进行检测，检测方法符合国家标准、检测报告信息完整，乙海关据此认定被举报产品中的乙酰磺胺酸钾（安赛蜜）含量，本院对此予以认可。

案例三

▶ **裁判要旨**　鉴定意见效力的认定

▶ **案号索引**　广州铁路运输中级法院（2019）粤 71 行初 271 号

▶ **文书摘要**　本案争议焦点是现有证据能否证明案涉货物的馏程在 140℃~200℃之间。本案中，能够用以证明案涉货物馏程的证据仅有中国检验认证集团广东有限公司（CCIC）及韩国 A 检定公社对该批次货物出具的品质证书。其中，中国检验认证集团广东有限公司（CCIC）的品质证书系甲公司以一般贸易方式向乙海关申报进口上述货物时所作，但该证书中仅对货物初馏点以及 10%、50%、90% 回收温度作出了鉴定，而并未确定终馏点。由于案涉货物已经进口完成，无证据证明原物仍然存在，无法再对案涉货物进行品质检验以确定终馏点，故对于案涉货物终馏点这一事实问题，只能结合现有的其他证据作出判断。A 检定公社虽然不属于我国认证的鉴定机构，但其针对案涉货物作出的品质证书是甲公司报关进入免税区仓库时所主动提供的证据，也是甲公司作为进口方与出口方之间认定案涉货物是否符合货物进出口合同约定的重要依据，其对证明案涉货物终馏点这一事实仍然具有证明效力，除非之后的品质证书能够推翻其认定或因存在明显矛盾、重大差异而导致其真实性存疑。而对比本案中的两份品质证书，初馏点、50% 馏点的数据均较为接近，且不存在明显矛盾或重大差异。由此可见，A 检定公社品质证书所反映的案涉货物终馏点数据真实可信。丙海关据此认定案涉货物馏程在 140℃~200℃之间，根据《中华人民共和国进出口税则（2017 年版）第二十七章子目注释四、《中华人民共和国进出口税则本国子目注释》（2013 年版）对案涉货物作出被诉稽查结论，事实清楚，证据充分，适用法律、法规正确。

延伸阅读

行政诉讼案例中影响鉴定意见的证据效力主要有哪些情形？

1. 不符合法定抽检程序

行政机关组织的抽样和检测，参加人员没有取得市场监督员的资格；进行抽样的人员不知道抽样公式，抽样后没有填写抽样联单；该次检验报告上盖有"仅对来样负责"的字样，不符合法定抽检程序。尽管这次检测结论为合格，但只能证明来样是合格的，不能证明库存的 50 吨复混肥是合格的，故不能作为该案的定案依据。[①]

2. 样品封存行为不合法

本案行政机关甲局没有证据证明乙环保监测站取样时按照《工业污染源现场检查技术规范》（HJ606—2011）的规定对样品进行封存并由申请人代表在封条上签名确认，申请人主张乙环保监测站的样品封存行为不合法，具有事实依据和法律依据，本院予以采纳。因此，在没有充分证据证明涉案《监测报告》的取样有效、样品封存合法的情况下，行政机关甲局采信该《监测报告》作为主要证据认定申请人实施了违法行为，主要证据不足。[②]

3. 无证据证明采样程序合法

本案中，甲局未能提供采样记录或采样过程等相关证据，无法证明其采样程序合法，进而无法证明送检样品的真实性，直接影响监测结果的真实性和合法性。因此，在没有收集确凿证据证实样品来源真实可靠的情况下，仅以乙环境监测中心站出具的《监测报告》认定公

[①] 最高人民法院（1995）行再字第 1 号；《最高人民法院公报》1995 年第 4 期。
[②] 广东省高级人民法院（2020）粤行申 61 号。

司存在环境违法行为事实的主要证据不足。①

4. 未通知当事人到场

本案中，甲局于 2018 年 5 月 21 日进行现场检查并抽取样品时，没有（书面）通知被上诉人到场，违反相关规定，由此制作形成的《检验报告》不具有证据的合法性，应予排除。②

5. 鉴定意见未送达告知当事人

涉案《监测报告》采瞬时样，是行政机关认定申请人实施环保违法行为的关键证据，且该《监测报告》的结论还可能导致相关责任人被追究刑事责任，基于正当程序的要求，行政机关不仅应该依职权对该《监测报告》进行严格审查，而且在决定是否采纳《监测报告》作为执法证据前应将《监测报告》送达给申请人并听取申请人相关意见，保障其充分行使陈述、申辩权利。行政机关获得该《监测报告》后未送达给申请人并听取申请人的意见，而直接采纳《监测报告》作为主要证据，程序违法。③

6. 不属于鉴定意见

证据的作用在于证明案件事实，针对法律问题作出判断的鉴定意见不属于上述规定中应作为证据采信的鉴定意见。由于该公司所提交鉴定意见涉及《专利法》第 23 条第 1 款和第 2 款等法律问题，不属于《行政诉讼法》第 33 条规定的鉴定意见。据此，复审委员会对其未予采信并无不当。④

---

① 海南省第二中级人民法院（2016）琼 97 行终 34 号。
② 浙江省杭州市中级人民法院（2020）浙 01 行终 417 号。
③ 广东省高级人民法院（2020）粤行申 61 号。
④ 北京市高级人民法院（2017）京行终 2594 号。

7. 超过法定期限提交的鉴定报告

甲公司在二审期间提供的乙单位检验报告，本院认为已经超过法定举证期限。如果甲公司对被诉处罚决定认定的事实不服，其在行政处罚程序中完全有机会提出反驳意见，而甲公司在处罚程序中对丙中心检验报告明确予以认可，同时又放弃了听证的权利。在此情况下，其在诉讼程序中又委托检验，该检验报告已经超过了《最高人民法院关于行政诉讼证据若干问题的规定》第59条规定所要求的举证期限，故对该检验报告本院不予采纳。①

8. 在同一行政处罚案件中同时担任承办人和鉴定人

县甲局在立案调查后，确认案件的承办人是乙、丙；在聘请鉴定机构对涉案专业性问题进行鉴定时，聘请鉴定机构的鉴定人员也为乙、丙。从《××行政处罚程序规定》第29条规定可以看出，在行政处罚案件中行政执法人员与具有专门知识的鉴定人应分别为不同人群主体。乙、丙在同一行政处罚案件中同时担任承办人和鉴定人，足以使行政相对人怀疑其作为鉴定人所出具鉴定意见的中立性和公正性，继而导致作出的行政处罚决定书主要证据不足。②

（三）勘验笔录、现场笔录

笔录是指司法人员、执法人员或者法律工作者在办案活动中所作的各种记录。从字面上讲，笔录的主要形式是文字记录，但是也包括绘图、照相、

---

① 北京市第一中级人民法院（2016）京01行终916号。
② 宁夏回族自治区中卫市中级人民法院（2020）宁05行终3号。

录音、录像、录屏甚至自动语音识别等形式。[①] 笔录证据是以书面文字记录取证活动的一种证据形式，也是取证主体固定、保全证据的一种基本方法。笔录证据同时具有证明取证行为合法性和实质证据真实性或相关性的辅助功能。[②]

实务界有观点认为，勘验笔录是指对物品、现场等进行查看、检验后所作的能够证明案件事实情况的记录；现场笔录专指行政机关及其工作人员在执行职务的过程中对某些事项当场所作的能够证明案件事实的记录，又称为当场记录。[③] 权威解读认为，勘验笔录是指人民法院对能够证明案件事实的现场或者不能、不便拿到人民法院的物证，就地进行分析、检验、勘查后作出的记录；现场笔录是指行政机关对行政违法行为当场处理而制作的文字记载材料。[④] 各国对于勘验笔录这种证据形式的要求没有太大差别，但对于其是否作为独立的证据形式，各国的规定有所不同。有的国家将其视为核实证据的一种方法，有的国家将其作为一种独立的证据形式。我国将其作为一种独立的证据形式。现场笔录从性质上讲属于书证的一种，只有行政诉讼法对现场笔录的证据形式作出了规定。[⑤]

《最高人民法院关于行政诉讼证据若干问题的规定》（法释〔2002〕21号）第15条明确了当事人向人民法院提供现场笔录的要求，同时规定"法律、法规和规章对现场笔录的制作形式另有规定的，从其规定。"

---

① 何家弘，刘品新.证据法学［M］.北京：法律出版社，2022:212.
② 王景龙.论笔录证据的功能［J］.法学家，2018(2).
③ 江必新，邵长茂.新行政诉讼法修改条文理解与适用［M］.北京：中国法制出版社，2015:122.
④ 信春鹰.中华人民共和国行政诉讼法释义［M］.北京：法律出版社，2014:88-89.
⑤ 梁凤云.行政诉讼讲义（上）［M］.北京：人民法院出版社，2022:367-368.

案例指引

● 案例一

▶ **裁判要旨**　勘验笔录的审查

▶ **案号索引**　山西省高级人民法院（2018）晋行申 216 号

▶ **文书摘要**　勘验（检查）笔录中见证人甲的签名非本人所签，这点再审被申请人乙局并无异议，但主张捺手印是其本人所为。二审法院在审理中依职权于 2018 年 4 月 4 日对甲进行了询问，甲承认捺手印是其本人所为。但该证据未经当事人质证。二审法院径行予以采信，违反了《最高人民法院关于行政诉讼证据若干问题的规定》第 35 条的规定。因此，对于勘验（检查）笔录中见证人甲的签名和捺手印的真实性本院不予确认。

● 案例二

▶ **裁判要旨**　检查笔录的制作要求

▶ **案号索引**　广东省佛山市中级人民法院（2020）粤 06 行终 777 号

▶ **文书摘要**　《最高人民法院关于行政诉讼证据若干问题的规定》第 15 条规定："根据行政诉讼法第三十一条第一款第（七）项的规定，被告向人民法院提供的现场笔录，应当载明时间、地点和事件等内容，并由执法人员和当事人签名。当事人拒绝签名或者不能签名的，应当注明原因。有其他人在现场的，可由其他人签名。法律、法规和规章对现场笔录的制作形式另有规定的，从其规定。"《民事诉讼法》第 80 条第 1 款规定："勘验物证或者现场，勘验人必须出示人民法院的证件，并邀请当地基层组织或者当事人所在单位派人参加。当事人或者当事人的成年家属应当到场，拒不到场的，不影响勘验的进行。"本案中，行政机关甲局提供的现场检查笔录载明了检查时间、检查地点和检查内容，且乙社区工作人员丙、丁到场见证。上述现场检查笔录的制作符合上述法律规定，并无不当。

三、行政诉讼的举证责任

外国有学者认为，"证明责任的负担是败诉的一半"[1]。"在实际诉讼中，举证责任问题的实际重要性甚至比大多数律师认识到的还要大。确定举证责任问题常常就是决定谁胜谁负的问题。"[2] 证明负担的分配，将取决于对几个因素中的任何一个或者多个因素所赋予的权重，这些因素包括：（1）由希望改变的当事人承担负担的自然倾向；（2）特殊政策考虑，例如不赞成某些抗辩的政策考虑；（3）便利性；（4）公平性；以及（5）对概率的司法估计。[3]

有观点认为，现代证明责任是一种作为案件事实真伪不明情形下的一般性克服方法的形式理性制度，其最深层的本质就是以法律价值权衡化解事实认知模糊状态，化消极无解之事实判断为积极的法律价值引导，其性质属于"实质司法权"。[4] 证明责任被称为"诉讼的脊梁"，其重要性对行政诉讼亦不言而喻。[5] 人民法院要正确解决行政争议，必须运用证据证明案件的事实。《行政诉讼法》第40条规定，人民法院有权向有关行政机关以及其他组织、

---

[1] 莱奥·罗森贝克.证明责任论［M］.庄敬华，译.北京：中国法制出版社，2002:64.

[2] 伯纳德·施瓦茨.行政法［M］.徐炳，译.北京：群众出版社，1986:321.

[3] 肯尼斯·S·布朗.麦考密克论证据（第七版）［M］.王进喜，译.北京：中国人民大学出版社，2023:746.

[4] 胡学军.证明责任制度本质重述［J］，法学研究，2020(5).

[5] 马立群.德国行政诉讼证据调查与客观证明责任的分配规则——兼评对我国的借鉴价值［J］.比较法研究，2020(5).

公民调取证据。但这不意味着证据由人民法院调取，也不能替代诉讼当事人举证，更不是免除当事人的举证责任。举证责任分配关系到诉讼双方当事人的权利和地位，在一定意义上主导着诉讼的进行，因而在应然的基础上研究行政诉讼举证责任分配标准及其法理依据实为必要。① 举证责任分配作为举证责任的核心，举证责任作为证据制度的核心，证据制度又作为诉讼制度的核心，由此可以说，举证责任分配是整个诉讼制度的核心所在，不仅影响着案件事实的认定，左右着裁判的结果，还关系着诉讼制度的价值能否实现，因此需要根据不同的诉讼类型设计不同的举证责任分配规则。②

（一）举证责任

举证是指在案件的审理过程中，法律允许诉讼参与人采取多种方式向法庭展示证据，以支持自己的事实主张的诉讼活动。③ 证明责任，又称为举证责任。在英美法系和大陆法系，其均具有两层含义。在英美法系，一是"提供证据责任"或"证据责任"，二是"说服责任"或"法定证明责任"。在大陆法系，一是"主观证明责任"或"形式证明责任"，二是"客观证明责任""确认责任"或"实体证明责任"。在上述两组概念中，英美法系的"提供证据责任""说服责任"与大陆法系的"主观证明责任""客观证明责任"，分别存在相似之处。不论大陆法系或英美法系，各国学者均承认"提供证据责任"或"主观证明责任"都存在转移问题。而英美法系的"说服责任"与大陆法系的"客观证明责任"是不会发生转移的，对此，学界也持较为一致

① 余凌云，周云川. 对行政诉讼举证责任分配理论的再思考［J］. 中国人民大学学报，2001(4).
② 万进福. 行政公益诉讼规则研究［M］. 北京：中国法制出版社，2022:220.
③ 汪振林. 电子证据学［M］. 北京：中国政法大学出版社，2016:284.

的观点。我国在行政诉讼中引入大陆法系以法律规范为基础的主观证明责任与客观证明责任较为符合国情。[①]但也有学者认为，行政诉讼举证责任与行政诉讼证明责任是并列关系。行政诉讼举证责任是指行政诉讼当事人承担的提供证据以证明案件行政事实的责任。而行政诉讼证明责任是指人民法院和人民检察院依法承担的查明和认定行政案件事实的责任。两者的性质、分配、作用不同，也存在着一定的联系。[②]还有观点提出，以罗森贝克的规范说的行政法重述作为行政诉讼客观证明责任分配的基本规则：主张行使行政职权的当事人，对职权形成要件承担客观证明责任，主张不行使行政职权的当事人，对职权妨碍要件、职权消灭要件和职权排除要件承担客观证明责任。[③]

举证责任是诉讼中极为重要的问题，决定了诉讼的整个走向。对这个问题的争论，一直延续。对于举证责任的定义有所不同，如，有学者认为，是指诉讼中当事人应当承担的、提出事实和法律方面依据的责任，不能提供或提供不足，不能证明自己的主张，就要承担败诉的责任[④]；即诉讼上无法确定判断一定法律效果的权利发生或消灭所必要的事实是否存在时，对当事人有法律上不利于己的假定被确定的风险[⑤]；举证责任是当事人对自己提出的主张有提供证据，以证明所主张的案件事实成立或有利于自己主张的一种责任[⑥]。权威解读认为，举证责任是指当事人根据法律规定对特定的事实提供相关的证据加以证明的责任，若不能提供证据，将在诉讼中承担不利的诉讼

① 王振宇，阎巍.论行政诉讼证明责任的重构［J］.法律适用，2014(1).
② 高家伟.论行政诉讼举证责任［M］// 罗豪才.行政法论丛（第1卷）.北京：法律出版社，1998:437-438.
③ 江必新，徐庭祥.行政诉讼客观证明责任分配的基本规则［J］.中外法学，2019(4).
④ 应松年.回顾制定行政诉讼法时讨论的十一个关键［J］.中国法律评论，2019(2).
⑤ 马怀德.行政诉讼原理［M］.北京：法律出版社，2003:260.
⑥ 章剑生.现代行政法总论（第2版）［M］.北京：法律出版社，2019:449.

后果，甚至可能败诉。[1]

举证责任制度既是查明案件事实的制度，又是确定案件事实真伪不明的法律后果的实体规范。[2] 举证责任本质上是诉讼风险分配规则，它通过明确双方争议焦点以及本证、反证，将诉讼中的证明义务具体化。[3]

有学者认为，完整的行政诉讼举证责任由推进责任和说服责任构成，应当分别称为行政诉讼推进责任和行政诉讼说服责任。行政诉讼举证责任分配的一般原则是：被告对被诉具体行政行为的合法性承担说服责任，原告对其违法性承担推进责任；对行政处罚公正的事实和不履行法定职责具有合法理由的事实被告承担说服责任，对行政处罚显失公正的事实以及被告应当履行法定职责的事实原告应当承担推进责任；对行政诉讼程序事实，原告和被告对其诉讼主张各自履行推进责任。[4] 实务界有观点主张，承担说服责任的当事人在不能证明自己主张时，只能推定其主张不成立，所承担的是败诉的法律后果。承担推进举证责任的当事人在不能证明自己的主张时，只需要承担不能证明对方主张不成立的不利后果而不是败诉的法律后果。[5]

《行政诉讼法》及相关司法解释并未明确阐释"举证责任"的含义，且法律规范条文中将"举证责任""应当提供证据""可以提供证据"等提法混合并用，既不是按照英美法系以说服责任与提供证据责任进行责任类型区分，亦不能归入大陆法系分为客观证明责任与主观证明责任的概念范畴，其

① 信春鹰. 中华人民共和国行政诉讼法释义［M］. 北京：法律出版社，2014:90.
② 孔祥俊. 论法律事实与客观事实［J］. 政法论坛，2002(5).
③ 张步洪. 行政诉讼举证规则的体系解释［J］. 国家检察官学院学报，2015(4).
④ 高家伟. 论行政诉讼举证责任［M］// 罗豪才. 行政法论丛（第 1 卷）. 北京：法律出版社，1998:449,489-490.
⑤ 《行政诉讼法及司法解释关联理解与适用》编委会. 行政诉讼法及司法解释关联理解与适用（上）［M］. 北京：中国法制出版社，2018:296.

理解与适用难免存在争议。[①] 权威解读认为，提供证据的责任简称为举证责任，指当事人在诉讼中对自己的主张有责任提出证据加以证明。[②]

有学者主张，证明责任应当包括行为与后果两个方面，即行为意义上的证明责任与结果意义上的证明责任。前者是指当事人对所主张的事实负有提供证据证明的责任；后者是指在事实处于真伪不明状态时，主张该事实的人承担不利的诉讼后果。[③] 司法解释解读认为，按照理论上的通说，举证责任有两层含义，即行为责任与结果责任。行为责任是当事人就其诉讼主张向法院提供证据的责任，又称为主观的举证责任、形式意义上的举证责任等；结果责任又称为败诉风险责任、客观的举证责任等，是指负有举证责任的当事人在不能提供足够的证据证明其主张的案件事实时所要承担的败诉风险。（在该两种意义上使用"举证责任"一词在我国已成为约定俗成的用法，但从严格意义上讲，举证责任的字面含义是提供证据的责任，而结果责任是一种证明责任，即当事人一方不能证明特定的案件事实时的败诉风险）。本规定正式在该两种意义上使用了"举证责任"一词，但主要是从结果责任的意义上使用该术语。[④]

1989年《行政诉讼法》对证据的规定十分简略，只用了6条。对证据规则的丰富，实际上是通过两个重要的司法解释实现的。一个是《最高人民法院关于执行〈中华人民共和国行政诉讼法〉若干问题的解释》（2000年），另一个是《最高人民法院关于行政诉讼证据若干问题的规定》（2002

① 景象，刘璐，黄晨. 行政诉讼举证责任的类型化构建——以318件行政判决书为研究样本［M］//最高人民法院行政审判庭. 行政执法与行政审判（总第87集）. 北京：中国法制出版社，2023:45.

② 胡康生. 行政诉讼法释义［M］. 北京：北京师范学院出版社，1989:56.

③ 樊崇义. 证据法学［M］. 北京：法律出版社，2001:200.

④ 人民法院出版社. 解读最高人民法院司法解释（含指导性案例）行政·国家赔偿卷［M］. 北京：人民法院出版社，2023:72.

年）。① 后者比较系统全面地规定了行政诉讼中的举证、调取证据、质证和认证等诉讼证据规则，在 20 年来的行政审判历史上还是第一次，毋庸置疑具有里程碑意义。② 行政诉讼证据制度最初呈现"一体两翼"的格局，以《行政诉讼法》为体，以两个司法解释为翼。行政机关负举证责任奠定了行政诉讼证据制度的法理基础。行政诉讼证据制度先后有三次理论突变。③

证明责任的概念与证明责任的分配是两个不同的范畴。前者解决证明责任的性质和功能问题，后者解决如何适用证明责任的问题。④ "证明责任的有规律的和始终如一的分配，是法安全性的先决条件。"⑤ 举证责任分配是指"法律按照一定的标准，规定应当由哪一方当事人对诉讼中的相关事实提供证据加以证明，否则就要承担败诉的后果。"⑥ 举证责任的分配，是指将不同法律要件事实的主张和证据的提供，按照一定的标准，在当事人之间预先进行分配，使当事人按照举证责任的指引，收集和提供有关证据。在行政诉讼中，当事人如何举证、何时举证，应当遵循一定的规则，这便是行政诉讼举证规则。⑦ 合理的举证责任有利于减少和抑制行政纠纷的产生，特别是对无理缠讼的行为也有一定的平抑功能。从这个意义上讲，举证责任包含了息诉止争的功能。⑧ 由于具体情形的异常繁复和千变万化，举证责任的分配看来不可能找到一条放之四海而皆准的标准，或者找到一套能够以不变应万变的规则体系。⑨ 经过

---

① 余凌云. 论行政诉讼法的修改 [J]. 清华法学，2014(3).
② 孔祥俊.《关于行政诉讼证据若干问题的规定》的理解与适用 [J]. 法律适用，2002(10).
③ 余凌云，郑志行. 行政诉讼证据问题 [M] // 徐鹤喃，温辉. 行政检察实务培训讲义（第三版）. 北京：法律出版社，2022:92—94.
④ 王振宇，阎巍. 论行政诉讼证明责任的重构 [J]. 法律适用，2014(1).
⑤ 莱奥·罗森贝克. 证明责任论 [M]. 庄敬华，译. 北京：中国法制出版社，2002:68.
⑥ 邓刚宏. 行政诉讼举证责任分配的逻辑及其制度构建 [J]. 政治与法律，2017(3).
⑦ 崔勇. 行政诉讼举证责任 [J]. 山东法官培训学院学报（山东审判），2002(5).
⑧ 江必新. 完善行政诉讼制度的若干思考 [J]. 中国法学，2013(1).
⑨ 何海波. 举证责任分配：一个价值衡量的方法 [J]. 中外法学，2003(2).

多年的实践和探讨，以及对国外的证据规则和举证责任分配的法理研究的深入，关于事实审查的举证责任分配问题，学界已初步形成以下共识：第一，"谁主张谁举证"原则；第二，补充性原则；第三，举证责任转移规则。以上三个规则，共同构成行政诉讼的举证责任体系。[①]

有学者认为，行政诉讼中分担举证责任的规则与民事诉讼是一样的，即程序待证事实由在诉讼中提出该程序请求的一方负举证责任，而区分应由哪方当事人首先为实体待证事实负举证责任则以行政诉讼中实体请求的提出方不同来划分：实体请求是由行政机关提出的，即对行政机关作出的具体行政行为提起的诉讼中，应由行政机关首先为其具体行政行为负举证责任；实体请求是由行政相对人提出的，即对行政机关不作为提起的诉讼和行政赔偿诉讼中，则应由行政相对人首先为其实体请求负举证责任。[②]从设定举证责任制度的目的出发，举证责任分配应考虑以下因素：第一，须有利于纠纷的解决；第二，须有利于客观事实的发现；第三，须有利于减少收集证据的成本；第四，须有利于发挥正面的法治引导作用。根据诉讼制度通例，行政诉讼的举证责任的基本规则仍然是"谁主张谁举证"，但在行政诉讼中适用这项原则时需要注意其特殊性。"谁主张谁举证"是一项诉讼通例，"被告对作出的行政行为负有举证责任"是行政诉讼领域的一项特例，除了行政行为问题以外的领域，都应当根据"谁主张谁举证"的诉讼通例进行。[③]

通常情况下，举证责任由行政机关负担，在特殊情形下或根据法律规定，原告也负有少量的举证责任。因此，原告主张，被告举证，是行政诉讼

---

① 江必新：《行政审判基本问题研究》，"行政执法与行政审判"公众号，2018年6月25日发表。
② 刘飞. 行政诉讼举证责任分析 [J]，行政法学研究，1998(2).
③ 江必新，邵长茂. 新行政诉讼法修改条文理解与适用 [M]. 北京：中国法制出版社，2015:128,142.

举证责任分配的基本原则。[①] 被告承担举证责任，并不意味着被告在任何情形下对任何行政行为都负有举证责任，而且行政机关并非在任何情形下都具有举证优势，一概要求行政机关承担举证责任既不科学，也不利于行政纠纷的解决。行政诉讼自身的特殊性，决定了行政诉讼举证责任既不能由被告全部承担，也不能完全照搬民事诉讼法所确立的"谁主张谁举证"原则。[②] 各国不同的选择说明各国的行政诉讼都采取了不同于民事诉讼的举证责任分配原则。都是从各国的公平正义观念出发，同时考虑行政法律关系的特殊性来作出的决定。[③] 随着行政诉讼逐步发展，新类型行政案件越来越多，在所有行政案件中一律让被告承担举证责任，已经难以适应各类案件的审理特点，让行政机关在所有行政案件中举证也不尽公平。立法机关本次修法仍然坚持被告负举证责任的规定，并做了例外规定。总体而言，立法还是规定大多数举证责任由被告承担，有利于实现原告与被告诉讼程序中的对等关系。[④]

关于行政诉讼是否存在举证责任倒置问题，有观点认为，行政诉讼中，并不存在真正意义上的构成"举证责任倒置"，而是同样符合诉讼程序科学规律的"谁主张谁举证"这一基本原则。[⑤] "倒置必须要有一个'正置'的前提，只有知道'正置'的举证责任分配，才能对其称为倒置。"[⑥] 司法解释解读认为，法释〔2018〕1号第47条是在行政诉讼原有证据规则的基础之上进一步填漏补缺，特别是对于因被告的原因导致原告无法举证时，作了举证责任倒置方

① 刘善春. 行政诉讼举证责任分配规则论纲［J］. 中国法学，2003(3).
② 李大勇. 行政诉讼证明责任分配：从被告举证到多元主体分担［J］. 证据科学，2018(3).
③ 江必新. 行政诉讼问题研究［M］. 北京：中国人民公安大学出版社，1989:184.
④ 江必新，邵长茂，李洋. 新行政诉讼法导读：附新旧条文对照表及相关法律规范［M］. 北京：中国法制出版社，2015:70,71.
⑤ 刘德敏，陈桂生. 行政赔偿案件中的当事人举证责任探究［M］// 最高人民法院行政审判庭. 行政执法与行政审判（总第85集）. 北京：中国法制出版社，2022:8.
⑥ 蔡小雪. 行政诉讼证据规则及运用［M］. 北京：人民法院出版社，2006:6.

面的规定。[①] 人民法院裁判文书载明，如果因为被告的原因导致原告无法举证的，则应当适用举证责任倒置原则，由被告承担相应的举证责任。[②]

现行《行政诉讼法》明确了被告逾期不举证的后果，完善了被告的举证制度，增加了被告补充证据，明确了原告的举证责任，完善了人民法院调取证据制度，明确了证据的适用规则。法释〔2018〕1号"四、证据"又补充了相关规定。此外，《最高人民法院关于印发〈一审行政判决书样式（试行）〉的通知》（法发〔2004〕25号）规定，在"一审作为类行政案件用"文书中，根据行政诉讼法及《最高人民法院关于行政诉讼证据若干问题的规定》的规定，被告对作出的具体行政行为负有举证责任；在"一审不作为类行政案件用"文书中，原告应提供其已经向被诉行政机关提出申请的事实以及被诉行政机关不作为的证据和依据，被告应提供证据证明原审原告的申请事项是否属于其法定职责或者法定义务，其是否在法定期限内已经履行法定职责或者义务以及其不作为是否符合法律规定等。最高法院在司法政策选择上也改变了由被告负举证责任的一元模式，转化为当事人共同分担举证责任的多元模式。[③]

案例指引

● 案例一

▶ **裁判要旨** 行政诉讼举证责任的考虑因素

---

① 最高人民法院行政审判庭.最高人民法院行政诉讼法司法解释理解与适用（上）[M].
北京：人民法院出版社，2018:263.
② 最高人民法院（2018）最高法行申1056号。
③ 李大勇.行政诉讼证明责任分配：从被告举证到多元主体分担[J].证据科学，
2018(3).

▶ **案号索引**　最高人民法院（2015）行监字第 681 号

▶ **文书摘要**　举证责任的负担应当依法确定，同时应当综合考虑证明的难易程度、举证人与证据的关系远近以及举证能力的大小差别等因素。在行政赔偿、补偿的案件当中，原告应当对行政行为造成的损害提供证据，但是如果因为被告的原因导致原告无法举证的，则由被告承担相应的举证责任。

● **案例二**

▶ **裁判要旨**　行政诉讼举证责任的一般原则

▶ **案号索引**　最高人民法院（2019）最高法行申 1292 号

▶ **文书摘要**　《行政诉讼法》第 34 条规定的"被告对作出的行政行为负有举证责任"是行政诉讼举证责任的一般原则。行政诉讼中，原告方往往相对弱势，掌握的资源与证据有限，只要能够提供初步证据，证明事实行为存在且有可能系起诉状所列被告实施，即可视为基本履行了符合立案条件的举证义务；而被告方有义务提供证据证明自身是否实施了强制、按照何种程序如何实施、有无对当事人合法利益作出必要考量；在必要的情形下，人民法院也可依职权调查，对强制主体等事宜作出认定或者推定。

● **案例三**

▶ **裁判要旨**　行政诉讼中的举证责任

▶ **案号索引**　山东省高级人民法院（2021）鲁行再 9 号

▶ **文书摘要**　如果法律要求特定当事人对某一待证事实负有举证责任，该当事人就有责任提供证据证明该待证事实存在或不存在；如果该当事人提不出证据，或者提出的证据不具有可采性，或者提出的证据与对方当事人提出的证据相比不具有优势，则该当事人就将处于败诉的地位。"谁主张谁举证"是举证责任的一般原则。在行政诉讼中，根据我国法律规定，被告对作出的行政行为负有举证责任。同时，对行政不作为、行政赔偿等案件原、被告双方的举证责任有特殊规定的，从其规定。因此，在诉讼中承担或不承担举证责任后果完全不一样。

（二）被告的举证责任

行政诉讼与民事诉讼不同的是，举证责任一般是由行政机关承担。"在民事诉讼法中，谁主张谁举证。但在立法讨论中，我们都认为，行政诉讼法与民事诉讼法不同，行政机关作出决定，行政相对人不服，告到法院，法院要审查这个行政决定是否合法。"应松年教授解释，为此法律规定，被告（行政机关）对作出的具体行政行为负有举证责任。如果行政机关不能举出其作出具体行政行为的事实和法律根据，就有败诉的可能。[1] 行政诉讼打破了"谁主张、谁举证"的一般性民事举证规则，将证明被诉行政行为合法的主要举证责任分配给被告。[2]

> ### ▎法律条文
>
> 《行政诉讼法》第 34 条　被告对作出的行政行为负有举证责任，

---

[1]　张维炜.一场颠覆"官贵民贱"的立法革命——行政诉讼法诞生录［J］中国人大杂志，2014(2).

[2]　黄瑶，叶署铭.我国行政诉讼被告证据失权制度的审视和完善［M］//最高人民法院行政审判庭.行政执法与行政审判（总第87集）.北京：中国法制出版社，2023:29.

应当提供作出该行政行为的证据和所依据的规范性文件。

被告不提供或者无正当理由逾期提供证据，视为没有相应证据。但是，被诉行政行为涉及第三人合法权益，第三人提供证据的除外。

第38条第2款　在行政赔偿、补偿的案件中，原告应当对行政行为造成的损害提供证据。因被告的原因导致原告无法举证的，由被告承担举证责任。

▍简要解读

《行政诉讼法》规定行政机关对其所作行政行为负举证责任，充分体现了行政诉讼法的立法目的。由行政机关承担举证责任可以引导行政机关严格遵守"先取证、后决定"的规则，防止其恣意妄为、凭空裁决。它有利于促进行政机关依法行政，保护公民、法人或者其他组织的合法权益。被告对所作行政行为负举证责任不但公平，总体上也更有效率。[①] 被告对作出的行政行为负举证责任，是行政诉讼举证责任的一项基本规则。这符合行政诉讼目的，督促行政机关依法行政、保障相对人合法权益，也会促使行政机关在行政程序中更加注重证据的收集。[②]

举证规则的规定是1989年《行政诉讼法》的一大亮点。从

---

① 何海波.行政诉讼法（第3版）[M].北京：法律出版社，2022:448-449.
② 李大勇.行政诉讼证明责任分配：从被告举证到多元主体分担[J].证据科学，2018(3).

1989 年《行政诉讼法》颁布之日起，通常的观念认为行政诉讼"只由被诉行政机关承担举证责任"。①并认为，这是行政诉讼法有别于民事诉讼法的地方，反映了行政诉讼证据制度的特点。②"被告对作出的行政行为负有举证责任"，不等于被告在行政诉讼中对一切事实负举证责任；并不与被告享有提供证据的权利相矛盾；不同于原告和其他诉讼参加人、参与人或其他人提供证据的义务；是"谁主张谁举证"的一般举证原则在行政诉讼中的体现。③

人民法院裁判文书载明，根据《行政诉讼法》第 34 条规定，行政机关在行政诉讼中的举证责任，应当限于其作出行政行为所依据的证据和所依据的规范性文件，也即行政机关应当就其作出的对公民、法人、其他组织等行政相对人的合法权益产生影响的行政行为的正当性负有举证责任。进一步而言，行政机关应当是就其作出的行政行为所依据的事实、理由和依据负有举证责任。④

1. 被告提供作出该行政行为的证据

这里的"证据"是行政机关（被告）作出行政行为的事实依据，是证明案件真实情况的事实类证据，不包括行政机关作出行政行为的规范性文件类依据等。被告应当对被诉行政行为或者被诉不作为行为的合法性承担举证责任，完成履行举证责任的基本标准包括：（1）行政行为所适用的法律预先

---

① 最高人民法院《行政诉讼法》培训班.行政诉讼法专题讲座［M］.北京：人民法院出版社，1989:164.
② 胡康生.行政诉讼法释义［M］.北京：北京师范学院出版社，1989:57.
③ 姜明安.行政诉讼法（第三版）［M］.北京：北京大学出版社，2016:197-198.
④ 最高人民法院（2023）最高法知行终 29 号.

设定的事实要件得到了满足；（2）每一事实要件都必须有相应的证据支持；（3）用来证明事实所根据的每一个证据都必须是可定案证据。[1]

《国务院办公厅关于加强和改进行政应诉工作的意见》（国办发〔2016〕54号）规定："三、认真做好答辩举证工作。被诉行政机关要严格按照行政诉讼法的规定，向人民法院提交答辩状，提供作出行政行为的证据和依据。"行政机关作为行政诉讼的被告，依法对其作出的行政行为负有举证责任，应当在举证期限内提供证据证明其所作行政行为的合法性，否则将承担败诉的法律后果。虽然法律并未要求行政机关必须向人民法院提供在行政程序中调查收集的全部证据，但基于行政诉讼被告证明责任的承担，要求行政机关提供证明被诉行政行为合法性的证据。行政机关应当提供全部证据而不是主要证据；全部证据限于被告作出行政行为时的证据，也就是进入行政案卷的证据。[2] 受"先取证，后裁决"规则的约束，被告提供的旨在证明行政行为合法性的证据只能限于其在作出行政行为时已经收集的证据。人民法院在审查被诉行政行为合法性时，同样受案卷主义的约束，不接受被告在作出行政行为时未收集的证据，也不为了证明行政行为的合法性调取被告作出行政行为时未收集的证据。行政案卷制度作为程序制度，有利于防止恣意行政，保护行政相对人的合法权利，但其同时也规范行政相对人参与行政的行为。[3]

《行政诉讼法》第38条第1款是对于行政不作为情形下当事人举证责任的基本规定。这个规定确立了原告在不作为案件中的举证责任规则，对于依申请情形下的不作为，原告提供其在行政程序中曾经提出申请的证据材料，

① 梁凤云.行政诉讼讲义（上）[M].北京：人民法院出版社，2022:391-393.
② 江必新，邵长茂.新行政诉讼法修改条文理解与适用[M].北京：中国法制出版社，2015:130.
③ 邱丹，刘德敏.行政案卷制度在行政处罚及其司法审查中的适用[J].法律适用，2011(3).

这个证据材料属于主张责任的内容，并非证实责任的内容。对于依职权情形下的不作为，提供证据的一方只能是被告。被告只能提供证据证明其不作为是不违反相关法律法规规定的。[①]

《行政诉讼法》第 38 条第 2 款是针对行政赔偿、补偿案件的举证责任的规定。此类案件中，原告应当对行政行为造成的损害提供证据，之所以作出这样的规定，是考虑到原告对其损害最清楚，对损害的证据掌握得更可靠，由其提供更准确、更便利。但是，如果因被告的原因导致原告无法举证的，由被告承担举证责任。[②] 法释［2018］1 号第 47 条对因被告原因导致原告无法就损害情况举证、各方主张的损失价值无法认定、当事人的损失因客观原因无法鉴定情形的处理规则作出了规定，对于完善举证责任规则，提高当事人举证能力，改进鉴定制度和人民法院的认定依据与认定标准，都具有十分重要的意义。[③]

此外，如果被告主张原告起诉超过起诉期限，实质上是主张原告不具备起诉条件，被告承担向当事人送达相关法律文书、告知诉权等事项的举证责任，以便证明原告提起诉讼已经超期。

案例指引

● 案例一

▶ **裁判要旨** 提供作出行政行为的证据和依据

[①] 梁凤云. 行政诉讼讲义（上）［M］. 北京：人民法院出版社，2022:389.

[②] 江必新，邵长茂. 新行政诉讼法修改条文理解与适用［M］. 北京：中国法制出版社，2015:144.

[③] 最高人民法院行政审判庭. 最高人民法院行政诉讼法司法解释理解与适用（上）［M］. 北京：人民法院出版社，2018:263,264.

▶ **案号索引** 最高人民法院（2017）最高法行再 84 号；《最高人民法院公报》2018 年第 5 期；2017 年中国法院 10 大知识产权案件

▶ **文书摘要** 行政执法人员具备相应的执法资格，是行政主体资格合法的应有之义，也是全面推进依法行政的必然要求。原则上，作出被诉行政决定的甲局合议组应由该局具有专利行政执法资格的工作人员组成。需要调配其他地区经验丰富的行政执法人员参与案件审理，这也不意味着"审理者未裁决、裁决者未审理"的情况可以被允许，不意味着调配执法人员可以不履行正式、完备的公文手续。否则，行政执法程序的规范性和严肃性无从保证，既不利于规范行政执法活动，也不利于强化行政执法责任。然而，甲局在本案中并未提交调工作人员乙参与涉案纠纷处理的任何正式公文。其在一审中提交的 A 省丙局协调保护处的所谓答复（复印件），实为该处写给该局领导的内部请示，既无文号，更无公章，过于简单、随意，本院不认可该材料能够作为乙参与被诉行政决定合议组的合法、有效依据。

● **案例二**

▶ **裁判要旨** 行政机关提供证明被诉行政行为合法性的证据

▶ **案号索引** 北京市高级人民法院（2020）京行终 618 号

▶ **文书摘要** 根据《行政诉讼法》第 34 条的规定，被告对作出的行政行为负有举证责任，应当提供作出该行政行为的证据。法律并未要求行政机关必须向法院提供在行政程序中调查收集的全部证据，而是基于行政诉讼被告证明责任的承担，要求行政机关提供证明被诉行政行为合法性的证据。如果被告提供的据以作出被诉行政行为的主要证据不足，其应承担相应的不利法律后果。

2. 被告提供作出该行政行为所依据的规范性文件

《行政诉讼法》第 34 条第 1 款规定"提供作出该行政行为的证据和所依据的规范性文件"。所谓"依据"关系，通常是指所诉行政行为与规范性文件之间存在一定的关联性，或者说规范性文件是行政行为作出的根据。如果规范性文件不是所诉行政行为的依据，与所诉行政行为之间没有"依据"关系，即使是规范性文件，法院也不进行合法性审查。因此，是否具有"依据"关系，是附带审查制度实施的重要条件。[①]

规范性文件既是我国法学内的常用概念，也是党政机关规范性文件中的常用词语。法律人在广义、狭义和最狭义上，广泛地使用规范性文件的概念。[②] 早期使用"行政规范性文件"一词的当属珠海市政府，珠海市政府曾经在 1993 年使用"行政规范性文件"。"行政规范性文件"经历了一个从广义到狭义、从地方到中央的发展历程。[③] 规范性文件不具有法的地位，但在实践中又往往发挥着法的作用，这一理论与现实之间的张力长期存在。[④] 行政行为真正的依据是法规范，文件是将法规范的效力传递至行政行为，起着媒介的作用。因此，对于相应的行政行为而言，文件可以被认定为间接依据的地位。[⑤]

《国务院办公厅关于加强行政规范性文件制定和监督管理工作的通知》（国办发〔2018〕37 号）提出，行政规范性文件是除国务院的行政法规、决定、命令以及部门规章和地方政府规章外，由行政机关或者经法律、法规授

---

① 王春业. 论行政规范性文件附带审查中"依据"的司法认定［J］. 行政法学研究，2019(3).

② 袁勇. 规范性文件的司法附带审查［M］. 北京：人民出版社，2021:34.

③ 王磊. 行政规范性文件制发和管理将全面纳入法治化轨道［J］. 中国司法，2018(7).

④ 戴杜. 论规范性文件司法审查中的"抵触"标准［J］. 行政法学研究，2023(6).

⑤ 朱芒. 行政规范性文件的功能结构［J］. 法学家，2023(6).

权的具有管理公共事务职能的组织依照法定权限、程序制定并公开发布，涉及公民、法人和其他组织权利义务，具有普遍约束力，在一定期限内反复适用的公文。《国务院办公厅关于全面推行行政规范性文件合法性审核机制的指导意见》（国办发〔2018〕115号）提出，制定行政规范性文件是行政机关或者经法律、法规授权的具有管理公共事务职能的组织依法履行职能的重要方式。内部行政规范性文件直接作用对象为行政机关，但在规范内容上或者直接指向内部行政管理，或者解释不确定法律概念，或者规范裁量权的具体行使，因此其法律效果可能牵涉外部行政相对人。①

根据《行政诉讼法》第67条第1款规定，被告应当在收到起诉状副本之日起十五日内，向人民法院提交作出行政行为的证据和所依据的规范性文件，并提出答辩状。严格而言，规范性文件不属于证据范畴，不适用证据规则，因此也不适用举证责任制度。规范性文件通常是作为行政行为的依据适用，对于规范性文件的审查，有独立的法律适用规则加以调整，如适用立法法等有关法律规定。从广义的角度，行政机关作出行政行为所依据的规范性文件包括法律、法规、规章以及规章以下的规范性文件，狭义上只包括规章以下的规范性文件。本条所称的规范性文件，应从广义角度理解。② 被告不提供或者无正当理由逾期提供证据，视为没有相应证据；但被告没有提供被诉行政行为所依据的规范性文件，不能简单地视为行政行为没有法律依据。③ 如果在行政诉讼中被告能够提供法律、法规依据，即使被告没有提供规章以下的规范性文件，法院一般也不能认定其缺乏法律依据。但有四种情况例

———————————

① 王青斌.行政裁量基准的法律属性及其效力分析［J］.政治与法律，2023(7).
② 《行政诉讼法及司法解释关联理解与适用》编委会.行政诉讼法及司法解释关联理解与适用（上）［M］.北京：中国法制出版社，2018:298-299.
③ 何海波.行政诉讼法（第3版）［M］.北京：法律出版社，2022:424.

外。① 规范性文件涉及的是执法依据和法律适用问题，不属于证据的范畴，但属于被告一并提交的内容和材料。

对规范性文件最关心、最能够及时监督的，无疑是其合法权益受到规范性文件影响的行政相对人。因此，以行政相对人提起规范审查之诉的方式对规范性文件进行监督当然是最直接、最及时、最有效的；规范性文件本来就是行政行为的一种，它本质上仍然是一种行政命令，因此，接受司法监督是规范性文件的应有之意。② 在行政执法实践中，规范性文件还存在一些问题……同时，考虑到规范性文件是行政行为的依据和源头，要纠正行政行为有必要正本清源，从源头开始审查和纠正，允许由法院对规范性文件进行附带审查，是社会进步的标志。立法机关最终明确了规范性文件的附带审查制度。③《行政诉讼法》第53条确立了行政诉讼中的规范性文件附带审查制度，是指人民法院在行政诉讼中，根据当事人的请求对作为行政行为依据的国务院部门和地方人民政府及其部门制定的规范性文件，在对行政行为进行合法性审查时一并对规范性文件进行审查的制度。④ 对规范性文件的一并审查意味着司法权对行政权的监督力度和深度进一步加强，更有利于从行政行为的源头上去解决行政争议，人民法院通过对规范性文件的一并审查，可以发现行政机关制定的规范性文件存在的违法之处，通过向制定机关提出处理建议或修改、废止该规范性文件的司法建议等方式，从行政行为的依据上即可杜绝违法行政行为的出现，从而有效地促进依法行政，在一定程度上减少行政

① 蔡小雪. 行政审判与行政执法实务指引［M］. 北京：人民法院出版社，2009:117.
② 阎巍. 从"陈某某案"反思我国规范性文件的规制与监督［J］. 法律适用，2015(4).
③ 袁杰. 中华人民共和国行政诉讼法解读［M］. 北京：中国法制出版社，2014:144-145.
④ 程琥. 新《行政诉讼法》中规范性文件附带审查制度研究［J］. 法律适用，2015(7).

纠纷的数量。[①]

《行政诉讼法》第64条规定:"人民法院在审理行政案件中,经审查认为本法第五十三条规定的规范性文件不合法的,不作为认定行政行为合法的依据,并向制定机关提出处理建议。"法释〔2018〕1号第148条规定了属于《行政诉讼法》第64条规定的"规范性文件不合法"情形,提出了司法审查的合法性判断标准。有学者认为,法院对规范性文件合法性审查应采取以内容审查为主、其他审查为辅的审查标准。[②] 实务界则有观点认为,人民法院依照行政诉讼法的规定,对规范性文件进行合法性审查,对于合法的规范性文件,应当作为行政行为的执法依据;对于不合法的规范性文件,人民法院不得作为行政行为合法性的依据。[③] 法释〔2018〕1号第149条第1款对此作出了规定,同时要求"在裁判理由中予以阐明",并规定了其他具体处理方式,第150条明确了规范性文件不合法的备案程序。

案例指引

● 案例一

▶ **裁判要旨** 本诉不成立,对规范性文件一并审查的请求也不能成立

▶ **案号索引** 最高人民法院(2019)最高法行终1号;《最高人民法

---

① 最高人民法院行政审判庭.最高人民法院行政诉讼法司法解释理解与适用(下)〔M〕.北京:人民法院出版社,2018:687.
② 王春业.从全国首案看行政规范性文件附带审查制度完善〔J〕.行政法学研究,2018(2).
③ 江必新.论行政诉讼法司法解释对行政诉讼制度的发展和创新〔J〕.法律适用,2018(7).

院公报》2019 年第 12 期

> **文书摘要** 进行附带审查的前提条件之一是对行政行为的起诉已符合法定起诉条件。若对行政行为的起诉尚不成立，则对规范性文件的附带审查也就无所依附。[①]

● 案例二

> **裁判要旨** 依据与提供的证据不同
> **案号索引** 最高人民法院（2016）最高法行再 82 号
> **文书摘要** 虽然根据《最高人民法院关于行政诉讼证据若干问题的规定》第 1 条规定，被诉行政机关负有向人民法院提供据以作出被诉行政行为所依据的规范性文件的义务，但由于法律依据属于人民法院可通过司法认知加以适用的对象，在性质上与当事人应当承担举证责任的证据材料存在本质不同，故上述规定第 1 条仅规定"被告不提供或者无正当理由逾期提供证据的，视为被诉具体行政行为没有相应的证据"，而没有规定被告不提供或者无正当理由逾期提供法律依据的，视为被诉行政行为没有相应的法律依据。

实务疑难

行政处罚决定书中未列明证据，如何认定？

一审法院认为，被告的行政处罚决定书未按《行政处罚法》的有关规定载明据以认定原告违法行为的事实证据，系被告处罚决定书的

---

① 最高人民法院（2016）最高法行申 1677 号、（2017）最高法行申 2245 号持同样观点。

制作不够规范，内容欠完备，但尚不构成违反法定程序。一审维持处罚决定。二审法院认为，被上诉人在对上诉人作出处罚前，进行了立案、调查取证，并送达了处罚告知书，交待了陈述和申辩权，其处罚程序合法。被上诉人作出的处罚决定书未具体载明据以认定上诉人违法行为的事实证据名称，使其处罚决定书的内容不够完备，但并不影响其处罚决定的有效成立。①

（三）原告提供证据和原告举证责任

关于原告是否负有举证责任，有不同观点。有的认为，原告同被告一样具有举证责任，但限于特定的情形；有的认为，原告没有举证责任。在2014年《行政诉讼法》修改过程中，也明确了原告承担举证责任的情形。根据举证责任就是提供证据的责任的认识，无论原告的举证责任采取何种提法和措辞，其承担相应的举证责任是毫无疑问的。②"从审理行政案件的实际情况来看，把所有举证责任都加到被告头上是不合理的，而且效果也不（尽）好。"③督促行政机关依法行政是行政诉讼法规定由其承担举证责任的特殊政策考虑。原告承担一定的举证责任也具有特殊的政策考虑，包括培养公民的主体意识和法律观念；规范公民的市场行为，促进社会主义市场经济体制的发展。④"在有些情况下，如果原告不举证，就难以查清事实，作出

---

① 《最高人民法院公报》2001年第4期；湖北省宜昌市中级人民法院（2000）宜中行终字第28号。
② 梁凤云.行政诉讼讲义（上）[M].北京：人民法院出版社，2022:394.
③ 江必新.中国行政诉讼制度之发展——行政诉讼司法解释解读[M].北京：金城出版社，2001:50,194.
④ 高家伟.公正高效权威视野下的行政司法制度研究[M].北京：中国人民公安大学出版社，2013:286,287.

正确的裁判。因此，需要原告承担一定的举证责任"。① 原告提供证据有利于对案件的审理，同时也有利于保护自身的合法权益。但不能要求依原告的证据来确定行政行为是否合法，即原告不因提供的证据不充分而负败诉的责任。②

有观点对于原告在起诉阶段的举证责任的提法提出了质疑，认为既然在法院受理、立案之前，诉讼尚未开始，原告方的称谓还是起诉人，即使起诉人不能证明自己符合法定条件，其后果也只是法院裁定不予受理，而同败诉无关，因此原告的此种责任不应当称为举证责任。③ "提供证据"是一个与"举证"有紧密关系又有所不同的概念。实际上，在界定举证时，举证的基本含义就是提供证据。但是，举证责任是一种法律风险处理技术，负有举证责任的人必须提供证据否则要承担相应的不利后果。相对来说，提供证据一词则是中性的，并不具有类似的效果。如果将原告提供证据的行为性质认定为举证责任，一则可能损害被告负举证责任的原则，二则可能影响制约行政行为"先取证后裁决"原则的效果。因此，在这次修法中，区分为两条加以规定，前者是"原告提供证据"，后者是"原告举证责任"。④ 为表述上的简便，除单独表述"提供证据"外，其他均表述为原告举证责任。

---

① 陈丽平. 扩大受案范围　完善审理程序　强化执行措施——解读新修改的行政诉讼法［N］. 法制日报，2014-11-04(7).

② 胡康生. 中华人民共和国行政诉讼法·《中华人民共和国行政诉讼法》讲话［M］. 北京：中国民主法制出版社，1989:163.

③ 甘文. 行政诉讼法司法解释之评论——理由、观点与问题［M］. 北京：中国法制出版社，2000:89；张步洪，王爱华. 行政诉讼法律解释与判例述评［M］. 北京：中国法制出版社，2000:247. 转引自梁凤云. 行政诉讼讲义（上）［M］. 北京：人民法院出版社，2022:395.

④ 江必新，邵长茂. 新行政诉讼法修改条文理解与适用［M］. 北京：中国法制出版社，2015:137.

法律条文

《行政诉讼法》第37条　原告可以提供证明行政行为违法的证据。原告提供的证据不成立的，不免除被告的举证责任。

第38条　在起诉被告不履行法定职责的案件中，原告应当提供其向被告提出申请的证据。但有下列情形之一的除外：

（一）被告应当依职权主动履行法定职责的；

（二）原告因正当理由不能提供证据的。

在行政赔偿、补偿的案件中，原告应当对行政行为造成的损害提供证据。因被告的原因导致原告无法举证的，由被告承担举证责任。

简要解读

《行政诉讼法》第36条、第37条、第38条的规定，是行政诉讼举证规则体系化的表现，在确立行政机关负举证责任一般规则基础上，明确了原告的举证权利，以及在特定情形下的举证责任。[1]《行政诉讼法》第37条是关于原告提供证据的规定，规定了行政诉讼中原告提供证据的制度。[2] 也有观点认为，第37条确立了原告的举证权利，在行政诉讼被告承担行政行为合法的举证责任规则之外，为原告设定

---

[1]　江必新，邵长茂，李洋.新行政诉讼法导读：附新旧条文对照表及相关法律规范［M］.北京：中国法制出版社，2015:14.

[2]　江必新，邵长茂.新行政诉讼法修改条文理解与适用［M］.北京：中国法制出版社，2015:136,137.

了举证权利，便于当事人对行政行为进行更为有效的监督。①

此外，结合《行政诉讼法》第25条、第49条第1项，《最高人民法院关于行政诉讼证据若干问题的规定》（法释〔2002〕21号）第4条第1款、第5条、第7条第1款等规定，原告在提起诉讼时应当对具有原告主体资格承担初步证明责任，同时负有证明被诉行政行为存在以及该行为由被告作出等基本事实的义务，否则将承担不利法律后果。②当然，还需对其与被诉行为有利害关系提供证据材料，但此时其仅需承担初步的证明责任。③

1. 原告提供证据

在行政诉讼中，被告行政机关对被诉行政行为合法性负有举证责任，但这并不意味着被告对行政诉讼的所有事实均要承担举证责任，在某些情况下，原告也要提供证据。原告提供证据，《行政诉讼法》第37条规定的是"可以"，原告没有提供证明行政行为违法的证据的责任，原告提出相关证据完全是出于自愿，可以向人民法院提供行政违法的证据，也可以不提供。即使原告提供的证明被诉行政行为违法的证据不成立，也不能免除被告对被诉行为合法性的举证责任。第37条规定与第38条的原告提供证据的责任有所不同：（1）前者的举证责任在被告，后者提出证据的责任在原告；（2）前者是"可以"，原告出于自愿，后者是"应当"；（3）证明的内容不同，前者证明的是

---

① 江必新，邵长茂，李洋.新行政诉讼法导读：附新旧条文对照表及相关法律规范[M].北京：中国法制出版社，2015:110.
② 最高人民法院（2016）最高法行申126号、（2016）最高法行申2345号。
③ 最高人民法院（2017）最高法行再41号。

行政行为违法，后者证明的是原告提出申请和行政行为造成的损害。①

此处不强调原告的举证责任，并不等于不允许、不鼓励原告提供证据。原告有证据证明被诉行政行为不合法的，仍可以向人民法院提供。② 行政机关提出作出行政行为的证据，如果原告能提出反证，对胜诉具有重要作用。

案例指引

● 案例一

▶ **裁判要旨**　原告提供证据

▶ **案号索引**　最高人民法院（2016）最高法行申 2907 号

▶ **文书摘要**　《行政诉讼法》第 34 条虽然规定，"被告对作出的行政行为负有举证责任，应当提供作出该行政行为的证据和所依据的规范性文件"，但这不是说，行政诉讼中的所有待证事实都要由被告承担举证责任。对于指控的行政行为是否存在、该行政行为是否由被告实施，显然应当由原告举证证明，这属于原告赖以指控行政机关作出了侵犯其合法权益的行政行为的事实根据，也属于诉讼请求能够成立的实质理由，并非将行政行为违法的举证责任转嫁给原告一方。同理，在行政赔偿诉讼中，"原告应当对行政行为造成的损害提供证据"，也已为《行政诉讼法》第 38 条第 2 款所明文规定。

---

① 信春鹰. 中华人民共和国行政诉讼法释义［M］. 北京：法律出版社，2014:98.

② 马怀德. 新编中华人民共和国行政诉讼法释义［M］. 北京：中国法制出版社，2014:165.

● 案例二

▶ **裁判要旨** 依法享有诉权，当事人仍需举证证明自身合法权益受到被诉行政行为的侵害

▶ **案号索引** 最高人民法院（2017）最高法行申 2926 号

▶ **文书摘要** 根据《行政诉讼法》第 25 条第 1 款规定，行政行为的相对人有权提起诉讼，这是因为，对于不利行政行为的相对人而言，侵权的可能性总是存在的，因而其原告资格总是显而易见。但对于"非相对人"而言，该款则特别规定，他必须与行政行为"有利害关系"。《最高人民法院关于行政诉讼证据若干问题的规定》第 4 条第 1 款规定："公民、法人或者其他组织向人民法院起诉时，应当提供其符合起诉条件的相应的证据材料。"这里所说的"符合起诉条件的相应的证据材料"，自然包括与行政行为具有利害关系的相关证明。具体来讲，作为"非相对人"的起诉人，不仅必须要证明有一个属于自己的权利，而且还要表明，该权利受到了那个并非针对他的行政行为的可能侵害。

2. 原告的举证责任

《行政诉讼法》第 38 条是关于原告举证责任的规定，规定了行政诉讼原告举证责任制度。[1] 该法条规定了原告在起诉被告不履行法定职责（即不作为）的案件中的举证责任。[2] 虽然被告对其作出的行政行为负有举证责任，但是原告在特定的情况下也应提供相应的证据。[3] 根据行政行为的启动机制

---

[1] 江必新，邵长茂. 新行政诉讼法修改条文理解与适用［M］. 北京：中国法制出版社，2015:140,141.

[2] 马怀德. 新编中华人民共和国行政诉讼法释义［M］. 北京：中国法制出版社，2014:166.

[3] 信春鹰. 中华人民共和国行政诉讼法释义［M］. 北京：法律出版社，2014:99.

263

的不同，可区分为依职权和依申请行政行为，前者行政机关根据其法定职权应主动作出，后者则是应行政相对人的申请而作出。《行政诉讼法》第38条规定涉及的行政行为应当是指依申请的行政行为。①

《最高人民法院印发〈关于行政案件案由的暂行规定〉的通知》（法发〔2020〕44号）规定，"不履行法定职责"是指负有法定职责的行政机关在依法应当履职的情况下消极不作为，从而使得行政相对人权益得不到保护或者无法实现的违法状态。未依法履责、不完全履责、履责不当和迟延履责等以作为方式实施的违法履责行为，均不属于不履行法定职责。根据人民法院会议纪要，认定不履行法定职责，需要满足以下四个要件：一是行政机关具有相应的法定职责；二是当事人具有实体法上的请求权基础，行政机关不履行法定职责侵害或者有可能侵害当事人的合法权益；三是当事人向行政机关提出请求；四是行政机关不作为，不答复也不履行义务。②

根据《行政诉讼法》第38条第1款的规定，起诉行政机关不履行法定职责案件，如果属于被告应当依职权主动履行法定职责的，原告无须提供证据。在依申请履行职责的情形下，原告应当提供其在行政程序中提出申请行政机关履行职责的证据，但原告因正当事由不能提供且能够作出合理说明的，原告也无须提供证据。有观点认为，原告提供其在行政程序中提出申请的证据材料，是承担举证责任的表现，原告承担此项举证责任是一种主张责任而非证实责任。③

根据《行政诉讼法》第38条第2款的规定，在行政赔偿、赔偿诉讼中，

---

① 最高人民法院（2019）最高法行再199号。
② 最高人民法院行政审判庭.最高人民法院行政审判庭法官会议纪要（第二辑）[M].北京：人民法院出版社，2023:81.
③ 梁凤云.行政诉讼讲义（上）[M].北京：人民法院出版社，2022:398-399.

原告应当对被诉行政行为造成损害的事实提供证据。这表明，原告只是承担部分而非全部的举证责任，即只需要证明其因行政行为遭受的实际损害。具体包括以下证明义务：（1）证明损害的存在及其程度；（2）证明损害的发生是由于被告的行政行为（不作为）造成的。[①]《最高人民法院关于行政诉讼证据若干问题的规定》（法释〔2002〕21号）第5条规定，在行政赔偿诉讼中，原告应当对被诉具体行政行为造成损害的事实提供证据。有观点认为，一般情况下，行使行政职权的行为与损害结果之间的因果关系应当由原告承担证明责任。但在一些特殊情况下，举证责任应当由被告承担。[②]

人民法院裁判文书载明，依照《国家赔偿法》第15条第1款"人民法院审理行政赔偿案件，赔偿请求人和赔偿义务机关对自己提出的主张，应当提供证据"的规定，行政赔偿诉讼的各方当事人在行为意义上都应当积极提供证据，以利于人民法院查清案件事实，依法公正、及时作出裁判。但在结果意义上，仍须由一方当事人承担举证责任。此种举证责任通常是依据"谁主张谁举证"的原则分配。在行政赔偿诉讼中，行政违法行为是否造成损害及损害大小的举证责任，原则上由原告承担，被告则有权提供不予赔偿或者减少赔偿数额方面的证据。在特殊情形下，存在例外，即《行政诉讼法》第38条第2款规定。[③]所谓"因被告的原因导致原告无法举证的"，主要是指被告违法行政行为造成相关证据灭失，导致原告无法举证的情形。[④]根据《行政诉讼法》第38条第2款，在赔偿、补偿案件中，通常情况下应当由原告对损害承担举证责任，但是因被告原因导致无法举证时，举证责任发生转

---

① 刘德敏，陈桂生．行政赔偿案件中的当事人举证责任探究［M］//最高人民法院行政审判庭．行政执法与行政审判（总第85集）．北京：中国法制出版社，2022:9-10.
② 蔡小雪．行政审判与行政执法实务指引［M］．北京：人民法院出版社，2009:124.
③ 最高人民法院（2019）最高法行申10073号。
④ 最高人民法院（2018）最高法行申1616号。

移，由被告承担举证责任。但无论是原告承担还是被告承担举证责任，都不意味着另一方可以免除相应的举证责任。①

案例指引

● 案例一

▶ **裁判要旨**　起诉被告不作为，原告应当提供提出申请的证据

▶ **案号索引**　最高人民法院（2017）最高法行申 9063 号

▶ **文书摘要**　《行政诉讼法》第 49 条第 3 项规定，提起行政诉讼应当要有具体的诉讼请求和事实根据。《最高人民法院关于行政诉讼证据若干问题的规定》第 4 条第 1、2 款规定，公民、法人或者其他组织向人民法院起诉时，应当提供其符合起诉条件的相应的证据材料。在起诉被告不作为的案件中，原告应当提供其在行政程序中曾经提出申请的证据材料。行政复议行为属于应申请的行政行为，起诉前向复议机关提出过行政复议申请，是行政复议申请人提起行政诉讼，请求判令复议机关履行行政复议法定职责的法定起诉条件。《行政诉讼法》第 69 条规定的原告申请被告履行法定职责理由不成立，应当是指实体上被告履行法定职责的条件不成就或时机不成熟。

● 案例二

▶ **裁判要旨**　在行政赔偿、补偿的案件中原告初步证明责任

▶ **案号索引**　最高人民法院（2020）最高法行赔申 188 号

---

① 最高人民法院（2018）最高法行申 5388 号、（2018）最高法行申 5389 号。

▶ 文书摘要　　根据《行政诉讼法》第 38 条第 2 款及《最高人民法院关于适用〈中华人民共和国行政诉讼法〉的解释》第 47 条第 3 款规定，在行政赔偿、补偿的案件中，原告应当对行政行为造成的损害提供证据。因被告的原因导致原告无法举证的，由被告承担举证责任。但此处两种举证责任在证明目的、证明对象、不利后果等方面并非完全一致，具体而言，对于运用逻辑推理和生活经验无法认定的巨额损失是否存在，原告仍应承担初步证明责任，否则主张消极事实的被告将无从举证。

3. 原告在行政诉讼程序中提交行政案卷外证据

根据当事人提交证据是否有举证时限，可以划分为证据随时提出主义和证据适时提出主义。随时提出主义主要指当事人在法庭辩论终结前、法庭审理的任何阶段，均可以提出证明行政行为违法的证据。证据适时提出主义主要指当事人应当在举证时限内提交证据，当事人无正当理由迟延举证的，产生证据失权的法律后果。①《行政诉讼法》及司法解释对举证时限作出了规定。规定举证期限，可以增强当事人提供证据的责任心，防止当事人在提供证据上的无故拖延，有利于提高审判效率，也可以防止当事人无视第一审程序而在第二审程序中搞证据上的"突然袭击"（"证据突袭"），实现第一审程序的应有价值。②

实践中，有的行政相对人在行政程序中不提供相关证据，而是在行政诉讼程序中向人民法院提供。原告在行政程序中未向被告提供但在诉讼中提供

---

① 殷勤.论行政诉讼中原告或第三人的举证迟延——以行政诉讼法解释第 45 条为中心[J].人民司法·应用，2019(31).
② 孔祥俊.《关于行政诉讼证据若干问题的规定》的理解与适用[J].法律适用，2002(10).

的证据，主要有以下三种情况：一是被告在行政程序中，未要求原告提供证据，原告在诉讼中向法庭提交的其在行政程序中未提供的证据；二是原告将其在行政程序结束后收集到的，在诉讼中向法庭提交的证据；三是被告在行政程序中已依照法定程序要求原告举证，原告依法应当提供而不提供，但到诉讼时才向法庭提供的证据。① 对于前两种情况，原告在行政程序中未提供证据，是由于客观原因或者被告行政机关的过错，原告不存在过错，故法院对于在前两种情形下原告提交的证据，应予采纳。在第三种情形下原告具有过错，为了强化行政相对人举证意识，提高行政效率，维护行政行为的公定力、拘束力和强制力，法院对此类证据不应采纳。② 也有观点认为，在下列情形下，原告或者第三人提出了在行政程序中未提出的证据或反驳理由，应准许被告补充证据的申请：（1）被告履行了告知义务，原告因客观原因在行政程序中未能收集到证据，故未能提供，在诉讼中提供行政程序之后收集到的证据；（2）因被告告知拟处罚的事实和法律依据与最终作出的行政处罚所认定的事实和法律依据不同，原告和第三人在行政诉讼中再提出新的证据；（3）原告或第三人在被告作出行政行为后，为驳倒被告而收集的证据在行政诉讼中提出；（4）原告或第三人在诉讼中对被告提供证据的合法性提出了行政程序中未提出的异议。③

《最高人民法院关于行政诉讼证据若干问题的规定》（法释〔2002〕21号）第59条规定："被告在行政程序中依照法定程序要求原告提供证据，原告依法应当提供而拒不提供，在诉讼程序中提供的证据，人民法院一般不予

---

① 蔡小雪.案卷外证据排除规则的理论与适用［J］.中国卫生法制，2003(5).
② 邱丹，刘德敏.行政案卷制度在行政处罚及其司法审查中的适用［J］.法律适用，2011(3).
③ 江必新.中华人民共和国行政诉讼法及司法解释条文理解与适用［M］.北京：人民法院出版社，2015:223.

采纳。"《最高人民法院关于审理反倾销行政案件应用法律若干问题的规定》（法释［2002］35号）第8条第2款规定："被告在反倾销行政调查程序中依照法定程序要求原告提供证据，原告无正当理由拒不提供、不如实提供或者以其他方式严重妨碍调查，而在诉讼程序中提供的证据，人民法院不予采纳。"《最高人民法院办公厅关于印发〈最高人民法院知识产权案件年度报告（2010）〉的通知》（法办［2011］81号）载明，在行政诉讼程序中，人民法院对于原告提交的新证据一般不予采纳，并非一概不予采纳，且不予采纳的前提条件是原告依法应当提供而拒不提供。

法释［2018］1号第45条规定："被告有证据证明其在行政程序中依照法定程序要求原告或者第三人提供证据，原告或者第三人依法应当提供而没有提供，在诉讼程序中提供的证据，人民法院一般不予采纳。""原告或者第三人依法应当提供而没有提供证据"，系指根据法律法规和规章的规定，原告或者第三人在行政程序中，应当根据行政机关的要求履行协助义务，或者对自己的主张提出相应的证据，而原告或者第三人因自己的过错，没有提供的情形。本条所指的"诉讼程序中"，一般仅指第一审程序，不包括第二审程序和审判监督程序。[①] 为避免在行政诉讼中因证据突袭而措手不及，处于被动不利的境地，行政机关在行政执法程序中宜以书面形式告知行政相对人提供证据，固定好相关证据。

---

① 最高人民法院行政审判庭.最高人民法院行政诉讼法司法解释理解与适用（上）［M］.北京：人民法院出版社，2018:249,253.

案例指引

● 案例一

▶ **裁判要旨**　对行政行为合法性进行评价的基准时

▶ **案号索引**　最高人民法院（2017）最高法行申 121 号

▶ **文书摘要**　行政行为作出、被诉请人民法院审查、人民法院对其合法性作出裁判，必然存在时间间隔，以上述不同时间作为裁判基准时，将可能对行政行为合法性得出不同结论。一般而言，行政行为是行政机关根据作出时的事实、证据和法律作出的，对行政行为合法性的评价，一般以该行政行为作出时的事实、证据和法律为标准，而不能以所依据的事实、证据或法律发生变更为由，认定原行政行为合法亦或违法。否则，将不利于法律秩序的稳定，有损行政行为的公定力。当然，基于行政行为性质的不同，行政诉讼的裁判基准时也相应有所区别。但是，对行政行为的效力内容已于行为作出时确定并实现的，该行政行为的合法性要件就仅与处分时的事实、证据和法律有关，而不能以行政机关当时无法预见到的事实、证据和法律，作为认定原行政行为违法的依据。

● 案例二

▶ **裁判要旨**　原告在行政诉讼中新提交的证据的认定

▶ **案号索引**　最高人民法院（2019）最高法行申 4324 号

▶ **文书摘要**　首先，根据《最高人民法院关于行政诉讼证据若干问题的规定》第 6 条规定，若原告在行政诉讼中新提交的证据属于确有正当理由且这些证据确实足以对行政行为的正当性造成实质性影响时，则证据可以得到采信并作为人民法院作出裁判的依据。其次，行政诉讼坚持合法性审查的原则，同时为避免浪费行政及司法资源，根据《最高人民法院关于行政诉讼证据若干问题的规定》第59条规定，在行政机关作出行政行为的过程中，如果原告存在故意不提交有关证据或者懈怠搜集证据的情形，则人民法院对于原告在行政诉讼中新提交的证据不应予以采信。最后，对于《最高人民法院关于行政诉讼证据若干问题的规定》第60条规定的"不能作为认定被诉具体行政行为合法依据"的证据，人民法院不能予以采信。原告或者第三人在诉讼过程中提供的、被告在行政程序中未作为具体行政行为依据的证据属于不能作为认定被诉具体行政行为合法依据的证据情形之一。

● **案例三**

▶ **裁判要旨**　被告在第一审程序中补充相应的证据

▶ **案号索引**　广东省高级人民法院（2016）粤行终301号

▶ **文书摘要**　《最高人民法院关于行政诉讼证据若干问题的规定》第2条规定："原告或者第三人提出其在行政程序中没有提出的反驳理由或者证据的，经人民法院准许，被告可以在第一审程序中补充相应的证据。"《海关稽查方案审批表》是被上诉人在内部审批稽查方案过程中形成的文件，可以证明被上诉人提出的有关稽查行为已经海关关长批准的主张，其稽查程序符合《海关稽查条例》第10条规定。上诉人在行政程序中未就被上诉人的稽查程序提出异议，而在诉讼中质疑程序问题，经一审法院准许，被上诉人在一审程序中补充证据《海关稽查方案审批表》，符合上述法律规定，一审法院予以审查认定，并无不当。上诉人上诉认为该审批表不能作为认定本案事实的证据，主张被上诉人处罚程序违法的理由不能成立，本院不予采纳。

（四）第三人提供证据

法律条文

《行政诉讼法》第34条第2款　被告不提供或者无正当理由逾期提供证据，视为没有相应证据。但是，被诉行政行为涉及第三人合法权益，第三人提供证据的除外。

简要解读

该规定以"但是"的方式作出排除，目的在于保障行政诉讼第三人的合法权益，实现程序正义和实质正义的统一，确认了第三人提供证据的效力。[①] 行政审判实践中，第三人与原告的利益并非都是一致的，有时甚至是截然相反的。如果对第三人利益不给予证据方面的制度设计保护，而是仅依赖于行政机关举证，则一旦行政机关怠于举证，第三人权益就得不到保护。这显然应当为行政诉讼证据制度所避免。涉及案件第三人合法权益保护时，要给予第三人应有的举证条件和机会，这才是全面系统理解行政机关证据失权制度的应有之义。在行政行为不牵涉第三人的情况下，行政机关在行政诉讼中出现证据失权，则其依法应当承担举证不能的不利法律后果；但在行政行为直接牵涉第三人的情况下，如果行政机关在行政

[①] 最高人民法院第一巡回法庭.最高人民法院第一巡回法庭行政主审法官会议纪要（第1卷）[M]，北京：中国法制出版社，2020:79-81.

诉讼中出现证据失权的情形，此时若第三人能够提供证据证明被诉行政行为合法，则人民法院应当认定被诉行政行为有相应的证据，而不应作出其违法的认定。①这里规定的是"第三人提供证据的除外"，也就是说不包括人民法院调取的证据。即便人民法院调取了相关证据，也不能作为被诉行政行为合法的证据。②根据设定举证责任的宗旨和要实现的目的，第三人的举证责任的具体分担似应遵循以下几项基本原则：首先，就所有程序性事实而言，原则上应当实行"谁主张谁举证"，当然这种程序性的事实是指诉讼中的程序事实，而非行政程序的事实；其次，就所有实体性事实而言，原则上应当根据不同的诉讼客体具体分担举证责任。③

人民法院裁判文书载明，行政诉讼原则上由被告即行政机关承担证明行政行为合法的举证责任，被告因不提供或无正当理由逾期提供证据而败诉，目的在于明示不利后果以引导被诉行政机关善尽举证责任，而非惩罚对被诉行政行为合法性不承担举证责任的第三人。当被诉行政行为涉及第三人合法权益时，不能简单适用被告举证原则，否则有可能将不利后果转嫁给第三人，第三人的合法权益可能因行政机关怠于举证而遭受不利的后果。④"如果第三人能够证明被诉行政行为合法，人民法院应当认定被诉行政行为有相应的证

---

① 荣明潇，余晓龙．行政机关证据失权制度的理解与适用［J］．人民司法·案例，2021(5)．
② 江必新，邵长茂．新行政诉讼法修改条文理解与适用［M］．北京：中国法制出版社，2015:131．
③ 梁凤云．行政诉讼讲义（上）［M］．北京：人民法院出版社，2022:403-404．
④ 最高人民法院（2019）最高法行申 6691 号。

据，而不宜作出其违法的认定。"①

案例指引

● 案例一

▶ **裁判要旨**　行政诉讼的证据并非只应由行政机关提供

▶ **案号索引**　最高人民法院（2017）最高法行申 5835 号

▶ **文书摘要**　《行政诉讼法》第 34 条第 2 款规定："被告不提供或者无正当理由逾期提供证据，视为没有相应证据。"这是因为，被告对作出的行政行为负有举证责任，应当在法定期限内向人民法院提供作出该行政行为的证据，不提供或者无正当理由逾期提供证据，甚至不出庭应诉，则会导致证据失权，承担"视为没有相应证据"的法律后果。这一后果相当严重，因为根据《行政诉讼法》第 70 条第 1 项的规定，行政行为"主要证据不足的"，将会被判决撤销或者部分撤销。

《行政诉讼法》第 34 条第 2 款规定的"被告不提供或者无正当理由逾期提供证据，视为没有相应证据"，主要适用于行政机关针对行政相对人作出的损益性行政行为，因为按照先取证后裁决的原则，行政机关在作出一个损益性行政行为时，必须已经搜集到充足确凿的证据，行政机关在诉讼中不提供或者无正当理由逾期提供证据，则人民法院对该不利行政行为难以支持。但在行政行为涉及第三人合法权益的情况下，简单适用这一规则，则是将不利后果转嫁到第三人的头上。正因如此，《行政诉讼法》第 34 条第 2 款这一特别规定还表明，行政诉讼的证据并

---

① 最高人民法院（2017）最高法行申 893 号。

非只应由行政机关提供，凡是能够证明案件事实的合法证据，都能成为
行政诉讼的定案依据。

● 案例二

▶ **裁判要旨**　行政行为涉及第三人合法权益的情况下，不能简单地
适用被告单方举证规则

▶ **案号索引**　最高人民法院（2019）最高法行申 8620 号

▶ **文书摘要**　根据《行政诉讼法》第 34 条关于被告的证明责任的规
定，结合《行政诉讼法》第 6 条"人民法院审理行政案件，对行政行为
是否合法进行审查"之规定可知，行政机关提供作出行政行为的证据和
依据的意义，在于证明其行政行为的合法性。但同时需要指出，行政诉
讼中的证明对象具有多样性，行政诉讼证据也并不仅仅限于证明行政行
为合法性的证据。因此，《行政诉讼法》第 34 条规定"被诉行政行为涉
及第三人合法权益，第三人提供证据的除外"，是因为在行政行为涉及
第三人合法权益的情况下，简单地适用被告单方举证规则，则有可能将
不利后果转嫁于第三人，而第三人的合法权益则可能因行政机关怠于举
证遭至不利影响。

● 案例三

▶ **裁判要旨**　行政行为涉及第三人合法权益的情况下，不能简单地
适用被告单方举证规则

▶ **案号索引**　最高人民法院（2020）最高法行申 154 号

▶ **文书摘要**　按行政案件的一般证据规则，举证责任由被告即行政
机关承担，被告因不提供或无正当理由逾期提供证据而败诉，是被告违

反证据规则的法律制裁，但当被诉行政行为涉及第三人合法权益时，为保护第三人在被告不举证情况下的合法权益，《行政诉讼法》第34条第2款增加了第三人的举证权利。因此，被告不举证或逾期举证，人民法院则不能简单地判决被告败诉。本案中，行政机关甲未能在行政复议程序中提交证明颁发涉案权证合法性的登记档案等证据材料，但涉案权证的所有权权利人系乙组，不考虑乙组提交的证据，未对发证行为合法性进行全面审查的情况下，只因行政机关甲未能提供相关证据而认定发证行为无证据、依据并予以撤销，有违基本法理。

第六章 起诉期限与起诉条件

　　行政诉讼的一个基本原则是"不告不理"。如果依法不能提起诉讼、没有人提起诉讼或者原告撤回诉讼，法院的监督也就无从谈起。[1] 行政诉讼程序的引发，须以原告的起诉为必要前提。但起诉这一诉讼行为不能逻辑地产生法院受理的法律效果，人民法院对于不符合法定条件的起诉，可以拒绝接受，因而，行政诉讼程序的发生，尚需以法院的立案受理为其充分条件，即它缘起于原告起诉和人民法院对案件的受理这两方面诉讼行为的结合。原告起诉与法院受理这两方面诉讼行为的结合，称为起诉成立。起诉成立标志着行政诉讼程序的开始，由此便产生相应的法律效力。[2] 纠纷不因"诉"而当然进入审理程序，对其进行甄别审查是法院立案程序的固有内容。[3]

---

① 何海波. 行政诉讼法（第 3 版）[M]. 北京：法律出版社，2022:54.

② 郭明忠. 行政诉讼的起诉与受理制度刍议 [J]. 现代法学，1989(5).

③ 陆永棣. 从立案审查到立案登记：法院在社会转型中的司法角色 [J]. 中国法学，2016(2).

一、起诉

　　法律不但赋予公民、法人或者其他组织诸项权利，同时也赋予公民、法人或者其他组织在此类法定权利受到侵害或发生争议时拥有平等而充分地获得公力救济的权利；其中一项重要公力救济权利即诉权，也即请求司法机关进行裁判，解决争议并保护法律赋予的权利的权利。诉讼权是"公民在认为自己的合法权益受到侵犯或有纠纷需要解决时，享有的诉诸于公正、理性的司法权求得救济和纠纷解决的权利"。① 也有观点认为，诉权不是通常所理解的诉讼权利，诉讼权利是指在诉讼过程中的程序权利。可以这样理解，诉权是"提起诉讼和延续诉讼"的权利，而诉讼权利则是"诉讼进行中"的权利。正是诉权的运用才产生"诉讼权利"。主要的或典型的诉权包括起诉权、上诉权、反诉权、申请再审权等。②

　　有学者认为，在诉权的诸多形态中，以当事人请求人民法院依法独立行使行政审判权对行政争议作出公正裁判为内涵的行政诉权尤为引人注目。③行政诉讼理论中的"诉"，是指认为其合法权益受到行政主体行政行为侵犯的公民、法人或者其他组织，请求人民法院予以司法救济的制度。行政诉讼中的"诉"具有三个要素：当事人、诉讼标的和诉讼理由。④ 也有观点认为，行政诉讼中的诉权由当事人适格和诉的利益两个要件构成。⑤

---

① 左卫民.诉讼权研究［M］.北京：法律出版社，2003:2-3.
② 周永坤.诉权法理研究论纲［J］.中国法学，2004(5).
③ 章志远.行政诉权分层保障机制优化研究［J］.法学论坛，2020(3).
④ 姜明安.行政法与行政诉讼法（第七版）［M］.北京：北京大学出版社，高等教育出版社，2019:483.
⑤ 章剑生.行政诉讼中滥用诉权的判定［J］.交大法学，2017(2).

权威解读认为，起诉权利，是指公民、法人和其他组织对侵害其合法权益的行为，通过诉讼的渠道寻求司法保护和救济的权利。[1] 人民法院裁判文书认为，"提起行政诉讼是法律赋予公民、法人和其他组织保护其合法权益的重要途径"，"诉权是公民、法人和其他组织享有的法定权利，神圣不可侵犯"[2]；"行政诉权是当事人请求人民法院提供司法保护或者帮助的权利，对于诉权的保障既包含对当事人起诉权的保障，也包含对当事人诉讼请求的选择权的保障。当事人行使诉权必须遵守行政诉讼法的规定，依照法定的程序和起诉条件来行使行政诉权"[3]。

起诉是启动行政诉讼程序的前提条件。行政诉讼中的起诉，是指公民、法人或者其他组织认为行政机关和行政机关工作人员的具体行政行为侵犯其合法权益，依照法律规定，向人民法院提起诉讼的行为。[4] 就原告而言，基于其行政诉权行使理性化程度的不同，大体上存在"理性行使""精明行使""不当行使""恶意行使"四种状态。行政诉权是否理性平和行使，关乎当事人实体权利的有效保障，关乎司法机关纠纷化解和社会治理功能的实现，关乎诚信社会建设的实效，需要加以及时规范和有力引导。[5]"作为行政诉讼程序的起始阶段，起诉对行政诉讼法律关系的确立和行政诉讼活动的开展具有基础性意义，因而其遵循一定的规则显得很有必要。"[6]

《最高人民法院关于人民法院登记立案若干问题的规定》（法释〔2015〕8号）第17条规定，本规定的"起诉"，是指当事人提起民事、行政诉讼。

---

① 信春鹰.中华人民共和国行政诉讼法释义〔M〕.北京：法律出版社，2014:11-12.
② 最高人民法院（2016）最高法行申2385号。
③ 最高人民法院（2017）最高法行申2799号。
④ 黄杰，杨宝英.行政诉讼的起诉与受理〔J〕.人民司法，1989(9).
⑤ 章志远.行政诉权分层保障机制优化研究〔J〕.法学论坛，2020(3).
⑥ 杨海坤，周春华.行政诉讼起诉规则理论述评〔J〕.法治论丛，2007(2).

根据《行政诉讼法》第 2 条规定，公民、法人或者其他组织认为行政机关和行政机关工作人员的行政行为侵犯其合法权益，有权依法向人民法院提起诉讼。行政诉权是当事人请求人民法院提供司法保护或者帮助的权利，当事人行使诉权必须遵守行政诉讼法的规定，依照法定的程序和起诉条件来行使行政诉权。

人民法院裁判文书载明，"无诉则无判"，诉乃发动审判权的前提。[①] 提起诉讼的权利是法定权利，公民、法人或者其他组织有权自愿行使，也有权自愿放弃，属于当事人自行处置的范畴。[②] 任何公民在享有宪法和法律规定的权利的同时必须履行宪法和法律规定的义务，诉权行使应有合理的边界，公民应理性、正当行使诉权以维护自身合法权益，不得损害国家的、社会的、集体的利益和其他公民的合法权利。保障当事人的诉权与规制恶意诉讼，均是审判权的应有之义。[③]

《行政诉讼法》从立法目的、基本原则到具体制度，都是围绕"民告官"设计的，无法容纳"官告民"。[④] 被告恒定为行政机关，原告是认为自己权利受到行政机关的行政行为侵害的一方。[⑤] 中国的行政诉讼是单方的"民告官"制度，且只有其自身权益受到侵犯时才可以起诉。[⑥] 按照现行行政诉讼制度，行政案件原被告两造恒定，尚无法容纳"官告民"案件。[⑦]

需要注意的是，有学者提出"反向行政诉讼"的主张，并阐述了理论和实践基础、整体面相与基本逻辑等方面。反向行政诉讼，是根据《行政诉讼

---

① 最高人民法院（2016）最高法行申 5032 号、（2016）最高法行申 5034 号等。
② 最高人民法院（2017）最高法行申 8386 号。
③ 最高人民法院（2016）最高法行申 4232 号。
④ 童卫东. 进步与妥协：《行政诉讼法》修改回顾 [J]. 行政法学研究，2015(4).
⑤ 应松年. 完善行政诉讼，筑牢法治政府的基石 [J]. 中国法律评论，2016(3)
⑥ 应松年. 回顾制定行政诉讼法时讨论的十一个关键 [J]. 中国法律评论，2019(2).
⑦ 江必新. 中国行政合同法律制度：体系、内容及其构建 [J]. 中外法学，2012(6).

法》的规定在某些特殊类型的行政案件中将诉讼程序的启动权赋予行政机关，在结构和形式意义上由行政机关起诉相对人的制度。反向行政诉讼依然遵循行政诉讼的宗旨和目的，只是在受案范围、起诉资格、举证责任、判决类型等方面有相应改变，是一种在坚守行政诉讼固有理念前提下的理论和制度创新。① 实务界也有观点认为，在行政诉讼中，作为行政主体的行政机关不能作为行政诉讼原告，即是说只允许"民告官"，不允许"官告民"，这是我们目前的做法。实际上，在有些国家既允许"民告官"，也允许"官告民"。我们现在遇到很多行政合同案件，行政合同纠纷中不完全都是行政机关不履行合同，有时相对人不履行合同，这时就需要行政机关一方提起行政诉讼。今后解决原告资格问题还要考虑解决"官告民"的问题。② 这就为认识和观察行政诉讼提供了新视角和新维度。

案例指引

● 案例一

▶ **裁判要旨**　同一诉权只能有一次诉讼系属

▶ **案号索引**　最高人民法院（2018）最高法行申 10259 号

▶ **文书摘要**　诉权是法律赋予当事人的一种司法救济权利，其在当事人所提之诉具有适法性，且符合法定起诉条件的情况下产生，在纠纷得到司法最终解决之后丧失。这意味着一个纠纷只能产生一个诉权，当事人不能就同一个诉权向不同的法院行使，也不能向同一法院反复行

---

① 解志勇，闫映全.反向行政诉讼：全域性控权与实质性解决争议的新思路 [J].比较法研究.2018(3).

② 江必新.论行政争议的实质性解决 [J].人民司法·应用.2012(19).

使，即同一诉权只能有一次诉讼系属。诉讼过程中，诉讼系属因纠纷的解决而随诉权一并消灭，并转化为生效裁判的既判力，二者相继发生，互相配合，从时间和空间上防止了当事人对同一案件进行重复诉讼，以实现司法资源合理配置和诉讼经济的目的。

 案例二

▶ **裁判要旨**　诉权可以自愿抛弃

▶ **案号索引**　最高人民法院（2016）最高法行申 2385 号

▶ **文书摘要**　诉权是公民、法人和其他组织享有的法定权利，但诉权却可以自愿抛弃。抛弃权利保护的方式包括单方向人民法院表示、单方向诉讼的另一方当事人表示，也包括当事人之间自愿达成合意。

二、起诉期限

起诉人或者原告提出的起诉符合法定起诉条件是人民法院作出实体判决的前提。[①] 行政诉讼法的立法目的之一是保护公民、法人或者其他组织的合法权益，但法律又同时规定，公民、法人或者其他组织寻求行政救济也应在一定期限内完成，提起行政诉讼应当遵守一定的期限规定。一般认为，法的安定性是行政诉讼起诉期限制度的重要基础。所谓法的安定性，不只是对制定法的要求，同时也涵盖所有的国家行为。作为国家行为表现形式之一且数量最多的行政行为，和作为国家行为其他表现形式的司法判决一样，都应当

---

① 最高人民法院行政审判庭.最高人民法院行政审判庭法官会议纪要（第一辑）[M]. 北京：人民法院出版社，2022:62.

遵循安定性原则。[1] 起诉期限制度主要由起诉期限的计算起点、长度、扣除与延长等制度构成。[2] 权威解读认为，起诉期限是当事人向法院提起诉讼，并获法院受理的期间，是起诉条件之一。[3] 考虑到起诉期限是行政诉讼的重要法律制度，争议较多，案例丰富，对原告、被告而言都非常重要，因此，将起诉期限从起诉条件中单列出来并首先阐述。

（一）起诉期限概述

1. 起诉期限的定义

行政诉讼的起诉期限是指法律规定的当事人不服某项行政决定时向法院请求给予司法救济、行使行政撤销权的时间限制。[4] 人民法院裁判文书对"起诉期限"的定义不完全一致，如：是指法律规定的当事人不服某项行政行为时向法院请求司法救济、行使行政撤销权的时间限制[5]；是指法律规定的当事人不服某一行政行为向法院请求司法救济的时间限制[6]；是指公民、法人或者其他组织不服行政机关作出的行政行为，而向人民法院提起行政诉讼，其起诉可由人民法院立案受理的法定期限[7]。

2. 规定起诉期限的目的

有学者认为，法律规定起诉期限的目的，是督促当事人及时提起诉讼，

---

[1] 李少平.最高人民法院第五巡回法庭法官会议纪要［M］.北京：人民法院出版社，2021:339.

[2] 章文英，徐超.行政起诉期限制度的法律精神及其司法运用［J］.人民司法·应用，2022(1).

[3] 信春鹰.中华人民共和国行政诉讼法释义［M］.北京：法律出版社，2014:121.

[4] 林俊盛.行政诉讼起诉期限制度研究［M］.北京：法律出版社，2014:32.

[5] 最高人民法院（2016）最高法行申 2645 号。

[6] 最高人民法院（2018）最高法行申 11441 号。

[7] 最高人民法院（2019）最高法行申 3032 号。

尽早解决行政纠纷，尽快稳定社会关系。[①] 实务界有观点认为，行政起诉期限制度有利于维护法律安定性和社会秩序，体现了法治的基本要求。[②] "行政诉讼法起诉期限的规定，目的在于督促公民、法人或者其他组织尽快通过诉讼程序保障自己合法权益，尽快维持和恢复行政管理秩序。起诉人超过期限且无正当理由的，法院裁定驳回起诉。"[③] "目的在于尽早地稳定行政行为所创设的新的社会秩序，避免行政行为的效力在过长的期间内仍面临挑战。"[④] 人民法院裁判文书载明，行政行为具有公定力，行政行为作出后除了关系到行政相对人的权利义务，还影响到社会公众对行政机关的信赖利益。如果允许当事人超过起诉期限提起行政诉讼，则会使行政行为一直处于效力不明的状态，面临随时可能被撤销或变更的可能。一旦行政行为被撤销或变更，行政相对人、利害关系人、相关行政机关的权利义务都随之发生变化不确定，导致社会成本提高，行政机关的社会公信力降低。法律规定起诉期限的目的，就是督促当事人及时提起诉讼，尽早解决行政纠纷，使社会关系达到稳定的状态。[⑤] 如果允许行政相对人任何时候都可以对行政行为申请救济，势必使行政行为一直处于被质疑和否定的状态，既影响行政效率，还会给行政管理秩序带来混乱。[⑥] 行政诉讼法设定起诉期限的目的在于督促原告及时行使诉讼权利，维护行政管理秩序的稳定性，提高行政效率。起诉期限直接关系到国家利益、公共利益的实现。[⑦] 该制度的存在对促使当事人及时行使

---

① 何海波.行政诉讼法（第3版）[M].北京：法律出版社，2022:251-252.
② 李少平.最高人民法院第五巡回法庭法官会议纪要[M].北京：人民法院出版社，2021:339.
③ 《行政诉讼法及司法解释关联理解与适用》编委会.行政诉讼法及司法解释关联理解与适用（上）[M].北京：中国法制出版社，2018:446.
④ 林俊盛.行政诉讼起诉期限制度研究[M].北京：法律出版社，2014:55.
⑤ 最高人民法院（2017）最高法行再9号。
⑥ 最高人民法院（2019）最高法行申3032号。
⑦ 最高人民法院（2019）最高法行申3991号。

权利，维护行政法律关系的稳定具有重要意义。

不符合起诉期限条件，意即未在法定期限内向人民法院提起诉讼的，当事人如无正当理由超过法定起诉期限，则丧失获得法律救济的权利。人民法院裁判文书认为，这一制度设计并不会、也没有限缩当事人的诉权，其价值和意义在于，一方面是为了敦促当事人及时启动权利救济程序，及早解决行政纠纷，使不确定的行政法律关系尽快确定下来，从而实现行政管理的效率，维护良好的社会治理体系；另一方面是为了防止时间过久，导致证据缺失，致使案件事实难以查清，不利于保护行政相对人的合法权益。[①] 行政诉讼起诉期限制度的价值是多元的，一方面尊重长期存在的事实状态，维护社会秩序特别是公法秩序的稳定；另一方面可以敦促当事人及时启动权利救济程序，及早解决行政纠纷，使不确定的行政法律关系尽快确定，从而提高行政管理和公共服务的效率。[②]

3.起诉期限类型

有观点认为，《行政诉讼法》对起诉期限的一般规定，区分两种情况，即经过复议案件的起诉期限和未经复议直接起诉的期限。根据诉讼类型，后者又分为对行政处理决定的起诉期限、对行政不作为的起诉期限、有关行政协议的起诉期限和要求行政赔偿的起诉期限。[③] 人民法院会议纪要载明，起诉期限可区分为普通的起诉期限和最长诉权保护期限：普通的起诉期限适用于一般行政案件，分为直接起诉的六个月和经复议的十五日；最长诉权保护期限也分为两类，未告知诉权和起诉期限的为一年，当事人不知道行政行为

---

① 最高人民法院（2016）最高法行申 2573 号。

② 最高人民法院（2018）最高法行申 11441 号。

③ 何海波.行政诉讼法（第 3 版）[M].北京：法律出版社，2022:252.

内容的，起诉期限动产为五年、不动产为二十年。① 根据起诉期限的具体情况，可分为普通情形、经复议情形、提起履责之诉情形、提起确认无效行为之诉情形等进行阐述。

案例指引

● 案例一

▶ **裁判要旨** 起诉期限与诉讼时效

▶ **案号索引** 最高人民法院（2017）最高法行申 5376 号、（2017）最高法行申 5410 号等

▶ **文书摘要** 行政诉讼法上的起诉期限不同于民法上的诉讼时效。诉讼时效，是权利人未在法定期间内行使权利而丧失请求人民法院依法保护其权利的法律制度。诉讼时效本质上是实体法上的制度，关系到某一实体权利应否受人民法院强制力保护。民法上的诉讼时效属于私法范畴，遵循自愿原则和诚信原则。因此，对于诉讼时效效力采取抗辩发生主义，人民法院不得主动适用诉讼时效的规定，一旦义务人行使时效抗辩权，权利人即丧失胜诉权。行政诉讼法的起诉期限，是法定的起诉条件之一。超过起诉期限的，将丧失进入实体审理的程序权利。由于行政案件属于公法诉讼，涉及公共利益和社会管理秩序的稳定性，所以对起诉是否符合法定条件，包括是否超过法定起诉期限，人民法院应当依职权进行审查，并非当事人不主张人民法院不审查的事项。

---

① 最高人民法院行政审判庭.最高人民法院行政审判庭法官会议纪要（第二辑）［M］.北京：人民法院出版社，2023:116.

● 案例二

▶ **裁判要旨**　起诉期限与诉讼时效的主要区别

▶ **案号索引**　最高人民法院（2019）最高法行申 3032 号

▶ **文书摘要**　行政诉讼中的起诉期限不同于民事诉讼中的诉讼时效，其主要区别在于：第一，行政诉讼的起诉期限从相对人知道或应当知道行政行为之日起计算，而诉讼时效的起算时间从当事人知道或应当知道权利被侵害之日起。第二，起诉期限是一个固定期间，不存在中止、中断的情形，除非有正当事由，并由人民法院决定，才可以将被耽误的时间予以扣除或延长期限。而诉讼时效属于可变期间，只要具有法定事由，便可将其中止、中断和延长。第三，人民法院可以依职权审查起诉期限，相对人超过起诉期限起诉的，人民法院将裁定不予受理，受理后发现超过起诉期限的，裁定驳回起诉，即相对人丧失了起诉权。而人民法院通常情况下不主动审查诉讼时效问题，诉讼时效也不是民事诉讼起诉的法定条件，当事人并不丧失起诉权；对方当事人提出诉讼时效抗辩经人民法院审理发现超过诉讼时效的，判决驳回原告诉讼请求，即当事人丧失的是胜诉权。

（二）普通情形的起诉期限

> **┃ 法律条文**
>
> 　　《行政诉讼法》第 46 条第 1 款　公民、法人或者其他组织直接向人民法院提起诉讼的，应当自知道或者应当知道作出行政行为之日起六个月内提出。法律另有规定的除外。

> ## ▍简要解读
>
> 　　与 1989 年《行政诉讼法》第 39 条规定相比，有两个重大变化：一是将"三个月"修改为"六个月"，延长了起诉期限，更加有利于对当事人诉权的保护，解决行政争议，促进依法行政；二是将原先的"知道作出具体行政行为"修改为"知道或者应当知道作出行政行为"。起诉期限的起算有两项要素：一是行政行为作出之日；二是知道或者应当知道作出行政行为之日。

1."知道或者应当知道"

"知道或者应当知道"行政行为的时点是起算起诉期限的前提和基础。所谓"知道或者应当知道"，有学者认为包括行政机关以书面或口头形式通知、告知相对人，以文书形式送达相对人；也包括相对人未得到行政机关任何通知、告知、送达，而实际知道相应行为的作出。[1] 人民法院裁判文书认为，所谓"知道"，应当是指有充分证据证明，起诉人知道作出被诉行政行为的时间；所谓"应当知道"是指遵循法官职业道德，运用逻辑推理和生活经验，根据相关证据，推定起诉人知道作出被诉行政行为的时间。[2]

　　一般说来，行政机关的行政行为是有书面决定的，从公民收到书面决定时认定为"知道"，没有书面决定的，从口头通知公民时认定为"知道"。当然，现实生活中远比上述叙述复杂得多，为避免发生争执，行政机关在作出或者送达处理决定时，公民在得知行政机关的行政行为时，最好能有个记

---

① 姜明安.行政诉讼法（第三版）[M].北京：北京大学出版社，2016:226.
② 最高人民法院（2019）最高法行申 10506 号。

录，并签名或盖章。① 知道被诉行政行为的方式并不局限于由作出行政行为的行政机关告知，如果当事人通过诉讼、信访、政府信息公开等方式知道行政行为的内容，也属于知道行政行为内容的情形。②

所谓"应当知道"，区别于"实际知道"，是指不管当事人是否认可自己知道，但如果有充分理由认为其已经知道了，即为"应当知道"。③"应当知道"，即在当事人不承认"知道"但结合相关证据足以证明其"知道"的情况下，可以认定为"应当知道"。④ 如何认定"应当知道"，人民法院裁判文书中有的结合行政机关是否作出相关行政行为、行政机关是否已进行相关沟通协商等情况，运用逻辑推理和生活经验，全面、客观、公正地予以综合分析判断⑤；有的则结合案件的相关事实以及相关法律规定，运用逻辑推理，结合生活经验、生活常识进行综合判断⑥。"知道"与"应当知道"存在共同之处：均已明确告知起诉人被诉行政行为内容的信息，具体方式均包括送达文书或口头告知等，其结果均为起诉人已经知晓行政行为。但是，二者之间也存在明显不同："知晓"是否为被诉行政行为法定程序中的独立组成部分或环节，"知道"要求为组成部分，"应当知道"则不要求。而且，让起诉人"知道"的主体限定为行政行为的作出主体，而"应当知道"则不要求，行政主体之外的第三方也可以实现。⑦

如何判断"知道或者应当知道"，有其基本标准：起诉人所"知道或者

① 胡康生.行政诉讼法释义［M］.北京：北京师范学院出版社，1989:65.
② 最高人民法院（2018）最高法行申1259号。
③ 江必新，邵长茂.新行政诉讼法修改条文理解与适用［M］.北京：中国法制出版社，2015:167-168.
④ 最高人民法院（2017）最高法行再69号、（2018）最高法行申2395号等。
⑤ 最高人民法院（2020）最高法行再510号。
⑥ 最高人民法院（2017）最高法行再69号、（2018）最高法行申2395号等。
⑦ 最高人民法院行政审判庭.最高人民法院行政诉讼法司法解释理解与适用（上）［M］.北京：人民法院出版社，2018:330.

应当知道"的行政行为之内容需达到一定的程度，从而足以确定行政行为是否作出。具体而言，包括两个方面：一是能使起诉人确定是否会影响其合法权益；二是能使起诉人可通过起诉方式以维护其合法权益。①

2."作出行政行为"

有观点认为，行政行为的内容一般应当包含行政行为的主体（行政机关、行政相对人以及利害关系人等）、权利义务等。只有在当事人对前述内容都知晓的情形下，才能认定其知道行政行为内容。但在特定情形下，当事人知道侵犯其合法权益，亦可以推断其知道行政行为内容。②权威解读认为，作出行政行为包含两个要素：一是作出的主体，二是行政行为的内容。③人民法院裁判文书载明，行政行为的内容既包括直接影响公民、法人或其他组织合法权益的行政行为本身，还包括作出该行政行为的行政机关。也只有在公民、法人或其他组织知道或应当知道行政行为的实施主体之后，才可公允地被视为已较为完整地知道或应当知道行政行为的内容。④

3.行政机关未告知诉权和起诉期限，或者未制发法律文书

我国《行政诉讼法》设置起诉期限的基本精神为充分保障并督促及时行使诉讼权利，对怠于行使诉讼权利的行为不予支持或鼓励。然而，在作出行政行为时，告知相对人诉权和起诉期限，系行政机关应尽之责任。亦即，行政机关作出涉及他人权益行为的同时有义务申明相对人享有的诉权和起诉期限。司法解释将诉权告知纳入起诉期限的制度框架内，主要目的是在我国行政程序法阙如的情况下，通过为行政机关施加在其起诉期限上潜在的不利后

---

① 福建省高级人民法院（2019）闽行再17号。
② 章文英，徐超.行政起诉期限制度的法律精神及其司法运用［J］.人民司法·应用，2022(1).
③ 信春鹰.中华人民共和国行政诉讼法释义［M］.北京：法律出版社，2014:122.
④ 最高人民法院（2020）最高法行再82号。

果，以此反制行政行为的程序合法性。① 行政机关未交待诉权和起诉期限，将很难确定相对人是否知道诉权和起诉期限。法释［2018］1 号第 63 条规定："行政机关作出行政行为时，没有制作或者没有送达法律文书，公民、法人或者其他组织只要能证明行政行为存在，并在法定期限内起诉的，人民法院应当依法立案。"本条虽然减轻了原告的证明责任，但应注意，对于行政行为确实存在，这时候的举证责任仍在原告一方，其必须提供行政行为存在的证据，只不过对这些证据需要达到的证明标准要求较低，达到优势标准甚至是或然性标准即可。② 因此，如果被告认为原告的起诉已经超过起诉期限，通常情况下，应由被诉的行政机关承担举证责任，提供证据证明起诉人"知道"或者"应当知道"行政行为之作出及其内容。当然，起诉期限作为起诉人的起诉应当符合的法定条件之一，人民法院亦可依职权在审理中通过查明的事实予以认定。

法释［2018］1 号第 64 条、第 65 条分别对行政机关作出行政行为时未告知公民、法人或者其他组织起诉期限，公民、法人或者其他组织不知道行政机关作出的行政行为内容情形下起诉期限的起算作出规定。在既有行政相对人又有利害关系人等特殊情况下，如果行政机关只告知一个主体而未告知另一个主体，如何判断未被告知行政行为内容的主体是否知道行政行为内容？有观点认为，如果其已通过其他途径知道行政行为内容，当适用法释［2018］1 号第 64 条；如果行政机关既未告知而且其又未知晓，当适用法释［2018］1 号第 65 条。③

---

① 黄涧秋. 诉权告知与行政诉讼起诉期限［J］. 行政法学研究，2016(1).
② 最高人民法院行政审判庭. 最高人民法院行政诉讼法司法解释理解与适用（上）［M］. 北京：人民法院出版社，2018:326.
③ 莫于川，任肖容，王文涛. 行政诉讼起诉期限的衔接与适用［J］. 人民司法·案例，2021(5).

案例指引

● 案例一

▶ **裁判要旨** "知道行政行为"的理解

▶ **案号索引** 最高人民法院（2019）最高法行申 10933 号、（2019）最高法行申 12267 号

▶ **文书摘要** 此处所谓的"知道行政行为"，主要是指知道或者应当知道行政行为对当事人的权利状态产生影响这一必要内容即可。换言之，起诉人知道行政行为的程度，并不必然影响或阻碍其依法提起行政诉讼。

● 案例二

▶ **裁判要旨** "知道"不包括对行政行为违法性的认识

▶ **案号索引** 最高人民法院（2016）最高法行申 3971 号

▶ **文书摘要** 起诉人只要认为行政行为侵犯其合法权益即有权依法提起行政诉讼。一方面，法律并不要求起诉人在认识到行政行为的违法性后方能提起行政诉讼，起诉人在起诉时即使不能判断该行政行为违法与否，也不影响人民法院依法对被诉行政行为的合法性进行审查；另一方面，法律在计算起诉期限时亦不以起诉人认识到违法性为必要条件，因为行政行为是否违法属于有权机关的专业判断范畴，而即使是有权机关亦未必总能作出及时准确的判断。因此，起诉期限制度中起诉人对行政行为的"知道"并不包括对行政行为违法性的认识，也即起诉人自知道行政机关作出行政行为时，起诉期限便开始计算，而并不以起诉人认识到行政行为的违法性作为起诉期限的计算起点。

● 案例三

▶ **裁判要旨** 当事人在民事诉讼中知道行政行为的,行政诉讼的起诉期限

▶ **案号索引** 最高人民法院（2019）最高法行再 14 号、（2019）最高法行再 16 号

▶ **文书摘要** 一方面,由于起诉期限设定的立法初衷,在于防止行政相对人怠于行使诉权,故在再审申请人已就相关争议提起民事诉讼的情况下,民事诉讼的审理期间应当依据《行政诉讼法》第 48 条的规定,予以排除,而不应计入起诉期限;另一方面,本案中,再审申请人虽然在民事诉讼过程中知道了被诉行政行为,但根据《行政诉讼法》第 25 条和第 49 条第 1 项规定,知道行政行为并不是当事人提起行政诉讼的充分条件,只有与行政行为具有利害关系的主体才能适格地提起行政诉讼。而具体到本案中,相关民事裁判作出并生效后,再审申请人才能确定其权利义务是否因行政行为而受到生效民事裁判的影响,因此,在当事人于民事诉讼中知道行政行为对其权利义务产生不利影响的情况下,行政诉讼的起诉期限应当从生效民事判决作出之日起计算。

（三）经复议的起诉期限

法律条文

《行政诉讼法》第 45 条　公民、法人或者其他组织不服复议决定的,可以在收到复议决定书之日起十五日内向人民法院提起诉讼。复议机关逾期不作决定的,申请人可以在复议期满之日起十五

日内向人民法院提起诉讼。法律另有规定的除外。

简要解读

作为一项监督救济制度，行政复议的启动意味着当事人已经开始了寻求救济之路，从效率和秩序的衡平角度考虑，没有必要设置与其他行政行为一样的起诉期限。[①]

根据《行政诉讼法》第 45 条规定，除"法律另有规定的除外"外，一般分两种情形。

一是复议机关在复议期限内作出复议决定。如果行政复议机关在复议期限内作出了复议决定，申请人对行政复议决定不服的，可以在收到复议决定书之日起十五日内向人民法院提起诉讼。

二是复议机关逾期不作决定的。《行政复议法》第 62 条第 1 款、第 2 款分别规定了行政复议机关对适用普通程序、简易程序审理的行政复议案件作出行政复议决定的期限，普通程序一般是六十日内，延长复议期限的是九十日内，简易程序是三十日内。如果复议机关在复议期限内未作出复议决定，申请人可以在复议期满之日起十五日内向人民法院提起诉讼。

此外，《行政复议法》第 34 条还规定了属于复议前置情形，对于行政复议机关决定不予受理、驳回申请或者受理后超过行政复议期限不作答复的，公民、法人或者其他组织可以自收到决定书之日

---

① 江必新，邵长茂. 新行政诉讼法修改条文理解与适用［M］. 北京：中国法制出版社，2015:163.

起或者行政复议期限届满之日起十五日内，依法向人民法院提起行政诉讼。

案例指引

● 案例一

▶ **裁判要旨**　经过复议的案件的起诉期限

▶ **案号索引**　最高人民法院（2017）最高法行申 2620 号

▶ **文书摘要**　《行政诉讼法》第 45 条规定，公民、法人或者其他组织不服复议决定的，可以在收到复议决定书之日起十五日内向人民法院提起诉讼。由于复议机关维持做共同被告制度的引入，此处的提起诉讼可分为两类：一类是复议机关决定维持原行政行为的，作出原行政行为的行政机关和复议机关是共同被告，另一类是复议机关改变原行政行为的，复议机关是单独被告；但是在十五日的起诉期限适用范围上，从历史和文意解释等方法来看，仍然是以十五日的特殊规定取代了关于起诉期限的一般规定，亦即经过复议的案件，在起诉期限问题上并无适用《行政诉讼法》所规定的六个月一般期限的情形。

● 案例二

▶ **裁判要旨**　原行政行为已超过起诉期限，诉权能否通过行政复议的方式重新获得

▶ **案号索引**　最高人民法院（2018）最高法行申 7418 号

▶ **文书摘要**　《最高人民法院关于适用〈中华人民共和国行政诉讼

法〉的解释》第59条虽规定"公民、法人或者其他组织向复议机关申请行政复议后，复议机关作出维持决定的，应当以复议机关和原行为机关为共同被告，并以复议决定送达时间确定起诉期限"，但该解释第136条第7款针对原行政行为不符合复议或者诉讼受理条件、但复议机关仍然作出维持决定的情形作出了规定："原行政行为不符合复议或者诉讼受案范围等受理条件，复议机关作出维持决定的，人民法院应当裁定一并驳回对原行政行为和复议决定的起诉"。根据该条规定，原行政行为已超过起诉期限的，即使复议机关嗣后作出了维持原行政行为的复议决定，原告在收到该决定之日起15日内提起行政诉讼，从维护起诉期限制度从而维护行政法律关系的稳定性出发，仍不应认为因超过起诉期限而已经丧失了的诉权可以通过行政复议的方式重新获得。

（四）提起履责之诉的期限

法律条文

《行政诉讼法》第47条　公民、法人或者其他组织申请行政机关履行保护其人身权、财产权等合法权益的法定职责，行政机关在接到申请之日起两个月内不履行的，公民、法人或者其他组织可以向人民法院提起诉讼。法律、法规对行政机关履行职责的期限另有规定的，从其规定。

公民、法人或者其他组织在紧急情况下请求行政机关履行保护其人身权、财产权等合法权益的法定职责，行政机关不履行的，提起诉讼不受前款规定期限的限制。

简要解读

《行政诉讼法》第 12 条第 1 款第 6 项规定"申请行政机关履行保护人身权、财产权等合法权益的法定职责，行政机关拒绝履行或者不予答复的"属于人民法院受案范围。法释〔2018〕1 号第 66 条规定："公民、法人或者其他组织依照行政诉讼法第四十七条第一款的规定，对行政机关不履行法定职责提起诉讼的，应当在行政机关履行法定职责期限届满之日起六个月内提出。"

依申请不作为的起诉期限主要包括三种情形。

一是一般情形。行政机关履责期限为接到申请之日起两个月内，计算的起点从"接到申请之日起"起算，终点是接到申请之日起两个月。两个月的履责期限届满但行政机关不作为的，公民、法人或者其他组织可以向人民法院提起诉讼，但应当在行政机关履行职责期限届满之日起六个月内提出。

二是法律、法规另有规定的。我国没有单独的行政程序法，有的法律、法规、规章、规范性文件可能会规定履责期限。"另有规定的"设立依据限于"法律、法规"，法律、法规对行政机关履行职责的期限另有规定的，从其规定。如《行政许可法》对作出行政许可决定的期限、《政府信息公开条例》对信息公开申请的答复期限等。如果法律、法规没有规定履责期限，则适用本法规定的"两个月期限"。一般来说，对于行政机关履责期限应当由行政程序法来规定，由于我国缺乏行政程序法的规定，本条实际上是明确了行政机关的按期履行的法定义务。如果规章和规章以下规范性文件规定了履行职责的期限，仍然适用本条两个月的期限。①

三是紧急情形下。虽然没有确切的履责期限，但履责期限应当从保护其人身权、财产权等合法权益角度考虑，起诉期限计算的起点是"提出申请"。"不受前款规定期限的限制"是指不受两个月的限制。

需要注意的是，不履行法定职责的起诉期限不适用法释〔2018〕1号第64条关于起诉期限"最长不得超过一年"的规定。因为在依申请履职的情况下，不履行职责的结束时点是法定的，这种不履职与作为同类的行政行为所产生的法律效果是一样的，行政相对人此时已经知道自身合法权益受到损失，应当及时行使自己的诉讼权利。同理，此类案件也不适用《行政诉讼法》第46条第2款规定的起诉期限。②

我国《行政诉讼法》、法释〔2018〕1号对依职权行政不作为的起诉期限问题没有明确规定。有观点认为，依职权行政不作为应受起诉期限的限制。实际上，与依申请行政不作为相比，两类行为的持续时间、法律后果基本相同。从起诉期限制度设立的目的及价值取向，以及《行政诉讼法》及其司法解释整体构架的协调统一角度看，依职权行政不作为应受起诉期限限制。可以在权利救济与社会秩序稳定等价值间取得相对平衡为原则，结合案件事实，运用逻辑推理，结合生活经验、生活常识综合判断起诉期限的起算点。如

① 《行政诉讼法及司法解释关联理解与适用》编委会. 行政诉讼法及司法解释关联理解与适用（上）［M］. 北京：中国法制出版社，2018:404.
② 最高人民法院行政审判庭. 最高人民法院行政案件案由暂行规定理解与适用［M］. 北京：人民法院出版社，2023:428.

果行政机关的行为足以使当事人知晓行政机关将不再履行相应职责的，当事人即能够直观、清晰地感知其权益受损的事实，因而可以以该时点作为起诉期限的起算点。[①] 人民法院裁判文书载明，不履行法定职责行为属于行政行为的一种，其产生的法律后果与作为类的行政行为没有本质上的不同，也需要对当事人的起诉期限加以限制。在依职权履行法定职责案件中，如行政机关已经明确拒绝履行法定职责，说明原告已经知道不履行法定职责行为的存在，即应开始计算起诉期限。[②]

案例指引

● 案例一

► **裁判要旨**　未履行职责的起诉期限

► **案号索引**　最高人民法院（2017）最高法行申 307 号

► **文书摘要**　法谚云："法律不保护权利上的睡眠者。"所以，过于迟延地请求法律救济将不受到法律的保护。但在有些情况下，过早地请求法律救济，同样不被法律所允许。行政机关履行法定职责通常需要一个过程，因此有些法律、法规对行政机关履行职责的期限作出了专门规定。法律、法规对行政机关履行职责的期限未作专门规定的，《行政诉讼法》第 47 条统一设置了两个月的期限。如果行政机关超过法定期限

[①] 姜伟. 最高人民法院第四巡回法庭疑难案件裁判要点与观点［M］. 北京：人民法院出版社，2020:571,573.

[②] 最高人民法院（2019）最高法行申 11781 号。

未履行职责，公民、法人或者其他组织即可以提起诉讼；反之，如果法定履行职责的期限未届满就提起诉讼，就属于起诉时机不成熟，人民法院应当不予立案或者裁定驳回起诉。当然，如果行政机关在履行职责期限之内就作出拒绝决定，则不受履行职责期限的限制，公民、法人或者其他组织可以即时针对拒绝决定提起诉讼。

● **案例二**

▶ **裁判要旨**　行政机关的履责义务呈持续存在状态，不因为超过起诉期限而免除

▶ **案号索引**　最高人民法院（2018）最高法行再 203 号、（2018）最高法行申 11122 号

▶ **文书摘要**　根据《行政诉讼法》第 47 条第 1 款、《最高人民法院关于适用〈中华人民共和国行政诉讼法〉若干问题的解释》第 4 条规定，行政机关没有履行法定职责，且没有作出处理决定的，其履责义务呈持续存在状态，不因为超过起诉期限而免除。超过六个月起诉期限，公民、法人或者其他组织再次提出履责申请，行政机关有义务继续履行。行政机关作出的处理决定，与已超过起诉期限的前一个不履责行为不是同一个行政行为，公民、法人或者其他组织在起诉期限内提起行政诉讼，人民法院应当依法受理。[①]

● **案例三**

▶ **裁判要旨**　不适用《行政诉讼法》第 47 条所规定的起诉期限情形

---

① 最高人民法院（2018）最高法行申 11122 号与（2018）最高法行再 203 号的表述略有差异。

▶ **案号索引** 最高人民法院（2016）最高法行申 4305 号、（2018）最高法行申 9030 号

▶ **文书摘要** 一般情况下，只要行政机关依职权应履行的法定职责仍然合法有效存在，行政机关即持续负担作为义务，该作为义务不因行政机关怠于履行而消灭。特别是在行政相对人已向行政机关提出履行申请时，行政机关更应及时有效履行。此外，行政机关对其依职权应履行的法定职责，亦不因行政相对人的履行申请而转变为依申请应履行的法定职责，也即此种情形并不适用《行政诉讼法》第47条所规定的起诉期限。

（五）提起确认无效行为的起诉期限

法律条文

《行政诉讼法》第 75 条 行政行为有实施主体不具有行政主体资格或者没有依据等重大且明显违法情形，原告申请确认行政行为无效的，人民法院判决确认无效。

简要解读

无效行政行为在学理上通常是指，因具有重大而且明显的违法情形而自始不产生法律效力的行政行为，在后果上表现为自始、当然、确定无效。[①] 确认行政行为无效诉讼是指公民、法人或者其他

---

① 江必新，邵长茂，李洋. 新行政诉讼法导读：附新旧条文对照表及相关法律规范 [M]. 北京：中国法制出版社，2015:95.

组织请求法院确认行政行为自始无效的诉讼。[1] 2000年《行政诉讼法》司法解释中增加规定确认无效判决，但是没有明确无效判决的适用条件。《行政诉讼法》第75条将确认无效的判决方式从司法解释上升到法律的高度，理由主要是：无效行政行为在实践中客观存在，其他判决种类难以处理这种情况。对于无效的行政行为，过去的审判实践中一般都适用撤销判决，于法理不通。因为严格地讲，撤销的前提是该行政行为在此之前是存在的，但无效行政行为在法律上自始就无效。[2] 从立法上补充了行政诉讼的判决种类。创设确认无效判决，有利于将一些重大且明显违法的无效行政行为纳入行政诉讼审查，发挥行政诉讼作用，推动行政争议实质性解决。[3] 法释〔2018〕1号第99条对"重大且明显违法"的情形作出了解释。行政诉讼法和有关司法解释对行政行为"无效之诉"的规定不仅成为人民法院作出"确认无效判决"的直接法律依据，同时也标志着中国由此承认和确立了行政行为的无效理论和确认无效之诉。[4]

"在任何情况下，一个自始无效的行政行为都不可以通过期限被耽误，而获得一种'确定力'。""无效性确认之诉并没有真正意义上的期限，但是，如果原告耽误了进行法律上澄清的可能性，就有可能缺少法律保护的必要。"[5] 关于无效行政行为是否有起诉期限限制问题，我国理论与实务界都存在较大争议。学理上普遍认为，

① 梁凤云. 行政诉讼讲义（下）[M]. 北京：人民法院出版社，2022:995.
② 《行政诉讼法及司法解释关联理解与适用》编委会. 行政诉讼法及司法解释关联理解与适用（下册）[M]. 北京：中国法制出版社，2018:717-718.
③ 程琥. 我国行政诉讼诉判关系的反思与重构 [J]. 法律适用，2023(6).
④ 胡建淼."无效行政行为"制度的追溯与认定标准的完善 [J]. 中国法学，2022(4).
⑤ 弗里德赫尔穆·胡芬. 行政诉讼法 [M]. 莫光华，译. 北京：法律出版社，2003:326.

请求确认行政行为无效没有起诉期限的限制，当事人在任何时候都可以请求法院确认其无效[①]；相对人以"行政行为无效"为理由而提起宣告无效之诉，不受诉讼时效的限制。相对人请求法院确认行政行为无效，也必须在诉讼时效内向法院提出，这实际上是将无效行为与违法行为相混同。[②]实务界也有较多认同观点，如，有人认为针对无效行政行为的起诉，不受起诉期限的限制，而且也不受最长保护期限的限制[③]；有人赞同不受起诉期限限制的占据主导地位的观点[④]；有人认为不受起诉期限限制的观点更为合理[⑤]；还有人认为当事人任何时间都可以向法院起诉请求确认无效，不受起诉期限限制[⑥]等。也有观点认为，既然《行政诉讼法》已经正式确立了确认无效诉讼制度，同时并没有将其排除在第46条起诉期限的一般规则之外，也没有为其设定任何例外情形，按照法律解释的一般逻辑，确认无效诉讼理所应当被涵摄在起诉期限制度之内。无论从保护当事人诉权，还是从维护行政行为公定力的角度，起诉期限作为一项重

① 参见姜明安.行政法与行政诉讼法［M］.北京：中国卓越出版公司，1990:253-254；罗豪才.行政法学［M］.北京：北京大学出版社，1996:132-134；章志远.行政行为无效问题研究［J］.法学，2001(7)；金伟峰.我国无效行政行为制度的现状、问题与建构［J］.中国法学，2005(1)；信春鹰.中华人民共和国行政诉讼法释义［M］.北京：法律出版社，2014:200.转引自何海波.行政诉讼法（第3版）［M］.北京：法律出版社，2022:257.
② 王锡锌.行政行为无效理论与相对人抵抗权问题探讨［J］.法学，2001(10).
③ 江必新.中华人民共和国行政诉讼法理解适用与实务指南［M］.北京：中国法制出版社，2015:344.
④ 王艳彬.对行政诉讼法新司法解释第162条的理解与适用［J］.法律适用·司法案例，2018(16).
⑤ 章文英，徐超.行政起诉期限制度的法律精神及其司法运用［J］.人民司法·应用，2022(1).
⑥ 寇秉辉.请求确认行政行为无效不受起诉期限限制［N］.人民法院报，2014-4-17(7).

要的诉讼制度，其法律适用应当遵循严格的法定主义。①

《行政诉讼法》没有纳入确认无效诉讼的无起诉期限制度，主要是考虑这种诉讼和判决在行政诉讼法律上是一种新制度，相应的起诉期限问题还要留待今后的司法实践积累经验。②这里未作出明确规定，主要考虑确认无效判决还是一项新制度，需要司法实践积累经验，有关起诉期限先可由司法解释来作出规定。③从理论上说，无效行政行为应当自始无效，不受起诉期限的限制。判决确认无效可以更好地保护公民的合法权益。但新法没有规定起诉期限不受限制，可以在司法实践中探索和确立。④从法理上讲，确认无效诉讼应当不受起诉期限的限制，可以随时提出。这也有不少国外立法例，如葡萄牙《行政程序法》第134条规定。⑤

根据人民法院会议纪要，行政诉讼规定的起诉期限制度，是所有行政案件必须遵守的法定起诉条件，法律和司法解释没有作出例外的规定。因此，请求确认行政行为无效，同样要受到起诉期限的限制。任何类型的行政案件都应当遵守行政诉讼法规定的起诉期限制度，这是行政诉讼法的基本制度规定。⑥

2018年9月，最高人民法院对行政行为提起确认无效之诉

① 黄涧秋.行政诉讼确认无效判决的法律适用评析——围绕新《行政诉讼法》第75条展开［J］.法治研究，2016(5).
② 参见童卫东.《中华人民共和国行政诉讼法》释义与案例［M］.北京：中国民主法制出版社，2014:201.
③ 袁杰.中华人民共和国行政诉讼法解读［M］.北京：中国法制出版社，2014:208.
④ 童卫东.进步与妥协：《行政诉讼法》修改回顾［J］.行政法学研究，2015(4).
⑤ 信春鹰.中华人民共和国行政诉讼法释义［M］.北京：法律出版社，2014:200.
⑥ 最高人民法院第一巡回法庭关于行政审判法律适用若干问题的会议纪要［M］//最高人民法院第一巡回法庭.最高人民法院第一巡回法庭行政案件裁判精ム.北京：中国法制出版社，2020:190,191.

是否要受到起诉期限限制答复——对十三届全国人大一次会议第2452号建议的答复称："关于确认无效诉讼的起诉期限问题。对行政行为提起确认无效之诉是否要受到起诉期限的限制，在行政诉讼法修订后的法律规定及司法解释中均没有明确规定。我们倾向于认为提起确认行政行为无效之诉不受起诉期限的限制，行政相对人可以在任何时候请求有权国家机关确认该行为无效。"

法释〔2018〕1号第162条规定："公民、法人或者其他组织对2015年5月1日之前作出的行政行为提出诉讼，请求确认行政行为无效的，人民法院不予立案。"该规定的涵义主要包含以下两点：其一，相对人对2015年5月1日之前作出的行政行为不能请求确认无效；其二，相对人对2015年5月1日之后作出的行政行为可以请求确认无效。该条的法理依据在于，根据法不溯及既往原则，只有新《行政诉讼法》施行后即2015年5月1日之后作出的行政行为才适用确认行政行为无效的规定。① 行政行为无效属于实体法规则，按照实体从旧原则，不具有溯及力，只有《行政诉讼法》修法颁布施行后发生的行政行为，才适用无效的规定。确认无效判决属于程序规则，尽管程序从新，本次修法颁布实施以前发生的行政行为从理论上讲可以提起确认无效判决，但由于缺乏实体法规则，为节约司法资源和行政成本，没有必要允许提起确认无效诉讼。② 由于人民法院对于2015年5月1日之后作出的行政行为的确认无

---

① 王艳彬.对行政诉讼法新司法解释第162条的理解与适用［J］.法律适用·司法案例，2018(16).
② 袁杰.中华人民共和国行政诉讼法解读［M］.北京：中国法制出版社，2014:208.

效之诉才予以立案，所以针对 2015 年 5 月 1 日之后作出的行政行为，公民、法人或者其他组织提起确认无效之诉，不受法定起诉期限的限制。①

案例指引

● 案例一

▶ **裁判要旨** 提起确认无效之诉的起诉期限

▶ **案号索引** 最高人民法院（2018）最高法行申 2489 号、（2018）最高法行申 2496 号、（2020）最高法行再 341 号

▶ **文书摘要** 重大且明显违法的行政行为即无效行政行为自始、绝对无效，不因时间的推移而具有合法效力，当事人可以随时对无效行政行为提起行政诉讼。因此，当事人针对新《行政诉讼法》实施之后作出的行政行为提起确认无效请求的，不受起诉期限的限制。

● 案例二

▶ **裁判要旨** 以被诉行政行为无效为由提起行政诉讼主张撤销的审查

▶ **案号索引** 河南省高级人民法院（2020）豫行再 100 号

▶ **文书摘要** 行政诉讼起诉期限的起算，以被诉行政行为存在或发生了法律效力为基础，通过启动行政诉讼程序予以合法性审查。为兼顾行政行为的稳定性和当事人行使诉讼权利的合理期间，对无法定事由的逾期

---

① 最高人民法院行政审判庭.最高人民法院行政诉讼法司法解释理解与适用（下）[M].北京：人民法院出版社，2018:777.

起诉应予驳回；但当事人以被诉行政行为无效为由提起行政诉讼主张撤销的，因无效行政行为自始不发生法律效力，人民法院应当对被诉行政行为的法律效力予以审查。原告起诉时，是否知道或应当知道被诉行政行为已经超过起诉期限，应当在对被诉行政行为是否属于无效情形予以审查后再作出相应的裁判。

延伸阅读

行政诉讼起诉期限的计算

为了及时解决纠纷，避免行政管理秩序长期处于不稳定状态，《行政诉讼法》及《国家赔偿法》规定了起诉期限制度。公民、法人或者其他组织行使诉权，必须在法定期限内进行。同时《行政诉讼法》第48条第1款规定："公民、法人或者其他组织因不可抗力或者其他不属于其自身的原因耽误起诉期限的，被耽误的时间不计算在起诉期限内。""不可抗力"是法学理论的一个重要概念，尤其是民法领域，已有丰富、成熟的理论成果。但是，在行政法律体系中，并无对"不可抗力"的专门规定或解释。根据本条规定的立法目的，行政法领域所使用的"不可抗力"与民法领域在法律精神上并无区别，都是强调责任的免除，不同的是免除责任的内容。因此，在理解"不可抗力"时可以参照民事领域的现行法律规定及研究成果，并结合行政法领域特点进行运用。[①] 本款所称"不可抗力"是指当事人不能预见、不能避免并且不能克服的客观情况，例如地震、火灾等自然灾害；"其他不属于其自身的

---

① 《行政诉讼法及司法解释关联理解与适用》编委会. 行政诉讼法及司法解释关联理解与适用（上册）[M]. 北京：中国法制出版社，2018:406.

原因"则主要包括当事人被限制人身自由等情况。^①"其他不属于其自身的原因",是指除不可抗力以外不能归责于起诉人自身的正当事由。^②所谓"不属于其自身原因耽误起诉期限",是指在有效起诉期限内,基于地震、洪水等客观原因无法起诉而耽误的期间,或者基于对有关国家机关答应处理涉案争议的信赖,等待其处理结果而耽误的期间。^③《行政诉讼法》第48条第2款规定:"公民、法人或者其他组织因前款规定以外的其他特殊情况耽误起诉期限的,在障碍消除后十日内,可以申请延长期限,是否准许由人民法院决定。""前款规定以外的其他特殊情况",一般认为包括交通断绝、生病以及未成年人因其法定代理人未确定而不能起诉等。^④由于范围较广、情况较多,因而交由法院在个案中具体认定。^⑤

虽然行政诉讼中的起诉期限不同于民事诉讼中的诉讼时效,不适用中止和中断的相关规定,但是在计算起诉期限时,还应当考虑是否存在有正当理由需要扣除的情况。《最高人民法院关于印发〈关于审理与低温雨雪冰冻灾害有关的行政案件若干问题的座谈会纪要〉的通知》(法〔2008〕139号)规定:"公民、法人或者其他组织因低温雨雪冰冻灾害耽误法定起诉期限,在障碍消除后的10日内申请延长期限的,人民法院应当认定属于行政诉讼法第四十条规定的不可抗力。低温雨雪冰冻灾害的起止时间,原则上应以当地气象部门的认定为准。"《最高人民

---

① 最高人民法院(2017)最高法行申3344号。
② 最高人民法院(2018)最高法行申6716号。
③ 最高人民法院(2017)最高法行申6508号、(2017)最高法行申7741号等。
④ 黄杰.中华人民共和国行政诉讼法诠释[M].北京:人民法院出版社,1994:128.
⑤ 最高人民法院行政审判庭.最高人民法院行政诉讼法司法解释理解与适用(上)[M].北京:人民法院出版社,2018:351.

法院印发〈关于依法保护行政诉讼当事人诉权的意见〉的通知》（法发〔2009〕54号）规定："要全面正确审查起诉期限，对不属于起诉人自身原因超过起诉期限的，应当根据案件具体情况依法提供有效救济。"《最高人民法院行政审判庭关于权利人在民事诉讼中对行政行为提出异议行政诉讼起诉期限是否应当扣除的答复》[①]中规定："本案涉及行民交叉案件起诉期限的计算问题。权利人在提起民事诉讼过程中，对被诉行政行为提出异议的，可视为其主张权利，符合我国行政诉讼法规定的起诉期限的扣除及延长等作为计算起诉期限特殊情形的法定事由。民事案件进入审理阶段，行政诉讼的起诉期限可从民事裁判文书生效之日重新计算。"《最高人民法院关于进一步推进行政争议多元化解工作的意见》（法发〔2021〕36号）规定："因非诉讼方式解决行政争议耽误的期限，人民法院计算起诉期限时，应当依照行政诉讼法第四十八条规定予以扣除，但存在本意见第19条规定情形的除外。"上述法律和司法解释性质文件体现了对相对人诉权的保护。

由于行政诉讼案件涉及公共利益和社会管理秩序的稳定性，对于行政诉讼起诉期限作为起诉条件进行审查，司法解释的制度安排并未发生变化，即对于行政起诉期限的审查贯穿于立案受理和审理阶段，目前的行政诉讼法律及司法解释中均没有关于法院对行政起诉期限不应主动审查的规定。[②]

---

① 最高人民法院行政庭：《最高人民法院行政审判庭答复》，"行政执法与行政审判"公众号，2018年6月11日发表。
② 最高人民法院（2018）最高法行申2874号。

延伸阅读

行政诉讼案例中如何认定起诉期限是否超期?

1.起诉是否超过法定期限要考虑的因素

一般而言,需要考虑以下四个因素:起诉期限的起算点、法律规定提起诉讼的期限、当事人向人民法院提交起诉状的时点、超过起诉期限是否存在正当理由。确定是否超过起诉期限,首先要确定起诉期限的起算点,即行政行为送达相对人的日期或者行政相对人知道或者应当知道行政行为的日期。[①]

2.人民法院对超过起诉期限但有正当理由的判断原则

公民、法人或者其他组织行使诉权,必须在法定期限内进行。尤其是为了及时解决纠纷,避免行政管理秩序长期处于不稳定状态,各国行政诉讼制度都引导并鼓励公民、法人或者其他组织尽快提起行政诉讼,并设立了较短的起诉期限制度。司法实践中,对确有正当理由超过法定期限提起的诉讼,又作了特殊规定,并在是否因正当理由超过起诉期限的判断方面,作有利于公民、法人或者其他组织的解释,以切实保障诉权。因此,判断行政相对人的起诉是否超过起诉期限以及超过起诉期限是否具备正当理由,应当充分考虑行政相对人是否已经积极行使诉权,是否存在行政相对人因正当理由而耽误起诉期限的情形。在现行法律规范未对正当理由作明确规定的情况下,人民法院对超过起诉期限但有正当理由的判断,应当按照有利于起诉人的原则进行。[②]

---

① 最高人民法院(2015)行监字第1727号。
② 最高人民法院(2016)最高法行申4521号。

延伸阅读

在行政诉讼案例中起诉期限扣除的主要情形有哪些?

1. 因错误选择管辖法院致使起诉超过法定起诉期限

根据《行政诉讼法》第48条规定,判断超过起诉期限是否具备正当理由,应当充分考虑原告是否已经积极行使诉权,起诉期限是否因不属于其自身的原因而耽误。当事人于2015年2月15日收到行政复议决定,由于复议决定并未明确指向应当提起诉讼的具体的人民法院,当事人于2015年3月1日通过邮寄方式向甲区法院提起行政诉讼,并没有超过15天的法定起诉期限,即当事人在法定起诉期限内积极行使了诉权。因行政案件级别管辖调整的原因,本案无管辖权的甲区法院在收到当事人邮寄的起诉状后,于3月10日向当事人邮寄释明函、原起诉材料,告知其应依法另行向有管辖权的乙市中院起诉,并不违反法律规定。当事人于3月11日收到释明函后,于3月17日即向本案一审法院邮寄行政起诉状,亦没有怠于行使诉权。综上来看,虽然当事人没有按照管辖规定直接向本案一审管辖法院乙市中院起诉,但经过甲区法院的释明,当事人在合理期限内再次向乙市中院递交了起诉状,说明当事人一直在积极行使诉权,即使存在错误选择管辖法院的情形,也不应因此承担不利后果。换句话说,当事人起诉超过起诉期限,应当认为具备正当理由。[①]

2. 法院不立案造成超过起诉期限

《行政诉讼法》第52条规定:"人民法院既不立案,又不作出不予立

---

① 最高人民法院(2016)最高法行再105号。

案裁定的，当事人可以向上一级人民法院起诉。上一级人民法院认为符合起诉条件的，应当立案、审理，也可以指定其他下级人民法院立案、审理。"这也反映了立法机关认同如果超过起诉期限是由于法院不立案造成的，责任不在起诉人，应当允许其通过继续起诉的形式寻求救济。①

3. 指引民事诉讼耽误的起诉期限

根据《最高人民法院关于执行〈中华人民共和国行政诉讼法〉若干问题的解释》第 43 条规定，本案中，当事人甲于 2009 年 11 月 26 日从乙县丙局取得《答复函》，该《答复函》告知甲可以提起民事诉讼。甲于 2010 年 3 月 12 日向乙县人民法院提起民事诉讼，直至乙县人民法院于 2010 年 3 月 17 日作出第 224 号民事裁定的期间，并非由于甲本人的原因造成，应当予以扣除。②

4. 等待民事诉讼生效裁判结果

《行政诉讼法》第 48 条第 1 款规定耽误起诉期限的"其他不属于其自身的原因"，是指除不可抗力以外不能归责于起诉人自身的正当事由。比如，当作为被诉行政行为基础的买卖、共有、赠与、抵押、婚姻、继承等民事诉讼尚处于持续状态，被诉行政行为是否对起诉人的权利义务造成实际影响，需以民事诉讼的裁判结果为前提时，起诉人不可能在当时就对被诉行政行为提起行政诉讼。此时，等待民事诉讼生效裁判结果，就可以构成该条规定的耽误起诉期限的正当事由。③

5. 行政机关将争议引入商事仲裁程序

根据《行政诉讼法》第 48 条第 1 款规定，当事人提供了相关证据

---

① 最高人民法院（2020）最高法行再 168 号。
② 最高人民法院（2017）最高法行申 2040 号。
③ 最高人民法院（2018）最高法行申 6716 号。

证明行政机关与其达成申请商事仲裁的协议，引导其将本不属于商事仲裁受理范围的行政争议申请商事仲裁。当事人未能在行政复议期满 15 日内向人民法院提起行政诉讼，是基于对行政机关的信赖，等待行政机关就相关争议事项进行协调处理，耽误起诉期限并非其自身原因所致。行政机关将争议引入商事仲裁程序期间，应予扣除，不应计入起诉期限。①

6. 复议机关的错误告知

当事人没有及时提起行政诉讼的原因，与复议机关的错误告知具有密切联系，该期限利益不应当因复议机关的错误告知而丧失。当事人自申请行政复议至通过政府信息公开获取新的证据之间的期间依法应当扣除。在获取新证据之后，当事人及时提起行政诉讼，积极寻求权利救济，具有合理性，并未超过起诉期限。②

7. 双方共同委托鉴定机构对损失进行鉴定评估

根据《国家赔偿法》第 13 条、第 14 条规定，赔偿义务机关应当自收到申请之日起两个月内，作出是否赔偿的决定。赔偿义务机关在规定期限内未作出是否赔偿的决定，赔偿请求人可以自期限届满之日起三个月内，向人民法院提起诉讼。但本案的特殊情况在于，相对人与行政机关共同委托鉴定机构对损失进行鉴定评估，证实双方已就赔偿事宜进行了协商，相对人有理由相信行政机关将根据鉴定情况对其作出适当赔偿。此时如仍以《国家赔偿法》第 13 条、第 14 条计算起诉期限，对相对人明显不公。如果鉴定结论迟迟不能作出，相对人又提起行政赔偿

---

① 最高人民法院（2019）最高法行再 63 号。
② 最高人民法院（2019）最高法行申 1404 号、（2019）最高法行申 6077 号、（2019）最高法行申 10410 号等。

诉讼，未超出合理期限。①

8. 其他非自身原因耽误起诉期限的

根据《行政诉讼法》第48条第1款规定，2003年9月27日起至2011年10月13日，当事人一直通过申请复议、提起诉讼、要求行政机关履行生效判决的法律程序解决争议的期间，属于非因当事人自身原因耽误起诉期限的时间，不应计算在起诉期限内。②

延伸阅读

在行政诉讼案例中起诉期限不予扣除的主要情形有哪些?

1. 申诉

超过起诉期限之后的申诉以及等待申诉答复所耽误的期间，均与起诉期限没有任何关联性，不属于应当扣除起诉期限的情形。③

2. 信访

通过信访反映诉求还是通过诉讼寻求救济，是民众对于维护自身合法权益渠道的选择。但是，通过信访反映诉求未果后提起行政诉讼，仍应受到行政诉讼法及其司法解释关于起诉期限的限制，因信访耽误的时间也不是法定可以延长起诉期限的正当理由。④

---

① 最高人民法院（2019）最高法行赔再8号。
② 最高人民法院（2018）最高法行再196号。
③ 最高人民法院（2018）最高法行申415号。
④ 最高人民法院（2017）最高法行申2608号。

三、起诉条件

为保护诉权，有观点认为具备"提交合格的起诉状、选择行政诉讼法律救济途径正确、向有管辖权的法院提起、预交案件受理费"四个起诉条件，即应认定符合行政案件受理标准。[①] 规定了起诉条件，能使公民、法人或者其他组织慎重地行使诉权，也使一部分没有原告资格的人不能随意起诉。有了起诉条件，法院就能对符合起诉条件的予以受理、对不符合起诉条件的驳回起诉，而且对应当受理的起诉，也能较快地明确争议所在，做好审理前的准备工作。[②] 可见，对于起诉条件，目的在于保障真正符合法律规定的起诉能够进入行政诉讼当中。[③]

法律条文

《行政诉讼法》第 49 条　提起诉讼应当符合下列条件：

（一）原告是符合本法第二十五条规定的公民、法人或者其他组织；

（二）有明确的被告；

（三）有具体的诉讼请求和事实根据；

（四）属于人民法院受案范围和受诉人民法院管辖。

---

① 张坤世，胡肖华.错位与回归——行政起诉审查制度之检讨与重构［J］.行政法论丛，2010(1).

② 胡康生.行政诉讼法释义［M］.北京：北京师范学院出版社，1989:67-68.

③ 《行政诉讼法及司法解释关联理解与适用》编委会.行政诉讼法及司法解释关联理解与适用（上）［M］.北京：中国法制出版社，2018:470-471.

简要解读

起诉条件是原告在提起诉讼时需要具备的基本条件。规定起诉条件并非《行政诉讼法》独有的做法，《民事诉讼法》上也有相应规定。①《民事诉讼法》第122条规定了提起民事诉讼的起诉条件，与《行政诉讼法》第49条规定的提起行政诉讼的起诉条件相差较小。此外，法释〔2018〕1号第69条第1款还规定了10项条件。一般将《行政诉讼法》第49条和法释〔2018〕1号第69条第1款第1项视为"积极条件"，将法释〔2018〕1号第69条第1款第2~10项视为"消极条件"。

有观点认为，有权机关应明确规定"除行政诉讼法第四十九条、第二十五条规定外，法院不得在立案阶段附加其他立案条件"②。但实际上，上述两个条款也不是所有的起诉条件。"除本条规定外，本法的其他一些规定也是起诉条件。"③有学者主张，《行政诉讼法》第49条规定是提起行政诉讼的一般条件。另外，《行政诉讼法》还规定"复议前置"和"起诉期限"两个特别条件。行政争议只有符合上述六个法定条件，才能开启行政诉讼程序。④权威解读也持相同观点，《行政诉讼法》第49条列举了提起诉讼需要符合的

---

① 江必新，邵长茂. 新行政诉讼法修改条文理解与适用［M］. 北京：中国法制出版社，2015:177.
② 黄先雄，黄婷. 行政诉讼立案登记制的立法缺陷及应对［J］. 行政法学研究，2015(6).
③ 全国人大常委会法制工作委员会行政法室.《中华人民共和国行政诉讼法》解读与适用［M］. 北京：法律出版社，2015:112.
④ 章剑生. 行政争议诉前调解论：法理、构造与评判［J］. 求是学刊，2023(4).

四个条件，但这并不是提起诉讼的全部条件。提起诉讼，除满足该条的有关规定外，还要符合起诉期限、复议前置等其他条件。[①] 实务界有观点认为，行政诉讼的起诉条件有 11 项。[②]《行政诉讼法》第 49 条规定法定的起诉条件包括原告资格、被告资格、诉讼请求、事实依据、受案范围、管辖六个方面的内容。除此以外，对于起诉的消极要件如不属于重复起诉、未超过法定的起诉期限，均未在该条中统一作出规定。[③]

人民法院裁判文书认为，公民、法人或者其他组织向人民法院提起行政诉讼，应当符合《行政诉讼法》规定的起诉条件。行政诉讼具有行政法上定分止争的功能，而欲进入法院寻求司法救济的当事人，法律要求应当具备适格当事人、诉讼权能、权利保护必要等，然后才能进行实体裁判，而是否符合起诉条件是实体裁判的先决前提。常言道："程序不备，实体不究。"当事人必须满足法定起诉条件要求，救济之门始为当事人开启，这是程序不可或缺的重要环节。[④] 但是，行政诉讼的起诉条件相对复杂，有些起诉条件在短时间内难以查清，有些起诉条件可能需要通过言词审理才能查清，所以，起诉条件的审查不仅限于立案阶段，在立案之后，甚至在开庭审理之后，仍然会涉及起诉条件的审查问题。正因如此，《最高

---

① 袁杰.中华人民共和国行政诉讼法解读［M］.北京：中国法制出版社，2014:134,137.
② 江必新，邵长茂.新行政诉讼法修改条文理解与适用［M］.北京：中国法制出版社，2015:179-180.
③ 高鸿.行政诉讼起诉条件的制度与实践反思［J］.中国法律评论，2018(1).
④ 重庆市高级人民法院（2021）渝行终 615 号.

人民法院关于适用〈中华人民共和国行政诉讼法〉的解释》第 69 条才规定，"已经立案的"，如果有不符合起诉条件的情形，"应当裁定驳回起诉"。①

案例指引

● 案例一

▶ **裁判要旨**　法定起诉条件之间的内在逻辑关系

▶ **案号索引**　最高人民法院（2019）最高法行申 11588 号

▶ **文书摘要**　关于法定起诉条件，《最高人民法院关于适用〈中华人民共和国行政诉讼法〉的解释》第 69 条第 1 款罗列规定了十种。就处理具体案件而言，有无比照审查次序，不可一概而论，原因是并非每个案件都必得全部涉及所列众多法定起诉条件。法定起诉条件只要不符其一，便应驳回起诉。尽管如此，《行政诉讼法》第 49 条第 3 项规定的起诉需有事实根据和第 4 项规定的起诉事项属于人民法院受案范围这两个法定起诉条件却需优先审查。《行政诉讼法》第一章总则中的第 6 条规定的对行政行为进行合法性审查的原则决定了必须首先存在可诉的行政行为，第二章规定了行政诉讼的受案范围，进一步界定了可诉行政行为的种类。若不以存在可诉的行政行为为前提和基础，便审查是否具有原告诉讼主体资格、是否超过法定起诉期限、是否错列被告等法定起诉条件，则不合法定起诉条件之间的内在逻辑关系。在确定了存在可诉的行政行为之后，审查是否符合其他法定起诉条件才得以顺理成章。

---

① 最高人民法院（2018）最高法行申 2968 号。

> ● **案例二**

> ▶ **裁判要旨**　按照法定起诉条件之间的逻辑关系进行的审查

> ▶ **案号索引**　最高人民法院（2022）最高法行再 321 号

> ▶ **文书摘要**　起诉人具有原告诉讼主体资格为行政诉讼的法定起诉条件之一，但并非全部。按照法定起诉条件之间的逻辑关系，在对此种法定起诉条件进行审查之前，宜先审查起诉是否具有事实根据。该种法定起诉条件主要是审查是否存在起诉人所诉的行政机关作出的行为。若尚不存在起诉人所诉的行政机关作出的行为，则对利害关系的判断便因缺乏基础而失去意义。只有存在起诉人所诉的行政机关作出的行为，对是否属于行政诉讼受案范围、是否具有利害关系等其他法定起诉条件的审查才能得以顺理成章。

> ● **案例三**

> ▶ **裁判要旨**　起诉的积极条件和消极情形

> ▶ **案号索引**　最高人民法院（2020）最高法行再 510 号

> ▶ **文书摘要**　从法定起诉条件的内在逻辑关联看，应首先审查起诉是否符合积极条件，其次才得检视是否存在消极情形。《行政诉讼法》第 49 条规定的积极条件和《最高人民法院关于适用〈中华人民共和国行政诉讼法〉的解释》第 69 条第 1 款第 2 项至第 10 项列举的消极情形基本上都是围绕行政行为展开。由于《行政诉讼法》第 49 条第 3 项关于起诉需有事实根据的规定主要是要求存在确切具体的被诉行政行为，故该项起诉条件较为根本，多项其他起诉条件的判断往往需以该项起诉条件的满足为基础。例如，只有确定了确切具体的被诉行政行为，

才可判断是否具有原告诉讼主体资格、是否属于受诉人民法院管辖、是否错列被告、是否重复起诉、行政行为是否对其合法权益明显不产生实际影响、诉讼标的是否已为生效裁判所羁束等。

（一）原告是符合《行政诉讼法》第25条规定的公民、法人或者其他组织

原告是诉的第一构成要素，原告适格是行政诉讼首要的起诉条件。[①]法释［2018］1号第54条第1款规定："依照行政诉讼法第四十九条的规定，公民、法人或者其他组织提起诉讼时应当提交以下起诉材料：（一）原告的身份证明材料以及有效联系方式；（二）被诉行政行为或者不作为存在的材料；（三）原告与被诉行政行为具有利害关系的材料；（四）人民法院认为需要提交的其他材料。"

人民法院裁判文书载明，根据《行政诉讼法》第25条第1款、《最高人民法院关于行政诉讼证据若干问题的规定》第4条第1款规定，起诉人提起行政诉讼，应当提供证据初步证明与被诉行政行为有利害关系，具有原告资格。否则，起诉不符合法定条件。[②]根据《行政诉讼法》第25条、第49条第1项规定，与行政行为有利害关系的公民、法人或者其他组织，有权提起诉讼。原告在起诉时应提交证据材料依法证明其与被诉行政行为具有行政法意义上的利害关系，被诉行为对其权利义务产生了实际的不利影响，原告资格就已具备。[③]但此种证明责任仅应是初步的、表面成立的；无须起诉人在

---

① 江必新，邵长茂.新行政诉讼法修改条文理解与适用［M］.北京：中国法制出版社，2015:178.

② 最高人民法院（2018）最高法行申1186号。

③ 最高人民法院（2019）最高法行申14166号。

起诉阶段即要提供确切证据证明确实存在合法权益以及合法权益被侵犯，更不能以起诉人的权益可能并不合法等实体理由否定起诉人提起诉讼的权利，起诉人是否与被诉行政行为存在利害关系，或者说是否存在某项权益在立案阶段难以判断的，可以登记立案待案件审理阶段再作判断，而不应迳行裁定不予立案或驳回起诉。[①]

案例指引

● 案例一

▶ **裁判要旨** 认定具备提起诉讼的原告资格的条件

▶ **案号索引** 最高人民法院（2016）最高法行申 172 号

▶ **文书摘要** 根据《行政诉讼法》第 25 条第 1 款以及第 49 条第 1 项、第 3 项规定，提起行政诉讼的当事人，应当是与行政行为有利害关系的公民、法人或者其他组织，并且能够提供相应的事实根据。因此，对行政行为所载明的当事人之外的公民、法人或者其他组织的起诉，人民法院可以根据《最高人民法院关于行政诉讼证据若干问题的规定》第 4 条第 1 款规定，要求其提供符合起诉条件的相应证据材料，初步证明其与行政行为存在利害关系，存在需要通过本次诉讼保护的具体利益。通常，如果行政机关作出被诉行政行为时，所适用的行政实体法律规范要求考虑原告诉请保护的利益，或者要求行政机关在行政程序中依法征询或听取原告的意见，应当认为原告与被诉行政行为有利害关系，其也就具备了提起诉讼的原告资格。

---

① 最高人民法院（2019）最高法行再 104 号。

● 案例二

▶ **裁判要旨**　与被诉行政行为没有法律上的利害关系，不具有提起行政诉讼的原告主体资格

▶ **案号索引**　广东省佛山市中级人民法院（2016）粤06行初88号

▶ **文书摘要**　原告甲以其在乙店购买的商品没有原产地A国的官方《原产地证》和《卫生证书》等证明文件，其消费者合法权益受到侵害为由，提起本案诉讼。《行政诉讼法》第25条第1款规定"行政行为的相对人以及其他与行政行为有利害关系的公民、法人或者其他组织，有权提起诉讼。"首先，甲提交的《中华人民共和国海关进口货物报关单》与海关存档资料中同一单号的报关单内容相同，该报关单载明的经营单位和收货单位均为"上海丙公司"，申报单位为"佛山市丁公司"。甲和乙店均不是海关上述行政行为的相对人。其次，《消费者权益保护法》第8条规定了消费者享有知悉其购买商品的产地等真实情况的权利；第10条规定了消费者在购买商品时有权获得质量保障等公平交易的权利；第32条规定"各级人民政府工商行政管理部门和其他有关行政部门应当依照法律、法规的规定，在各自的职责范围内，采取措施，保护消费者的合法权益。"根据《海关法》第2条规定，从海关职责上看，将案涉进口货物原产地方面消费者合法权益的保护，纳入海关对相关进口货物进行监管、审核、通关放行行政行为考察内容，欠缺法律依据。此外，甲还提交了其于2016年7月26日在乙店购买该商品的购物小票等证据，但没有提交其购买的商品就是通过被诉行政行为进口的货物的证据。因此，甲与被诉行政行为没有法律上的利害关系，不具有提起本案行政诉讼的原告主体资格。

（二）有明确的被告

"所谓明确，就是指原告所诉被告清楚、具体、可以指认。由此可以看出，在立案审查时对所列被告要求并不高，只要原告起诉时，所诉被告具体、明确，同时符合其他起诉条件就应当立案受理。"[①]《行政诉讼法》第26条第1～6款规定了行政诉讼被告资格的不同情形。法释〔2018〕1号第67条第1款规定，原告提供被告的名称等信息足以使被告与其他行政机关相区别的，可以认定为行政诉讼法第49条第2项规定的"有明确的被告"。

人民法院裁判文书载明，所谓有明确的被告，主要是指起诉状所列被告的名称等信息能够足以使被告与其他行政机关或者法律法规规章授权的组织相区别，以使人民法院能够送达起诉状副本，保障诉讼程序顺利进行[②]；原告起诉时，基于初步证据确定具体、特定、可识别的行政机关，即可视为"有明确的被告"，至于起诉状载明的被告是否正确、是否适格，则是人民法院需要进一步审查确定的问题[③]。但也有裁判文书认为，所谓明确的被告，必须是适格的被告。对作出的行政行为提起行政诉讼的，作出行政行为的行政机关是被告；对不履行法定职责行为提起诉讼的，享有相应法定职责而不依法履责的行政机关是被告。当事人向不具有相应法定职责的行政机关提出履责申请，该行政机关未履责，当事人以该行政机关为被告提起行政诉讼的，被告不适格，人民法院应当裁定不予立案；已经立案的，裁定驳回起诉，并向当事人释明。[④]

---

① 袁杰．中华人民共和国行政诉讼法解读［M］．北京：中国法制出版社，2014:135；信春鹰．中华人民共和国行政诉讼法释义［M］．北京：法律出版社，2014:129.
② 最高人民法院（2017）最高法行再102号。
③ 最高人民法院（2019）最高法行申6854号。
④ 最高人民法院（2018）最高法行申2010号。

有明确的被告不等同于有正确的被告。①"明确"不是"正确",所以可能错列被告。法释〔2018〕1号第68条第3款规定:"当事人未能正确表达诉讼请求的,人民法院应当要求其明确诉讼请求。"根据《行政诉讼法》第51条第3款、法释〔2018〕1号第55条第2款规定,起诉状内容欠缺或者有其他错误的,应当给予指导和释明,并一次性告知当事人需要补正的内容、补充的材料及期限。当事人拒绝补正或者经补正仍不符合起诉条件的,退回诉状并记录在册;坚持起诉的,裁定不予立案,并载明不予立案的理由。根据法释〔2018〕1号第69条第1款第3项规定,"错列被告且拒绝变更的",已经立案的,应当裁定驳回起诉。

案例指引

案例一

▶ **裁判要旨**　被告适格包含两个层面的含义

▶ **案号索引**　最高人民法院(2017)最高法行申366号

▶ **文书摘要**　在行政诉讼中,被告适格包含两个层面的含义:一是形式上适格,亦即《行政诉讼法》第49条第2项规定的"有明确的被告"。所谓"有明确的被告",是指起诉状指向了具体的、特定的被诉行政机关。但"明确"不代表"正确",因此被告适格的第二层含义是实质性适格,也就是《行政诉讼法》第26条第1款规定的"公民、法人或者其他组织直接向人民法院提起诉讼的,作出行政行为的行政机关是被告"。

---

① 薛刚凌.行政诉权研究〔M〕.北京:华文出版社,1999:240.

● 案例二

▶ **裁判要旨**   确定行政诉讼正确、适格的被告,是原告和人民法院共同的责任和义务

▶ **案号索引**   最高人民法院（2018）最高法行申 11236 号

▶ **文书摘要**   公民、法人或者其他组织认为行政行为侵犯其合法权益的,应当以直接作出该行为的行政机关为被告提起行政诉讼;多列或者错列上级行政机关为被告,既无助于纠纷及时解决,也浪费行政与司法资源,人民法院不应支持。鉴于行政管理职权配置的复杂性、行政行为表现形式的多样性以及名义主体和实施主体的可分离性,《行政诉讼法》与司法解释对行政诉讼被告确定问题作了具体明确的规定,以方便起诉人提起诉讼,如《行政诉讼法》第 49 条和《最高人民法院关于适用〈中华人民共和国行政诉讼法〉的解释》第 67 条、第 26 条、第 69 条。上述规定说明,确定行政诉讼正确、适格的被告,是原告和人民法院共同的责任和义务。起诉状基于初步证据确定作出被诉行政行为的具体、特定、可识别的行政机关,即可视为"有明确的被告";至于起诉状载明的被告是否正确、是否适格,则是人民法院需要进一步审查确定的问题。

● 案例三

▶ **裁判要旨**   错列被告的处理

▶ **案号索引**   最高人民法院（2020）最高法行申 5042 号

▶ **文书摘要**   依照《行政诉讼法》第 49 条第 3 项规定,提起诉讼需有事实根据。通常认为,该项规定主要是要求存在被诉行政行为。一般

而言，若被诉行政行为确实存在，则该行政行为对公民、法人或其他组织合法权益的影响、行为主体等行政行为的内容亦可随之确定。此即意味着，若被诉行政行为存在，则行为实施主体亦已明确。为实质救济提起诉讼的公民、法人或其他组织的合法权益，避免启动无益的诉讼程序，根本化解行政争议，受诉人民法院不宜止步于《行政诉讼法》第49条第2项关于有明确的被告的起诉条件的规定，而需更进一步，依照《行政诉讼法》第26条规定，明确被诉行政行为的作出主体，对于提起诉讼的公民、法人或其他组织因诉讼能力不足而错列被告的情况，告知正确的被告，并作出相应处理。

延伸阅读

无行政机关认领行政处理行为，被告如何确定？

尽管行政事实行为与具有法律拘束效力的行政行为均系行政机关基于行政权能，行使权力或履行职责作出，但在行为与法律效果之间的联系上，行政事实行为不如具有法律拘束效力的行政行为那样紧密。对同样的事实状态影响或改变，可由人力完成，也可由自然力完成；可由行政机关实施，也可由非行政机关实施；可由行政机关甲作出，也可由行政机关乙作出。在行为主体未告知的场合，单单基于事实状态受到的影响或改变的结果，或许能够推知行为主体，也或许难以推知行为主体。在无行政机关认领公民、法人或其他组织所诉称的行政处理行为的案件中，主张合法权益受到侵犯的公民、法人或其他组织通常难以知道或应当知道行政处理行为的实施主体。鉴于此，在全面正确审查起诉条件时，需对《行政诉讼法》第49条第3项关于起诉需有事实根据的规定在适用上作出调整，即若公民、法人或其他组织提交的证据材料能够证明存在被诉的行政行为及所列被告在事实上或法律上具有较大可能作出被诉的行政行为，则应暂且认定符合该项规定。至于被诉的行政行为是否确系行政机关实施及所列被告是否确为行为实施主体，则应当在审理中通过综合审查、追加被告、通知第三人参加、举证责任分配等方式认定或推定。若经审理，认定或推定系非行政机关实施或所列被告非系行为实施主体，则仍应以缺乏事实根据为由裁定驳回起诉。①

（三）有具体的诉讼请求和事实根据

《行政诉讼法》第49条第3项规定，提起诉讼应当符合的条件之一是有具体的诉讼请求和事实根据，也就是说，公民、法人或者其他组织提起诉讼时应当能够证明所争议的行政法上的权利义务关系客观存在。当然，只要能够说明行政争议的存在即可，而不需要达到足以支持其诉讼请求的标准。原告的诉讼请求能否成立，是在进入实体审理之后才需要解决的问题。②

1.诉讼请求

有学者认为，所谓诉讼请求，是指原告向法院提出的通过审理和判决所要实现的实体性权利主张。诉讼请求在行政诉讼中具有特殊地位。第一，诉讼请求决定着能否提起行政诉讼。第二，诉讼请求的变更、放弃或承认，均须由当事人进行。第三，诉讼请求决定着法院的审查范围，影响诉讼程序的进行。第四，诉讼请求决定着法院判决的类型。③实务界有观点认为，在行

① 最高人民法院（2020）最高法行再510号。
② 最高人民法院（2018）最高法行申9321号。
③ 王贵松.行政诉讼的诉审判一致性［J］.中国法学，2024(2).

政诉讼中，所谓诉讼请求是指公民、法人或者其他组织以行政行为的合法性为基础请求法院作出具体判决的要求，是当事人希望获得何种范围和方式的救济的意思表示。① 具体的诉讼请求是指原告必须提出实体权利主张，即向人民法院提出保护自己合法权益的具体内容。② 当事人提出的诉讼请求不明确、不规范，"导致诉讼标的和方向不确定，既不利于保障原告合法权益，也不利于被告依法答辩，还不利于提高审判效率和案件的公正审理"③。

人民法院裁判文书载明，诉讼请求是指原告基于一定的事实关系所请求的裁判之要求，亦即在诉讼中应当被实现的实体权利主张④；所谓诉讼请求，就是原告向法院提起的要求审理和判决的申请。诉讼请求不仅可以界定法院的审理范围，也便于对方当事人在此范围内提出攻击防御的方法。如果原告欲要求法院审理此范围以外的请求，就必须通过另行起诉或通过提出新的诉讼请求来实现。而在诉讼中提出新的诉讼请求，通常须经过对方当事人的同意以及法院的准许，更为重要的是，不能在任何环节随意提出新的诉讼请求。⑤ 任何一个起诉，都应当有明确具体的诉讼请求。这不仅是诉的具体的内容，是原告的诉讼主张，同时也构成了法院审理和裁判的对象。诉讼请求的具体特定，也体现在选择一个适当的诉讼类型。可以说，诉讼类型越丰富，权利救济的渠道也就越丰富。人民法院针对具体的诉讼请求进行审理和裁判，也更有针对性，更能作出具体明确的解决实际问题的判决。诉讼种类的误用，不仅会造成与诉讼请求的不对应，也会使行政争议的有效解决大打

---

① 程琥. 我国行政诉讼诉判关系的反思与重构［J］. 法律适用，2023(6).
② 江必新，邵长茂. 新行政诉讼法修改条文理解与适用［M］. 北京：中国法制出版社，2015:179.
③ 江必新. 中华人民共和国行政诉讼法及司法解释条文理解与适用［M］. 北京：人民法院出版社，2015:304.
④ 最高人民法院（2016）最高法行申 2496 号。
⑤ 最高人民法院（2017）最高法行申 1481 号。

折扣。① 如果对于侵犯公民权利的每一种国家权力行为都有一个适当的诉讼种类可供利用，则公民合法权益的受保护程度势必会得到大幅提高。修改后的行政诉讼法虽然没有直接引入诉讼种类的概念，但通过判决方式的丰富和整合，事实上完成了诉讼类型化改造。② 当然，由于我国行政诉讼类型长期以来相对单一，公民、法人或者其他组织对此需要一个逐渐适应的过程。同时，这也并不排除在经过释明原告坚持不作更改的情况下，人民法院根据原告诉求的实质性质，选择最为合适也能最大限度实现其诉讼目的的诉讼类型和判决方式。③

2014 年《行政诉讼法》修订前后，围绕《行政诉讼法》是否需要明确规定类型化以及如何确定不同类型诉讼的基本规则，行政法学理论界和实务界展开了热烈探讨。行政法学理出现了"肯定论"和"否定论"两种截然不同的观点。即便是在 2014 年《行政诉讼法》修改没有直接采纳行诉讼类型化方案的背景下，相关学术争论仍然延续。④ 最后没有采纳按照诉讼类型化来重构行政诉讼程序这一意见，主要是因为诉讼类型化不一定符合我国当下的实际，具体说，有三个原因：一是可能不利于保护原告的合法权益；二是与我国行政诉讼监督功能不太吻合；三是按照诉讼类型化的思路修改《行政诉讼法》，需要重新设计程序制度，需要对《行政诉讼法》进行全面修订，修正案的方式不适合。⑤ 本次修改《行政诉讼法》，行政诉讼判决部分是最为丰富和最有特色的内容之一，从某种意义上讲，本次修法确立了中国特色的行政诉讼类型体系，为今后行政诉讼法典的精细化、科学化奠定了一个坚

---

① 最高人民法院（2018）最高法行申 7470 号。
② 最高人民法院（2016）最高法行申 2621 号。
③ 最高人民法院（2016）最高法行申 2496 号。
④ 章志远.行政诉讼类型理论的中国图景［J］.社会科学辑刊，2022(5).
⑤ 童卫东.进步与妥协：《行政诉讼法》修改回顾［J］.行政法学研究，2015(4).

实的制度基础。①

法释〔2018〕1号第68条第1款、第2款规定："行政诉讼法第四十九条第三项规定的'有具体的诉讼请求'是指：（一）请求判决撤销或者变更行政行为；（二）请求判决行政机关履行特定法定职责或者给付义务；（三）请求判决确认行政行为违法；（四）请求判决确认行政行为无效；（五）请求判决行政机关予以赔偿或者补偿；（六）请求解决行政协议争议；（七）请求一并审查规章以下规范性文件；（八）请求一并解决相关民事争议；（九）其他诉讼请求。　　当事人单独或者一并提起行政赔偿、补偿诉讼的，应当有具体的赔偿、补偿事项以及数额；请求一并审查规章以下规范性文件的，应当提供明确的文件名称或者审查对象；请求一并解决相关民事争议的，应当有具体的民事诉讼请求。"有学者认为，《行政诉讼法》司法解释第68条通过对"有具体的诉讼请求"的详尽解释，部分地实现了行政诉讼的隐形类型化。② 司法解释对"具体的诉讼请求"予以明确界定，体现了在行政诉讼领域类型化的探索。诉讼类型化可以通过准确掌握当事人的真实诉讼请求，有的放矢地开展审理工作。合理运用类型化的裁判方法，有助于对当事人的合法权益进行精准救济，高效、实质解决行政争议，促进克服客观诉讼带来的弊端。③ "这种'国家法律隐形表达在先、司法解释显性表达在后'的诉讼类型化生长路径，彰显了司法机关对于诉讼类型化的不懈探索和大胆创新，是对世界范围内行政诉讼类型规范模式的新发展。"④ 事实上，行政判决方式与行政诉讼类型之间不是一一对应的关系，通过判决方式反推行政诉讼类型

① 梁凤云. 不断迈向类型化的行政诉讼判决〔J〕. 中国法律评论，2014(4).
② 章志远. 行政诉权分层保障机制优化研究〔J〕. 法学论坛，2020(3).
③ 江必新.《行诉解释》的基本精神〔J〕. 中国审判，2018(7).
④ 章志远. 行政诉讼类型化时代的开启〔J〕. 中国审判，2015(10).

难免要受到因果倒置的质疑。随着审判实践的丰富发展，行政审判也更加注重科学化和精细化，而这些都离不开诉讼类型化。① 我国近四十年行政诉讼立法和司法实践，走出了一条以行政行为为核心，实行判决方式类型化，兼顾行政诉讼法规定的监督行政机关依法行政，保护公民、法人和其他组织合法权益，实质化解行政争议三重目的的自我发展道路。②

人民法院裁判文书载明，所谓"具体的诉讼请求"，前提（关键、首先）是要有明确的被诉行政行为。③④⑤ "有具体的诉讼请求"，通常认为，主要是指要有确切具体的被诉行政行为。⑥ 根据《行政诉讼法》第 49 条第 3 项、《最高人民法院关于适用〈中华人民共和国行政诉讼法〉的解释》第 54 条第 1 款、《最高人民法院关于行政诉讼证据若干问题的规定》第 4 条第 1 款规定，起诉人提起行政诉讼，应当对其起诉是否符合法定条件，被诉行政行为是否存在承担初步的证明责任。如果起诉人不能提交相应材料，完成初步证明责任，则其起诉不符合法定起诉条件，人民法院应当不予立案或者驳回起诉。⑦ 提出一个符合法律规定的明确具体的诉讼请求，终究是原告的义务。⑧

诉讼请求固然应当具体特定，但从诉讼经济原则出发，法律并不排除请求的合并，也就是，同一原告可以在一个诉讼程序中向同一被告提出数个诉讼请求。至于合并的形态，则包括单纯合并、预备性合并、重叠性合并以及

① 江必新.法律规范体系化背景下的行政诉讼制度的完善［J］.中国法学，2022(3).

② 郭修江.行政诉讼判决方式的类型化——行政诉讼判决方式内在关系及适用条件分析［J］.法律适用，2018(11).

③ 最高人民法院（2015）行终字第 1 号。

④ 最高人民法院（2017）最高法行申 6929 号、（2019）最高法行申 815 号、（2020）最高法行申 2686 号等。

⑤ 最高人民法院（2018）最高法行申 1188 号。

⑥ 最高人民法院（2019）最高法行终 1 号、《最高人民法院公报》2019 年第 12 期；最高人民法院（2020）最高法行再 251 号。

⑦ 最高人民法院（2018）最高法行申 5585 号。

⑧ 最高人民法院（2018）最高法行申 9011 号。

选择性合并等。法释〔2018〕1号第68条虽然分项列举各类诉讼请求，但这并不能理解为各类诉讼请求不能在一个案件中合并提出。只要各类诉讼请求相互关联，不相互矛盾，就应当予以准许。①

案例指引

● 案例一

▶ **裁判要旨**　有具体的诉讼请求

▶ **案号索引**　最高人民法院（2018）最高法行申9011号

▶ **文书摘要**　根据《行政诉讼法》第49条第3项规定，提起诉讼应当"有具体的诉讼请求"。这是因为，诉讼请求是原告提起诉讼时向人民法院提出的在诉讼中应当被实现的实体权利主张，它构成诉讼的标的和对象，决定了人民法院审理和判决的范围。《最高人民法院关于适用〈中华人民共和国行政诉讼法〉的解释》第68条第3款规定："当事人未能正确表达诉讼请求的，人民法院应当要求其明确诉讼请求。"这一规定有两个方面的含义：第一，诉讼是由原告发起，因此在起诉时必须正确表达诉讼请求；第二，当事人未能正确表达诉讼请求的，人民法院既有要求其明确的职责，又有帮助其明确的释明义务。

《最高人民法院关于适用〈中华人民共和国行政诉讼法〉的解释》第68条第1款规定，"有具体的诉讼请求"是指请求判决撤销或者变更行政行为、请求判决确认行政行为违法、请求判决确认行政行为无效，等等。可见，通常情况下，具体的诉讼请求往往会指向行政机关作出的

---

① 最高人民法院（2017）最高法行申7760号。

行政行为。结合《行政诉讼法》第 26 条规定，在一个诉讼请求中，被诉的行政行为，一般仅指一个行政机关作出的一个行政行为，或者两个以上行政机关共同作出的一个行政行为，而不包括同一行政机关或者两个以上行政机关作出的两个以上行政行为。

● 案例二

▶ **裁判要旨**　行政诉讼的第一要务是要明确被诉行政行为

▶ **案号索引**　最高人民法院（2019）最高法行申 5549 号

▶ **文书摘要**　《行政诉讼法》第 49 条第 3 项规定，提起行政诉讼，应当要有具体的诉讼请求。所谓"具体的诉讼请求"，就是要有明确的被诉行政行为。行政诉讼的起诉条件中，受案范围是对当事人权利义务产生实际影响的可诉"行政行为"，原告资格是起诉人要与被诉"行政行为"有利害关系，适格被告是作出"行政行为"的行政机关，起诉期限是从知道或者应当知道"行政行为"之日起计算；进入实体审理后，行政诉讼的审理对象是被诉行政行为，没有明确的被诉行政行为，人民法院无法对被诉行政行为的合法性进行审查。因此，行政诉讼中，诉讼请求不明确，就是行政行为不具体、不明确。行政诉讼的第一要务是要明确被诉行政行为。被诉行政行为不明确，不符合法定起诉条件。

延伸阅读

被诉行政行为不存在，是否符合法定起诉条件？

诉讼请求既是原告就争议事件提出的权利主张，也是人民法院审理与判决的内容，诉讼正是围绕着诉讼请求这个诉讼对象而开始、发展乃至终了。无论是撤销一个行政行为，还是确认一个行政行为无效，前提都应当是被诉行政行为确实存在。在被诉行政行为不存在的情况下，无论是请求撤销还是请求确认无效都不符合法定起诉条件，更无从谈起由撤销之诉到确认无效之诉的转换。①

实务疑难

提出多项诉讼请求等情形，且属于不同人民法院管辖范围的，如何处理？

起诉人一审起诉时提出多项诉讼请求、涉及不同行政机关作出的多个不同的行政行为、不同被告及多种法律关系，且所诉事项依法属于不同人民法院管辖范围的，起诉人经释明后拒绝变更起诉状的，人民法院裁定驳回起诉并无不当。②

2. 事实根据

所谓"事实根据"，是指起诉人要求人民法院请求予以保护的行政行为影响的合法权益所依据的案件事实、证据事实和法律根据。案件事实是指争议事实发生的全部经过；证据事实是证明案件事实存在的必要证据；法律根据是指行政争议发生的事实以及主张该种请求的法律依据。③

人民法院裁判文书中对"事实根据"多有涉及，如，通常认为，所谓

---

① 最高人民法院（2018）最高法行申 2965 号。
② 最高人民法院（2016）最高法行申 1810 号。
③ 江必新，邵长茂.新行政诉讼法修改条文理解与适用［M］.北京：中国法制出版社，2015:179.

"事实根据",是指一种"原因事实",也就是能使诉讼标的特定化或者能被识别所需的最低限度的事实。通俗地说,是指至少能够证明所争议的行政法上的权利义务关系客观存在①;"事实根据"是能使诉讼标的特定化或者被识别所需要的最低限度的事实,即至少能够证明所争议的行政法上的权利义务关系客观存在的事实②;这里的"事实根据"与"诉讼请求"相对应,是指原告应当证明其所提诉讼请求具有通过诉讼程序加以保护的必要,或者说其与被告之间以诉讼请求为表现形式的争议形成了具有司法保护价值的实质争议③。"有事实根据"在人民法院裁判文书中也时常出现。如,有相应的"事实根据"是起诉应当符合的法定条件之一④;一般而言,《行政诉讼法》第49条第3项所规定的具有事实根据主要是指证明被诉行政行为存在的证据材料,证明被诉行政行为存在的证据材料通常还应当包括行为实施主体的证据材料⑤;所谓有事实根据,是指诉讼标的能够固定,且能够被特定化或者被识别所需的最低限度的事实⑥;通常认为,提起诉讼需有事实根据,主要是要求存在被诉行政行为⑦等。

案例指引

● 案例一

> ▶ **裁判要旨**　事实根据

① 最高人民法院（2016）最高法行申 2301 号。
② 最高人民法院（2016）最高法行申 3040 号。
③ 最高人民法院（2018）最高法行申 9209 号。
④ 最高人民法院（2017）最高法行申 3456 号。
⑤ 最高人民法院（2017）最高法行申 704 号。
⑥ 最高人民法院（2018）最高法行申 5059 号。
⑦ 最高人民法院（2020）最高法行申 5042 号。

▶ **案号索引**　最高人民法院（2018）最高法行申 533 号

▶ **文书摘要**　《行政诉讼法》第 49 条第 3 项所说的事实根据，首先是指能够证明被诉行政行为或者不作为存在，这是诉的适当性不可或缺的前提。《最高人民法院关于适用〈中华人民共和国行政诉讼法〉的解释》第 54 条第 1 款规定，更加明确地解释了提供相关事实根据以及其他必要的起诉材料是公民、法人或者其他组织提起诉讼时应尽的诉讼义务。不能提交必要的起诉材料的，应当以起诉不符合法定条件为由不予立案或者裁定驳回起诉。

● **案例二**

▶ **裁判要旨**　所列错误被告并没有作出被诉行政行为，可归类为无事实根据

▶ **案号索引**　最高人民法院（2020）最高法行再 105 号

▶ **文书摘要**　《行政诉讼法》第 26 条、《最高人民法院关于适用〈中华人民共和国行政诉讼法〉的解释》第 26 条第 1 款、第 69 条第 1 款第 3 项对行政诉讼的适格被告作出专门规定，主要目的是实质救济提起诉讼的公民、法人或其他组织的合法权益，避免启动无益的诉讼程序，根本化解行政争议。这要求受诉人民法院依职权主动而为。若经告知而变更为正确被告的，则受诉人民法院依法可移送有管辖权的法院，亦可自行审理。如此便可使诉讼能力不足的公民、法人或其他组织避免立案受理程序周折。实际上，这种情形根本上仍可归类为无事实根据，即所列错误被告并没有作出被诉行政行为。若一审法院未以错列被告且拒绝变更为由认定不符合法定起诉条件，则二审法院不宜采用，宜以无事实根据为由，原因是在一审法院立案

受理之后便产生诉讼系属，二审程序中难以变更被告，亦难以移送管辖。

（四）属于人民法院受案范围和受诉人民法院管辖

设置起诉条件的旨趣在于不使那些不符合法定条件或者没有进入实体审判必要性与实效性的诉进入实体审理。[1] 本书第二章对人民法院行政诉讼受案范围、第三章对行政诉讼案件的管辖均已作出阐述，在此再对部分裁判文书中的观点略作补充。

实践中，人民法院裁判文书认为，公民、法人或者其他组织向人民法院提起行政诉讼，应当符合法律规定的起诉条件。提起行政诉讼应当满足诸多的法定条件，属于行政诉讼的受案范围就是其中之一，否则人民法院可依法裁定不予立案或者驳回起诉。[2] 人民法院受理行政案件，应当依照法律规定的起诉条件进行审查，不因行政机关的错误告知而必须受理案件。[3] 行政机关对当事人可寻求救济的法律途径的告知行为，对人民法院审查当事人的起诉是否符合起诉条件不具有法律约束力。无论是行政机关，还是行政复议机关，如果错误告知当事人诉讼权利，当事人因此提起行政诉讼，人民法院亦不受该告知的约束。[4]

---

[1]　最高人民法院（2016）最高法行申 2233 号。
[2]　最高人民法院（2018）最高法行申 2940 号。
[3]　最高人民法院（2017）最高法行再 88、89、90 号。
[4]　最高人民法院（2018）最高法行申 6453 号、（2019）最高法行申 3602 号等。

案例指引

● 案例一

▶ **裁判要旨**　人民法院受理行政案件范围的设定

▶ **案号索引**　最高人民法院（2016）最高法行申 2308 号

▶ **文书摘要**　当事人向人民法院提起行政诉讼，应当符合法律规定的起诉条件，且属于《行政诉讼法》规定的受案范围。人民法院受理行政案件的范围，是由法律设定，而非由行政机关或者行政机关的法律文书设定；行政机关法律文书错误告知当事人可以提起行政诉讼，当事人因此提起诉讼的，人民法院仍应依法审查立案，不符合法律规定条件的裁定不予立案，已经立案的裁定驳回起诉。

● 案例二

▶ **裁判要旨**　行政机关完全依据政策进行决策的行为，不属于行政诉讼的受案范围

▶ **案号索引**　最高人民法院（2017）最高法行申 2245 号

▶ **文书摘要**　《行政诉讼法》第 49 条第 4 项规定，提起诉讼应当属于行政诉讼的受案范围。第 6 条规定，人民法院审理行政案件，对行政行为是否合法进行审查。行政机关完全依据政策进行决策的行为，人民法院无法对其合法性进行审查，不属于行政诉讼的受案范围。

延伸阅读

行政诉讼案例中，不属于人民法院受理行政案件范围的主要情形有哪些？

1. 对复议机关作出的明显不符合复议范围的申请的处理起诉

对明显不符合行政复议范围的复议申请，行政机关可以在口头释明后作存档处理，也可以书面告知复议申请人其申请不属于行政复议的范围；当事人因此而提起行政诉讼的，不属于人民法院行政诉讼的受案范围，人民法院可迳行裁定不予立案。[①]

2. 违反一级复议制度提起诉讼的

法律并没有规定对行政复议决定不服还可以向其上一级行政机关再次申请行政复议。由此可知，我国实行的是一级复议制度。对于明显违反，甚至是一再违反一级复议制度的申请，行政复议机关可以在口头释明之后不作任何处理；申请人对此不服提起行政诉讼的，人民法院可以不予立案，或者在立案之后裁定驳回起诉。[②]

3. 行政机关不履行法院生效判决

根据当事人的请求和本案的具体情况，本案实际上是行政机关不履行法院生效判决的问题。根据 1989 年《行政诉讼法》第 65 条第 3 款第 3 项规定，行政机关拒绝履行判决的，第一审人民法院可以采取以下措施，即：向该行政机关的上一级行政机关或者监察、人事机关提出司法

[①] 最高人民法院（2017）最高法行申 236 号。
[②] 最高人民法院（2016）最高法行申 2976 号、（2016）最高法行申 2977 号、（2016）最高法行申 2981 号等。（2016）最高法行申 2981 号文书中无划横线部分，个别词语有调整。

建议。本案属于行政诉讼执行程序中的问题，不属于行政诉讼的受案范围，法院不应受理。一审法院把行政机关不履行法院生效判决行为，视为行政机关不履行法定职责的不作为行为受理并作出确认违法判决是错误的，应予撤销。[①]

[①] 海南省高级人民法院（2006）琼行终字第 183 号。

第七章 行政诉讼审查标准

  行政诉讼的审查标准就是人民法院针对被诉的行政行为进行审查判断并作出裁判时所应遵循的规则，是人民法院裁判具体行政行为合法性和合理性所依据的准则或尺度。这既是一个极其重要的问题，也是一个非常复杂的问题。[①] 行政诉讼审查标准问题是一个重要的、全新的、理论与实践密切结合的问题。所谓行政诉讼审查标准，是指人民法院针对不同行政行为进行审查和判断并作出裁判结论时，所应遵循的各类准则的集合或统称。[②] 在行政诉讼中，法院依何标准和原则审查行政行为，既是行政诉讼的重大理论问题，也是行政诉讼运转的核心问题之一。[③]

---

① 姬亚平.论行政诉讼审查标准之完善［J].甘肃政法学院学报，2009(2).
② 解志勇.论行政诉讼审查标准［M].北京：中国人民公安大学出版社，2009 I:5.
③ 杨伟东.行政诉讼制度和理论的新发展——行政诉讼法修正案评析［J].国家检察官学院学报，2015(1).

法律条文

《行政诉讼法》第 69 条　行政行为证据确凿，适用法律、法规正确，符合法定程序的，或者原告申请被告履行法定职责或者给付义务理由不成立的，人民法院判决驳回原告的诉讼请求。

第 70 条　行政行为有下列情形之一的，人民法院判决撤销或者部分撤销，并可以判决被告重新作出行政行为：

（一）主要证据不足的；

（二）适用法律、法规错误的；

（三）违反法定程序的；

（四）超越职权的；

（五）滥用职权的；

（六）明显不当的。

第 74 条第 1 款　行政行为有下列情形之一的，人民法院判决确认违法，但不撤销行政行为：

（一）行政行为依法应当撤销，但撤销会给国家利益、社会公共利益造成重大损害的；

（二）行政行为程序轻微违法，但对原告权利不产生实际影响的。

简要解读

《全面推进依法行政实施纲要》提出了依法行政的基本要求：合法行政、合理行政、程序正当、高效便民、诚实守信、权责统一。《中共中央关于全面推进依法治国若干重大问题的决定》提出："加快建设职能科学、权责法定、执法严明、公开公正、廉洁高效、守法诚信的法治政府"。《法治中国建设规划（2020－2025年）》提出："坚持法治建设为了人民、依靠人民，促进人的全面发展，努力让人民群众在每一项法律制度、每一个执法决定、每一宗司法案件中都感受到公平正义。"《法治社会建设实施纲要（2020－2025年）》提出："建设信仰法治、公平正义、保障权利、守法诚信、充满活力、和谐有序的社会主义法治社会。"《法治政府建设实施纲要（2021－2025年）》提出："全面建设职能科学、权责法定、执法严明、公开公正、智能高效、廉洁诚信、人民满意的法治政府。"

《最高人民法院关于印发〈一审行政判决书样式（试行）〉的通知》（法发〔2004〕25号）规定："论述被诉具体行政行为的合法性，包括：1. 被告是否具有法定职权；2. 被诉具体行政行为是否符合法定程序；3. 被诉具体行政行为认定事实是否清楚，主要证据是否充分；4. 适用法律、法规、司法解释、规章以及其他规范性文件是否正确；5. 被告是否超越职权、滥用职权，行政处罚是否显失公正。"《最高人民法院统一法律适用工作实施办法》（法〔2021〕289号）第3条规定："各审判业务部门办理审判执行案件，应当严格遵守法定程序，遵循证据规则，正确适用法律，确保法律统一正确实施。"法官依据行政机关作出行政行为时所收集的证据、认定的事实、适用的法律、遵循的程序、依据的权限和形成的结果来综合判断，贯彻"有错必纠"，审查标准依次是"主要证据不足""适用法律法规错误""违反法定程序""超越职权""滥用职权""明显不当"。这些有着一定内在关联性的审查标准便很可能会在判决中同时出现。①虽然《行政诉讼法》第69条规定了证据、适用法律、程序、职责4个方面,第70条规定了6个方面的司法审查内容是在第一审程序中,但根据《行政诉讼法》第89条第1款、第91条等规定,并结合人民法院行政诉讼案例实践看,上述审查标准中部分标准在第二审程序、再审程序中也有涉及。参考上述规定,本章按照职责履行、程序、事实与证据、法律适用、明显不当5个方面依次阐述。

一、职责履行

《中共中央关于全面推进依法治国若干重大问题的决定》提出:"行政机关要坚持法定职责必须为、法无授权不可为……行政机关不得法外设定权力,没有法律法规依据不得作出减损公民、法人和其他组织合法权益或者增加其义务的决定。"《法治中国建设规划(2020—2025年)》提出:"各级政府必须坚持依法行政,恪守法定职责必须为、法无授权不可为,把政府活动全面纳入法治轨道。"《法治政府建设实施纲要(2021—2025年)》提出:"坚持法定职责必须为、法无授权不可为"。党的二十大报告提出:"推进机构、职能、权限、程序、责任法定化"。

行政职权是指法律赋予的或经其他方式取得的由行政主体在行政执法中行使的权力。②行政职权就是行政权力的具体配置和转化形式。行政职责

---

① 余凌云.论行政诉讼上的合理性审查 [J].比较法研究,2022(1).
② 张淑芳.行政主体适用法律法规错误研究 [J].法律科学,2013(6).

是指行政主体在行使行政职权时必须承担的法定义务。它与行政职权是一对"孪生兄弟"。行政职责随行政职权的产生、变更或消灭而发生相应变化，与行政职权密不可分。同时，行政职权与行政职责通常是统一的，从一个角度看是职权，从另一个角度看是职责，两者的大小一致。当然，两者针对的对象不同，内容也是有区别的。大多数情况下，法律、法规只规定行政职权，或者只规定行政职责。① 行政职权的概念强调行政机关有权力做某事，行政职责的概念则侧重于行政机关有义务做某事。行政职责与行政职权是"一枚硬币上的两面"：行政机关享有行政职权，同时负有相应的行政职责。② 人民法院裁判文书载明，职权之所在，即义务之所在，也即责任之所在。③

履行法定职责是行政机关的权力也是其义务。人民法院在行政诉讼裁判文书中一般在"本院认为"之后，就首先对被诉行政机关是否具有相关职责予以阐明。如，根据《海关法》第 2 条、《海关行政处罚实施条例》第 3 条规定，甲海关具有对本辖区范围内进出境管理违法行为进行查处的法定职权和职责④；依据《食品安全法》《进出口商品检验法》的规定，被上诉人乙海关具有受理相关食品投诉举报并依法处理的法定职责⑤；被上诉人丙海关具有受理上诉人提出的政府信息公开申请并作出答复的行政职权。被上诉人复议机关具有对于行政复议申请进行处理并作出决定的法定职权⑥；根据《海关法》第 2 条、第 44 条第 1 款规定，丁海关具有对向其申报出口货物是否侵犯他人知识产权进行认定和处理的法定职权⑦ 等。

---

① 周佑勇.行政法原论（第三版）[M].北京：北京大学出版社，2018:116,119.
② 何海波.行政诉讼法（第 3 版）[M].北京：法律出版社，2022:285-286.
③ 最高人民法院（2017）最高法行申 1337 号、（2019）最高法行申 3784 号等。
④ 最高人民法院（2019）最高法行申 431 号。
⑤ 上海市高级人民法院（2020）沪行终 296 号。
⑥ 上海市高级人民法院（2020）沪行终 539 号。
⑦ 浙江省高级人民法院（2020）浙行终 885 号。

（一）职权法定原则

职权法定是现代行政法的基本原则，也是对政府权力的基本限制。要求行政机关的管辖范围、适用条件和处理方式都应当由立法规定。法律赋予行政职权，同时意味着行政机关负有相应的职责，行政机关不得推诿和懈怠。[①]所谓职权法定，就是指任何行政职权的来源与作用都必须具有明确的法定依据，否则越权无效，要受到法律追究，承担法律责任。具体包括三层含义：第一，行政职权来源于法；第二，行政职权受制于法；第三，越权无效，并应承担法律责任。[②]

人民法院裁判文书载明，职权法定是判断行政机关是否依法履行职责的基本原则。公民、法人或者其他组织起诉要求行政机关履行法定职责，应以被诉行政机关负有相应的法定职责为前提[③]；行政权力的行使必须遵循职权法定原则，即"法无授权不可为"[④]；行政机关要做到依法行政，首先必须有法律明确授予的行政职权，必须在法律规定的职权范围内活动。非经法律授权，行政机关不得作出行政管理行为；超出法律授权范围，行政机关不享有对有关事务的管理权，否则都属于行政违法。[⑤]

案例指引

● 案例一

▶ **裁判要旨** 提起履责之诉，但无须实体审查即得出明显不具有诉

---

① 何海波.行政诉讼法（第3版）[M].北京：法律出版社，2022:284.
② 周佑勇.行政法原论（第三版）[M].北京：北京大学出版社，2018:59.
③ 最高人民法院（2016）最高法行申 4298 号、（2017）最高法行申 3816 号。
④ 江苏省南京市中级人民法院（2012）宁行初字第 10 号。
⑤ 福建省莆田市中级人民法院（2020）闽 03 行终 112 号。

请履行法定职责的处理

▶ **案号索引**　最高人民法院（2016）最高法行申1820号、（2017）最高法行申6527号

▶ **文书摘要**　根据《最高人民法院关于适用〈中华人民共和国行政诉讼法〉若干问题的解释》第3条第1款第8项的规定，针对原告以上级行政机关或者同级人民政府为被告而提起的不履行法定职责违法之诉或者要求履行法定职责之诉，人民法院如无须实体审查即能得出被告明显不具有诉请履行法定职责的，可以迳行裁定驳回起诉，而无须进入实体审理后再作出驳回其诉讼请求的实体判决。[①]

● **案例二**

▶ **裁判要旨**　提起履责之诉，但无须实体审查即得出明显不具有诉请履行法定职责的处理

▶ **案号索引**　最高人民法院（2020）最高法行申12327号

▶ **文书摘要**　《最高人民法院关于适用〈中华人民共和国行政诉讼法〉的解释》第93条第2款规定："人民法院经审理认为原告所请求履行的法定职责或者给付义务明显不属于行政机关权限范围的，可以裁定驳回起诉。"本案中，再审申请人请求确认海关总署对甲市人民政府实施违法占地行为不依法履行监督职责违法，但其请求履行的法定职责明显不属于海关总署权限范围。一、二审法院据此裁定驳回再审申请人的起诉与上诉，并无不当。

[①]　最高人民法院（2017）最高法行申6527号无下划线部分。

（二）职责来源

《行政诉讼法》第12条第6项规定了"法定职责"，所谓"法定"，是指"法律规定的、确定的、认可的"之意。所谓"职责"，是指因行政职权而派生出来的行政责任，没有行政职权的存在就无所谓职责。[①] 人民法院裁判文书载明，法定职责是指行政主体依据法律法规以及规章的规定或授权，进行特定行政管理活动，以实现其行政管理职能的责任；该行政管理活动，应是能够产生行政法律效果的行政行为。[②]

有学者认为，法律、法规、规章的规定是行政职责的主要来源，也是判断行政机关职责的主要依据。行政职责也可能来自政府以规范性文件形式发布的政策。除了法律、法规、规章的明确规定，行政职责也可能来源于其笼统的、默示的规定。[③] 也有学者认为，法定职权与法定职责中的"法"的外延事实上并不一致。法定职权中的"法"必须为严格意义上的法，其外延仅限于立法机关制定的法律及行政机关在法律授权下制定的行政法规和规章；而对于行政机关的职责而言，并不排斥行政机关自我设定职责，因此法定职责中的"法"并不排除行政机关在法律授权外自行创设行政职责的"自我衍生法源"[④]。实务界有观点认为，所谓"法定职责"，包括：1.法律、法规以及合法规章、规范性文件规定的职责义务；2.根据上级行政机关指令产生的义务；3.先前行为引起的随附义务（行政机关限制当事人人身自由后，有保障其人身权不受他人非法侵犯的义务）；4.行政协议约定的义务。[⑤] 法定职责的含

[①] 江必新，邵长茂.新行政诉讼法修改条文理解与适用［M］.北京：中国法制出版社，2015:171.

[②] 山东省高级人民法院（2017）鲁行终1312号。

[③] 何海波.行政诉讼法（第3版）［M］.北京：法律出版社，2022:349-350.

[④] 万进福.行政公益诉讼规则研究［M］.北京：中国法制出版社，2022:245.

[⑤] 郭修江.行政诉讼判决方式的类型化——行政诉讼判决方式内在关系及适用条件分析［J］.法律适用，2018(11).

义不能局限于"法律规定的职责"，还应当包括"法律认可的职责"。也就是说，既包括法律、法规、规章和其他规范性文件规定的职责，也包括法律认可的行政机关基于行政合同、先行行为、信赖利益等名义的履行职责。[①]

《行政审判办案指南（一）》规定："行政机关在职权范围内以公告、允诺等形式为自己设定的义务，可以作为人民法院判断其是否对原告负有法定职责的依据。"最高人民法院公布的行政不作为十大案例（2015）之四载明，在行政管理领域，行政机关的职责既有分工也有交叉，法定职责来源既可能是本行政领域的法律、法规、规章和规范性文件，也可能是其他行政管理领域的法律规范，甚至可能是行政管理需要和行政惯例。[②]关于如何理解《行政诉讼法》所规定的行政机关法定职责的来源，人民法院裁判文书认为，一般包括法律、法规，行政规范性文件等。[③]

根据人民法院会议纪要，传统行政法将法定职责中的"法"严格限定在成文法范围内。为了有效回应行政权的不断扩展和行政活动的日益复杂化现实，法定职责中"法"的外延被不断扩展。具体包括：（1）法律、法规、规章明确规定的履行义务；（2）规范性文件规定的履行义务；（3）先行行为引起的履行义务；（4）基于行政协议、行政承诺等合意行为而产生的履行义务；（5）根据上级行政机关指令产生的义务。将会议纪要等作为政府履行法定职责的来源既回应了公共行政的变迁，亦能满足司法实践需要，保护行政相对人的合法权益。会议纪要议定的事项由此转化为政府的法定职责。[④]

---

① 梁凤云.行政诉讼讲义（下）[M].北京：人民法院出版社，2022:975.

② 来自中华人民共和国最高人民法院官方网站.

③ 最高人民法院（2016）最高法行申2841号.

④ 最高人民法院行政审判庭.最高人民法院行政审判庭法官会议纪要（第二辑）[M].北京：人民法院出版社，2023:78-79.

案例指引

● 案例一

▶ **裁判要旨**　法定职责的渊源

▶ **案号索引**　最高人民法院（2018）最高法行申 1589 号、（2018）最高法行再 205 号、（2019）最高法行申 8477 号

▶ **文书摘要**　《行政诉讼法》第 72 条规定，人民法院经过审理，查明被告不履行法定职责的，判决被告在一定期限内履行。显然，此处的"法定职责"的渊源甚广，既包括法律、法规、规章规定的行政机关职责，也包括上级和本级规范性文件以及"三定方案"确定的职责，还包括行政机关本不具有的但基于行政机关的先行行为、行政允诺、行政协议而形成的职责。①

● 案例二

▶ **裁判要旨**　会议纪要议定的行政机关职责

▶ **案号索引**　最高人民法院（2018）最高法行再 205 号、（2018）最高法行申 1589 号、（2019）最高法行申 8477 号

▶ **文书摘要**　根据《党政机关公文处理工作条例》，会议纪要已经议定的事项，具有法定效力，非依法定程序不得否定其效力，无论是行政机关还是相对人均应遵照执行。会议纪要议定的行政机关职责，亦因此而转化为该行政机关的法定职责。

---

① 最高人民法院（2018）最高法行申 1589 号无划横线部分内容；最高人民法院（2019）最高法行申 8477 号表述略有不同：法定职责的渊源不仅包括法律、法规、规章及规范性文件规定的职责，也包括行政机关基于先行行为、行政允诺或行政协议而形成的职责。

延伸阅读

行政诉讼案例中，行政机关的"职责"还有哪些情形？

1. 履行复议机关的复议决定

作为复议机关的下级机关的被申请人，应当在收到复议决定书之后履行复议决定。"履行"是指采取措施，实施复议决定的内容。被申请人履行复议机关的复议决定，是该机关的法定职责。[1]

2. 行政机关自我纠错

根据《行政诉讼法》第62条规定，行政诉讼中，作为被告的行政机关，均有权自我纠正错误的被诉行政行为，至于纠错行为是否正确合法，人民法院应当予以审查认定。推而广之，行政程序中，行政机关发现作出的行政行为确有错误的，同样具有自我纠错的法定职权[2]；行政行为一旦作出，即具有确定力及执行力，但是对于违法或不当的行政行为以及由于事实和法律变迁而不宜存续的行政行为，行政机关具有自我纠错的权力和职责[3]。

3. 行政机关将涉案财物移送刑事侦查机关

对于涉嫌刑事犯罪的案件，行政机关将涉案财物移送刑事侦查机关，是行政机关的法定职责。[4]

---

[1] 最高人民法院（2017）最高法行申 6861 号。
[2] 最高人民法院（2018）最高法行申 2218 号。
[3] 最高人民法院（2018）最高法行再 65 号。
[4] 江苏省南通市中级人民法院（2020）苏 06 行终 268 号。

实务疑难

1. 法律规定属于任意规范，能否视为行政机关必须履行的法定职责？

《道路交通事故处理程序规定》①第 46 条第 3 款规定："省级公安机关可以根据有关法律、法规制定具体的道路交通事故责任确定细则或者标准。"据此可知，省级公安机关制定具体的道路交通事故责任确定细则或者标准，属于一个任意规范，而不是强制规范。在法律规定属于任意规范，也就是行政机关是否采取某一个行动存在裁量余地的情况下，不能简单地将其定性为一个必须履行的法定职责。②

2. 法定职责能否通过委托方式实施？

与民事主体之间委托代理的一般规则不同，行政主体虽然可以通过委托方式，来组织实施具体的行政行为，但其法定职责，不能通过委托方式假手他人并推卸责任。③

3. 如何从程序上和实体上判断行政机关是否已履行了相关监管职责？

本案中，原甲出入境检验检疫局受理举报人举报后，经向进口商调查核实取证，认定被举报食品配料表中的食用香料均为香兰素，且使用量符合《食品安全国家标准　食品添加剂使用标准》（GB2760—2014）相关要求，并据此作出涉案食品不存在被举报违法

---

① 自 2018 年 5 月 1 日起被修订后的《道路交通事故处理程序规定》（公安部令第 146 号）废止。
② 最高人民法院（2018）最高法行申 535 号。
③ 最高人民法院（2020）最高法行再 203 号。

情形的被诉举报答复，程序上已经充分履行了进口食品检验检疫监管职责。

出入境检验检疫机构签发"入境货物检验检疫证明"仅表明进口食品的来源和途径正当，已依我国法律法规规定的检验检疫技术标准、技术规范对进口食品进行了审查和认定，但并非确保进口食品在销售流通环节完全符合食品安全标准。进出口食品检验检疫环节的监管受出入境检验检疫机构职责范围、检验检疫手段、方式及时效性等因素的制约，对于进口食品流通环节中投诉举报的调查取证工作应以上述客观条件为限，在出入境检验检疫机构已穷尽其核查手段的情形下，根据现实情况作出的认定涉案产品不存在被举报违法情形的被诉举报答复，具备合法性，实体上亦充分履行了进口食品检验检疫监管职责。①

（三）超越职权

有学者认为，"超越职权"是指行政机关超越了法律、法规授予的权限，实施了其无权实施的行为。② 概括来说可以分为：无权限、层级越权、事务越权、地域越权、内容越权等。③ 实务界有观点认为，对于超越职权的含义，目前仍然不能统一。一般认为，是指行政机关行使了法律、法规没有赋予它的权力，对不属于其职权范围内的人和事进行了处理，或者逾越了法律、法规所设定的必要的限度等情况，简言之，是指行政机关的职权没有法律依

① 北京市高级人民法院（2019）京行终6397号、（2019）京行终6399号。
② 姜明安. 行政诉讼法（第三版）[M]. 北京：北京大学出版社，2016:305.
③ 应松年，杨解君. 行政违法与行政责任 [J]. 中国法律年鉴，2000(1).

据。① 也有观点认为，超越职权指行政机关超出法定范围行使权力。在实践中主要表现为：（1）无权限；（2）事务越权；（3）超越权限范围。具体分为三种情况：一是超出了权力的限度；二是地域越权；三是层级越权。② 还有观点将行政越权分为行政权限逾越和行政权能逾越两大类，其中行政权限逾越包括事务管辖权逾越、地域管辖权逾越、层级管辖权逾越、数项管辖权综合逾越。③ 超越职权是指行政机关行使了法律、法规没有赋予该机关的权力，对属于该机关职权范围外的人和事进行了处理，或者逾越了法律、法规所设定的必要的限度等情况。④ 权威解读认为，超越职权就是行使职权超过法定职权的范围，使超过部分没有法律依据。这里的"超越职权"应做广义理解，包括根本没有行政主体资格、超越事务管辖权、超越地域管辖权、超越级别管辖权、超越了法律规定的职权等。⑤

人民法院裁判文书载明，国家机关工作人员必须是依法执行职务，所进行的职务活动属于其法定职责权限范围内且符合法律规定的程序。⑥ 认定行政机关工作人员是否超越职务范围需要有明确的标准，既避免对行政机关工作人员的执行职务行为不当处罚，也避免放纵行政机关工作人员以"执行职务"为名实施违法行为。执行职务的判断标准主要包括：一是从时间上看，执行职务不仅包括行政机关工作人员在工作时间或工作单位中进行的公务活动，还包括行政机关工作人员根据有关规定或命令在其他时间或场所内的公

---

① 梁凤云.行政诉讼讲义（下）［M］.北京：人民法院出版社，2022:957.
② 程琥.行政审判在助推法治政府建设中的特殊功能［M］// 徐鹤喃，温辉.行政检察实务培训讲义（第三版）.北京：法律出版社，2022:52-53.
③ 朱新力.司法审查的基准［M］.北京：法律出版社，2005:340-342.
④ 《行政诉讼法及司法解释关联理解与适用》编委会.行政诉讼法及司法解释关联理解与适用（下册）［M］.北京：中国法制出版社，2018:676.
⑤ 信春鹰.中华人民共和国行政诉讼法释义［M］.北京：法律出版社，2014:189.
⑥ 广东省高级人民法院（2017）粤行申 588 号。

务活动；二是从外观上看，行政机关工作人员必须是在依法执行职务，即其所进行的管理活动，确实属于合法职权范围，并且活动的方式、方法符合法律规定的条件；三是从后果上看，行政机关工作人员行使职权造成了相对人人身、财产的损害后果。上述三个判断标准中，外观因素即实施行为的方式是决定因素，时间、后果是参考因素。行政机关工作人员行使职权对相对人的人身、财产造成的损害后果，是行政机关或者行政机关工作人员承担相应责任的判断标准之一……当然，上述原则只是对于执行职务行为的基本判断标准，不可能应对实践中出现的所有问题，只有在对以上诸要素进行综合分析的基础上，结合具体案情，才能合法合理地对执行职务行为作出判断。[1]超越职权的行政行为，即便从形式上看具有事实依据，适用法律正确，符合程序要求，但仍然是无源之水、无本之木。因为一个无权作出某一行政行为的行政机关，自然无权对相对人实施的行为作出事实认定，更谈不上可以适用某种程序、依照某一法律对该行为作出处罚或处理。因此，在行政机关超越职权情况下作出的行政行为，法院便无需也不应再对事实依据、法律适用和程序进行评判。[2]

案例指引

● 案例一

▶ **裁判要旨**　授益性行政行为不能一概适用"法无明文授权即属超越职权"

▶ **案号索引**　最高人民法院（2016）最高法行申 3007 号

---

[1] 江苏省南通市中级人民法院（2021）苏 06 行终 498 号。
[2] 江苏省南通市中级人民法院（2021）苏 06 行终 263 号。

▶ **文书摘要**　通常认为，没有直接对外管理职能的内设机构不能直接实施影响行政相对人合法权益的行政行为。但这是针对损益性行政行为而言，属于授益性行政行为的政府信息公开未必完全适用。有些行政机关的内设机构因其具有独立性，也会制作政府信息，因而被赋予公开政府信息的义务。而且，内设机构在向申请人提供政府信息时，其行为的性质是授益而非损益，是提供服务而非限制权利。损益性行政行为"法无明文授权即属超越职权"，授益性行政行为不能一概适用这一标准。同时，针对一个本来是满足其申请的授益性行政行为起诉，也因缺乏权利受侵害的事由从而缺乏可保护的合法权益而不具备诉的利益。

● 案例二

▶ **裁判要旨**　各级海关之间进行合理的职权分工协作并不违反相关法律规定

▶ **案号索引**　最高人民法院（2019）最高法行申 925 号

▶ **文书摘要**　根据《海关法》第 100 条规定，甲海关作为乙直属海关的隶属海关，受乙海关领导、指导、监督，且各级海关之间进行合理的职权分工协作并不违反相关法律规定。本案中，甲海关向上级乙海关就案件相关问题进行请示，并由乙海关通知知识产权权利人进行确权，对丙公司的权利义务并不产生实质影响。对丙公司权利义务产生直接影响的是甲海关作出的行政处罚决定，以及作出处罚决定过程中的实施查验并扣留案涉货物、组织进行相关证据开示从而认定违法事实、组织双方听证保障其陈述申辩权利以及最终的法律适用，均由甲海关依法独立行使。

延伸阅读

行政诉讼案例中超越职权的情形还有哪些？

1. 先行登记保存不能采取查封、扣押方式

根据《行政处罚法》第37条第2款规定，由于上位法未授权行政机关以查封的方式实施证据保存行为，因此，采取证据登记就地保存时不能采取对场所的查封或者变相查封的方式。再审被申请人在没有法律、法规授权的情况下，以查封的方式实施扣押财物的行为，同时构成超越职权。[①]

2. 行政复议决定中直接对有关当事人争议的民事权利予以确认

根据《行政复议法》《民事诉讼法》有关规定，复议机关在行使行政复议职权时，应针对申请行政复议的具体行政行为的合法性与适当性进行审查，有关民事权益的纠纷应通过民事诉讼程序解决。本案中，复议机关所作的复议决定中直接对有关当事人争议的民事权利予以确认的行为，超越了复议机关的职权范围。[②]

（四）滥用职权

权力滥用是指行政机关的决定，虽然在其权限范围内，但不符合法律授予这种权力的目的。[③] 行政滥用职权在国外的行政法（学）中是一个颇受青

---

① 最高人民法院（2006）行监字第187-2号。
② 《最高人民法院公报》2005年第3期；江苏省高级人民法院（2004）苏行终字第110号。
③ 王名扬.法国行政法［M］.北京：北京大学出版社，2007:546.

睐的问题。英国、美国、法国、德国和日本等不少国家，无不把它列为行政救济和司法控制的对象，然而，各国行政法对于行政滥用职权，不仅表述上不甚统一，而且在认定标准上亦有差异。^①"所谓行政滥用职权是指行政主体在行使行政权力或履行行政管理职能的过程中对法律赋予的行政职权不规范或者超常规的使用。行政滥用职权包括下列含义：第一，行为主体必须是行政主体。第二，行为主体主观上必须是故意过错。第三，行政行为必须是绝对有侵害性的行为。第四，行为本身必须是职权的不当延伸。"^②行政机关滥用职权，是指行政机关作出的行政行为虽然在其权限范围以内，但行政机关不正当地行使职权，不符合法律赋予这种职权的目的。^③

有学者认为，整理中国近 40 年的行政法学术史，关于如何判定"滥用职权"，主要有"违反目的、原则说""内容列举说""结果显失公正说""违反原则说"和"行政职权不规范或者超常规使用说"等。其中，"违反目的、原则说"仍然是当下许多行政法教材采用的学说，客观上使其具有主流、通说的学术地位。^④"违反目的、原则说"认为，"'滥用职权'是指行政机关行使职权背离法律、法规的目的，背离法律的基本原则。滥用职权主要有以下表现：（1）以权谋私；（2）武断专横；（3）反复无常；（4）具体行政行为的方式方法违法；（5）故意拖延"^⑤。滥用职权是指行政机关作出的行政行为虽然在其权限范围以内，但行政机关不合目的地或不正当地行使其职权的情形。与超越职权不同，滥用职权是作出行政行为的人和组织具有行政工作人

---

① 胡建淼.有关行政滥用职权的内涵及其表现的学理探讨［J］.法学研究，1992(3).
② 关保英.论行政滥用职权［J］.中国法学，2005(2).
③ 《行政诉讼法及司法解释关联理解与适用》编委会.行政诉讼法及司法解释关联理解与适用（下册）［M］.北京：中国法制出版社，2018:677.
④ 章剑生.什么是"滥用职权"［J］.中国法律评论，2016(4).
⑤ 罗豪才，应松年.行政诉讼法学［M］.北京：中国政法大学出版社，1990:250-251.

员的身份或者相应的行政职权，但是没有根据法律、法规的目的、原则和精神来执行法律，而代之以个人意志，武断专横地实施行政行为。[1]滥用职权是指行政机关行使职权背离法律、法规的目的，背离基本法理，其所实施的行政行为虽然形式上在其职权之内，但其内容与法律、法规设定该职权的用意相去甚远。[2]

关于滥用职权的情形，有观点认为，包括违背法定目的、考虑不当随意裁量、明显违背常理。[3]有学者归纳了可能是对"滥用职权"已有认识的最大公约数，包括8种情形，认为"滥用职权"包括目的不适当、相关考虑、不作为、程序滥用、行政处罚畸轻畸重、违反平等对待、不符合比例、结果极其不合理[4]；或者包括目的不适当，不相关考虑，违反政府诚信，其他明显不合理的处理决定，且根本不具有判决变更的可能性[5]。实务界则有观点认为，从行政审判实践来看，滥用职权的表现形式大致包括：不正当的目的；不善良的动机；不相关的考虑；不应有的疏忽；不正确的认定；不适当的迟延；不寻常的背离；不一致的解释；不合理的决定；不得体的方式。[6]

1989年《行政诉讼法》颁布之后，全国人大常委会法工委组织编写的行政诉讼法释义，将行政机关滥用职权解释为行政机关作出的行政行为虽然在其权限范围内，但行政机关不正当行使职权，不符合法律授予这种权力的目的。[7]"行政主体作出的具体行政行为虽然在其自由裁量权限内，但违反

---

① 姜明安.行政法与行政诉讼法（第六版）[M].北京：北京大学出版社、高等教育出版社，2015:518.
② 姜明安.行政诉讼法（第三版）[M].北京：北京大学出版社，2016:307.
③ 应松年，杨解君.行政违法与行政责任[J].中国法律年鉴，2000(1).
④ 余凌云.论行政诉讼上的合理性审查[J].比较法研究，2022(1).
⑤ 余凌云.制定有关行政诉讼合理性审查的司法解释[N].人民法院报，2023-2-16(3).
⑥ 梁凤云.新行政诉讼法讲义[M].北京：人民法院出版社，2015:423-424.
⑦ 胡康生.行政诉讼法释义[M].北京：北京师范学院出版社，1989:92.

了法律、法规的目的和原则，且不合理，称之为滥用职权。"①

有研究认为，行政判决中所运用的滥用职权审查标准存在狭义、广义和最广义三种不同"波段宽度"的涵义。②在以滥用职权作为法定撤销事由的案例中，法院对滥用职权的判断标准也并不一致。在被诉行政行为存在多重违法情形的情况下，法院判决中隐含的对于滥用职权与其他法定撤销事由之关系的认识也并不相同。③有学者对最高人民法院公报上有关行政机关滥用职权的司法案例考察后归纳出分离型和结合型两种裁判逻辑：分离型裁判逻辑立基于形式违法性审查，根据"职权"或"滥用"单一要素进行判断，使得任何违法行使职权的行政行为都可能构成滥用职权；结合型裁判逻辑立基于实质违法性审查，认为构成滥用职权必须具备"职权"与"滥用"双重要素，滥用职权的实质是偏离法律目的行使裁量权。分离型裁判中的滥用职权与日常用语更为接近，结合型裁判中的滥用职权更符合行政诉讼法的立法精神。④

人民法院会议纪要载明，滥用职权的判断，既要审查行政机关有无职权，又要审查行政机关是否是行使职权，还要审查是否存在主观过错，判断起来较为复杂。判断是否构成滥用职权，应当结合个案相关因素，从案件事实出发，客观地进行综合分析判断。要结合"职权""滥""用"的三重属性进行。"职权"是基础，"用"是行为，"滥"是主观过错。⑤

---

① 黄杰. 中华人民共和国行政诉讼法诠释［M］. 北京：人民法院出版社，1994:182.

② 施立栋. 被滥用的"滥用职权"——行政判决中滥用职权审查标准的语义扩张及其成因［J］. 政治与法律，2015(1).

③ 滥用职权的司法认定［M］// 章志远，黄娟. 公报行政案例中的法理. 北京：中国人民大学出版社，2022:104.

④ 周佑勇. 司法审查中的滥用职权标准——以最高人民法院公报案例为观察对象［J］. 法学研究，2020(1).

⑤ 最高人民法院行政审判庭. 最高人民法院行政审判庭法官会议纪要（第一辑）［M］. 北京：人民法院出版社，2022:107，113.

案例指引

● 案例一

▶ **裁判要旨**　以更为不利于相对人的方式处理构成滥用职权

▶ **案号索引**　最高人民法院（2014）行提字第 14 号

▶ **文书摘要**　行政机关基于裁量权作出的行政行为只要在合理范围内，按照法安定性和信赖保护的要求，就不得轻易改变，尤其是不得做不利于相对人的改变。否则改变后的行政行为构成滥用职权或者明显不当。行政机关甲局作出 33 号决定并送达生效后，乙公司立即按要求补齐了注册资本并足额缴纳了罚款。在此情况下，甲局又作出 80 号决定，只强调违法数额，不考虑社会危害性较小之情节，认为乙公司构成"情节严重"，33 号决定处理畸轻，显然有失偏颇。80 号决定不考虑 33 号决定的合法性、合理性要素且乙公司已主动履行了相关义务等事实，撤销了 33 号决定，代之以更为不利于乙公司的处理方式，不仅违反信赖保护原则，亦不利于维护法律的安定性以及行政管理秩序的稳定性，被诉行政行为构成权力滥用、存在明显不当。

● 案例二

▶ **裁判要旨**　长期扣留不予处理构成滥用职权

▶ **案号索引**　最高人民法院（2016）最高法行再 5 号；《最高人民法院公报》2017 年第 2 期；最高人民法院行政审判十大典型案例（第一批）之六

▶ **文书摘要**　扣留车辆属于暂时性的行政强制措施，不能将扣留行为作为代替实体处理的手段。执法部门扣留车辆后，应依法分别作出相应处理：如认为当事人已经提供相应的合法证明，则应及时返还机动车；如对当事人所提供的机动车来历证明仍有疑问，则应尽快调查核实；如认为当事人需要补办相应手续，也应依法明确告知补办手续的具体方式方法并依法提供必要的协助。当事人先后提供三份证明，已经能够证明涉案车辆的相关事实。在此情况下，执法部门既不返还机动车，又不及时主动调查核实车辆相关来历证明，也不要求当事人提供相应担保并解除扣留措施，而是反复要求当事人提供客观上已无法提供的其他合法来历证明，滥用了法律法规赋予的职权。

● 案例三

▶ **裁判要旨**　以相同理由作出不予行政许可决定系滥用职权

▶ **案号索引**　《最高人民法院公报》2022 年第 2 期；浙江省高级人民法院（2021）浙行再 7 号

▶ **文书摘要**　在人民法院判决撤销不予行政许可行为的情况下，行政机关仍然以相同理由作出不予行政许可决定，严重违反了《行政诉讼法》第 71 条规定，浪费了有限的司法资源，增加了当事人的讼累，显系滥用职权。

 二、程序

《全面推进依法行政实施纲要》提出："要严格遵循法定程序，依法保障行政管理相对人、利害关系人的知情权、参与权和救济权。"《中共中央关于全面推进依法治国若干重大问题的决定》提出："完善行政组织和行政程序法律制度，推进机构、职能、权限、程序、责任法定化。"《法治中国建设规划（2020—2025 年）》提出："健全规范共同行政行为的法律法规，研究制定行政程序法。"《法治社会建设实施纲要（2020—2025 年）》提出："规范执法行为，完善执法程序，改进执法方式，尊重和维护人民群众合法权益。"《法治政府建设实施纲要（2021—2025 年）》提出："推进机构、职能、权限、程序、责任法定化"，"按照行政执法类型，制定完善行政执法程序规范"。党的二十大报告提出："推进机构、职能、权限、程序、责任法定化"，"提高行政效率和公信力"，"完善行政执法程序"。

　　"程序，就是行为从起始到终结的长短不等的过程。"[①] 程序由步骤、方式和时空三个要素构成。[②] 从法律学的意义上而言，程序是指作出某种决定所遵循的法定顺序、方式和手续。[③] "程序的实质是管理和决定的非人情化，其一切布置都是为了限制恣意、专断和过度的裁量。"[④] 合理的程序设置，一方面对于实体目标的实现具有工具价值，例如提高行政决定的质量，密切政府与公民之间的联系；另一方面也具有其自身的内在价值，它通过要求向相对人解释其为何受到不利的对待并为其提供参与决定过程的机会，体现了对行政相对人主体性的尊重。[⑤] 行政主体依法定程序所作出的程序行政行为，在实体法律关系形成之前，就已经直接在行政主体和相对人之间设定了程序上的权利和义务关系。这种权利和义务，对于行政实体法律关系的形成和发展有着重要的积极或消极作用。[⑥] 程序是交涉过程的制度

① 　应松年.论行政程序法 [J].中国法学，1990(1).
② 　章剑生.对违反法定程序的司法审查——以最高人民法院公布的典型案件（1985-2008）为例 [J].法学研究，2009(2).
③ 　关保英.行政程序法学（上册）[M].北京：北京大学出版社，2021:3.
④ 　季卫东.法治秩序的建构 [M].北京：中国政法大学出版社，1999:57.
⑤ 　李洪雷.行政体制改革与法治政府建设四十年（1978-2018）[J].法治现代化研究，2018(5).
⑥ 　耿宝建.信赖保护原则的发展及在司法实践中的运用——以负担行政行为和程序行政行为的信赖保护为视角 [M] // 最高人民法院行政审判庭.行政执法与行政审判（总第 17 集）.北京：法律出版社，2006:27.

化。① 行政行为本质上由一系列程序构成，程序公正是行政行为现代化的重要标志，正所谓"无程序不正义"。②

在较早的一起公报案例中，人民法院认为，行政处理决定从程序上违法，依法应予撤销，法院无须再就行政执法实体方面的争议继续进行审理。③ 学者认为，虽然法院"无须继续对实体性争议进行审理"的观点值得商榷，但是，法院"程序上违法便可撤销"的断言把程序合法性提到了独当一面的地位，与实体合法性同等重要。最高人民法院选取该案作为在《行政处罚法》施行后《最高人民法院公报》公布的第一个行政案例，显示它对实施行政处罚法定程序的重视。在中国推进行政法治的过程中，程序合法性的要求被不断强化。④ 实务界有观点认为，法院审理行政案件遵循先程序后实体原则，先审查起诉是否符合法定条件，再进行合法性审查。⑤

人民法院裁判文书载明，依法行政是依法治国基本方略的重要内容，而程序合法、正当是规范权力运行、保障权利行使的重要方面。行政机关必须严格规范公正文明执法，依照法定程序履行法定职责。⑥

（一）行政程序与法定程序

1. 行政程序

行政程序是"法律程序的一种，行政机关行使行政权力、作出行政决定

① 季卫东.法律程序的意义（增订版）［M］.北京：中国法制出版社，2012:33.
② 河南省高级人民法院课题组.河南省行政机关败诉案件实证分析［M］//最高人民法院行政审判庭.行政执法与行政审判（总第82集）.北京：中国法制出版社，2021:130.
③ 《最高人民法院公报》1997年第2期。
④ 何海波.司法判决中的正当程序原则［J］.法学研究，2009(1).
⑤ 张祺炜，金保阳.无效行政行为的司法审查标准与程序规则［J］.人民司法·应用，2017(7).
⑥ 最高人民法院（2021）最高法行再268号。

所遵循的方式、步骤、时间和顺序的总和"①。有学者认为，行政程序是指行政主体实施行政行为的时间与空间方式，也即行政主体在实施行政行为时必须遵循的步骤、方式之总称。②也有观点认为，行政程序是指由行政行为的方式、步骤、形式、时限和顺序所构成的行政行为的过程，同时也是确保这一过程现实化的各种措施和手段在时间和空间上的存续与展开。③至于行政程序定义中的要素，有的认为包括步骤、顺序、方法、方式、时限④；有的认为包括步骤、方法、形式和时限⑤；也有观点认为包括步骤、顺序、方式、时限⑥等。

关于行政程序的分类，有学者以对行政相对人权益的影响为标准，将行政程序分为"权利性程序"和"义务性程序"两大类。⑦按照程序的权利义务内容与属性，将行政程序分为两类：一类是为规范行政主体的行政行为设定的程序，如告知、回避、听证、说明理由、送达、救济权利告示等；另一类是为规范利害关系人有序参与行政程序而设定的程序，如提出申请、提供资料、遵循期限、缴纳费用⑧等。"行政程序由于环节众多，有的程序是为了保障当事人合法权益，有的程序是为了提高行政效率，有的程序是为了规范行政管理流程等，其设立目的并不相同。"⑨

从目前各国立法情况看，行政程序立法模式有三种：一是法典式，如美

---

① 中国社会科学院法学研究所法律辞典编委会.法律辞典［M］.北京：法律出版社，2004:749.

② 胡建淼.行政法学［M］.北京：法律出版社，1998:444.

③ 关保英.行政程序法学（上册）［M］.北京：北京大学出版社，2021:3.

④ 罗豪才，湛中乐.行政法学（第二版）［M］.北京：北京大学出版社，2006:303.

⑤ 章剑生.论行政程序违法及其司法审查［J］.行政法学研究，1996(1).

⑥ 江必新.论行政程序的正当性及其监督［J］.法治研究，2011(1).

⑦ 杨登峰.行政程序法定原则的厘定与适用［J］.现代法学，2021(1).

⑧ 杨登峰.行政行为程序瑕疵的指正［J］.法学研究，2017(1).

⑨ 梁凤云.新行政诉讼法讲义［M］.北京：人民法院出版社，2015:461.

国、德国；二是分散式，如我国目前的状况；三是判例式，如法国。① 我国虽然没有统一的行政程序法，但有对若干行政行为作出针对性规范的行政程序规则。除了程序规则之外，行政法中也有大量的实体性规范或者以实体内容为主的规范。②1996 年《行政处罚法》确立的听取陈述申辩、告知、回避、听证、送达、裁执分离、收支两条线等重要程序，成为我国行政程序的制度基础。③目前，我国有关行政程序的规定，主要还散见于一些行政单行法当中，并未形成统一的行政程序规范，而不同的行政活动，所遵循的行政程序也不尽相同。④进入 21 世纪，中国行政程序法的立法更注重适应本国国情，同时也更注重借鉴法治发达国家经验，取得了较大进展。新制定的相关法律法规数以百计，其中对推进中国行政程序法治进步有较大影响的法律、法规和规章有以下四类：一是主要规范抽象行政行为程序的《立法法》和依据《立法法》制定的《行政法规制定程序条例》《规章制定程序条例》；二是主要规范具体行政行为程序的《行政许可法》和《行政强制法》；三是主要规范政府信息公开的《政府信息公开条例》；四是规范地方政府及其工作部门行政程序的地方政府规章。⑤行政程序在行政法中具有特别的内容和地位，是行政机关作出实体决定和实施决定的程序；程序不仅要保障实施决定的正确落实，而且要保障实体决定能正确作出。⑥

---

① 杨登峰.程序违法行政行为的补正［J］.法学研究，2009(6).
② 关保英.论新时代以来行政法精神的变迁（2012–2022 年）［J］.行政法学研究，2024(1).
③ 应松年，张晓莹.《行政处罚法》二十四年：回望与前瞻［J］.国家检察官学院学报，2020(5).
④ 谭宗泽，付大峰.从规范程序到程序规范：面向行政的行政程序及其展开［J］.行政法学研究，2021(1).
⑤ 姜明安.21 世纪中外行政程序法发展述评［J］.比较法研究，2019(6).
⑥ 应松年.完善行政诉讼，筑牢法治政府的基石［J］.中国法律评论，2016(3).

2. 法定程序

行政程序在现代法治国家一般都以法律形式予以明确，即表现为法定程序。[①] 有观点认为，"法律、法规规定了的即为法定程序，行政行为必须遵循。法律、法规未规定即意味着立法机关（包括行政立法机关）赋予行政执法机关的自由裁量权。"[②] 也有观点认为，法定行政程序应是法律、法规和规章所设定的行政程序。[③] 当这些行政过程中体现程序要素的步骤、方式以及时空要素等被具体的法律、法规、规章加以明确后，即成为行政法意义上的"法定程序"。[④]

法定程序中的"法"的范围如何确定是学理讨论和争论的重点之一。有观点认为，违反法定程序中的"法"，既包括制定法，也应包含非制定法，即不成文法。[⑤] 有学者归纳有"法律、法规规定说""法律、法规和规章规定说""法律、法规、规章和宪法规定以及行政规定补充说"和"重要程序说"四种学说。补强的"法律、法规、规章和宪法规定以及行政规定补充说"已经成为一种通说，在2014年《行政诉讼法》实施之后，也得到了最高人民法院的支持。[⑥] 人民法院裁判文书载明，行政机关作出行政行为应当符合法律、法规、规章及其他合法有效的规范性文件设定的行政程序。[⑦]

---

① 肖蔚云，姜明安.北京大学法学百科全书：宪法学　行政法学［M］.北京：北京大学出版社，1999:534.
② 罗豪才，应松年.行政诉讼法学［M］.北京：中国政法大学出版社，1990:247.
③ 章剑生.论行政程序违法及其司法审查［J］.行政法学研究，1996(1).
④ 蒋红珍.正当程序原则司法适用的正当性：回归规范立场［J］.中国法学，2019(3).
⑤ 朱新力.司法审查的基准［M］.北京：法律出版社，2005:381.
⑥ 章剑生.再论对违反法定程序的司法审查——基于最高人民法院公布的判例（2009-2018）［J］.中外法学，2019(3).
⑦ 北京市第一中级人民法院（2020）京01行初447号。

案例指引

● 案例一

▶ **裁判要旨**　程序合法是行政法的基本原则之一

▶ **案号索引**　最高人民法院（2018）最高法行申 952 号

▶ **文书摘要**　程序合法是行政法的基本原则之一，行政机关作出任何行政行为，均应按照相应的法定程序进行，即使行政相对人违法在先，行政机关纠正违法行为也应当严格按照法定程序履行职责。

● 案例二

▶ **裁判要旨**　当实体法律规范未作规定时，行政机关履行职责期限的判断

▶ **案号索引**　江苏省南通市中级人民法院（2019）苏 06 行终 366 号

▶ **文书摘要**　根据《行政诉讼法》第 70 条第 3 项、第 74 条第 1 款第 2 项等规定，行政机关作出行政行为应当符合法定行政程序。行政程序是行政步骤、方式、时限、空间等要素的集合，行政机关在法定期限或者必要合理期限之内尽快作出行政行为，是行政程序合法的应有之义。行政机关应当在法律规定的执法期限之内，依法及时作出行政行为；而为了体现国家规范行政管理、提高办事效率、提供优质服务的政策要求，在法律对履行职责期限没有明确规定时，行政机关为提升行政效能和实现个案正义，可以享有一定时限裁量空间，但仍应在必要合理期限内作出行政决定，以体现程序正当，既避免过于草率、过早地作出行政决定，也避免久拖不决、迟延作出行政决定。

当实体法律规范未作规定时，如何具体判断行政机关履行职责的必

要合理期限，根据《行政诉讼法》第47条第1款规定，依照当然解释，上述条款语义明确了在法律、法规对行政机关履行职责期限没有明确规定时，宜将行政机关的最长履职期限视为接到行政相对人申请之日起两个月。同时，根据立法机关的解释："实践中，因行政机关不履行法定职责而给当事人带来权益损害的情况比较常见，有必要给当事人提供救济渠道。履行法定职责需要一定的期限，对行政机关不履行职责提起诉讼，需要在这一期限届满之后方可。"由于行政机关履行职责既包括依申请作出行政行为，还包括依职权作出行政行为，因而对该条款的理解适用，还宜扩大解释为自行政机关主动发现违法行为、依职权启动立案调查程序之日起两个月。当然，上述只是对行政实体法律规范有关行政执法期限的补充规定，行政机关作出行政行为虽然超过期限但有正当理由的，仍宜尊重行政机关的判断。

（二）程序违法

《行政复议法》第64条第1款规定，行政行为违反法定程序的，复议机关决定撤销或者部分撤销该行政行为，并可以责令被申请人在一定期限内重新作出行政行为。现行《行政诉讼法》除了保留违反法定程序的规定，还分别在第74条新增"程序轻微违法"等规定。在行政诉讼实践中，裁判文书中除了"违反法定程序"，还有"程序违法""违反程序性规定""程序瑕疵""程序轻微违法""严重违反法定程序""程序严重违法""重大违反法定程序"等不同表述，即便同一行为或者同类情形可能会有不同的认定，如，行政机关未经集体讨论决定作出行政决定，则有程序轻微违法、违反法定程序、程序严重违法、程序不当等不同情形。也有一审法院和二审法院对是否构成程序违法上认识不同的案例，如，一审法院认为被告作出的行政决定没有遵循基本的行政程序，属程序违法；二审法院认为原审判决认定被告（上诉人）作出的撤销决定程序违法不妥，依法应予纠正。① 因此，有观点指出，需要注意的是，某些情形在此案中被认定为"程序轻微违法"，在彼案中却可能被认定为狭义程序瑕疵或应予撤销的"违反法定程序"。②

1. 违反法定程序

对于《行政诉讼法》确立的"违反法定程序"这一司法审查标准，早期的主流观点认为，违反法定程序就是违反法律、法规或者规章明文规定的程序；凡是不违背上述制定法明文规定的，就属于行政机关的自由裁量范围，不属于违反法定程序。③ 有学者主张，规章以下的规范性文件所创设的行政程序，原则上不作为法定程序对待。但是，行政机关通过行政规范性文件或者其他形式为自己设定或增加程序义务并向外正式公布者，可按法定程序对待。行政行为违反上述程序义务，同样构成违反法定程序。但如果行政机关通过行政规范性文件或者其他形式为相对人设定或增加程序者，不得作为法定程序。④ 实务界有观点认为，违反法定程序是指行政机关的行政行为违反了合法有效的法律规范规定的程序。⑤

人民法院有裁判文书认为，违反规范性文件设定的程序也属于违反法定程序。如，程序虽为行政规范性文件（公告 2015 年第 230 号）所设定，但行政机关亦应遵守。行政机关作出被诉决定违反上述程序规定，符合《行政诉讼法》第 70 条第 3 项规定的"违反法定程序"，适用判决撤销并可以判

---

① 广东省高级人民法院（1999）粤高法行终字第 22 号。
② 梁君瑜. 行政行为程序轻微违法的识别［J］. 行政法学研究，2024(2).
③ 何海波. 司法判决中的正当程序原则［J］. 法学研究，2009(1).
④ 胡建淼. 行政法学（第五版）［M］. 北京：法律出版社，2023:900.
⑤ 《行政诉讼法及司法解释关联理解与适用》编委会. 行政诉讼法及司法解释关联理解与适用（下册）［M］. 北京：中国法制出版社，2018:676.

决重新作出行政行为的情形。该程序违法并非行政程序轻微违法之情形，会对行政程序当事人权利产生实际影响。①

有观点提出，一个违反法定程序的行政行为的后果，关键要看被违反的程序的价值追求、被违反的程序的重要性和违反程度。其具体标准是：第一，法律出于某种目的规定某一程序被违反，法院必须宣布其无效或予以撤销的，法院必须遵守。第二，违反了某一程序并且因此可能影响行政行为实质内容的具体行政行为，法院应当撤销。第三，不可能对具体行政行为产生任何实质影响的、并可以即时补正的程序被违反时，法院不应撤销此种具体行政行为。第四，在上述三种标准基础上，对于个案，法院适当保持司法能动性是必要的。②

2."违反法定程序"与"程序轻微违法"

《行政诉讼法》第74条第1款第2项中"程序轻微违法"是独立的客观程序标准，与"对原告权利不产生实际影响"标准是并列关系。③法释[2018]1号第96条规定："有下列情形之一，且对原告依法享有的听证、陈述、申辩等重要程序性权利不产生实质损害的，属于行政诉讼法第七十四条第一款第二项规定的'程序轻微违法'：（一）处理期限轻微违法；（二）通知、送达等程序轻微违法；（三）其他程序轻微违法的情形。"上述司法解释对"程序轻微违法"作出了解释，但未涉及"对原告权利不产生实际影响"的解释。有观点认为，"重要程序性权利"，通常是指纳入法律规定的正当程序原则下的程序性权利。重要程序性权利具有强烈的形式公正意味，而且一旦不能获得保障，也会引发人们对实体处理结果的公正性的强烈

① 北京市高级人民法院（2021）京行终1897号。
② 朱新力.司法审查的基准［M］.北京：法律出版社，2005：397-398.
③ 李烁.行政行为程序轻微违法的司法审查［J］.国家检察官学院学报，2020(3).

质疑。"实质损害"是指对当事人权利的实质性剥夺或减损。① 司法解释释义中指出,"重要程序性权利产生实际损害的程序违法"主要包括未依法举行听证,未遵守回避原则,作出不利行政行为时未听取利害关系人的陈述、申辩等。②

　　人民法院会议纪要载明,行政程序轻微违法一般是指行政行为缺乏完备程序要件的情形。行政程序轻微违法并不影响相对人实体权益和重要程序性权利,也不影响行政行为内容的准确性。如果行政机关违反了法定程序,但尚未达到比较严重的程度,可以归为程序轻微违法。③ 有研究认为,程序轻微违法包括以下情形:(一)超期作出行政行为;(二)步骤缺失,但不影响决定的有效性;(三)相关文书留置送达错误,但利害关系人已经知晓该文书;(四)依申请的行政行为,缺少提出过申请的材料。④ 实务界则有观点主张,程序轻微违法,从语义上看,"轻微"是对"违法"而非"程序"的修辞,即是程序的"轻微的"违法,而非"轻微的程序"违法。只要程序违法并未对原告权利产生实际损害,不管程序本身是否重大,都属于程序轻微违法。只要程序违法对原告权利产生实际影响,而不管程序本身是否轻微,都不能认定程序轻微违法。⑤

　　有观点认为,"违反法定程序"与"程序轻微违法"分别由《行政诉讼法》第 70 条、74 条所规定。从其内在逻辑看,第 70 条第 3 项在前,规定

① 《行政诉讼法及司法解释关联理解与适用》编委会. 行政诉讼法及司法解释关联理解与适用(下册)[M]. 北京:中国法制出版社, 2018:714.
② 最高人民法院行政审判庭. 最高人民法院行政诉讼法司法解释理解与适用(上册)[M]. 北京:人民法院出版社, 2018:445.
③ 最高人民法院行政审判庭. 最高人民法院行政审判庭法官会议纪要(第一辑)[M]. 北京:人民法院出版社, 2022:171,172.
④ 陈振宇. 行政程序轻微违法的识别与裁判[J]. 法律适用, 2018(11).
⑤ 《行政诉讼法及司法解释关联理解与适用》编委会. 行政诉讼法及司法解释关联理解与适用(下册)[M]. 北京:中国法制出版社, 2018:716.

基本原则；第 74 条（第 1 款）第 2 项在后，作为第 70 条第 3 项的补充性规定，规定例外情形。"程序轻微违法"是"违反法定程序"的补充性标准。[①] "程序轻微违法"是"违反法定程序"的情形之一。[②] 权威解读认为，行政行为"虽属程序轻微违法但对原告权利产生实际影响的，适用撤销判决"；作为撤销判决适用情形的"违反法定程序"包括"程序轻微违法"[③]，两者不是并列关系。行政行为违反法定程序，应当判决撤销。这里的"违反法定程序"包括程序轻微违法。程序轻微违法主要是指行政程序可以补正的一些情形，不影响实体决定的正确性，如告知送达不规范、超过法定期限作出决定。[④]

人民法院裁判文书载明，对于行政机关未履行公告程序即颁证的，存在程序违法的情形，但颁证行为对相对人的权利义务未产生实际影响，二审判决确认行政机关颁证的行政行为违法，保留其法律效力不撤销，符合法律规定[⑤]；行政机关甲于 2010 年 3 月 26 日为当事人乙颁证，权属来源清楚，登记结果正确，虽然行政机关颁证未履行公告程序，行政程序轻微违法，但对乙的权利不产生实际影响，一、二审本应按照《行政诉讼法》第 74 条第 1 款第 2 项规定，判决确认被诉颁证行为违法，一、二审依照《行政诉讼法》第 69 条的规定判决驳回乙的诉讼请求不妥，本院予以指正[⑥]。

3."违反法定程序"与"严重违反法定程序"

严重违反法定程序，是指行政主体违反了法律、法规、规章等行政规范

---

① 李烁. 行政行为程序轻微违法的司法审查［J］. 国家检察官学院学报，2020(3).
② 梁君瑜. 行政行为程序轻微违法的识别［J］. 行政法学研究，2024(2).
③ 袁杰. 中华人民共和国行政诉讼法解读［M］. 北京：中国法制出版社，2014:196,205.
④ 信春鹰. 中华人民共和国行政诉讼法释义［M］. 北京：法律出版社，2014:196-197.
⑤ 最高人民法院（2018）最高法行申 296 号。
⑥ 最高人民法院（2018）最高法行申 6681 号。

明确规定的程序或者主要程序而作出行政行为。① 在行政诉讼实践中，有的裁判文书有"严重违反法定程序""重大违反法定程序"或者"程序严重违法"不同表述，但《行政诉讼法》并无上述表述，仅在司法解释第 43 条第 1 项规定了"严重违反法定程序收集的证据材料"，显然不是同一指向。结合《行政处罚法》第 38 条第 2 款"违反法定程序构成重大且明显违法的，行政处罚无效"的规定，可以将"违反法定程序重大且明显违法"理解为"严重违反法定程序"。

4."违反法定程序"与"程序瑕疵"

程序瑕疵目前只是学理概念，尚未被立法所采用。学理上认为，程序瑕疵属于轻微的程序违法问题，可以通过补正方式予以治愈。但是很多程序轻微违法却不能通过补正予以治愈。目前，《行政诉讼法》及司法解释均未采用程序瑕疵的概念，未对程序瑕疵补正及程序瑕疵行为的判决方式作出规定。② 在司法实践中，程序瑕疵是对没有必要撤销或者确认违法的程序违法行为的描述，用程序瑕疵而不用程序违法，即为了避免作出撤销判决或者确认违法判决。③ 有学者归纳了程序性瑕疵的类型，包括：告知或公告错误或不完善、理由说明不完备、未履行程序释明义务、未就中间程序性决定出具或送达法律文书、超过法定期限履行法定义务、超期送达行政决定书、行为方式不符合要求等。④

有观点认为，区别违反法定程序和程序瑕疵，首先，要考察行政程序的

① 江必新. 中华人民共和国行政诉讼法及司法解释条文理解与适用［M］. 北京：人民法院出版社，2015:472.
② 《行政诉讼法及司法解释关联理解与适用》编委会. 行政诉讼法及司法解释关联理解与适用（下册）［M］. 北京：中国法制出版社，2018:715.
③ 陈振宇. 行政程序轻微违法的识别与裁判［J］. 法律适用，2018(11).
④ 杨登峰. 行政行为程序瑕疵的指正［J］法学研究，2017(1).

性质，即是外部程序还是内部程序，是外部程序中的主要程序还是次要程序，是自由裁量程序还是羁束性程序，然后才能确定。其次，要视行政行为性质而定。不利处分的程序违法，应从严掌握标准；有利处分的程序违法，尺度应有限度的宽松。①

人民法院会议纪要载明，程序瑕疵可以进行多种划分。根据司法实践的需要，可将程序瑕疵作广义和狭义理解。广义的程序瑕疵既包括违反法定程序和程序轻微违法，也包括狭义上的程序瑕疵。狭义上的程序瑕疵，一般是指行政行为作出的程序不规范但对相对人的权益不产生实际影响的情形。对于存在程序瑕疵但没有其他违法的，通常人民法院不应撤销被诉行政行为，也不必确认被诉行政行为违法，可以在指出被诉行政行为程序瑕疵的同时，判决驳回原告的诉讼请求。②

人民法院裁判文书载明，行政机关作出行政处罚决定书的时间虽然与《行政听证告知书》的时间相同，不符合行政处罚法的规定，但该行政程序的瑕疵并未影响当事人在行政程序中依法享有的各项权利③；虽然行政机关作出征收决定后两个月才予以公告，但并未对被征收人的实体权益造成损害，该程序瑕疵不影响被诉行政行为的合法性④；再审被申请人没有在法定期限内向再审申请人送达复议决定，该程序瑕疵尚不足以确认被诉复议决定违法⑤；行政机关就方案征求公众意见的期限为 29 日，不足行政法规规定的

① 王振宇.行政程序的司法审查［M］// 最高人民法院行政审判庭.行政执法与行政审判（总第 18 集）.北京：人民法院出版社，2006:65-69.
② 最高人民法院行政审判庭.最高人民法院行政审判庭法官会议纪要（第一辑）［M］.北京：人民法院出版社，2022:172.
③ 最高人民法院（2007）行杭字第 3 号，见陈振宇.行政程序轻微违法的识别与裁判［J］.法律适用，2018（11）。
④ 最高人民法院（2019）最高法行申 13713 号。
⑤ 最高人民法院（2020）最高法行申 11553 号。

30 日，确存在程序瑕疵，但不宜以此为由撤销案涉决定或者确认违法[1] 等。

5."违反法定程序"与"违反正当程序"

实务界有观点认为，"违反法定程序"包括违反法律、法规、规章明确规定的程序以及违反正当程序原则两大类。[2] 这里的"法定程序"不仅包括法律法规规章明确规定的程序，也包括正当法律程序。[3]

人民法院会议纪要载明，《行政诉讼法》第 70 条第 3 项规定的法定程序一般是指各个单行法所规定的行政程序。违反法定程序，既包括法律法规中明确规定的足以影响行政机关正确作出行政行为的程序，也包括法律法规没有规定但作出行政行为必须具备的正当程序，如果行政行为没有经过这些程序则构成违反法定程序并依法应予撤销。这些行政程序既包括相对人依法享有的听证、陈述、申辩等重要程序性权利，也包括行政机关在作出行政行为过程中应当遵守的程序性义务，如《行政处罚法》"复核"程序、"集体讨论"程序等。[4]

6."违反法定程序"与"程序违法"

较早有学者认为，行政主体的行政行为违反法定行政程序，构成行政程序违法；违反自主行政程序，则不构成行政程序违法。[5] 有观点认为，我国以"法定程序"代替"行政程序"，以"违反法定程序"代替"程序违法"，界定"程序违法"等同于界定"违反法定程序"。[6] 也有观点认为，若抛开《行

①　最高人民法院（2020）最高法行申 12588 号。

②　江必新，梁凤云. 行政诉讼法理论与实务（第三版）（下）[M]. 北京：法律出版社，2016:1610.

③　梁凤云. 行政诉讼讲义（下）[M]. 北京：人民法院出版社，2022:959.

④　最高人民法院行政审判庭. 最高人民法院行政审判庭法官会议纪要（第一辑）[M]. 北京：人民法院出版社，2022:170,171.

⑤　章剑生. 论行政程序违法及其司法审查 [J]. 行政法学研究，1996(1).

⑥　刘学涛. 按日连续处罚案法定程序适用研究——以某某公司诉某某州环保局环境保护行政管理案为例 [J]. 法律适用·司法案例，2019(10).

政诉讼法》第70条、仅从字面意义理解，则"违反法定程序"与"程序违法"是一个意思。《行政诉讼法》第70条中的"违反法定程序"乃属一般程序违法，其特指应予撤销意义上的"违反法定程序"，而非宽泛意义上的"程序违法"。当程序违法的程度不超过"程序轻微违法"这一上限时，亦即满足被诉行政行为"对重要程序性权利不产生实质损害"时，若行政主体自行实施了有意义的补正，则构成狭义程序瑕疵；反之，构成"程序轻微违法"。[①]

有学者提出，总体上，按属性和严重程度，程序"问题"可分为违法、不合理和其他瑕疵三类。所谓"违法"，应指行政程序违反成文法规定的程序、正当程序原则以及程序法定原则的现象。从行政诉讼法的规定来看，程序违法按与实体结果之间的关联性，可再分为影响当事人权益和未影响当事人权益两类，后者还可分为严重的和轻微的两个层次。所谓"不合理"，是指程序裁量不符合平等原则或者比例原则的现象。所谓"其他瑕疵"，则指不能归入违法和不合理的瑕疵形态。[②] 也有观点认为，违反行政程序分为严重违反程序、一般性违反程序与程序上存在轻微瑕疵三类。[③] 我国应转向行政程序瑕疵的三分法，即引入"狭义程序瑕疵"之新类型，对裁判文书中出现的既不被撤销也不被确认违法的"程序瑕疵"统称为"狭义程序瑕疵"。"程序轻微违法"应是介于"违反法定程序"与"狭义程序瑕疵"之间的过渡地带。[④] 实务界则有观点提出，要做到实体合法性和程序合法性的相互关照，行政法官的司法审查实践中应当把区分严重违反法定程序、一般性程序

---

① 梁君瑜. 行政行为程序轻微违法的识别 [J]. 行政法学研究，2024(2).
② 杨登峰. 行政行为程序瑕疵的指正 [J]. 法学研究，2017(1).
③ 宋雅芳. 试论违反行政程序的法律后果 [J]. 中州学刊，2007(4).
④ 梁君瑜. 行政程序瑕疵的三分法与司法审查 [J]. 法学家，2017(3).

违法、轻微违反法定程序以及只是字面错误、对实体问题无关痛痒等不同方式处理。①

　　根据《行政诉讼法》第 70 条、第 74 条等规定，结合上述观点和行政诉讼案例中的表述，可以把狭义的"程序瑕疵"理解为程序不规范但对相对人的权益不产生实际影响的情形，把"违反法定程序"理解为狭义的"程序违法"，把"程序违法"作为包含了"违反法定程序"的一个广义的概念看待，按照违反的程度包括程序轻微违法、一般性程序违法和严重违反法定程序。

案例指引

● 案例一

▶ **裁判要旨**　违反法律规定采取行政强制措施，违反法定程序

▶ **案号索引**　最高人民法院（2016）最高法行再 5 号；《最高人民法院公报》2017 年第 2 期；最高人民法院行政审判十大典型案例（第一批）之六

▶ **文书摘要**　扣留应遵循法律和规章规定的告知当事人违法行为的基本事实、拟作出行政强制措施的种类、依据及其依法享有的权利，听取当事人的陈述和申辩，制作行政强制措施凭证并送达当事人等行政程序。执法部门违反上述行政程序，始终未出具任何形式的书面扣留决定，违反法定程序。

---

① 江必新.论实质法治主义背景下的司法审查［J］.法律科学，2011(6).

● 案例二

▶ **裁判要旨** 违反法律规定作出行政处罚决定，违反法定程序

▶ **案号索引** 最高人民法院（2020）最高法行再 1 号

▶ **文书摘要** 根据《行政处罚法》第 32 条、第 39 条规定，《责令改正违法行为决定书》发出后，没有证据证明行政机关甲在作出取缔的行政处罚决定的过程中，听取乙厂的陈述申辩；也没有证据证明，甲按照行政处罚一般程序取缔乙厂，依法制作处罚决定书，并告知其申请行政复议、提起行政诉讼的权利和期限。甲对乙厂作出取缔的行政处罚，违反法定程序。

延伸阅读

告知、陈述申辩、复核的程序问题

《全面推进依法行政实施纲要》提出："行政机关作出对行政管理相对人、利害关系人不利的行政决定之前，应当告知行政管理相对人、利害关系人，并给予其陈述和申辩的机会。"《法治政府建设实施纲要（2021－2025 年）》提出："全面严格落实告知制度，依法保障行政相对人陈述、申辩、提出听证申请等权利。"

听取意见制度发源于英美国家，二战后又延续至大陆法系国家。最初主要出现在司法领域，逐步发展到适用于立法以及行政领域，成为现代国家公权力行使的基本程序规则。[1] 听取陈述和申辩制度是与告知紧密相衔接的一项行政程序制度。许多国家行政程序法或其他行政管理法

---

① 李洪雷. 中华人民共和国行政处罚法评注［M］. 北京：中国法制出版社，2021:449.

均规定了这一制度。如德国《行政程序法》第 58 条、日本《行政程序法》第 13 条[①] 等。听取相对人意见是行政参与原则的核心要求，也是行政相对人参与权的具体体现。[②] 听取陈述和申辩制度的主要价值在于保证行政决定的正确性，保护相对人的权益，尊重相对人的人格尊严。[③] 告知、陈述、申辩和复核是相互联系、环环相扣的三个环节，陈述、申辩的前提是行政机关的告知，"事先告知使得当事人能够了解行政主体对其作出的不利决定及依据，找到反驳的对象，当事人得以有针对性地发表陈述和申辩意见。"[④] 告知是行政公开、公正原则的具体体现，是行政机关应当履行的义务；复核是对陈述、申辩意见的核实，然后决定是否采纳，同样是行政机关应当履行的义务，更是陈述、申辩权的保障。在行政诉讼实践中，关于告知、陈述、申辩和复核的裁判案例主要有以下类型和情形。

1. 未告知

（1）撤销行政许可未事先告知，严重违反法定程序

行政许可法对撤销行政许可的程序虽未作出具体规定，但根据该法第 5 条第 1 款、第 7 条规定，撤销行政许可亦属于实施行政许可。本案中，行政机关甲厅在未事先告知的情况下，即作出撤销相对人乙站行政许可的决定，严重侵犯了相对人乙站依据前述法律规定享有的陈述权、申辩权，同时违反了前述法律规定的公开原则，属于严重违反法定程序。[⑤]

---

① 姜明安.行政法［M］.北京：北京大学出版社，2017:496.
② 王青斌.行政法中的没收违法所得［J］.法学评论，2019(6).
③ 姜明安.行政执法研究［M］.北京：北京大学出版社，2004:201.
④ 宋华琳，郑琛.行政法上听取陈述和申辩程序的制度建构［J］.地方立法研究，2021(3).
⑤ 最高人民法院（2016）最高法行再 104 号。

（2）未充分履行告知义务，违反法定程序

本案中，行政处罚告知笔录的告知环节只注明"当事人拒绝签字"和办案人员的签名，没有其他见证人在场见证，也没有对拒绝情况进行录音录像或者提供其他能够证明当事人甲知道告知内容的相关证据，显然不足以证明行政机关乙局作出的处罚决定向当事人甲充分履行了告知义务。复议决定据此认定行政机关乙局没有履行告知义务，违反法定程序并无不当。[①]

（3）未告知享有陈述、申辩和要求举行听证权利的义务，程序违法或者违反法定程序

就程序公正而言，根据行政立法的相关规定，行政机关在作出损益性行政行为时应当告知当事人作出行政行为的事实、理由和依据，并给予当事人陈述和申辩的机会。行政机关甲作出撤销乙公司证书的决定时，未告知乙公司陈述、申辩的权利，其行为剥夺了当事人的知情权、陈述权和申辩权，属程序违法。[②]上诉人于2006年11月6日在《某某日报》上刊登的《吊销企业营业执照公告》，由于该公告未载明被上诉人的企业名称，也未载明拟对被上诉人作出行政处罚的事实、理由及依据，因此，不能视为上诉人在作出行政处罚之前已经履行了告知被上诉人享有陈述、申辩和要求举行听证权利的义务，违反了法定程序[③]。

（4）延期答复政府信息公开申请未告知申请人，违反法定程序

根据《政府信息公开条例》第24条第2款规定，告知申请人延期

[①]　山东省高级人民法院（2016）鲁行终字第406号。
[②]　山西省临汾市中级人民法院（2017）晋10行终72号。
[③]　广西壮族自治区南宁市中级人民法院（2008）南市行终字第27号。

答复是行政机关的法定义务。本案中，行政机关甲虽然提供了落款日期为 2016 年 11 月 17 日的《信息公开延期答复办文单》，但未提供证据证明其已告知申请人乙延期答复，且甲在二审听证过程中自认，其虽然经政府信息公开工作机构负责人同意延长答复期限，但未告知乙延期答复。甲作出答复书，不符合《政府信息公开条例》第 24 条第 2 款的规定，属于违反法定程序。[①]

2. 未听取陈述、申辩意见

（1）违反法定程序

管理部门作出行政处罚，未听取当事人陈述、申辩意见，该行政处罚行为违反法定程序。[②]

（2）程序违法

对申请人作出处罚决定前未听取申请人的陈述与申辩即作出处罚决定，违反了《行政处罚法》的相关规定，其作出的处罚决定程序违法。[③]

（3）严重违反法定程序

本案被告于 2016 年 11 月 21 日向原告送达行政处罚事项告知书，原告于 11 月 23 日提交了陈述申辩意见。被告在原告向其提交书面陈述申辩意见后 2 日内，即于 11 月 25 日对原告作出行政处罚决定书，在行政处罚决定书中也没有任何内容体现被告对原告的陈述申辩意见是否依法进行了复核、是否采纳。因此，本案被告未提供证据证明其是否充分听取了原告陈述申辩意见、是否依法对原告陈述申辩意见中提出的事实、理由等进行了复核、原告的陈述申辩意见是否成立等，明显

---

① 江苏省高级人民法院（2017）苏行终 1313 号。
② 最高人民法院（2016）最高法行赔再 1 号。
③ 湖南省高级人民法院（2020）湘行再 8 号。

与2009年《行政处罚法》第32条的规定相悖，属严重违反法定程序。[①]

3.作出处罚决定未告知并听取陈述、申辩，违反法定程序

执法部门工作人员是在固定的办公场所向上诉人出具处罚决定书的，在出具处罚决定书之前工作人员完全有时间有条件规范地对上诉人履行告知和听取陈述、申辩的义务。执法部门虽辩称履行了该程序，但却提供不出这方面的证据予以证明，行政处罚违反法定程序。[②]

4.未对申辩进行复核，程序违法

首先，行政处罚程序中，对当事人提出的事实、理由和证据进行复核，是行政机关的法定义务。其次，复核程序，是正当程序的基本要求。再次，复核程序，是确保结果公正的重要保障。未对被上诉人的申辩进行复核，行政处罚程序违法，且可能影响到处罚结果的正确。[③]

延伸阅读

关于听证的程序问题

《全面推进依法行政实施纲要》提出："对重大事项，行政管理相对人、利害关系人依法要求听证的，行政机关应当组织听证。"《法治政府建设实施纲要（2021－2025年）》提出："全面严格落实告知制度，依法保障行政相对人陈述、申辩、提出听证申请等权利。"

听证制度是各国行政程序法的一项核心制度，要求行政机关在作出

---

① 福建省漳州市中级人民法院（2016）闽06行初90号。

② 山西省高级人民法院（2013）晋行终字第13号。

③ 山东省济南市中级人民法院（2015）济行终字第217号。

行政行为前，应当听取当事人的意见，赋予了当事人为自己申辩和质证的权利，是一项很重要的程序制度。[①] 听证是行政机关在作出影响行政相对人合法权益的决定前，由行政机关告知决定理由和听证权利，行政相对人有表达意见、提供证据以及行政机关听取意见、接纳证据的程序所构成的一种法律制度。[②] 当然，司法听证的规定严格，内容复杂。行政程序贵在迅速，行政听证不能完全模仿法院模式。[③] 我国听证程序的设计与行政诉讼普通审判程序较为接近。听证"把诉讼程序中的抗辩机制移植到行政程序中来，以寻求行政的正当理由"[④]。在行政诉讼实践中，关于行政听证的程序问题主要有以下几种情形。

1. 未告知听证权

（1）作出许可决定前未告知利害关系人听证权，未举行听证，属于重大违反法定程序

根据《行政许可法》第 47 条规定，本案中，甲厂与本案行政许可有重大利益关系。行政机关乙局应当依法告知甲厂享有要求听证的权利。乙局未告知利害关系人享有听证权利，未依法举行听证的行政许可，属于重大违反法定程序的行政行为。[⑤]

（2）没收较大数额的财产未告知听证权利，违反法定程序

听证权利属于影响当事人的重大程序性权利，该权利直接关系到案涉行政处罚实体认定是否正确，并直接影响案涉行政处罚的合法性及

---

① 许安标. 中华人民共和国行政处罚法释义［M］. 北京：中国民主法制出版社，2021:166.

② 章剑生. 行政程序法比较研究［M］. 杭州：杭州大学出版社，1997:148

③ 王名扬. 美国行政法（上）［M］. 北京：北京大学出版社，2016:286.

④ 孙笑侠. 程序的法理［M］. 北京：商务印书馆，2005:249.

⑤ 最高人民法院（2018）最高法行申 4760 号。

效力的认定。行政机关甲局在作出案涉行政处罚决定前没有告知乙公司有要求举行听证的权利，违反了法定程序。①1996年《行政处罚法》第42条规定虽然没有明确列举"没收财产"，但是该条中的"等"系不完全列举，应当包括与明文列举的"责令停产停业、吊销许可证或者执照、较大数额罚款"类似的其他对相对人权益产生较大影响的行政处罚。为了保证行政相对人充分行使陈述权和申辩权，保障行政处罚决定的合法性和合理性，对没收较大数额财产的行政处罚，也应当根据1996年《行政处罚法》第42条的规定适用听证程序。行政机关甲没收当事人乙、丙、丁三人32台电脑主机的行政处罚决定，应属没收较大数额的财产、对当事人的利益产生重大影响的行为，行政机关甲在作出行政处罚前应当告知被处罚人有要求听证的权利。本案中，行政机关甲在作出处罚决定前只按照行政处罚一般程序告知当事人有陈述、申辩的权利，而没有告知听证权利，违反了法定程序。②

（3）未提供证据证明其已履行了相应的听证程序，取消特许经营权行为程序违法

行政机关对某行业依法实施特许经营，决定收回上诉人经营授权，应当告知上诉人享有听证的权利，听取上诉人的陈述和申辩。上诉人要求举行听证的，行政机关应当组织听证。而行政机关未提供证据证明其已履行了相应的听证程序，其取消特许经营权的行为不符合上述法律规定，属于程序违法。③

---

① 江西省高级人民法院（2022）赣行再3号。
② 最高人民法院指导案例6号；四川省成都市中级人民法院（2006）成行终字第228号。
③ 山东省高级人民法院（2017）鲁行终191号。

2. 告知了听证权但未举行听证即作出处罚决定

（1）程序违法

原审法院认为，被告既然根据 2009 年《行政处罚法》第 42 条规定，告知原告有权要求听证且应在被告知后 3 日内提出听证要求，被告就是设定、赋予了当事人要求听证的权利，在此期间被告不能作出处罚决定。被告在原告可以提出听证要求的期限内作出处罚决定，实际上是剥夺了原告听证的权利，违背了 2009 年《行政处罚法》第 42 条的规定；况且本案原告对是否要求听证，并没有当即作出答复，被告没有提供证据证实原告已经放弃了要求听证的权利。被告办案程序显属违法，其作出的处罚决定不能成立。二审法院认为，原审法院认定处罚程序违法并无不当。①

（2）违反法定程序

因甲管站 2013 年 9 月 27 日告知了乙公司有权在收到违法行为通知书之日起 3 日内要求听证，在乙公司 3 日内不申请听证的情况下，甲管站才能在 3 日后作出处罚决定。根据 2009 年《行政处罚法》第 3 条规定，本案中，甲管站当日作出处罚决定，不符合上条规定，属违反法定程序。② 根据规章规定，当事人放弃听证或者撤回听证要求后、处罚决定作出前，又提出听证要求的，只要在听证申请有效期内，应当允许。行政机关不得在听证期限届满前作出处罚决定。否则，违反法定程序。③

3. 在举行听证前进行行政处罚审批，严重违反法定程序

根据 2017 年《行政处罚法》第 38 条、第 42 条、第 43 条规定，本案对当事人甲厂的罚款金额为 492.435 万元，应当告知甲厂有要求听

---

① 山东省烟台市中级人民法院（2011）烟行终字第 85 号。
② 河北省沧州市中级人民法院（2014）沧行终字第 30 号。
③ 黑龙江省佳木斯市中级人民法院（2020）黑 08 行终 59 号。

证的权利，并在听证结束后，才能依照 2017 年《行政处罚法》第 38 条的规定作出行政处罚。根据行政机关乙局提供的证据，该局于 2018 年 3 月 28 日告知甲厂听证的权利，并依甲厂的申请于 2018 年 4 月 17 日举行听证，后又分别于 2018 年 4 月 28 日、5 月 15 日两次进行了质证，但是在告知听证权利之前的 2018 年 3 月 22 日即已进行案件讨论，并于 2018 年 3 月 26 日进行处罚的审批，也就是说乙局在听证前即已经确定了处罚结果，其处罚决定并未考虑听证及质证的意见，属于严重违反法定程序。[1]

4. 听证程序中未向当事人出示拟作出处罚所依据的全部证据，违反法定程序

行政机关甲在听证程序中未向乙公司出示拟作出处罚所依据的全部证据，并接受乙公司一方质证，一审法院据此认定被诉处罚决定程序违法正确，本院予以确认。因上述违法情形影响了乙公司依法行使陈述和申辩权利，一审法院认为被诉处罚决定属于《行政诉讼法》第 70 条第 3 项规定的"违反法定程序"的情形，于法有据。[2]

延伸阅读

行政处罚集体讨论决定的程序问题

党的二十大报告提出，"完善行政执法程序，健全行政裁量基准"，"坚持科学决策、民主决策、依法决策，全面落实重大决策程序制度"。

---

[1] 辽宁省高级人民法院（2019）辽行终 1320 号。
[2] 北京市高级人民法院（2021）京行终 1904 号。

《法治政府建设实施纲要（2021—2015 年）》提出"完善行政执法程序"。

《行政处罚法》第 57 条第 2 款规定："对情节复杂或者重大违法行为给予行政处罚，行政机关负责人应当集体讨论决定。""集体讨论决定不仅仅是内部监督制约程序，也是行政处罚作出程序中的法定环节，这一程序具有一定的外部性，对被处罚人的实体权益保障具有重要意义。"①行政诉讼实践中，行政机关负责人集体讨论决定的程序问题主要有以下情形。

1. 违反法定程序

行政机关甲提交下属职能部门乙《重大事项集体会审（签）表》，以证明处罚决定作出前已经过集体讨论。行政机关下属职能部门负责人不能等同于行政机关负责人，即使前述证据符合行政诉讼证据规则的要求并在举证期限内依法提交，乙的会签讨论情况亦不能作为处罚决定经过甲的负责人集体讨论的相关证据。因此，在案证据不能证明甲作出处罚决定前，已经机关负责人集体会议讨论通过，违反法定程序。②根据 2009 年《行政处罚法》第 38 条规定，本案属于对重大违法行为给予较重的行政处罚，故在调查终结后应当由行政机关的负责人集体讨论决定。行政机关未提交其作出 255 号决定之前经过集体讨论决定的证据，应认定为未经集体讨论决定，违反了行政处罚的法定程序。③

2. 程序违法

行政机关未提交相关证据证明已履行行政机关负责人集体讨论决定

---

① 江苏省高级人民法院行政庭课题组. 行政处罚法修订后司法、执法如何应对［M］// 行政执法与行政审判（总第 85 集）. 北京：中国法制出版社，2022:248.
② 最高人民法院（2019）最高法行再 22 号。
③ 海南省高级人民法院（2016）琼行终 226 号。

程序，不符合2017年《行政处罚法》第38条规定。① 被告提供的在案证据不能证明案涉处罚决定在作出前已经负责人集体会议通过②，行政机关在一审举证期限内并未提交证据证明听证结束后履行了集体讨论决定程序③，均被认定为程序违法。

3. 程序严重违法

根据行政机关提供的案件讨论（会审）笔录，参加案件讨论（会审）的人员中属于单位负责人的仅有一名副局长，即是说该案并未经行政机关的负责人集体讨论决定，属于程序严重违法。④ 行政机关以案件比较复杂为由申请延长办案期限，但其提供的证据没有证明行政机关负责人对本案进行了集体讨论，程序违法，判决撤销行政机关作出的行政处罚决定。二审法院认为，根据2009年《行政处罚法》第38条第2款，行政机关未经集体讨论而作出处罚决定，属程序严重违法。⑤

4. 程序轻微违法

再审法院认为，行政机关自认27号决定"未经集体讨论决定"，违反《甲省行政程序规定》第75条第2款规定"重大行政执法决定应当由行政机关负责人集体讨论决定"的法定程序。二审判决确认27号决定违法，符合《行政诉讼法》第74条第2款第2项规定，适用法律正确，本院予以支持。⑥

---

① 海南省高级人民法院（2020）琼行终484号。
② 江苏省南通市中级人民法院（2020）苏06行终666号。
③ 江苏省淮安市中级人民法院（2020）苏08行终127号。
④ 辽宁省高级人民法院（2019）辽行终1320号。
⑤ 山东省菏泽市中级人民法院（2014）菏行终字第43号。
⑥ 最高人民法院（2017）最高法行申5665号。

5. 程序不当

根据2017年《行政处罚法》第38条第2款规定，被诉行政处罚决定对当事人罚款717600元，属于较重的行政处罚，应当由行政机关的负责人集体讨论决定。经调卷审查，再审申请人虽然在作出的行政处罚决定中表述"本机关负责人集体讨论后，作出如下处罚决定"，但未提交集体讨论决定的证据，不能证明进行过集体讨论决定，属于行政处罚程序不当。①

6. 不符合法定程序

被告对原告作出限期拆除建筑物即较重的行政处罚决定之前，应当经过本单位领导集体讨论决定，但是被告未提供其对原告作出的处罚决定经过了本单位领导集体讨论决定的证据。因此，被告对原告作出的处罚决定主要证据不足，不符合法定程序，依法应予撤销。②

延伸阅读

径行公告送达的程序问题

《法治政府建设实施纲要（2021－2025年）》提出："完善行政执法文书送达制度。"

行政主体只有将自己的意志通过语言、文字、符号或行动等行为形式表示出来，并告知行政相对人后，才能为外界所识别，才能成为一个具体行政行为。③从目前各国行政程序立法的情况看，行政决定送达

---

① 甘肃省高级人民法院（2018）甘行申206号。
② 《最高人民法院公报》2016年第2期；河南省卫辉市人民法院（2012）卫行初字第3号。
③ 叶必丰.具体行政行为的法律效果要件［J］.东方法学，2013(2).

制度主要有两种模式：一种是在行政程序法中专门规定行政决定送达制度，如奥地利等；另一种是规定行政决定送达准用民事诉讼法的规定，如我国《行政处罚法》第40条的规定。[①]

送达是将行政机关与特定的相对人进行联结的桥梁和纽带，确定了行政机关与当事人之间的法律关系，同时也是行政公开原则的具体体现，是推进依法行政的重要抓手。《行政复议法实施条例》第15条第2款规定："行政机关作出具体行政行为，依法应当向有关公民、法人或者其他组织送达法律文书而未送达的，视为该公民、法人或者其他组织不知道该具体行政行为。"该规定产生的一个附随的效果是，行政机关作出行政行为时，必须出具书面的法律文书，其中至少要包括该处理决定的内容及有关的权利告知事项。这对行政机关严格依法办事，谨慎、严肃地行使自己的权力，无疑将起到强有力的规范作用。[②]

根据《行政诉讼法》第74条第1款第2项规定，行政行为程序轻微违法，但对原告权利不产生实际影响的，人民法院判决确认违法，但不撤销行政行为。根据法释〔2018〕1号第96条规定，通知、送达等程序轻微违法，且对原告依法享有的听证、陈述、申辩等重要程序性权利不产生实质损害的，属于行政诉讼法第74条第1款第2项规定的"程序轻微违法"。人民法院裁判文书载明，行政行为作成后的"告知送达"，是一种重要的行政程序。一方面，是为了使当事人知悉行政行为的内容；另一方面，亦为行政行为的生效要件，书面的行政行为自送达

---

① 章剑生.论行政程序法上的行政公开原则 [J].浙江大学学报（人文社会科学版），2000(6)；郝卓然.略论行政公开原则 [J].东岳论丛，2008(3).

② 郜风涛.中华人民共和国行政复议法实施条例释解与应用 [M].北京：人民出版社，2007:101.

相对人及已知的利害关系人时才对其发生效力。未予告知送达的行政行为属于无效的行政行为。[①]

《行政强制法》第38条、《行政处罚法》第61条第1款等对送达作出了规定。送达有直接送达、留置送达、邮寄送达、公告送达等方式，这里仅就结合迳行公告送达的案例予以阐述。《民事诉讼法》第95条第1款规定："受送达人下落不明，或者用本节规定的其他方式无法送达的，公告送达。自发出公告之日起，经过三十日，即视为送达。"《最高人民法院关于适用〈中华人民共和国民事诉讼法〉的解释》（法释〔2022〕11号）第138条、第139条等也有公告送达的规定；《最高人民法院印发〈关于进一步加强民事送达工作的若干意见〉的通知》（法发〔2017〕19号）第15条也规定："只有在受送达人下落不明，或者用民事诉讼法第一编第七章第二节规定的其他方式无法送达的，才能适用公告送达。"根据上述规定，法律文书采取公告送达的前提，或者是受送达人下落不明，或者是采取其他方式无法送达。对于未穷尽相关送达方式的情况下，迳行采用公告方式送达的，属于程序违法，行政诉讼实践中主要有以下几种情形。

1. 程序轻微违法

行政机关甲未经过直接送达、留置送达等方式，迳行采用公告送达方式，向乙公司送达认定和处置的有关文书，送达程序违法。但该程序上轻微违法，对乙公司的权利不产生实际影响。[②]

2. 不符合法定程序

行政机关在已获取相对人的联系方式、地址，尚无有效证据证明其

---

① 最高人民法院（2017）最高法行申5817号。
② 最高人民法院（2019）最高法行申9398号。

无法履行告知义务的情况下，迳行以公告方式送达行政处罚告知；同时，在公告中告知相对人陈述权和申辩权，但该权利告知未能通过有效送达方式使相对人知晓，致使相对人不能及时行使陈述权和申辩权，不利于对行政被处罚人合法权益的保护。据此，被诉处罚决定不符合法定程序。①

3. 违反法定程序

根据行为时有效的 2017 年《行政处罚法》第 40 条、《民事诉讼法》第 92 条第 1 款规定，作出决定的机关在未穷尽相关送达方式的情况下，仅以电话联系不上该公司、找不到该公司办公地点为由，即通过公告方式送达认定书、听证权利告知书等文书，剥夺了该公司在行政处罚决定作出前的陈述、申辩权，违反了上述法律规定的程序。②

延伸阅读

超期办理行政处罚案件的程序问题

《宪法》第 27 条第 1 款规定："一切国家机关实行精简的原则……不断提高工作质量和工作效率"。《全面推进依法行政实施纲要》提出，"必须把坚持依法行政与提高行政效率统一起来"，"高效便民。行政机关实施行政管理，应当遵守法定时限，积极履行法定职责，提高办事效率"。《中共中央关于全面推进依法治国若干重大问题的决定》提出："提高执法效率和规范化水平。"《法治政府建设实施纲要（2021－2025年）》提出"全面建设职能科学、权责法定、执法严明、公开公正、智

---

① 最高人民法院（2019）最高法行申 14170 号。
② 最高人民法院（2021）最高法行申 1465 号。

能高效、廉洁诚信、人民满意的法治政府""行政执法质量和效能大幅提升""完善权责清晰、运转顺畅、保障有力、廉洁高效的行政执法体制机制""督促提高行政效能"等要求。党的二十大报告提出:"提高行政效率和公信力。"《公务员法》第 14 条第 4 项规定,公务员应当履行的义务包括"按照规定的权限和程序认真履行职责,努力提高工作效率",等等。上述部署要求和法律规定足以体现行政效率的重要性。

程序效益涉及提高行政效率和降低行政成本两个方面的问题。世界各国行政法律文件通常都针对行政行为的特点,规定了合理期间及相应责任,但责任形式各有千秋。根据行政事务的繁简区分一般程序、简易程序、正式程序、非正式程序等,不同类型的程序适用于不同情形。①

"效率是行政权的生命。"②效率应该是行政的最高价值,没有效率就没有行政。③提高行政效率,不仅是对行政机关的基本要求,同时也是社会公众、公民等的现实需要。④高效作出行政行为,及时终结执法程序,是正当程序的应有之义,是指导和规范行政执法的一项共通性准则,应当得到普遍的适用和遵守。⑤行政机关实施行政行为,应当坚持高效便民,遵守法定时限,减少行政成本,充分应用现代信息技术,提高行政效能,为公民、法人和其他组织提供优质服务。⑥

行政活动必须遵循法定时限,是对行政机关的一项程序要求,其本

---

① 江必新.论行政程序的正当性及其监督[J].法治研究,2011(1).
② 马怀德.行政法前沿问题研究[M].北京:中国政法大学出版社,2018:9.
③ 袁雪石.整体主义、放管结合、高效便民:《行政处罚法》修改的新原则[J].华东政法大学学报,2020(4).
④ 谭宗泽,付大峰.从规范程序到程序规范:面向行政的行政程序及其展开[J].行政法学研究,2021(1).
⑤ 于元祝,徐冉.及时高效是正当行政程序的应有之义[J].人民司法·案例,2016(8).
⑥ 周佑勇.行政法总则中基本原则体系的立法构建[J].行政法学研究,2021(1).

身就被认为是行政效率原则的具体要求之一。① 设定处理期限目的：一是
提升效率，促进行政机关快速处理行政事务，稳定社会秩序；二是确保
当事人能够快速实现实体权利。② 一直以来，制定法持续不断地向行政机
关提出效能要求，代表机关和行政系统内部都在加强对政府效能的监督
审查，法院对行政行为合法性的审查判断也在一定情形中应用效率原则。③
在行政诉讼实践中，办理行政处罚案件超期的问题有以下几种情形。

1. 程序瑕疵

执法部门作出被诉处罚决定超过法定期限，复议机关认为属于程序
违法，决定撤销被诉处罚决定。申请人不服，提起行政诉讼。一审法院
驳回原告诉讼请求。原告上诉后，二审法院认为，在处罚决定事实清
楚、法律适用正确的情况下，复议机关以办案超期为由，认定程序违法
进而撤销被诉处罚决定存有不妥，因为撤销被诉处罚决定后再让执法部
门重新作出处罚决定，只会在客观上更加延迟。因此，二审法院认定为
程序瑕疵，撤销一审判决和复议决定，复议机关在法定期限内重新作出
复议决定。再审法院认为，二审法院将超过法定期限作出被诉处罚决定
认定为程序瑕疵不宜撤销，并建议复议机关通过其他方式或者途径督促
执法部门改进工作的裁判尺度，更为合理。④

2. 轻微程序违法

在扣除法定鉴定期间后，被诉处罚决定的作出仍存在超审限情形，
因此处罚决定作出的程序上存在违法情形。因当事人违法事实存在，且

---

① 姜明安.行政法与行政诉讼法［M］.北京：北京大学出版社，高等教育出版社，
1999:53. 转引自沈岿.论行政法上的效能原则［J］.清华法学，2019(4).
② 陈振宇.行政程序轻微违法的识别与裁判［J］.法律适用，2018(11).
③ 沈岿.论行政法上的效能原则［J］.清华法学，2019(4).
④ 最高人民法院（2017）最高法行申 5104 号。

该处罚决定认定事实清楚、适用法律正确、处罚结果适当，该处罚决定存在轻微程序违法情形。①

3. 程序违法

一审法院认为，被告作出行政处罚决定时，已超过法律规定的办案期限，属于程序违法，但该违法对原告权利不产生实际影响，故判决确认被告行政机关作出的行政处罚决定违法。二审法院经审理后判决驳回上诉，维持原判。②

4. 违反法定程序

行政机关于 1997 年 8 月对原告的违法行为进行立案，但直到 2007 年 1 月才作出行政处罚决定。一审认为被诉处罚决定实体部分正确，超出法定办案期限，属于程序瑕疵，判决维持被诉处罚决定。二审法院则认为，在没有客观原因情形下，被告于 1997 年立案，直到 2007 年作出处罚，违反了法律规定的案件审理期限，也违背了《行政处罚法》的立法精神，该处罚决定违反了法定程序。③

超期作出行政处罚行为的效力到底如何的问题，在理论上和实践中产生了较大的争议。有观点认为，期限是行政程序的基本要素，如果超期作出处罚决定，则属于典型的程序违法，应依法撤销；也有观点认为，违反行政处罚处理期限并不能直接否定行政处罚本身的效力，但是却存在程序瑕疵，法院可以确认违法；还有观点认为，超出处理期限作出的行政处罚行为，应认为存在程序瑕疵，不能认为是违反法定程序，

---

① 最高人民法院（2017）最高法行申 7964 号。
② 浙江省台州市中级人民法院（2015）浙台行终字第 153 号。
③ 江苏省徐州市中级人民法院（2008）徐行终字第 170 号；《中国行政审判案例》第 144 号，参见最高人民法院行政庭. 中国行政审判案例（第 4 卷）［M］. 北京：中国法制出版社，2012:125–130.

更不能由此而确认行政处罚违法或者撤销行政处罚。但是对于严重超期作出的行政处罚的效力如何，依旧是不清晰的。从理论上来说，把严重超期作出的行政处罚行为认定为处理期限轻微违法明显是不合理的，但是在当前法律规定的前提下，法院又很难直接把其认定为可撤销的行政行为或者无效的行政行为。[1] 有学者认为，《行政处罚法》对行政处罚决定期限作出明确规定后，超出期限作出行政处罚决定不应属于程序瑕疵可补正的内容，而应属于违法的范畴。至于程序轻微违法与程序一般违法的认定，应结合超出期限的时长，是否对原告享有的听证、陈述、申辩等重要程序性权利和实体性权利产生实质影响等要素综合判断。[2] 这种观点非常有道理。行政机关行使行政职权，应当树立期限意识，严格遵守法定期限或者承诺期限，积极履行法定职责，在法定的期限内办结，或者依法延长期限并在延长的期限内办结，避免久拖不决。

延伸阅读

行政诉讼案例中不属于程序违法的情形主要有哪些？

1. 多次听证

我国行政处罚法规定听证程序，但对听证的次数没有作出明确规定，因此行政机关甲局多次听证并未违反相关法律的禁止性规定，乙公

---

[1] 沈福俊，崔梦豪.行政处罚处理期限制度的反思与完善[J].北京行政学院学报，2019(2).

[2] 李洪雷.中华人民共和国行政处罚法评注[M].北京：中国法制出版社，2021:431.

司认为甲局存在程序违法的理由于法无据,不予支持。①

2. 以电子政务化方式作出行政处理

电子政务,可以理解为现代政府行政的新方式,这种通过应用信息技术的方式有利于改善公共服务,增强公共参与、政务公开和民主程度,促进政府办公自动化、电子化、网络化和信息资源的全面共享,有利于提高公共管理效率、公共决策科学性。电子政务有别于传统行政方式的最大特点,在于行政方式的无纸化、信息传递的网络化、行政法律关系的虚拟化等。原告选择本涉案投标项目,就表明其接受网络化的招投标方式和相关质疑处理的电子政务化行政处理方式。行政处理决定的载体可以有多种,可以采用电子方式也可以采用书面方式。电子政务的初衷在于提高行政效率、节约行政成本,如果都以纸质记载文字为形式要件,则不能发挥计算机技术在提高行政效率上的优势。当然,自动设备作出的行政行为的形式,也理应符合程序法对形式上的一般规定。被告对重新评标进行审核后,以公告形式在网络上作出的行政决定,符合《机电产品国际招标投标实施办法》(2004 年修订,在判决中又称《13 号令》)②有关程序的规定,《13 号令》也没有规定以网络方式作出行政决定的,还要另外向相对人送达书面的处理决定书。原告在接受电子政务化的行政处理方式后,又以被告未向其送达书面处理决定书为由主张行政程序违法的,缺乏法律依据,不予采纳。③

---

① 《最高人民法院公报》2013 年第 10 期;江苏省高级人民法院(2011)苏知行终字第 0004 号。
② 已被商务部令 2014 年第 1 号《机电产品国际招标投标实施办法(试行)》废止。
③ 《最高人民法院公报》2011 年第 7 期;上海市第一中级人民法院(2010)沪一中行终字第 90 号。

3.特殊情况下海关不经事先通知就进行稽查

依据《海关稽查条例》第10条规定，经海关关长批准，海关在特殊情况下可以不经事先通知进行稽查，即甲海关经关长批准，可不经事先通知即对乙公司进行稽查，故乙公司主张甲海关实施稽查3日前未书面通知其属违反法定程序不能成立。[①]

延伸阅读

行政诉讼案例中属于程序违法的其他情形主要有哪些？

1.登记机关颁证未适用规定的公告程序

在登记权属可能存在异议的情况下，登记机关按照规定应当适用"公告"程序，否则，构成违反法定程序。本案中，相对人已经提出权属异议，即便主管部门认为其权属异议不能成立，颁证过程中也应当予以"公告"，未适用"公告"程序，属于滥用程序裁量权的行为，原审生效判决认定被诉颁证行为违反法定程序并无不当。[②]

2.非合议组成员在被诉行政决定书上署名

行政机关甲局在处理涉案专利侵权纠纷时，本应秉持严谨、规范、公开、平等的程序原则。但是，合议组成员乙在已经被明确变更为丙的情况下，却又在被诉行政决定书上署名，实质上等于"审理者未裁决、裁决者未审理"。对于上述重大的、基本的程序事项，甲局并未给予应有的、足够的审慎和注意，其在该问题上的错误本身即构成对法定程序

[①] 广东省深圳市中级人民法院（2014）深中法行初字第95号。
[②] 最高人民法院（2015）行监字第353号。

的重大且明显违反。[1]

3. 违反禁止不利变更原则重新作出不予处罚决定

利害关系人对处罚决定不服申请行政复议，行政机关自行撤销原处罚决定后又作出对利害关系人更为不利的不予处罚决定，重新作出的不予处罚决定因违反禁止不利变更原则构成严重违反法定程序。[2]

4. 行政机关作出的行政处罚决定未加盖印章及填写作出日期

根据 2017 年《行政处罚法》第 39 条和有关规章规定，行政机关作出的行政处罚决定未加盖印章及填写作出日期，属严重程序违法。[3]

三、事实与证据

《中共中央关于全面深化改革若干重大问题的决定》提出："严格实行非法证据排除规则"。《中共中央关于全面推进依法治国若干重大问题的决定》提出："坚持以事实为根据、以法律为准绳，健全事实认定符合客观真相、办案结果符合实体公正、办案过程符合程序公正的法律制度"，"全面贯彻证据裁判规则，严格依法收集、固定、保存、审查、运用证据，完善证人、鉴定人出庭制度，保证庭审在查明事实、认定证据、保护诉权、公正裁判中发挥决定性作用"。《法治社会建设实施纲要（2020—2025 年）》提出："加强对非法取证行为的源头预防，严格执行非法证据排除规则"。

---

① 最高人民法院（2017）最高法行再 84 号；《最高人民法院公报》2018 年第 5 期；最高人民法院发布 2017 年中国法院 10 大知识产权案件之二。
② 辽宁省高级人民法院（2014）辽行提字第 1 号。
③ 河南省开封市中级人民法院（2020）豫 02 行终 177 号。

行政机关作出行政行为，应当认定案件事实并有相应的证据证明。① 在证据裁判原则下有三个关键性概念，即事实、证据和事实认定，在逻辑上它们是一种命题、论据与结论的关系。② 证据与事实是两个不同的概念，不能混为一谈，且二者存在着一种支持关系。③ 有学者认为，广义上的证据包括证据材料和证据事实，而广义上的事实包括证据事实（被证明的事实）、被认定的事实和被推定的事实，以及案件事实。即便是证据事实也不等于案件事实。因为证据事实未必能证明案件事实，没有证据事实也未必不能推导出（认定或推定）案件事实。④

《最高人民法院关于印发〈一审行政判决书样式（试行）〉的通知》（法发〔2004〕25号）规定，在"一审作为类行政案件用"文书中，事实部分应写明当事人行政争议的内容，以及经法院审理确认的事实和证据。《最高人民法院关于行政诉讼证据若干问题的规定》（法释〔2002〕21号）第54条规定："法庭应当对经过庭审质证的证据和无需质证的证据进行逐一审查和对全部证据综合审查，遵循法官职业道德，运用逻辑推理和生活经验，进行全面、客观和公正地分析判断，确定证据材料与案件事实之间的证明关系，排除不具有关联性的证据材料，准确认定案件事实。"行政审判的事实认定是以行政程序搜集的证据为基础，对其在获取和处理证据及得出事实结论上是否符合法律要求，进行审查。⑤ 事实认定是证据裁判的基础。如果将

---

① 信春鹰.中华人民共和国行政诉讼法释义［M］.北京：法律出版社，2014:186.
② 张中.法官眼里无事实：证据裁判原则下的事实、证据与事实认定［J］.浙江工商大学学报，2017(5).
③ 熊明辉，杜文静.在证据与事实之间：一种证据博弈观［J］.浙江社会科学，2019(6).
④ 雷磊.从"以事实为依据"到"以证据为依据"？——基于司法裁判之论证结构的反思［J］.现代法学，2022(6).
⑤ 孔祥俊.行政诉讼证据规则通释——最高人民法院《关于行政诉讼证据若干问题的规定》的理解与适用［J］.法律适用，2002(10).

事实认定的过程比作建筑一座大厦的话，证据能力与证明力犹如构建事实大厦的砖块，证据规则作为一条主线，贯穿证据和证明过程，保障事实大厦得以在理性和正当化的框架体系内被构建。[①] 人民法院要正确解决行政争议，必须运用证据证明案件事实。[②] 本书第五章对证据问题已作解析，在此仅对"事实""证据确凿"和"主要证据不足"等予以分析。

（一）事实

事实是人通过感官和思维所把握的真实存在。[③] 在行政执法中，"事实是行政机关作为或不作为的基础和必要条件，确凿的事实是行政决定的根据"。[④] 行政决定的作出，首先要查明事实，从证据中推导出事实真相。[⑤] 执法机关处理案件的事实，是指证据证实的情况，而不是通常意义上的客观事实。具体行政行为认定的事实，是行政主体根据其已获得的证据，对有关事物发生、发展、相互关系以及结果等所作出的认定。[⑥]

司法裁判中事实认定的过程实际上可以分为两个紧密联系而又有本质不同的阶段：一是将客观事实（案件真实）通过程序法和证据法则的调整和规范而转化为证据事实的阶段，即由证据来证明案件证据事实的阶段（证据事实认定阶段）；二是将已由证据所证明的生活事实（证据事实）通过与实体法的事实构成要件的对比而转化为法律事实的阶段，即生活事实的法律认定

① 张弘.从证据到事实——比较法视角的证明过程分析［J］.政法论坛，2011(5).
② 最高人民法院第一巡回法庭.最高人民法院第一巡回法庭行政主审法官会议纪要（第1卷）［M］.北京：中国法制出版社，2020:80.
③ 张保生.事实、证据与事实认定［J］.中国社会科学，2017(8).
④ 沃汉斯·沃尔夫，奥托·巴霍夫，罗尔夫·施托贝尔.行政法（第1卷）［M］.高家伟，译.北京：商务印书馆，2002:444.
⑤ 于立深.行政立法性事实研究［J］.法商研究，2008(6).
⑥ 蔡小雪.如何确认具体行政行为的主要证据不足［J］.法律适用，1997(1).

阶段（法律事实认定阶段）。据此，对于裁判所必需的事实而言，相应地也可分为证据事实和法律事实。①

《行政诉讼法》第5条规定："人民法院审理行政案件，以事实为根据，以法律为准绳。""事实"是指由"什么时间、什么地点、谁、发生了什么"等要素构成的特定事件或情状。在现代诉讼制度下，"事实"主要源自当事人的主张。②诉讼法学界传统观念认为，"以事实为根据"中的事实是案件客观事实，是纠纷冲突事实的真相，即应该是客观真实。"以事实为根据"就是要求人民法院审理行政案件时，必须尊重客观事实，包括法律关系的发生、变更或消灭的事实，以及双方当事人对他们的法律关系争议的真实情况，作为定案处理的依据。"以法律为准绳"是指法院在查明案件事实，明确当事人之间的真实法律关系的基础上，以法律为标准，认定当事人之间的违法与合法，以确定权利义务关系，保护当事人的合法权益，制裁违法行为。③

一般说来，事实问题是指事情的真实情况，强调事情的真实性，而法律问题主要是指国家制定认可的行为规则。④法律与事实在法学上是两个既有区别又有联系的概念。许多事实是客观存在过的，但由于事过境迁，拿不出证据证明，对这样的事实就不能认定为法律事实。"以事实为根据"原则中的事实并不是原本的"自然"事实，它是法官等用法律思维方式过滤的事实，同时还必须是能用证据证明的事实。⑤法律问题的判断与事实问题紧密相连，事实问题、法律问题往往交织在一起，一个判断结论的作出需要持续地在事

①　耿宝建. 在法律与事实之间——司法裁判中事实认定过程的法理分析［J］. 河北法学，2008(1).
②　陈杭平. 论"事实问题"与"法律问题"的区分［J］. 中外法学，2011(2).
③　《行政诉讼法及司法解释关联理解与适用》编委会. 行政诉讼法及司法解释关联理解与适用（上册）［M］. 北京：中国法制出版社，2018:35,36.
④　杨建军. 法律事实的概念［J］. 法律科学，2004(6).
⑤　陈金钊. 论法律事实［J］. 法学家，2000(2).

实问题与法律问题之间往返流转，反复印证。①法律和事实的不可分离性，告诉我们，案件的事实认定不仅仅是证据证明的问题，更是一个法律对事实的评价问题。一个正确的裁判，其首要前提是法律事实必须能得到证据事实的支持，同时又必须与法律规范中的事实构成要件相吻合。②实务界有观点认为，应当承认我国行政诉讼法实际上实行的是在法律审基础上的适度的事实审。③

法律规范可以是依法设定的，而事实问题从原理上是客观存在的。但法律对事实问题的规范，包括证据的接纳、举证责任的分配和证明标准的设定，足以影响对事实的认定。一些学者用"客观事实"与"法律事实（程序事实）"来标示这种区分。④通常的意义上，客观事实就是通常所谓的客观真实，是指实际发生过的"原汁原味"的案件事实，是曾经存在过的事实真相；而法律事实则是所谓的法律真实，是指法院在审判程序中认定的案件事实，也即法院按照法定程序对客观事实的"再现"或者"复原"。客观事实是法律事实的基础，法律事实是客观事实的再现或者反映，法律事实必须以客观事实为追求目标。法律事实一般应当与客观事实相符合，但由于种种原因，也可能产生不一致的情况。就诉讼中的案件事实而言，法律事实是对客观事实的认识和反映。⑤法院所依据的事实应当是通过法庭调查、法庭辩论等环节被确认的事实，即"法律上的事实"。以事实为根据应当是以法律上

① 贾亚强. 论行政诉讼实质性解决行政争议的实现——以争讼行政法律关系的确定为研究进路 [J]. 法律适用，2012(4).
② 耿宝建. 在法律与事实之间——司法裁判中事实认定过程的法理分析 [J]. 河北法学，2008(1).
③ 江必新，梁凤云. 行政诉讼法理论与实务（下卷）[M]. 北京：北京大学出版社，2009:765.
④ 高树德. 客观事实与程序事实的价值冲突 [J]. 法商研究，1999(5)；孔祥俊. 论法律事实与客观事实 [J]. 政法论坛，2002(5).
⑤ 孔祥俊. 论法律事实与客观事实 [J]. 政法论坛，2002(5).

的事实为根据，而非以客观事实为根据。需要强调的是，法律上的事实仍然应当是以客观事实为基础，经过严肃的法定程序所确定的，最大限度接近客观事实的事实。[①]"法律真实与客观真实相一致是使法律规范付诸实施的基本保障，有效促进司法公信的树立和当事人服判息诉，同时也是检验认定法律事实的制度设计是否科学合理的尺度。"[②]要实现客观真实和法律真实两者的统一，行政法官在司法审查实践中针对一些证据瑕疵（或违法）情形，需要考量的关键要素有：一要看违反法定程序的证据的违法程度；二要看这种违法纠正的可能性；三要看这种违法对于客观真实发现的影响程度；四要看这种违法与行政法所保障的最基本的价值的关联程度。[③]

事实问题多种多样，确定事实的方法也有多样。通过提供证据证明事实，是确定事实的主要方法，也是法律争议的重点。但不是所有的事实都适宜当事人举证证明。实践中，一些事实情况是通过说明来解决，一些事实问题是通过评选、评定等方式来解决，法律规范一般是通过论证来解决，一些超越个案的普遍性事实则通过各种文献予以阐明。[④]在实践中，对普遍性事实的判断常常借助常识理性进行审查，不宜简单采信；当事人提供的有关普遍性事实的数据可以作为参考，但很难成为决定性的理由。所以，普遍性事实并不严格要求通过举证来证明，更多的是借助生活经验来判断。[⑤]《最高人民法院关于行政诉讼证据若干问题的规定》（法释〔2002〕21号）第68条规定了法庭可以直接认定的事实。《最高人民法院关于印发〈关于审

---

① 《行政诉讼法及司法解释关联理解与适用》编委会.行政诉讼法及司法解释关联理解与适用（上册）[M].北京：中国法制出版社，2018:36.
② 江必新.新行政诉讼法专题讲座[M].北京：中国法制出版社，2015:168.
③ 江必新.论实质法治主义背景下的司法审查[J].法律科学，2011(6).
④ 何海波.行政诉讼法（第3版）[M].北京：法律出版社，2022:422.
⑤ 何海波.行政诉讼法（第3版）[M].北京：法律出版社，2022:425.

理与低温雨雪冰冻灾害有关的行政案件若干问题的座谈会纪要〉的通知》（法〔2008〕139号）规定："由于低温雨雪冰冻灾害属于众所周知的事实，原则上无须诉讼当事人举证证明。"

案例指引

● 案例一

▶ **裁判要旨**　行政行为赖以存在的基础事实发生重大变化

▶ **案号索引**　最高人民法院（2013）行提字第7号

▶ **文书摘要**　评价被诉行政行为的合法性，一般应当以该行为作出时行政机关能够发现的事实为依据。事后出现的新证据，即使足以证明被诉行政行为作出时所依据的法律事实与客观事实不符，只要该客观事实是行政机关在作出行为时无法发现的，人民法院就不宜以此简单否定行政行为的合法性并据此撤销。但是，按照依法行政的基本原则，行政机关一旦发现已经作出的行政行为赖以存在的基础事实发生重大变化，且该行为会损害或者可能损害公民、法人或者其他组织的合法权益时，即有义务依法及时改正。

● 案例二

▶ **裁判要旨**　法庭判断争议事实真伪的法定方式

▶ **案号索引**　最高人民法院（2019）最高法行再115号

▶ **文书摘要**　《最高人民法院关于行政诉讼证据若干问题的规定》第54条规定，法庭应当对经过庭审质证的证据和无需质证的证据进行逐一审查和对全部证据综合审查，遵循法官职业道德，运用逻辑推理和生活经验，进行全面、客观和公正的分析判断，确定证据材料与案件事实之间的证明关系，排除不具有关联性的证据材料，准确认定案件事实。在逐一分析认定证据证明力的基础上，综合分析认定争议各方的相关证据，根据行政诉讼举证责任规则和证明标准，客观、准确认定案件事实，是法庭判断争议事实真伪的法定方式。

（二）证据确凿

《行政诉讼法》第69条规定："行政行为证据确凿，适用法律、法规正确，符合法定程序的，或者原告申请被告履行法定职责或者给付义务理由不成立的，人民法院判决驳回原告的诉讼请求。"这里的"证据确凿"，指的是证据确实、充分，足以证明行政行为所依据的全部事实。[①] "证据确凿"是指实施被诉行政行为的证据确实、可靠，对于所证事实具有证明力。作为驳回诉讼请求判决基本根据的"证据确凿"，必须达到下述四项要求：案件的事实均有相应的证据证明；各项证据均是真实、可靠的；各项证据对所证事实是有证明力的；各项证据相互协调一致，对整个案件事实构成完整的证明。[②] 权威解读认为，证据确凿是主要证据确实、充分的另一个表述。[③]

证明标准又称证明要求、证明程度等，是指法官在诉讼中认定案件事实所要达到的证明程度，由此也是要求负担证明责任的人提供证据加以证明所要达到的程度。[④] 所谓证明标准，是行政主体对证据的证明力有无与大小的

---

① 《行政诉讼法及司法解释关联理解与适用》编委会. 行政诉讼法及司法解释关联理解与适用（下册）[M]. 中国法制出版社，2018:671.

② 姜明安. 行政诉讼法（第三版）[M]. 北京：北京大学出版社，2016:297-298.

③ 信春鹰. 中华人民共和国行政诉讼法释义 [M]. 北京：法律出版社，2014:187.

④ 李明辉. 证据实务 [M]. 重庆：西南大学出版社，2021:74.

认定所应当遵循的标准，也是对证据价值的判断与评估标准。① 实务界则有观点认为，证明标准的本质，就是由证据性事实推理得出要件性事实，所要符合的特定社会群体的共同观念和一般经验。②

有观点认为，尽管各国对证明标准的要求不尽相同，但有两个基本标准，即排除合理怀疑标准和优势证据标准（优势盖然性标准），另外还可能派生出介于两者之间的一种标准。③ 我国理论界对于行政诉讼的证明标准，多主张多元论，具体分层上有五分说、四分说、三分说等，基本都认为根据不同的行政案件所涉及的权益大小及所适用的程序繁简各不相同，从而匹配不同的证明标准。④ 行政诉讼应具体适用何种证明标准，我国现行行政诉讼法和司法解释未作明确规定。通说认为，我国行政诉讼主要采用四类证明标准，具体包括合理根据标准（表面真实标准）、优势证据标准（高度盖然性证明标准）、明显优势证据标准（清楚而有说服力的证明标准）和排除合理怀疑标准（确凿无疑标准）。⑤ 有学者主张，基于行政效率的要求，行政诉讼中的证明标准显然要低于刑事诉讼的证明标准，高于民事诉讼的证明标准。由此观之，行政诉讼的证明标准大致处于两者的中间状态，可称之为"清楚而有说服力标准"。但是，对于一些简单的行政案件，可以适用"优势证明标准"；而对于涉及人身自由、重大财产的行政案件，可以适用"排

① 姬亚平，冯宪芬.我国行政证据制度建构之研究［J］.西安交通大学学报（哲社版），2013(3).
② 阎巍.行政诉讼证据规则原理与规范［M］.北京：法律出版社，2019:64.
③ 孔祥俊.论法律事实与客观事实［J］.政法论坛，2002(5).
④ 杨旸.从经验到规则：行政诉讼一般性证明标准的构建——以行政争议实质性化解为研究进路［M］//最高人民法院行政审判庭.行政执法与行政审判（总第87集）.北京：中国法制出版社，2023:62.
⑤ 陈桂生.行政诉讼中证明标准的理解与适用［M］//中国应用法学研究所.人民法院案例选(2023年第1辑).北京：人民法院出版社，2023:234.

除合理性怀疑标准"。^① 也有观点认为，参照民事诉讼与刑事诉讼的证明标准，行政诉讼中存在优势证明标准、清楚而有说服力标准以及排除合理怀疑标准。^② "由于中国行政诉讼制度的特殊性，这三种证明标准，适用于不同类型的行政案件。"^③ 不同的行政诉讼多元化的证明标准体系包括"案件事实清楚、证据确实充分标准""优势盖然性标准""合理可能性标准"^④ 等。与民事和刑事领域采用较为清晰的一元证明标准不同，行政案件呈现出多元证明标准体系。盖因行政案件的复杂程度以及对当事人的权益影响存在较大分殊差异，无法统一适用某一证明标准，而应结合具体案件类型而定。^⑤ 实务界也有观点认为，基于行政主体事实认定标准的不同，司法机关对行政主体事实认定的审查也应当采纳多元化的证明标准。^⑥

《行政诉讼法》第69条规定了"证据确凿"，第89条第1款规定了"认定事实清楚""认定事实错误""基本事实不清、主要证据不足"等。对此，有观点认为，《行政诉讼法》第69条和89条大致体现了证明标准的基本原则，即案件事实清楚和证据确凿充分，这与其他诉讼法的要求基本一致。在各个诉讼程序中，"清楚"和"充分"的基本要求是，定案证据确认属实，案件事实有相应证据证明，证据之间、证据与事实之间排除合理矛盾，最终形成唯一结论并排除其他可能性。^⑦《行政诉讼法》第69条规定人民法院判

① 章剑生.《行政诉讼法》修改的基本立场 [J]. 广东社会科学，2013(1).
② 成协中. 行政法案例研习 [M]. 北京：中国政法大学出版社，2023:70.
③ 甘文. 行政诉讼证据司法解释之评论——理由、观点与问题 [M]. 北京：中国法制出版社，2003:172.
④ 高家伟，邵明，王万华. 证据法原理 [M]. 北京：中国人民大学出版社，2004:351-353.
⑤ 查云飞. 自动化行政中的事实认定——以《行政处罚法》第41条为中心 [J]. 行政法学研究，2024(2).
⑥ 丁晓华. 法无规定时对行政主体事实认定的审查 [J]. 人民司法·案例，2018(26).
⑦ 陈一云. 证据学 [M]. 北京：中国人民大学出版社，1991:117-118.

决驳回原告的诉讼请求情形之一包括行政行为证据确凿，适用法律、法规正确，符合法定程序。确凿无疑标准要求行政机关所认定的事实不但得到充分证据的支持，还能够排除任何合理怀疑；确凿无疑标准是指证明案件主要事实的证据确凿、充分，而不是要求任何细节都清楚无疑。①

案例指引

● 案例一

▶ **裁判要旨**　对证据综合起来进行考察判断

▶ **案号索引**　最高人民法院（2014）行提字第 30 号

▶ **文书摘要**　虽然某公司在商标复审程序中提交的每一份证据单独来看可能证明力有限，但是在商标撤销复审程序及相关的行政诉讼程序中，对于商标注册人提交的证明其商标使用的证据，应当充分考虑企业经营活动的实际情况及商标使用的习惯、商标使用方式的差异性等实践状况，并不要求达到确定无疑或排除一切合理怀疑的程度，只需要达到高度盖然性的证明程度即可。将该公司在复审程序中提交的这些证据综合起来进行考察判断，应该能够认定该公司在 2000 年 3 月 19 日至 2003 年 3 月 18 日期间真实、持续地使用复审商标的事实。该公司在一审诉讼程序中补充提交的广告、送货单等证据，能够进一步证明其真实使用复审商标的事实，原两审判决未全面综合地审查判断该公司提交的证据及这些证据证明的案件事实，认定事实及适用法律确有不当。该公司申请再审的主要理由成立，本院予以支持。

---

① 何海波. 行政诉讼法（第 3 版）[M]. 北京：法律出版社，2022:463,465.

● 案例二

▶ **裁判要旨** 参照适用民事诉讼的高度盖然性证明标准

▶ **案号索引** 最高人民法院（2018）最高法行申 5721 号

▶ **文书摘要** 甲公司主张，关于印刷物公开日的证明标准应当适用排除合理怀疑标准，二审判决参照适用民事诉讼的高度盖然性证明标准存在错误。本院认为，本案属于无效请求人与专利权人之间的专利权无效宣告请求行政纠纷，乙委员会居中裁决作出被诉决定，二审法院对被诉决定的审查参照适用民事诉讼的高度盖然性证明标准并无明显不当，甲公司主张本案应当适用排除合理怀疑的证明标准，缺乏法律依据，本院不予支持。

（三）主要证据不足

有学者认为，"主要证据不足"是指行政机关实施被诉行政行为缺少必要的证据证明作为其行政行为根据的事实。所谓"必要"，就是必不可少的，缺少了就不能认定相应事实。这种认定事实必不可少的证据就是"主要证据"。《行政诉讼法》规定的"主要证据不足"，即缺少认定事实的必要的证据。[①] 事实问题需要依靠证据予以查清，而"主要证据不足"这一审查根据已经包含了事实认定错误、没有证据或者证据不充分等各种情况。[②] 行政行为的主要证据不足在实践中的表现主要有以下几种：行政行为完全没有或基本没有证据；行政行为所依据的主要事实是虚假的证据，不具有客观性；行政行为的有效证据不足，证据的取得是通过违法的方式获取；主要证据之间

---

① 姜明安.行政诉讼法（第三版）[M].北京：北京大学出版社，2016:301.
② 何海波.论行政行为"明显不当"[J].法学研究，2016(3).

相互矛盾且不能予以排除，证据之间不能形成严密、充分的链条。① 也有观点认为，所谓行政行为主要证据不足是指行政主体在行政执法中作出行政行为的决定没有充分依据，或者该行政行为所设定的义务缺乏事实和法律依据支持的状态。类型包括：一是无主要证据；二是证据相互冲突；三是证据分布不合理；四是证据仅有部分证明力；五是证据非依法定程序收集。②

实务界有观点认为，这里所说的"主要证据"是相对于次要证据而言的，在行政诉讼法学上，又称为"基本证据"。一般认为，主要证据是能够证明案件基本事实的证据，它是行政机关认定基本事实的必不可少的证据。③ 主要证据不足，是指被告向法庭提供的证据不能证实被诉具体行政行为所认定的事实。根据我国审判实践中反映出来的情况，具体行政行为主要证据不足的主要表现形式有：具体行政行为认定的事实不清或者没有认定事实；具体行政行为认定的事实没有足够的证据证实；具体行政行为认定的责任主体错误或证据不足；将行政相对人的身份、责任能力认定错误或未查清，导致行政相对人承受不应承受的责任。④ 有观点认为，主要证据不足是指被诉行政行为缺乏必要的事实依据，无法证明被诉行政行为在作出时所认定的事实。行政机关认定的事实缺乏证据支持，证据之间相互矛盾，不能形成一个完整的证据锁链。主要证据不足意味着行政机关不能证明行政行为合法，法院就可以据此撤销行政机关的具体行政行为。⑤ "主要证据不足"的主要含义是：法定的事实要件缺少必要的证据证明；证据是否属实无法查证，证据无法采

---

① 马怀德.新编中华人民共和国行政诉讼法释义［M］.北京：中国法制出版社，2014,324-325.

② 关保英.行政行为主要证据不足研究［J］.上海政法学院学报（法治论丛），2022(1).

③ 梁凤云.行政诉讼讲义（下）［M］.北京：人民法院出版社，2022:955-956.

④ 蔡小雪.如何确认具体行政行为的主要证据不足［J］.法律适用，1997(1).

⑤ 《行政诉讼法及司法解释关联理解与适用》编委会.行政诉讼法及司法解释关联理解与适用（上册）［M］.北京：中国法制出版社，2018:418.

信；证据结论不具有唯一性，不能排除其他可能性。主要表现在以下几个方面：其一，构成事实存在的要件不全；其二，据以作出行政行为的事实没有相应的证据证明和支持；其三，据以作出行政行为的证据不合法。[①] 权威解读认为，主要证据不足，是指行政机关作出的行政行为缺乏事实根据，导致认定的事实错误或者基本事实不清楚。[②]

案例指引

● 案例一

▶ **裁判要旨** 认定事实的主要证据不足

▶ **案号索引** 最高人民法院（2008）行终字第 1 号；《最高人民法院公报》2009 年第 10 期

▶ **文书摘要** 根据《城市规划法》[③]第 40 条规定，未取得建设工程规划许可证件或者违反建设工程规划许可证件的规定进行建设的处罚对象是违法建设的建设者，且只有在违法建设达到"严重影响城市规划"的情况下才能作出限期拆除的处罚决定。被上诉人甲局提供的证据不足以证明某某路综合楼的建设者是第三人乙办事处及某某路综合楼的建设已经达到"严重影响城市规划"的事实，一审判决认定作出被诉具体行政行为的主要证据不足，有事实和法律依据。

---

① 《行政诉讼法及司法解释关联理解与适用》编委会.行政诉讼法及司法解释关联理解与适用（下册）［M］.北京：中国法制出版社，2018:675.
② 信春鹰.中华人民共和国行政诉讼法释义［M］.北京：法律出版社，2014:187.
③ 自 2008 年 1 月 1 日起被《城乡规划法》废止。

● 案例二

▶ **裁判要旨**　认定事实的主要证据不足

▶ **案号索引**　最高人民法院（2016）最高法行再 5 号；《最高人民法院公报》2017 年第 2 期；最高人民法院行政审判十大典型案例（第一批）之六

▶ **文书摘要**　鉴于涉案汽车确系中国生产，且对于该型号的某某牌运输汽车而言，经切割查验后可以认定被扣留的车辆即为相对人甲所持行驶证载明的车辆。执法部门乙在相对人甲先后提供购车手续、丙汽车租赁有限公司出具的说明、丁技术服务站出具的三份证明等相关证据材料后，认定涉案车辆涉嫌套牌而持续扣留，构成主要证据不足。

● 案例三

▶ **裁判要旨**　认定事实的主要证据不足

▶ **案号索引**　最高人民法院（2017）最高法行再 72 号

▶ **文书摘要**　要求行政机关履行职责应当有请求权基础，也就是行政机关具备当事人所申请履行的特定职责。这个请求权基础，有可能来自一个行政协议的约定，但更多情况下来自法律、法规、规章的规定。仅仅基于合同相对性原则就否定行政机关的法定职责，属于认定事实的主要证据不足。

四、法律适用

从过程论上看，完整的法律适用活动是由四个阶段构成的：一是案件事实的调查和认定，即在现实世界中究竟发生了什么事实、存在哪些证据；二是法定事实要件的解释和确定，即法定事实要件具体包括哪些内容；三是将已经调查认定的案件事实代入法律规范之中，判断案件事实是否符合法定事实要件的内容，通常将这一活动称为涵摄；四是确定法律后果，即案件最终应当如何处理。① 行政机关和法院都是行政法律规范的适用机关。②

行政诉讼法律适用是指人民法院审理行政案件，依据法律、法规，参照规章，对被诉行政行为的合法性进行审查、评价和作出裁判的活动。行政诉讼法律适用包括解决行政诉讼活动程序问题的法律适用和通过行政诉讼程序解决行政争议实体问题的法律适用两个方面。③ 司法过程的本质就是沟通法律规范与案件事实，以形成公正的个案判决。④ 行政诉讼的过程，很大程度上就是法律适用的过程。法院通过找寻和解释法律条文及其他根据，确定更应当适用的法律规范，然后结合案件事实，得出裁判结果。从法院对案件的受理，到行政行为合法性的审查，再到实体问题的判决和程序事项的处理，无不涉及法律解释和适用。⑤ 所谓"适用一个法条，就是在运用整部法典"。⑥

① 哈特穆特·毛雷尔. 行政法学总论［M］. 高家伟，译. 北京：法律出版社，2000:152.
② 章志远. 人民法院对行政机关专业认定的尊重及其审查［J］. 治理研究，2021(6).
③ 姜明安. 行政诉讼法（第三版）［M］. 北京：北京大学出版社，2016:253.
④ 孙海波. 面向依法裁判的价值判断［J］. 法律科学，2023(6).
⑤ 何海波. 行政诉讼法（第3版）［M］. 北京：法律出版社，2022:64.
⑥ 最高人民法院（2017）最高法行申 169 号、（2019）最高法行申 293 号等。

（一）以法律和行政法规、地方性法规为依据，参照规章

《行政诉讼法》第63条第1款、第3款分别规定，人民法院审理行政案件，"以法律和行政法规、地方性法规为依据""参照规章"。

1. 以法律和行政法规、地方性法规为依据

法院对行政机关作出的被诉行政行为进行合法性审查。在这里，法院和行政机关都是法的适用机关，行政诉讼是前者对后者的"法适用"是否合法作出法律上的判断，法院采用的判断标准是也只能是"法规范"。[①]"依据"的意思是人民法院应当高度尊重法律、行政法规和地方性法规，应当推定它们的规定初始有效；但在它们或其规定存在明显违法情形的条件下，人民法院为了履行正确适用合法有效规定裁判的职责，就应当依法不予选择适用，并启动相应判断机制，请求有权机关给予确认，并提请有权机关改变或撤销不合法的行政法规或地方性法规之规定。[②]实务界解读认为，所谓"依据"的主要含义是指人民法院审理行政案件，以法律、法规、自治条例和单行条例为审查标准，对上述规范性文件在裁判中对其本身合宪性、合法性直接作出评价和判断，甚至直接否定其效力。[③]所谓的"依据"，是指法院审理行政案件，在有法律、法规具体规定的情况下，应当直接适用该规定，而不能拒绝适用。[④]《最高人民法院关于裁判文书引用法律、法规等规范性法律文件的规定》（法释〔2009〕14号）第1条规定："人民法院的裁

---

① 章剑生. 行政诉讼中规章的"不予适用"——基于最高人民法院第5号指导案例所作的分析［J］，浙江社会科学，2013(2).
② 袁勇. 规范性文件的司法附带审查［M］. 北京：人民出版社，2021:169.
③ 《行政诉讼法及司法解释关联理解与适用》编委会. 行政诉讼法及司法解释关联理解与适用（下册）［M］. 北京：中国法制出版社，2018:630.
④ 江必新，邵长茂. 新行政诉讼法修改条文理解与适用［M］. 北京：中国法制出版社，2015:237.

判文书应当依法引用相关法律、法规等规范性法律文件作为裁判依据。引用时应当准确完整写明规范性法律文件的名称、条款序号，需要引用具体条文的，应当整条引用。"第 5 条规定："行政裁判文书应当引用法律、法律解释、行政法规或者司法解释。对于应当适用的地方性法规、自治条例和单行条例、国务院或者国务院授权的部门公布的行政法规解释或者行政规章，可以直接引用。"

行政诉讼实践中，关于法律、行政法规的适用，一般不存在争议，即便有争议，也可以通过上位法优于下位法、新法优于旧法、特别法优于一般法等原则予以解决。《法治政府建设实施纲要（2021—2025 年）》提出："行政机关内部会议纪要不得作为行政执法依据。"这也不会存在争议。实践中出现争议较多的是有些文件，如在《立法法》施行之前，对无合法进口证明汽车、非法拼（组）装车等作出没收决定的依据分别是《国务院办公厅关于加强进口汽车牌证管理的通知》（国办发〔1993〕55 号）、《国务院对禁止非法拼（组）装汽车、摩托车通告的批复》（国函〔1996〕69 号）。1997 年，《国务院办公厅关于执行国办发〔1993〕55 号和国函〔1996〕69 号文件有关问题的复函》（国办函〔1997〕33 号）规定，这两个文件是经国务院批准发布的，具有行政法规效力，可以作为行政机关实施行政处罚的依据。行政管理类实践中还有一种规范性文件属于行政法规，即经国务院批准、由国务院部门公布的规范性文件。①《最高人民法院关于印发〈关于审理行政案件适用法律规范问题的座谈会纪要〉的通知》（法发〔2004〕96 号）对此种类型的规范性文件的效力作出了规定。此类规范性文件，根据《立法法》《行政法规制定程序条例》等规定，从形式上和立法程序看不属于行政法规，也未经

---

① 马怀德.新编中华人民共和国行政诉讼法释义［M］.北京：中国法制出版社，
2014:296.

国务院文件确认为行政法规，在实践中容易引起争议。

2.参照规章

《行政复议法》第37条第1款规定："行政复议机关依照法律、法规、规章审理行政复议案件。"与规章在行政复议中的审理依据不同，规章在行政诉讼中是"参照"。"参照"就有"附带审"的意味：原告起诉具体行政行为时如果认为行政行为依据的规章违法，必然会对所诉行政行为依据的规章提出异议，请求法院不予"参照"，法院也必然会审查规章的合法性，然后再决定是否参照。"参照"就意味着可适用也可不适用，合法的即适用，不合法的则不适用。① "参照"规章既不是无条件的适用规章，也不是一律拒绝适用规章。"参照"规章是指人民法院进行司法审查在没有法律、法规对相应问题作出明确、具体规定，且人民法院通过适当审查，认为相应规章对相应问题作出的规定是明确、具体且不与法律、法规、法理相违背的情况下，依据此种规章对被诉行政行为进行审查、评价，确定其合法性和有效性。② 所谓"参照"，即法院对行政行为的法律依据作合法性审查，若该法律依据不合法，法院可以在本案中不予适用。③ 所谓的"参照"，其意是指人民法院可以推定涉案规章的规定效力待定；只有经人民法院判断并确认合法之后，方能给予承认和适用。④ 有学者提出了行政审判"参照规章"应遵循的三个规则：一是要审查规章，判断规章的合法性；二是不是无条件适用规章，而是只适用合法的规章，对违法的规章则不予适用；三是如认为行政机关在行政行为中适用的规章违法，决定在行政裁判中不予适用，可在裁判

① 姜明安.行政诉讼法修改的若干问题［J］.法学，2014(3).
② 姜明安.行政诉讼法（第三版）［M］.北京：北京大学出版社，2016:269.
③ 章剑生.现代行政法基本理论［M］.北京：法律出版社，2008:576-582，转引自自章剑生.行政诉讼法修改的基本立场［J］.广东社会科学，2013(1).
④ 袁勇.规范性文件的司法附带审查［M］.北京：人民出版社，2021:169.

文书中说明理由，但不得在裁判文书中直接对规章的效力作出处分。①

王汉斌在《关于〈中华人民共和国行政诉讼法（草案）〉的说明》中指出，"对符合法律、行政法规规定的规章，法院要参照审理，对不符合或不完全符合法律、行政法规原则精神的规章，法院可以有灵活处理的余地"。②实务界有观点认为，参照是指行政规章从总体上对人民法院不具有绝对的约束力。③"参照"不同于"依据"，它是指法院在审理行政案件时，对规章是否合法有效进行判断，对于合法有效的应当适用；对于不符合或者不完全符合法律、法规原则精神的，法院有灵活处理的余地，可以不予适用。④

《最高人民法院关于印发〈关于审理行政案件适用法律规范问题的座谈会纪要〉的通知》（法发〔2004〕96号）规定："根据行政诉讼法和立法法有关规定，人民法院审理行政案件……参照规章。在参照规章时，应当对规章的规定是否合法有效进行判断，对于合法有效的规章应当适用。根据立法法、行政法规制定程序条例和规章制定程序条例关于法律、行政法规和规章的解释的规定，全国人大常委会的法律解释，国务院或者国务院授权的部门公布的行政法规解释，人民法院作为审理行政案件的法律依据；规章制定机关作出的与规章具有同等效力的规章解释，人民法院审理行政案件时参照适用。"法释〔2018〕1号第100条第2款规定："人民法院审理行政案件，可以在裁判文书中引用合法有效的规章及其他规范性文件。"本款所指规章的

---

① 姜明安. 为行政审判"参照规章"确立规则〔J〕. 中国法律评论，2019(2).
② 《中华人民共和国国务院公报》1989年第7号；中华人民共和国最高人民法院公报全集（1985—1994）〔M〕. 北京：人民法院出版社，1995:42.
③ 江必新. 行政诉讼法——疑难问题探讨〔M〕. 北京：北京师范学院出版社，1991:208.
④ 江必新，邵长茂. 新行政诉讼法修改条文理解与适用〔M〕. 北京：中国法制出版社，2015:238.

"引用"与司法解释的"援引"相等同,与"依据"相区别。①

人民法院行政审判观点认为,"参照"是介于"参考"和"依照"之间的一个概念,隐含审查之意,"参照规章"意味着人民法院具有对规章的审查权和选择适用权。"参照规章"应包括如下含义:第一,人民法院对于规章具有有限的司法审查权。第二,人民法院可以对规章的合理性进行审查。第三,对于规章,人民法院有一定程度的评价权,在审查和选择适用之后还可以把选择适用过程在裁判文书中予以公开。第四,对于规章可按照《立法法》第四章第二节的规定进行审查,主要包括以下几个方面:规章是否现行有效;规章是否超越权限;规章的内容是否符合上位法规定;规章的制定是否符合法定程序。第五,如果人民法院对于规章的合法性难以判断的,可以按照《立法法》第97条的规定,逐级上报相应级别的人民法院征求有关机关的意见。②

人民法院裁判文书认为,判断行政行为是否合法,应当以行政行为作出时的法律、法规、规章为依据③;《行政诉讼法》第63条第3款规定"人民法院审理行政案件,参照规章",也就是说,人民法院审理案件时可以对规章的规定是否合法有效进行判断,对于合法有效的规章予以适用,对于不合法或无效的规章不予适用④。

———————

① 最高人民法院行政审判庭.最高人民法院行政诉讼法司法解释理解与适用(上)[M].北京:人民法院出版社,2018:467.
② 姜伟.最高人民法院第四巡回法庭疑难案件裁判要点与观点[M].北京:人民法院出版社,2020:559—561.
③ 最高人民法院(2017)最高法行申2930号。
④ 最高人民法院(2019)最高法行申3296号。

案例指引

案例一

▶ **裁判要旨**　法律规范的理解和适用

▶ **案号索引**　最高人民法院（2018）最高法行申 9422 号

▶ **文书摘要**　每个法律规范都是统一的法律整体的一部分，也是某一法律部门的一部分，它的功能的发挥是以与其他规范相互配合为条件的。因此，为正确理解和适用某一个法律规范，就必须同其他法律规范联系起来，通过解释前后法律条文和法律的内在价值与目的，来明晰这个具体法律规范的含义。

案例二

▶ **裁判要旨**　报经国务院审批的通告具有行政法规效力

▶ **案号索引**　上海市高级人民法院（2004）沪高行终字第 7 号

▶ **文书摘要**　《关于禁止非法拼（组）装汽车、摩托车的通告》是国家工商局、公安部、海关总署、国家计委、机械部、外经贸部、国家机电产品进出口办公室等 7 部委办为贯彻实施国家发布的汽车工业产业政策，打击非法拼（组）装汽车、摩托车活动，保证汽车、摩托车生产经营的正常秩序，起草制定并报经国务院审批，具有行政法规的效力。海关的职权来源于法律、法规的授权。《通告》第 3 条规定，对非法拼（组）装车辆的行为，工商行政管理机关、公安机关、海关依据各自的职责没收销货款、未销售的车辆及进口件。被上诉人上海甲海关是中国海关的组成部分，其对非法拼（组）装车辆的违法行为，具有作出行政处罚的执法主体资格。①

● 案例三

▶ **裁判要旨**　国际贸易行政案件的法律、法规适用

▶ **案号索引**　天津市第二中级人民法院（2012）二中行初字第2号

▶ **文书摘要**　根据2010年《知识产权海关保护条例》第16条、《海关关于〈中华人民共和国知识产权海关保护条例〉的实施办法》第21条第2款规定，海关发现进出口货物有侵犯备案知识产权嫌疑的，有权依据知识产权权利人的申请、担保对涉嫌侵权货物进行扣留。本案中，甲海关依据乙公司的申请和担保作出的被诉扣留决定事实清楚，证据确凿，程序合法。依据最高人民法院《关于审理国际贸易行政案件若干问题的规定》第7条"根据行政诉讼法第五十二条第一款及立法法第六十三条第一款和第二款规定，人民法院审理国际贸易行政案件，应当依据中华人民共和国法律、行政法规以及地方立法机关在法定立法权限范围内制定的有关影响国际贸易的地方法规。地方性法规适用本行政区域内发生的国际贸易行政案件。"之规定，甲海关作出被诉具体行政行为适用国内法律、行政法规正确。

（二）法律适用原则

1."法不溯及既往"原则

载入1804年《法国民法典》第2条规定的古罗马法律格言曰："法律仅

---

① 最高人民法院中国应用法学研究所.人民法院案例选（分类重排本）·行政与国家赔偿卷［M］.北京：人民法院出版社，2017:522-529.

仅适用于将来，没有溯及力。"这一格言涉及的是法的溯及力问题。① 溯及既往，"是指具有溯及力的法律把过去的法律事实的后果纳入它的管辖范围并因此影响这些后果"。② "法不溯及既往"，系指新的法律不得适用于其施行前的行为与事项，是世界上通用的一项法律适用原则。③ 法不溯及既往原则，意指新法不得适用于其施行前已终结的事实和法律关系。④ 法律不溯及既往，是指法律文件的规定仅适用于法律文件生效以后的事件和行为，对于法律文件生效以前的事件和行为不适用。⑤ 相应地，溯及既往则系指法律文件适用于"它生效前所发生的事件和行为"。⑥

《立法法》第 104 条规定："法律、行政法规、地方性法规、自治条例和单行条例、规章不溯及既往，但为了更好地保护公民、法人和其他组织的权利和利益而作的特别规定除外。""法不溯及既往"是一项基本的法治原则。这也是世界上大多数国家通行的原则；在我国，"法无溯及力"同样适用于民法、刑法、行政法等方面。⑦ 该条规定继承了 2000 年《立法法》第 84 条的规定，有学者将其概括为"从旧兼有利"原则。⑧ 该原则可以作如下理解：第一，法律不溯及既往的法律是指法律、行政法规、地方性法规、自治条例、单行条例和规章。第二，所谓"从旧"即"法律不溯及既往"；"旧法"

---

① 朱力宇.关于法的溯及力问题和法律不溯既往原则的若干新思考 [J].法治研究，2010(5).
② 弗里德里希·卡尔·冯·萨维尼.法律冲突与法律规则的地域和时间范围 [M].李双元，张茂，等，译.北京：法律出版社，1999:206.
③ 胡建淼，杨登峰.有利法律溯及原则及其适用中的若干问题 [J].北京大学学报（哲学社会科学版），2006(6).
④ 杨登峰.民事、行政司法解释的溯及力 [J].法学研究，2007(2).
⑤ 曹康泰.中华人民共和国立法法释义 [M].北京：中国法制出版社，2000:203.
⑥ 杨登峰.何为法的溯及既往——在事实或其效果持续过程中法的变更与适用 [J].中外法学，2007(5).
⑦ 乔晓阳.《中华人民共和国立法法》导读与释义 [M].北京：中国民主法制出版社，2015:291-292.
⑧ 朱力宇.立法学 [M].北京：中国人民大学出版社，2006:148.

是指"行为时法"或"事件发生时法"。第三，所谓"有利"主要指对法律调整的对象有利，即为了更好地保护公民、法人和其他组织的权利和利益，这些都是私权利主体而非公权力主体的权利和利益。第四，所谓"有利"是指既有利于保护实体方面的权利和利益，又有利于保护程序方面的权利和利益，而且，这些权利和利益往往是比较具体的。第五，在通常情况下，"从旧"与"有利"是一致的。但是在有些情况下，"从旧"与"有利"未必一致，因此可以按照有利于私权利主体的指向，部分溯及既往。①

《最高人民法院关于〈行政诉讼法〉施行前法律未规定由法院受理的案件应如何处理的批复》（[1993]民行他字第10号）规定："（行政侵权行为）案发在行政诉讼法施行之前（1988年），当时的法律没有规定法院受理此类案件，因此，人民法院不能受理。"《最高人民法院关于〈中华人民共和国国家赔偿法〉溯及力和人民法院赔偿委员会受案范围问题的批复》（法复[1995]1号）第1条规定："根据《国家赔偿法》第三十五条规定，《国家赔偿法》1995年1月1日起施行。《国家赔偿法》不溯及既往。"

任何原则都是相对的，都可能有例外。对于法不溯及既往这项原则来说，主要是从轻例外，即当新的法律规定减轻行为人的责任或者增加公民的权利时，作为法律不溯及既往原则的一种例外，新法可以溯及既往；为了更好保护公民、法人和其他组织的权利和利益，法律规范可以有溯及力。②

---

① 朱力宇.关于法的溯及力问题和法律不溯既往原则的若干新思考[J].法治研究，2010(5).

② 乔晓阳.《中华人民共和国立法法》导读与释义[M].北京：中国民主法制出版社，2015:292.

案例指引

● 案例一

▶ **裁判要旨**　新行政诉讼法增设的关于确认行政行为无效的规定不适用于其生效前的行政行为

▶ **案号索引**　最高人民法院（2019）最高法行申 4325 号

▶ **文书摘要**　《最高人民法院关于适用〈中华人民共和国行政诉讼法〉的解释》第162条规定，公民、法人或者其他组织对2015年5月1日之前作出的行政行为提起诉讼，请求确认行政行为无效的，人民法院不予立案。该规定的法理依据在于，法律不溯及既往是指法律文件的规定仅适用于法律文件生效以后的事件和行为，对于法律文件生效以前的事件和行为不适用。《行政诉讼法》于2014年进行了第一次修正，增设了关于确认行政行为无效的规定，并于2015年5月1日开始实施。根据法律不溯及既往这一原则，《行政诉讼法》增设的关于确认行政行为无效的规定不适用于其生效前的行政行为。

● 案例二

▶ **裁判要旨**　原告起诉请求确认2015年5月1日之前的行政行为无效的处理

▶ **案号索引**　最高人民法院（2019）最高法行申 7546 号

▶ **文书摘要**　根据《最高人民法院关于适用〈中华人民共和国行政诉讼法〉的解释》第162条规定，对请求确认行政行为无效的审理属于修改后的行政诉讼法作出的新规定，确认行政行为无效属于实体法规则，应遵循法不溯及既往原则。在修改后的行政诉讼法实施之前，对于当事人提起确认行政行为无效诉讼的审理缺乏实体法规则，为了节约司法资源和诉讼成本，没有必要允许提起确认无效诉讼。但因当时允许当事人提起撤销之诉，故从实质化解行政争议、减少当事人诉累及循环诉讼的角度出发，在《最高人民法院关于适用〈中华人民共和国行政诉讼法〉的解释》实施后，原告起诉请求确认 2015 年 5 月 1 日之前的行政行为无效的，人民法院应参照该解释第 94 条第 2 款的规定，首先需向当事人释明可将确认无效之诉变更为撤销之诉，当事人拒绝变更的，才能不予立案或驳回起诉。同时，因《最高人民法院关于适用〈中华人民共和国行政诉讼法〉的解释》不允许原告对 2015 年 5 月 1 日之前的行政行为提起确认无效之诉，因此人民法院也就没有必要在释明前审查被诉行政行为是否属于无效情形。

2. "实体从旧，程序从新"原则

"实体从旧，程序从新"是公认的行政法理论。如果把法律分为实体法和程序法，则实体法遵循的是不溯及既往原则，而程序法遵循的是溯及既往原则，即所谓"实体从旧，程序从新"。实体溯及既往会影响法的安定性和人民对旧法的信赖利益，而程序法溯及既往反而可能有助于新法迅速妥适地适用。所以，程序法溯及既往作为原则是国内外法律界的共识。[①] 有观点认为，实体法均以不溯及既往为其基本原则。我国刑法中所坚持的从旧兼从轻原则，实际上是不溯及既往原则的灵活运用。但程序法无此原则，与实体法相反的是，在新程序法生效时尚未处理的案件，均应采取程

---

① 胡建淼，杨登峰.有利法律溯及原则及其适用中的若干问题 [J].北京大学学报（哲学社会科学版），2006(6).

序从新原则，依照新程序法处理。① 实体法遵循的是不溯及既往原则，而程序法遵循的是溯及既往原则。这是因为实体法创造、确定和规范权利和义务，而程序法不创造新的权利和义务，只是提供法律救济和实现权利的方法和途径。② 但也有观点认为，实体从旧、程序从新原则不是法不溯及既往原则之外的新的原则，更不是对法不溯及既往原则的否定；相反，实体从旧、程序从新原则是法不溯及既往原则适用于实体法和程序法的具体体现，是对法不溯及既往原则的进一步阐释。③ 实务界则有观点认为，就行政诉讼而言，所谓的"实体从旧，程序从新"原则，主要是指判断行政行为合法性的标准应当"从旧"，须按照行政行为作出时的法律规范来判断；对于行政行为合法性的评判程序和裁判方式的选择，一般说来并不直接影响合法性评价标准问题，可以"从新"适用审理和裁判的规则。④

《立法法》第 104 条规定："法律、行政法规、地方性法规、自治条例和单行条例、规章不溯及既往，但为了更好地保护公民、法人和其他组织的权利和利益而作的特别规定除外。"《关于审理行政案件适用法律规范问题的座谈会纪要》（法发〔2004〕96 号）规定："根据行政审判中的普遍认识和做法，行政相对人的行为发生在新法施行以前，具体行政行为作出在新法施行以后，人民法院审查具体行政行为的合法性时，实体问题适用旧法规定，程序问题适用新法规定，但下列情形除外：（一）法律、法规或规章另有规定的；（二）适用新法对保护行政相对人的合法权益更为有利的；（三）按照具体行

---

① 卓泽渊. 法学导论（第三版）［M］. 北京：法律出版社，2021:57.
② 王艳彬. 对行政诉讼法新司法解释第 162 条的理解与适用［J］. 法律适用·司法案例，2018(16).
③ 黄群，刘颖.《公证法》中救济性条款适用程序从新原则的意义——从有利于保障当事人利益的角度来谈［J］. 中国司法，2006(6).
④ 赵大光，李广宇，耿宝建. 行政诉讼法新旧法衔接的几个具体问题［N］人民法院报，2015-5-13(5).

政行为的性质应当适用新法的实体规定。"该规定体现了"实体从旧，程序从新"原则。该原则系为解决行政案件审理过程中出现相关法律法规变动时，如何判断案件法律适用的问题。根据该原则，如果法律的变更与被诉行政行为合法性相关（即"实体"规定），原则上应以行政行为作出时有效的法律作为判断标准；反之，如果法律的变更只是与本案争诉的程序相关（即"程序"规定），则原则上应适用新法。①

《最高人民法院行政审判庭关于当事人起诉的行政行为发生在行政诉讼法施行以前，起诉时行政诉讼法已施行且未超过起诉期限的，人民法院是否受理问题的答复》（〔2004〕行他字第21号）规定："从请示案件的材料看，被诉具体行政行为在《中华人民共和国行政诉讼法》实施之前即已作出，故当事人的起诉应当适用《行政诉讼法》实施之前的法律及相关司法解释的规定。"《行政审判办案指南（一）》规定："行政处罚作出过程中法律规定发生变化时的选择适用问题。被诉行政处罚决定作出过程中新法开始施行的，一般按照实体从旧、程序从新的原则作出处理，但新法对原告更有利的除外。"

案例指引

● 案例一

▶ **裁判要旨**　实体从旧，程序从新

▶ **案号索引**　最高人民法院（2016）最高法行申1847号

▶ **文书摘要**　本案一审判决作出时，修改后的《行政诉讼法》已经施

---

① 贺小荣. 最高人民法院第二巡回法庭法官会议纪要（第一辑）〔M〕. 北京：人民法院出版社，2019:356.

行，二审判决援引修改后的《行政诉讼法》并无不当。况且，二审判决所援引的《行政诉讼法》第89条属于程序性规定，根据《最高人民法院关于适用〈中华人民共和国行政诉讼法〉若干问题的解释》第26条第3款之规定，在申请再审或者人民法院依照审判监督程序再审的案件中，程序性规定可以适用修改后的《行政诉讼法》。根据"举重以明轻"以及"实体从旧、程序从新"的法律适用原则，对于程序性规定，人民法院在二审案件中适用修改后的行政诉讼法不存在法律适用的错误。

● 案例二

▶ **裁判要旨**　新《行政诉讼法》的适用

▶ **案号索引**　最高人民法院（2017）最高法行申144号、（2017）最高法行再99号

▶ **文书摘要**　《行政诉讼法》作为行政诉讼程序的基本法，《行政诉讼法》修改后的条款除非明确规定不溯及既往或者因条款性质不适宜溯及既往，原则上对有关受案范围、审理程序、裁判种类等属于法院裁判职权专属事项的规定，人民法院均应当适用该新的规定作出裁判。

3."从旧兼从轻"原则

总体而言，对于法的溯及力可分为四种处理类型：从旧、从新、从新兼从轻、从旧兼从轻，这四种主张都有各自的理论基础。[1]"法不溯及既往"不是一项绝对原则，它常被在一定条件下"法可溯及既往"原则所补充。"法可溯及既往"，系指新的法律在一定条件下可以作为处理以前事项的依据。

---

[1]　闫嘉琦.论行政处罚中的实体从旧兼从轻原则［J］.广西政法管理干部学院学报，2020(1).

按其效果，可以分为"不利溯及"与"有利溯及"两类。《立法法》第84条"但书"就规定的是有利法律溯及原则。①

《行政处罚法》新增第37条，明确规定了行政处罚领域的从旧兼从轻原则。"从旧，即禁止溯及既往，从时间维度上，体现了处罚法定理论。从轻，属于禁止溯及既往的例外情形，有利于保护当事人的合法权益，在指导思想上与处罚法定是完全契合的。从旧兼从轻，适合于'违责罚'诸环节，丰富了处罚法定理论。当然，对于行政处罚程序而言，应当适用程序从新原则，并不适用从旧兼从轻。"②《行政处罚法》第37条的规定主要基于近年来我国法律法规修改比较频繁，管理对象、管理行为、违法行为的设定、社会危害性的考量等都在变化。规定从旧兼从轻的适用规则，有利于行政机关实施有效管理，也有利于现行法律法规的有效实施。③

案例指引

● 案例一

▶ **裁判要旨**　考虑新旧法律规范更替情形，采取从旧兼从轻原则

▶ **案号索引**　广东省高级人民法院（2019）粤行申 1508 号

▶ **文书摘要**　行政复议机关于 2017 年 11 月 14 日作出被诉行政复议决定时，新《建设项目环境影响评价分类管理名录》（环境保护部令第 44 号）已于 2017 年 9 月 1 日施行，并且新《建设项目环境保护管理条例》

---

① 胡建淼，杨登峰.有利法律溯及原则及其适用中的若干问题［J］.北京大学学报（哲学社会科学版），2006(6).
② 黄海华.新行政处罚法制度创新的理论解析［J］.行政法学研究，2021(6).
③ 赵振华.新修订的《行政处罚法》对行政执法的新要求［J］.中国司法，2021(4).

（2017）也于同年10月1日起施行。新修改的管理名录将仓储项目（其他）的环境影响评价等级从"环境影响报告表"下调为"环境影响登记表"类别。根据《建设项目环境保护管理条例》（2017）第19条的规定，配套建设的环境保护设施经验收合格，方可投入生产或者使用的包括编制环境影响报告书、环境影响报告表的建设项目，并不包括填报环境影响登记表的建设项目。仓储项目（其他）自2017年10月1日起，除了建设前需要备案管理，其需要配套建设的环境保护设施不需要经过竣工验收，仓储项目（其他）即可投入生产或使用。复议机关在作出被诉行政复议决定时应考虑到新旧法律规范更替的情形，采取在新旧法之间从旧兼从轻原则，适用新法规、规章对本案作出处理，复议机关作出复议维持决定，有所不妥，应予以撤销。据此，二审法院判决撤销一审判决，撤销涉案行政处罚决定书以及行政复议决定书，并无不当。

● 案例二

▶ **裁判要旨**　符合从旧兼从轻原则

▶ **案号索引**　山东省泰安市中级人民法院（2020）鲁09行终160号

▶ **文书摘要**　一审法院认为，根据《城乡规划法》第64条、《城市规划法》第40条规定，被告具有作出被诉行政处罚决定的法定职责。因原告违法行为发生在《城乡规划法》施行前，且根据原告违法行为的具体情形，适用《城乡规划法》的相关规定并非对原告更有利，故被告对本案实体问题以《城市规划法》为判断依据进而作出被诉行政处罚决定，符合实体从旧兼从轻原则，不属于适用法律错误。二审法院认为，被上诉人对本案实体问题以《城市规划法》为判断依据进而作出被诉行政处罚决定，符合实体从旧兼从轻原则，不属于适用法律错误。

4."从新兼有利"原则

基于不同的刑事政策理念，各国奉行不尽相同的刑法溯及力原则。大体而言，有从旧原则、从新原则、从新兼从轻原则、从旧兼从轻原则。[①] 我国刑法规定的是从旧兼从轻原则。[②] 但在我国目前有关刑法溯及力的司法解释中，从旧兼从轻原则已经被突破，司法解释已经部分承认从新兼从轻原则。[③] 从新兼从轻原则是指新法原则上溯及既往，但旧法不认为是犯罪或者处刑较轻的，则应按照旧法处理。[④] 近年来，有观点提出，关于我国刑事再审程序中新旧刑事诉讼法究竟应当如何适用的问题，应当在坚持刑事诉讼法从新适用原则之基础上兼采有利于原审被告人的原则，即应当确立"从新兼有利原则"作为我国刑事再审程序中刑事诉讼法时间效力的基本原则。[⑤]

有观点认为，对于法的溯及保护力，当新法赋予某些利益以权利或更多权利时，则没有理由拒绝给予在新法生效前产生且仍在新法保护期内的利益以新法保护。当新法较诸旧法克减了某些权利，应根据有利于权利人的原则对新法生效前确认的权利依旧法继续保护，直至该权利依旧法而丧失或权利人自愿放弃。否则，依新法克减依旧法取得的权利，就会破坏权利人的收益预期，因立法因素而使权利人的利益受损。因此，法的保护力原则上应溯及既往，即法的溯及保护力应采取从新兼有利原则。[⑥⑦]

行政领域对"从新兼有利原则"关注相对较少。实务界有观点认为，以

① 刘仁文.关于刑法溯及力的两个问题 [J].现代法学，2007(4).
② 曲新久.论刑法解释与解释文本的同步效力——兼论刑法适用的逻辑路径 [J].政法论坛，2006(2).
③ 姜涛.刑法溯及力应全面坚持从旧兼从轻原则 [J].东方法学，2019(4).
④ 刘仁文.关于刑法溯及力的两个问题 [J].现代法学，2007(4).
⑤ 汪海燕.刑事冤错案件的制度防范与纠正 [J].比较法研究，2017(3).
⑥ 郭日君.论法的溯及力的几个问题 [J].中国社会科学院研究生院学报，2004(1).
⑦ 孙晓敏，潘宜诚.法的溯及力实证分析——以新《企业破产法》为视角[J]法学杂志，2007(5).与注释⑥的表述有所不同。

新旧药品管理法为例，如果行政相对人的行为和行政机关的处理决定均发生在新的药品管理法生效之前，应当适用旧的药品管理法；如果行政相对人的行为和行政机关的处理决定均发生在新的药品管理法生效之后，应当适用新的药品管理法；如果行政相对人的行为发生在新的药品管理法生效之前，行政机关的行政处理决定发生在新的药品管理法生效之后，应当遵循实体从旧程序从新的原则。但是，如果行政相对人的行为适用旧法属于违法行为，而适用新法不属于违法行为，应当适用新法，遵循从新从优原则；如果行政相对人的行为无论适用旧法、新法均属于违法行为，而新法的行政处罚较之旧法轻，应当适用新法，遵循从新兼从轻原则。①

案例指引

● 案例一

▶ **裁判要旨** 从新兼有利原则的适用

▶ **案号索引** 最高人民法院（2021）最高法行申 8524 号

▶ **文书摘要** "从新兼有利原则"是行政法律适用基本原则之一，即新旧实体法对当事人权益保障不一致时，原则上按新法执行，但旧法对相对人更为有利的除外。与刑法适用中的"从旧兼从轻原则"类似，行政实体法中的"从新兼有利原则"，同样会在实践中产生类似于刑罚实施中的"法定刑轻重比较"抑或"处断刑轻重比较"结果的不一致。新旧法律规范规定不可能完全一致，新旧法律规范的不一致既可能有利也可能不利于特定当事人，甚至总体判断与个案判断、法律体系判断与个

---

① 杨临萍. 药品行政案件的司法审查［J］. 人民司法，2002(5).

别法条判断的有利与不利会互相冲突。行政执法强调统一、高效、便捷与公平。行政执法与刑法执行不论是在执法主体、执法能力、执法数量和效率上，都有较大不同；且无论是坚持类似于"法定刑轻重比较"原则，还是坚持"处断刑轻重比较"原则，得出的结论均可能不同；何况对不同诉求的相对人而言，除数额大小可以衡量之外，其他行政处分的有利抑或不利的判断标准更难统一。因此，要求行政机关分别适用不同法律规范计算后，再选择适用对相对人有利的法律规范，可能严重影响行政执法的统一、高效、便捷与公平。尤其是本案所谓的新旧规范性文件还非同一制定机关制定，更是加剧了行政执法有利或不利判断上的困难。因此，行政机关在按照"从新兼有利原则"选择适用法律规范时，只要不存在选择性执法、不损害当事人重大权益、不存在明显不公正等情形，人民法院应予尊重。

● 案例二

▶ **裁判要旨**　从新兼有利原则的适用

▶ **案号索引**　江苏省南通市中级人民法院（2022）苏 06 行终 839 号

▶ **文书摘要**　《建设工程质量管理条例》属上位法、一般法，《住宅室内装饰装修管理办法》属下位法、特别法，两法适用总体应当体现下位法与上位法、特别规定与一般规定的适用关系。对住宅竣工验收合格后的装饰装修工程管理，《建设工程质量管理条例》与《住宅室内装饰装修管理办法》在适用范围上存在重合。对此，原则上应当按照从新兼有利的法律适用规则，在适用《住宅室内装饰装修管理办法》第 38 条上述规定能够实现行政管理目标的，就不宜适用处罚结果更重的《建设工程质量管理条例》第 69 条规定，以体现过罚相当原则和比例原则。

434

（三）适用法律、法规错误

行政诉讼法律适用，是指人民法院在审理行政案件、审查行政行为合法性的过程中，具体运用法律规则作出裁判的活动。行政行为法律适用，是指行政主体及其工作人员，依据法定的职权和程序，针对行政管理中发生的具体案件事实，选择并引用特定的法律规范，作出具体的处理或行政决定，产生特定法律效果的行为和活动。行政诉讼法律适用与行政行为法律适用既有联系又有区别。区别在于：法律适用的主体不同、法律适用的主动性不同、适用的法律依据不同、适用的目的不同、适用的结果不同。[①] 所谓法律适用，是指人民法院按照法定程序，将法律、法规、规章和其他规范性文件具体运用于行政案件，对行政行为进行合法性审查的活动。[②]

《人民法院组织法》第 2 条第 2 款明确规定，人民法院通过审判行政案件，"维护国家法制统一、尊严和权威"是法院的任务之一。《行政诉讼法》第 69 条规定了合法行政行为的标准之一"适用法律、法规正确"。适用法律法规正确是指行政机关实施具体行政行为时，正确适用了相应的法律法规，所适用的法律法规正是调整相应具体行政行为的，或者说是相应具体行政行为正是受行政机关所适用的那些法律法规所调整的[③]；行政机关作出具体行政行为时，适用法律法规是否正确，以及依照法定条件进行行政处罚或处理的性质、种类和程度等，都是审查具体行政行为适用法律是否合法的内

---

① 姜明安. 行政法与行政诉讼法（第七版）[M]. 北京：北京大学出版社，高等教育出版社，2019:508-509.

② 梁凤云. 行政诉讼讲义（下）[M]. 北京：人民法院出版社，2022:839.

③ 罗豪才. 行政法学 [M]. 北京：北京大学出版社，1996:423-424. 转引自朱新力. 司法审查的基准：探索行政诉讼的裁判技术 [M]. 北京：法律出版社，2005:43.

容①。需要注意的是，这里的"适用法律、法规正确"，需作广义理解，而不能与《行政诉讼法》第70条第2项中的"适用法律、法规错误"等量齐观。其原因是第70条对行政行为不合法与本条对行政行为合法所采用的基准并不完全扣合。② 有学者提出，法律冲突在所难免，宪法和法律对此早有预测，并已在制度上作出了一定安排。《宪法》规定的冲突规则仅为上位法优于下位法一条，《立法法》规定的冲突规则除此之外还有新法优于旧法、特别法优于一般法等规则。而实践中法院所适用的稍有争议的是第4条冲突规则，即属地优先规则。这一规则也是针对同一位阶法律的冲突规则，但在司法适用中并不多见。③

适用法律法规错误是指，行政主体在面对相关案件事实作出具体行政行为时，不正确地适用了法律法规，从而引起瑕疵或违法的状态。④ 实务界有观点认为，所谓适用法律、法规错误，从总体上来说是指行政机关在作出行政行为时，适用了不应该适用的法律、法规，或者没有适用应当适用的法律、法规。从形式上说，适用法律、法规错误是指本应适用某个法律、法规，而适用了另外的法律、法规；本应适用法律、法规中的某个条文，而适用了另外的条文；本应适用有效的法律、法规，而适用了已经失效或者尚未生效的法律、法规；本应全面准确地适用法律、法规，而仅适用了其中的某一部分或者某一个条款；本应适用上位法、特别法、新法，却适用下位法、一般法、旧法；本应适用某一条款，却没有说明所依据的法律或者援引具体法律条文。但从实质来讲，适用法律、法规错误，除了

---

① 马原.中国行政诉讼法讲义［M］.北京：人民法院出版社，1990:183.
② 《行政诉讼法及司法解释关联理解与适用》编委会.行政诉讼法及司法解释关联理解与适用（下册）［M］.北京：中国法制出版社，2018:671.
③ 王贵松.法院对法律冲突问题的应对：现状与前瞻［J］.法商研究，2010(2).
④ 成协中.行政法案例研习［M］.北京：中国政法大学出版社，2023:75.

某些技术性的错误以外（这种错误也可以导致定性和处理结果上的差错），通常表现为行政机关对事实的定性错误，对法律、法规适用范围和效力的把握错误，对法律、法规的原意、本质含义和法律精神理解、解释的错误，或者有意片面适用有关法律、法规等。①

有观点认为，适用法律法规错误的考量标准为：第一，适用的法律法规是否与案件事实对应；第二，适用的法律法规是否与当事人对应；第三，适用的法律法规是否与行政职权对应；第四，适用的法律法规是否与行为方式对应。② 行政适用法律错误主要表现为行政法原则与行政法规则、行政单选规则与行政多选规则、行政法上位法与行政法下位法、行政实体法与行政程序法和行政法条款项的适用错误。③ 也有学者提出，适用法律、法规错误主要有相应行政行为适用的法律、法规与上位阶的法律、法规相抵触等7种情况。④ 还有学者统计了《最高人民法院公报》自1985年至2018年6月底的115个案件，其中以"适用错误"为判决理由的27个案件，主要表现为未引用依据、依据效力存在问题、适用依据错误、引用不全或引用笼统、解释错误等五类具体形态。⑤ 实务界有观点认为，从审判实践看，适用法律、法规错误的表现形式主要包括：适用法律、法规性质错误；适用法律法规条文错误；适用了没有效力的法律规范；未适用应当适用的法条；没有适用法条中必须适用的内容。⑥

① 《行政诉讼法及司法解释关联理解与适用》编委会.行政诉讼法及司法解释关联理解与适用（下册）[M].北京：中国法制出版社，2018:675-676.
② 张淑芳.行政主体适用法律法规错误研究[J].法律科学，2013(6).
③ 关保英.行政适用法律错误若干问题探讨[J].法学，2010(4).
④ 姜明安.行政诉讼法（第三版）[M].北京：北京大学出版社，2016:301-302.
⑤ 邵亚萍.类型化视野下行政行为"适用法律、法规错误"的再认识[J].浙江大学学报（人文社会科学版），2019(5).
⑥ 程琥.行政审判在助推法治政府建设中的特殊功能[M]//徐鹤喃，温辉.行政检察实务培训讲义（第三版）.北京：法律出版社，2022:58-60.

权威解读认为，实践中，适用法律、法规错误主要有以下几种情形：一是应当适用甲法，却适用了乙法；二是应当适用上位法、特别法、新法，却适用了下位法、一般法、旧法；三是应当适用某一条款，却适用了该法的其他条款；四是应当适用某一条款，却没有说明所依据的法律或者援引具体法律条文；五是适用尚未生效或者已经失效、废止的法律、法规等。①

人民法院会议纪要载明，适用法律错误情形大体能归入法律选择错误与法律理解错误的范畴。法律选择错误可以进一步细分为冲突解决规则运用错误、法律门类选择错误、条款项目选择错误等具体情形；法律理解错误是指行政机关虽然适用了应当适用的条文，却未能准确把握该条文的含义和精神，导致对该条文的错误运用或片面运用，致使适用法律错误情形的发生。②

适用法律、法规错误常见情形有以下几种。

1. 没有法律依据

有观点认为，法律、法规及规章是通过每一条文来规定各种行为、事项的性质，对不同情节、情况的行为、事项应如何处理。行政机关的具体行政行为没有引用法律、法规、规章或者只引用了法律、法规、规章名称，没有引用具体条文，说明其应当适用的条文没有适用，故属于适用法律、法规错误。应当指出，没有引用法律、法规，但引用了规章的条文，不属于未适用法条的情形。③ 在一起案例中，人民法院认为，案涉《决定》未引用法律条款，形式上存在瑕疵，一审判决以案涉《决定》适用法律正确，予以维持不

---

① 信春鹰. 中华人民共和国行政诉讼法释义［M］. 北京：法律出版社，2014:187.

② 最高人民法院行政审判庭. 最高人民法院行政审判庭法官会议纪要（第一辑）［M］. 北京：人民法院出版社，2022:178–179.

③ 蔡小雪. 行政审判与行政执法实务指引［M］. 北京：人民法院出版社，2009:678–679.

当。[1] 在另一起案件中，人民法院认为，行政机关的任何具体行政行为，必须以明确的法律规定为依据。被上诉人的 172 号文件，没有说明作出该具体行政行为的法律依据，属适用法律不当。[2] 行政行为没有法律规范依据，是指行政主体作出行政行为时没有法律、法规、规章等规范性文件的依据。"行政行为没有依据"主要包括以下情况：一是行政行为毫无依据，即行政机关在作出行政行为时，缺乏任何法律依据，包括缺乏各个层级的规范性文件；二是行政行为虽然有规范性文件的依据，但该规范性文件与上位法直接、明显抵触，视为没有依据。[3]

案例指引

● 案例一

▶ **裁判要旨** 未经司法程序确认，行政机关以涉嫌犯罪为由撤销已经核准的许可缺乏法律依据

▶ **案号索引** 最高人民法院（2016）最高法行再 104 号

▶ **文书摘要** 在已经作出行政许可的情况下，撤销许可应当受到更加严格的限制。对当事人权利存在瑕疵、但已经取得许可后的撤销决定，人民法院对该行为合法性的审查标准应更加严格，非合理理由行政机关不得撤销已经作出的行政行为。就本案而言，若严格依照有关规定予以审核，可不予颁发许可证；作出许可后发现原已存在的事实，在何种情况下才能撤销是审查撤销许可行为合法性的必要内容。"涉嫌犯

---

① 最高人民法院（2002）行终字第 5 号。
② 《最高人民法院公报》2002 年第 3 期。
③ 甘肃省高级人民法院（2023）甘行终 320 号。

罪"不足以构成撤销许可的事由。当事人的行为是否构成犯罪至今未经司法程序确认,故行政机关以涉嫌犯罪为由撤销已经核准的许可缺乏法律依据。

● 案例二

▶ **裁判要旨**　　未引用具体法律依据

▶ **案号索引**　　湖北省高级人民法院(2020)鄂行终 474 号

▶ **文书摘要**　　根据《行政诉讼法》第 34 条规定,被告"应当提供作出该行政行为的证据和所依据的规范性文件";国发〔2004〕10 号《国务院关于印发全面推进依法行政实施纲要的通知》亦明确要求,行政机关实施行政管理,应当依照法律、法规、规章的规定进行;没有法律、法规、规章的规定,行政机关不得作出影响公民、法人和其他组织合法权益或者增加公民、法人和其他组织义务的决定。行政机关甲作出的撤销行政许可决定,未引用具体法律依据,且在诉讼中未能说明作出行政行为符合法律规定的具体规定,原判据此认定"行政机关甲撤销行政许可的行为没有法律依据,属适用法律错误",符合前述规定和通知精神,本院予以确认。

2.法律依据不正确

主要包括:应当适用 A 法律规范,而适用 B 法律规范;应当适用 C 条款,而适用 D 条款;适用已颁布但尚未施行的法律;适用已经失效、废止的法律;应当用新法而用旧法或者应该用旧法而用新法;应当用特别法而用一般法;下位法与上位法抵触而用下位法等。

案例指引

● 案例一

▶ **裁判要旨**　新法对其生效以前发生的事件和行为一般不适用

▶ **案号索引**　最高人民法院（2016）最高法行申415号

▶ **文书摘要**　《立法法》规定，"法律、行政法规、地方性法规、自治条例和单行条例、规章不溯及既往，但为了更好地保护公民、法人和其他组织的权利和利益而作的特别规定除外。"该规定是有关法的溯及力的规定，它确定了新法对其生效以前发生的事件和行为一般不适用，而应当适用当时的法律。根据最高人民法院《关于审理行政案件适用法律规范问题的座谈会纪要》第3条规定，行政机关甲局作出撤销变更登记的行为发生在2013年，但当事人乙公司申请变更登记和甲局作出变更登记是在2008年。根据上述关于新旧法律规范的适用规则的规定，变更登记行为是否违法属于实体问题，在无其他正当理由适用例外规定的情形下，应当适用工商变更登记行为时生效的法律，即2005年修改的公司法。故而，复议机关作出的被诉行政复议决定认为甲局应当引用2013年新修改的公司法，属适用法律错误。

● 案例二

▶ **裁判要旨**　对违法行为持续状态下处罚时效认定

▶ **案号索引**　最高人民法院（2019）最高法行申9767号

▶ **文书摘要**　因当事人的案涉违法行为从2010年开始持续存在，故应适用2017年《行政处罚法》第29条第2款"前款规定的期限，从违法行为发生之日起计算；违法行为有连续或者继续状态的，从行为终了之日起计算"之规定。一、二审法院适用 2017 年《行政处罚法》第 29 条第 1 款之规定，认定处罚决定超过两年处罚期限属于适用法律错误。

3. 法律依据不准确、不完整

适用的法律规范笼统称有关规定，未列明"条""款""项""目"。最高人民法院公报案例中"文书摘要"有两种情形：一是案涉决定没有指出适用的具体条款，是"适用法律不当"[①]；二是行政机关在依法实施具体行政行为时，仅说明所依据的法律名称，没有说明依据的具体法律条款，且不能证明其具体行政行为符合法律的哪些具体规定，构成违法，应予撤销。[②]

案例指引

● 案例一

▶ **裁判要旨** 　未明确适用的具体类型，适用法律不当

▶ **案号索引** 　最高人民法院（2018）最高法行再 6 号

▶ **文书摘要** 　被诉复议决定援引 2017 年《行政复议法》第 28 条第 1 款第 3 项作为法律依据时，未明确具体适用该项五种违法情形的具体类型，更未阐明具体理由，给当事人依法维权和人民法院合法性审查造成障碍，构成适用法律不当。

● 案例二

▶ **裁判要旨** 　未说明具体条款，适用法律错误

---

① 《最高人民法院公报》2000 年第 3 期。
② 《最高人民法院公报》2004 年第 4 期。

▶ **案号索引** 《最高人民法院公报》2002 年第 5 期；四川省泸州市中级人民法院（2001）泸行终字第 29 号

▶ **文书摘要** 认定行为所依据的法律第 19 条规定，该条分为三款，分别规定了一方、两方和三方当事人不同的责任情况，被上诉人适用的是哪个具体条款不清，属"适用法律错误"。

五、明显不当

《全面推进依法行政实施纲要》提出："行使自由裁量权应当符合法律目的，排除不相关因素的干扰。"《中共中央关于全面深化改革若干重大问题的决定》提出"规范执法自由裁量权"。《中共中央关于全面推进依法治国若干重大问题的决定》提出"建立健全行政裁量权基准制度"。《中共中央关于坚持和完善中国特色社会主义制度 推进国家治理体系和治理能力现代化若干重大问题的决定》提出"严格规范公正文明执法，规范执法自由裁量权"。《法治中国建设规划（2020—2025 年）》提出："全面推行行政裁量权基准制度，规范执法自由裁量权。"《法治政府建设实施纲要（2021—2025年）》提出"全面落实行政裁量权基准制度"。党的二十大报告提出"健全行政裁量基准"。

在行政领域中，"法律只规定'原则'，留出余地以便执法者自由裁量。这种原则性与灵活性的结合是现代行政的一个特色"。① 人民法院裁判文书载明，由于法律（法规）不可能事无巨细规范到社会关系的各个方面，为了提高行政效率，弥补法律（法规）不足，国家赋予行政机关在法律（法规）

---

① 龚祥瑞. 比较宪法与行政法［M］. 北京：法律出版社，1985:465.

规定的幅度和范围内享有一定选择余地的处置权力，这种权力即所谓的行政自由裁量权。行政自由裁量权是行政权的重要组成部分，也是现代行政的必然要求，但任何自由裁量权都要在自由裁量的范围内公正地行使。①

2014 年《行政诉讼法》修改时，增加了行政行为"明显不当"这一审查标准，同时继续维持法院对行政行为"是否合法"进行审查这一表述。这一方面说明，立法者鼓励法院对行政裁量的合理性进行适度的审查；另一方面也说明，立法者在合法性审查的概念上坚守了实质合法的观点，即明显不当也违法。②经由我国法院裁判实践的发展，已经逐步形成了"同案对比"的事实审、"规则适用"的法律审以及"利益均衡"的原则审等三种判定技术。③

"明显不当，其主要特征是行政机关及其工作人员实施的行政行为虽然没有违反法律的禁止性规定，但却明显不合情理或不符合公正要求。"④"明显不当"是明显的不合理、不公正，是具有通常法律意识和道德水准的人均可发现和认定的不合理、不公正。主要情形包括：行政处罚行为畸轻畸重；行政许可厚此薄彼；同样情况不同对待，不同情况同样对待；反复无常。⑤有学者提出，总结实践情况，行政行为明显不当的主要情形是：没有考虑依法应当考虑的因素；处理方式违反比例原则；没有正当理由的区别对待；违背业已形成的裁量基准；不考虑具体情况的"一刀切"处理。⑥"明显不当"主要指结果畸轻畸重，包括：处理结果违反比例，没有做到过罚相当；处理结果违反形式公正，没有平等对待，未遵守先例或惯例；结果明显不公正，

① 安徽省高级人民法院（2019）皖行终 729 号。
② 何海波.行政诉讼法（第 3 版）[M].北京：法律出版社，2022:104-105.
③ 周佑勇.司法审查中的行政行为"明显不当"标准[J].环球法律评论，2021(3).
④ 马怀德.新编中华人民共和国行政诉讼法释义[M].北京：中国法制出版社，2014:331.
⑤ 姜明安.行政诉讼法（第三版）[M].北京：北京大学出版社，2016:308-309.
⑥ 何海波.行政诉讼法（第 3 版）[M].北京：法律出版社，2022:337.

不符合常理，甚至达到荒谬的程度，且可以直接判决变更的。^①实务界有观点认为，行政行为明显不当，指的是行政行为严重违反行政合理性原则而不合适、不妥当或者不具有合理性。^②人民法院裁判文书载明，所谓明显不当，是指行政行为在客观上违反行政合理性原则而不具有合理性。^③

明显不当与滥用职权，都针对行政自由裁量权，但规范角度不同，明显不当是从客观结果角度提出的，滥用职权是从主观角度提出的。^④"明显不当"是指行政行为不与法律文字规定相抵触但不符合法律精神和法律原则，侧重于从客观结果上考察行政行为。在审查标准上，"明显不当"主要是指行政行为不符合比例原则、违反平等原则或缺乏正当程序。在新《行政诉讼法》的语境下，"滥用职权"应理解为主观方面的标准，即行政行为的目的必须正当、考虑因素必须相关、不相关因素必须排除；而"明显不当"则应当理解为客观方面的标准，即行政行为的客观过程必须符合程序正义、客观结果必须符合比例原则和平等原则。^⑤

人民法院裁判文书认为，因人民法院不能替代行政机关直接行使行政裁量权，对行政机关行使自由裁量权行政行为的司法变更限于该行为畸轻或畸重的情形，故在行政机关没有对相关标准调整的情况下，人民法院不宜通过裁判方式直接确定相关标准。这一认识也符合行政诉讼中司法权与行政权界限的划分。^⑥有观点认为，对行政机关自由裁量权的适当性进行审查时，应

---

① 余凌云.制定有关行政诉讼合理性审查的司法解释［N］.人民法院报，2023-2-16(3).
② 《行政诉讼法及司法解释关联理解与适用》编委会.行政诉讼法及司法解释关联理解与适用（下册）［M］.北京：中国法制出版社，2018:678.
③ 北京市第一中级人民法院（2022）京01行终383号。
④ 信春鹰.中华人民共和国行政诉讼法释义［M］.北京：法律出版社，2014:189-190.
⑤ 史笔，曹晟.新《行政诉讼法》中行政行为"明显不当"的审查与判断［J］法律适用，2016(8).
⑥ 最高人民法院（2017）最高法行申7073号。

当从其是否符合法律授权要求、程序是否合法、是否合理考虑相关因素三个方面进行综合考察。① 《行政诉讼法》第 77 条第 1 款规定："行政处罚明显不当，或者其他行政行为涉及对款额的确定、认定确有错误的，人民法院可以判决变更。"行政机关作出的行政处罚决定，如果与事实、性质、情节以及社会危害程度不相称，明显超过合理裁量范围，导致处罚结果畸重，就不符合"过罚相当"原则，构成《行政诉讼法》第 70 条第 6 项规定的"明显不当"。②

案例指引

● 案例一

▶ **裁判要旨**　催告履行通知书给予相对人自行履行期限严重不合理，行政强制执行行为明显不当

▶ **案号索引**　最高人民法院（2018）最高法行申 4658 号

▶ **文书摘要**　根据《行政强制法》第 5 条、第 13 条、第 35 条第 1 项、第 44 条等规定，……实施强制拆除前，应当发出催告履行通知书，要求被处罚人在合理的期限内自行拆除。但是，甲管委会在 2014 年 7 月 24 日作出处罚决定，仅给予乙公司 1 天的自行强制执行期限，26 日即作出强制执行决定，并实施强制拆除，上述行为违反《行政强制法》第 44 条关于"当事人在法定期限内不申请行政复议或者提起行政诉讼，又不拆除的，行政机关可以依法强制拆除"的规定。催告履行通知书给

---

① 章楚加，仲新建. 环境行政处罚自由裁量权的行使应符合授权、程序等要求 [J]. 人民司法（案例），2014(18).
② 广州铁路运输中级法院（2018）粤 71 行终 1892 号。

予乙公司自行履行期限严重不合理，行政强制执行行为明显不当。

● 案例二

▶ **裁判要旨**　违法行为的社会危害性较小，行政机关作出顶格处罚，明显不当

▶ **案号索引**　广东省高级人民法院（2019）粤行申 1508 号

▶ **文书摘要**　判断被诉行政处罚决定是否明显不当，关键在于审查被诉处罚决定是否与违法行为的性质、情节、危害后果相适应，是否符合裁量标准规定的幅度。如果当事人违法行为的社会危害性较小，行政机关作出顶格处罚，属于量罚过重，不符合合理行政原则和"处罚和教育相结合"原则，该处罚明显不当。

第八章 行政诉讼裁判原则

在法治国家中，行政机关的执法活动不仅需要遵循法律规则的控制，还要接受法律原则的制约。法律原则是法律规则的生命，体现了法律规则所内蕴的价值，是其正当化的根据。[①]当某一法理达到一定的厚度和宽度而被立法者写入制定法之后，可称之为法律原则。[②]在整个行政法律体系之中，法律原则可以由个案归纳而来，也可以是法的价值的具体化，其地位低于法律目的和价值，而高于法律规则，法律规则是法律原则的具体化。法律规则具体设定了法律要件和法律后果，而法律原则只是提供一个盖然的指导。我国法院在司法实践中也开始运用法律原则来审理案件。[③]在制定法律规则，进

---

① 姜明安.行政执法研究［M］.北京：北京大学出版社，2004:73,75.
② 章剑生.行政诉讼合法性审查中"法"的重述［J］.中外法学，2023(1).
③ 王贵松.论行政法原则的司法适用——以诚实信用和信赖保护原则为例［J］.行政法学研究，2007(1).

行司法推理或选择法律行为时，原则是不可缺少的，特别是遇到新奇案件或疑难案件，需要平衡互相重迭或冲突的利益，为案件寻找合法的解决办法时，原则是十分重要的。在没有现成规则可以适用的情况下，只要有概念和原则，照样可以作出适当的决定。这是现代法的一项重要技术。① 早期的行政法教科书没有谈到法律原则，并不表示他们反对法律原则成为法律的一部分。实际上，主流的教科书不但主张行政行为应当符合法律、法规意义上的"合法性"，还应当符合"合理性"，并认为这是行政法治不可缺少的一部分。此后，行政法学界更是认识到法律原则的重要性，特别强调法律原则应当成为司法审查的标准。② 如果说，人民法院以往还不太习惯运用法律原则来审查行政行为、裁判案件，那么，这种现象正在悄悄地改变，有些法院开始在一些案件中直接或间接地援引法律原则进行判决。③ 最高人民法院和各地方法院援引行政法一般原则，进行法律解释或直接判决的案例，比以往增加不少，这是不争的事实。④ 法律原则进入司法适用往往是为了缓解个案正义与成文法规则漏洞之间的紧张状态。⑤ 实务界也有观点认为，行政诉讼制度在一些基本概念、体例结构和立法技术上，也借鉴了其他国家一些行政诉讼制度方面的优秀成果，比如正当程序、比例原则，等等。⑥

　　人民法院很多裁判文书中涉及行政法的原则，如，最高人民法院（2004）行终字第6号涉及正当程序原则和信赖利益保护原则，最高人民

---

① 张文显.规则·原则·概念——论法的模式 [J].现代法学，1989(3).
② 何海波.正当程序原则的正当性：一场模拟法庭辩论 [J].政法论坛，2009(5).
③ 罗豪才.现代行政法制的发展趋势 [J].国家行政学院学报，2001(5).
④ 沈岿.行政法变迁与政府重塑、治理转型——以四十年改革开放为背景 [J].中国法律评论，2018(5).
⑤ 黄学贤，马超.行政法基本原则重要性与确立标准之再认识 [J].法治研究，2013(3).
⑥ 江必新.行政法律体系化建设的若干思考——以行政诉讼制度体系建构经验为视角 [J].行政法学研究，2023(1).

法院（2019）最高法行申 9071 号涉及诚信原则、信赖利益保护原则；最高人民法院（2020）最高法行再 276 号涉及考虑平衡依法行政原则和行政相对人信赖利益及国家利益、社会公共利益的保护。而湖南省高级人民法院（2019）湘行再 65 号裁判文书中涉及诚实信用、信赖保护、比例三个原则。以下对行政诉讼中的部分裁判原则予以介绍，同时从体例和表述上考虑，将《行政诉讼法》规定的合法性审查原则也一并在本章中介绍。

一、合法性审查原则

《全面推进依法行政实施纲要》提出了依法行政的基本要求，第 1 项为"合法行政"：行政机关实施行政管理，应当依照法律、法规、规章的规定进行；没有法律、法规、规章的规定，行政机关不得作出影响公民、法人和其他组织合法权益或者增加公民、法人和其他组织义务的决定。

行政诉讼基本原则是指由宪法和法律规定的，反映行政诉讼基本特点，贯彻于行政诉讼全过程的，对行政诉讼具有普遍指导意义的基本行为准则。[①]公认的，具体行政行为合法性审查原则是现行《行政诉讼法》的基本原则。[②]合法性审查贯彻于行政审判活动始终，成为其他原则的主要参照系，立案、审理、裁判以及执行等阶段的规则在很大程度上是围绕此原则而构建。[③]一般认为，《行政诉讼法》总则所规定的"审查具体行政行为合法性

---

① 罗豪才，应松年.行政诉讼法学［M］.北京：中国政法大学出版社，1990:22-23.
② 马怀德.保护公民、法人和其他组织的权益应成为行政诉讼的根本目的［J］.行政法学研究，2012(2)
③ 黄学贤，李凌云.行政诉讼合法性审查原则的理论研究与实践发展［J］.学习与探索，2020(5).

原则"是行政诉讼区别于刑事诉讼、民事诉讼的特有原则。①

王汉斌在《关于〈中华人民共和国行政诉讼法（草案）〉的说明》中指出，行政诉讼的基本原则包括"人民法院审理行政案件，是对具体行政行为是否合法进行审查"。②实务界也有观点认为，《行政诉讼法》第6条规定了行政诉讼的基本原则，即合法性审查原则。③一般而言，法治国家都将审查行政行为的合法性置于极为重要的地位，也是首位的原则。④合法性审查原则是所有行政案件、贯穿行政诉讼全过程的基本原则。人民法院审理每一起行政案件，都要全方位贯彻执行合法性审查原则。⑤

所谓合法性审查原则，是指人民法院依法受理、审理行政案件，对被诉行政行为的合法性进行审查并作出裁判的一项基本原则。⑥其意义在于：第一，为司法权对行政权的制约与监督划定了界限和范围；第二，为公民、法人和其他组织提起行政诉讼提供了依据；第三，合法性审查原则也是行政机关作出行政行为的底线。⑦行政行为的合法性审查是行政诉讼和行政复议中的核心问题，只要解决了这一核心问题，行政诉讼和行政复议中遇到的诸多问题就能迎刃而解。⑧

人民法院裁判文书载明，合法性仍是行政机关依法行政的首要考量因

---

① 章志远.开放合作型行政审判模式之建构［J］.法学研究，2013(1).
② 《中华人民共和国国务院公报》1989年第7号。
③ 江必新，邵长茂.新行政诉讼法修改条文理解与适用［M］北京：中国法制出版社，2015:41.
④ 梁凤云.行政诉讼讲义（上）［M］.北京：人民法院出版社，2022:55.
⑤ 郭修江.监督权力保护权利实质化解行政争议——以行政诉讼法立法目的为导向的行政案件审判思路［J］.法律适用，2017(23).
⑥ 黄学贤，李凌云.行政诉讼合法性审查原则的理论研究与实践发展［J］.学习与探索，2020(5).
⑦ 马怀德.新编中华人民共和国行政诉讼法释义［M］北京：中国法制出版社，2014:21.
⑧ 蔡小雪.行政行为的合法性审查［M］北京：中国民主法制出版社，2020:2.

素。^① 合法行政是行政法最重要的基本原则，行政法的其他基本原则都可以被理解为合法行政原则的扩展、延伸或者平衡。行政机关为实现其某一行政目标而采取的手段，应当能够实现该目标，并以必要为限度，在可以实现行政目的的各种手段中，应当选择对当事人权利影响最小的手段，为此付出的成本与获得的效益不能显失均衡。^②

法律条文

《行政诉讼法》第 6 条　人民法院审理行政案件，对行政行为是否合法进行审查。

简要解读

1989 年《行政诉讼法》第 5 条规定："人民法院审理行政案件，对具体行政行为是否合法进行审查。"当时的立法草案说明中阐述的理由是："人民法院审理行政案件，对具体行政行为是否合法进行审查。至于行政机关在法律、法规规定范围内作出的具体行政行为是否适当，原则上应由行政复议处理，人民法院不能代替行政机关作出决定。"^③

对于《行政诉讼法》中的合法性审查标准，有学者认为，我国《行政诉讼法》采用"合法性审查为原则，合理性审查为例外"，即

---

① 最高人民法院（2018）最高法行再 205 号。
② 江苏省连云港市中级人民法院（2018）苏 07 行审复 1 号。
③ 何海波. 行政法治奠基时——1989 年《行政诉讼法》史料荟萃［M］. 北京：法律出版社，2019:106.

原则上我国法院只应审查具体行政行为的合法性而不应审查其合理性，但在滥用职权、显失公正等例外情形下，也可以对合理性进行审查。[①] 也有学者认为，中国法院对行政行为的审查只限于合法性审查，但是，合法性审查原则包含对严重不合理的审查，也就是说不合理达到一定程度亦可构成违法。[②] 原《行政诉讼法》规定撤销判决限适用有五种情形的行政行为：主要证据不足、适用法律法规错误、违反法定程序、超越职权和滥用职权。这五种情形涉及的均是合法性而基本不涉及合理性。新《行政诉讼法》新增一种情形："明显不当"，即将撤销性审查的触角伸向了行政行为的合理性。[③] 一方面，立法者鼓励法院对行政裁量的合理性进行适度的审查；另一方面，立法者在合法性审查的概念上坚守了实质合法的观点，合理性审查也纳入合法性审查的范畴。[④]

实务界则有观点认为，在2014年《行政诉讼法》修改时，撤销判决的情形中，"明显不当"情形已经在"质"和"量"上全面超越了"行政处罚显失公正"的范围，大体能够解决法院部分"合理性审查"的需求。也可以说，2014年修法过程中的合法性审查原则，是一个蕴含了部分合理性审查的原则，在一定程度上体现了依法行政和法治政府的要求，也对法院合法性审查提出了新的、更

---

① 何海波.实质法治：寻求行政判决的合法性（第二版）[M].北京：法律出版社，2020:152.

② 崔卓兰.论显失公正行政处罚的不合法 [J].法学研究，1990(6).姜明安.行政诉讼学[M].北京：北京大学出版社，1993:70-72.胡建淼.行政法学 [M].北京：法律出版社，1999:77.转引自何海波.论行政行为"明显不当"[J].法学研究，2016(3).

③ 姜明安.论新《行政诉讼法》的若干制度创新 [J].行政法学研究，2015(4).

④ 何海波.论行政行为"明显不当"[J].法学研究，2016(3).

高的要求。① 在司法实践中，合法性与合理性只是程度上的区别，对于严重不合理的就会成为违法。将合法性与合理性视为对立起来的两个概念本身就是不科学的。法与理从来就没有成为非此即彼的关系。因此，将合法性审查原则理解为排斥合理性审查的理由在逻辑和实践上都是站不住脚的。事实上，行政诉讼法规定的对明显不当、滥用职权等行政行为的审查就包括了适度的合理性审查。②

权威解读认为，合法性审查原则是行政诉讼的一个特有原则，包括两层含义。一是人民法院依法审理行政案件，有权对被诉行政行为是否合法进行审理并作出裁判。行政行为合法性的标准，包括两个方面：第一，实体合法；第二，程序合法。二是人民法院只对行政行为是否合法进行审查，一般不对行政行为等是否合理进行审查。面对行政权的日益扩张，为了更好地保护行政相对人的权利，行政诉讼制度逐步向加强对行政自由裁量权的监督和制约的方向发展，在坚持合法性审查原则的前提下，对合法性原则的内涵作了扩大解释，将行政机关因滥用自由裁量权而导致的明显不当的行政行为也作为违法行为。行政诉讼以合法性审查为原则的特点是由司法权和行政权的关系所决定的。③

---

① 江必新.新行政诉讼法专题讲座［M］.北京：中国法制出版社，2015:13；梁凤云.行政诉讼法讲义（上）［M］北京：人民法院出版社，2022:63.
② 《行政诉讼法及司法解释关联理解与适用》编委会.行政诉讼法及司法解释关联理解与适用（上）［M］.北京：中国法制出版社，2018:41.
③ 信春鹰.中华人民共和国行政诉讼法释义［M］.北京：法律出版社，2014:19-21.

案例指引

● 案例一

▶ **裁判要旨** 人民法院对被诉行政行为合法性审查原则

▶ **案号索引** 最高人民法院（2020）最高法行再 28 号

▶ **文书摘要** 根据《行政诉讼法》第 6 条、第 43 条第 2 款规定，结合第 70 条规定，人民法院对被诉行政行为合法性审查原则，是指人民法院应当对被诉行政行为的合法性进行全面、客观的审查，不受原告诉讼请求和理由的限制；对被告作出的行政行为审查的主要内容包括：主要证据不足，适用法律、法规错误，违反法定程序，超越职权，滥用职权，明显不当六个方面。无论原告是否对前述六个方面提出异议，人民法院都必须逐一进行合法性审查。

● 案例二

▶ **裁判要旨** 审查行政行为合法性的程序要件和实体要件

▶ **案号索引** 最高人民法院（2016）最高法行申 2066 号、（2019）最高法行申 10358 号

▶ **文书摘要** 人民法院在审查行政行为的合法性时，不仅需要审查行政行为是否符合程序要件，包括行政机关是否具备法定的职责权限、是否遵循法定程序；同时还需要审查行政行为是否符合实体要件，包括作出的行政行为所依据的事实是否清楚、证据是否充分、内容是否合法适当等。

二、合理性审查原则

《全面推进依法行政实施纲要》提出了依法行政的基本要求，第 2 项为"合理行政"：行政机关实施行政管理，应当遵循公平、公正的原则。要平等对待行政管理相对人，不偏私、不歧视。行使自由裁量权应当符合法律目的，排除不相关因素的干扰；所采取的措施和手段应当必要、适当；行政机关实施行政管理可以采用多种方式实现行政目的的，应当避免采用损害当事人权益的方式。

合法性与合理性的关系本是一个法理学的问题，行政法学者讨论这个问题，是因为它涉及对《行政诉讼法》所规定的合法性审查原则如何理解。合法性与合理性的问题本来是以法律（在中国主要是指立法）是否明确规定来界分的。但由于法律渊源的内容和形式都趋泛化，合法性与合理性区分的界限日益模糊。① 围绕合法性审查与合理性审查两者的联系，学界主要存在三种观点：一是合理性审查应列入合法性审查的范围；二是合法性审查与合理性审查并列；三是合法性审查是基本原则，合理性审查发挥补充作用。② 在当代中国的行政法学中，把合法性原则与合理性原则相提并论，最早出自龚祥瑞教授的著作。③ 龚祥瑞教授提出了"从合法性中产生出了合理性问题"的观点。④⑤ 较早出版的统编教材《行政法学》提出，"合理性原则实际上是

---

① 何海波.论行政行为"明显不当"［J］.法学研究，2016(3).
② 黄学贤，李凌云.行政诉讼合法性审查原则的理论研究与实践发展［J］.学习与探索，2020(5).
③ 何海波.实质法治：寻求行政判决的合法性（第二版）［M］.北京.法律出版社，2020:150.
④ 龚祥瑞.行政合理性原则［J］.法学杂志，1987(2).
⑤ 龚祥瑞.行政法与行政诉讼法［M］.北京：法律出版社，1989:29.

合法（性）原则的引申，是合法性原则在自由裁量问题上的进一步要求"；"从合理（性）原则作为一个法律原则这一点来看，它本身就属于合法性原则范畴"；"违反一般法律原则也属对合法性原则的破坏，因而其行为也可能被宣布为完全无效或部分无效"。① "合理性原则与合法性原则都是行政法治原则的组成部分，不合理而合法的行政行为在某一具体的法律条文下或许是可能的，在整个法律体系之下却是不可思议的。因此，合法性审查与合理性审查应是一致的，而不是互相排斥的。"②

合理性原则是指行政机关自由裁量权的行使不仅要合法而且应当合理、客观、公正。③ 合理性原则针对"裁量行政行为"，其要求行政主体作出裁量应符合法律目的，正当考虑相关因素、不考虑不相关因素，平等对待、不偏私、不歧视，合乎理智和情理。它的定位是实质法治，即在法律没有规定的情况下，行政机关也应遵循之。④

合法原则与合理原则是行政法的两大基本原则，是评价行政行为的两把重要尺度，也是建立司法审查标准的重要依据。⑤ 在司法判决中，人民法院对这一原则的概括不尽相同，除了合理性原则外，还有的称为行政合理性原则、公正合理原则，等等。⑥ 我国《行政诉讼法》对"滥用职权"和"显失公正"审查标准的规定，事实上已经跨越了1989年《行政诉讼法》第5条"合法性审查"的规定。换而言之，1989年《行政诉讼法》第5条的"合法

---

① 罗豪才.行政法学［M］.北京：中国政法大学出版社，1989:40-43；罗豪才.行政法学［M］.北京：中国政法大学出版社，1999:55-57.转引自何海波.实质法治：寻求行政判决的合法性（第二版）［M］.北京：法律出版社，2020:151.

② 陈少琼.我国行政诉讼应确立合理性审查原则［J］.行政法学研究，2004(4):71.

③ 王名扬，冯俊波.论比例原则［J］.时代法学，2005(4).

④ 沈岿.行政法变迁与政府重塑、治理转型——以四十年改革开放为背景［J］.中国法律评论，2018(5).

⑤ 蔡维专.对行政诉讼法中明显不当标准的思考［J］.人民司法·应用，2016(16).

⑥ 陈太清.行政处罚明显不当的说理依据［J］.南大法学，2022(3).

性审查"已经在一定程度上包含了合理性审查的内容。①2014 年《行政诉讼法》将"明显不当"增列为撤销与变更行政行为的一项独立的审查标准，"行政诉讼堂而皇之地进入合理性审查的时代"。②

当前，合理性原则受到了学理界和司法界的普遍重视和关注。实务界有观点认为，在尊重行政机关自由裁量权同时，现有的合法性审查标准难以适应未来发展需要，必要的时候可引入合理性审查标准。③合法性审查原则和合理性审查原则并不矛盾。合法性原则是最低限度的合理性原则：所有不合法的，一定都是不合理的。对此问题，各方比较一致的意见是，合法性审查原则是行政诉讼的基本原则，如果将合法性审查原则与合理性原则并列规定，等量齐观，不仅会影响合法性审查原则的基础地位，也可能导致不适当地侵越行政权力。如果片面强调《行政诉讼法》规定的合法性审查原则，忽视对行政行为合理性的审查，就无法真正做到行政争议的实质性解决。一个行政行为，如果已经达到了明显不当的程度，法院若不对其作出否定性的评价，可能引发公众对司法公正的质疑。④

无论在理论界还是实务界，对于什么是合理性审查具有一定共识，一般是指行政机关在权限范围内，是否不正当行使行政权力，有无违反法定目的。如果存在，那么，就构成实质违法，实质越权，法院就有理由干预。因此，对行政行为进行合法性审查，有着从外到内、由浅到深的两个渐进层次：第一层次是最外层的形式合法性审查，法官发现主要证据不足、法律适用错误、违反法定程序或者超越职权，足以据此判决撤销的，就无须再进一

① 卜晓红.行政合理性原则在行政诉讼中之实然状况与应然构造——论司法审查对行政自由裁量的有限监控［J］.法律适用，2006(1).
② 何海波.论行政行为"明显不当"［J］.法学研究，2016(3).
③ 江必新.论实质法治主义背景下的司法审查［J］.法律科学，2011(6).
④ 梁凤云.不断迈向类型化的行政诉讼判决［J］.中国法律评论，2014(4).

步做实质审查；第二层次是处于内层的实质合法性审查，只有顺利跳过形式合法性审查，才可能进入实质性审查，才有"滥用职权""明显不当"标准的适用可能。①

人民法院会议纪要载明，行政诉讼以合法性审查为原则，合理性一般属于行政机关自由裁量的范围，法院不应过多干涉。但实践中，合法性与合理性并非绝对对立，二者实际只是程度上的区别，严重的不合理就会成为违法。《行政诉讼法》第70条将滥用职权、明显不当规定为人民法院可对行政行为判决撤销的情形，表明人民法院在行政诉讼中也对行政行为进行有限的合理性审查。有限的合理性审查原则要求人民法院司法审查过程中应注意到行政行为的适当性，即行政机关采取的措施及方法是否有助于行政目的的实现。② 人民法院裁判文书载明，行政机关作出行政行为必须合法，也应合理。③

依法行政，要求行政机关的行政行为必须遵循合法性原则，在法定权限内行使权力，符合法定程序。但仅仅符合合法性原则是不够的，因为行政管理活动具有多样性和复杂性，行政行为必须符合法律目的和公正法则、出于合理的动机。行政机关对此须高度重视，考量行政应诉和行政执法工作，注重合法执法与合理执法，正确行使自由裁量权。

---

① 余凌云.制定有关行政诉讼合理性审查的司法解释［N］.人民法院报，2023-2-16(3).

② 最高人民法院行政审判庭.最高人民法院行政审判庭法官会议纪要（第二辑）［M］.北京：人民法院出版社，2023:168-169.

③ 浙江省高级人民法院（2016）浙行终202号。

案例指引

● 案例一

▶ **裁判要旨**　坚持合法性审查的同时应当进行合理性审查

▶ **案号索引**　最高人民法院（2019）最高法行申 9339 号

▶ **文书摘要**　根据《行政诉讼法》第 77 条第 1 款规定，人民法院在对行政处罚行为坚持合法性审查的同时，还应当进行合理性审查。根据行政合理性原则，行政法律法规虽然赋予了行政机关较大的自由裁量权，但同一行政机关在对同类型案件、同种类违法行为作出处罚时，幅度应当保持相对一致。再审申请人的两次处罚虽然均在法定幅度内作出，但作为同一处罚程序中针对同类违法行为作出的处罚决定，应当符合 2017 年《行政处罚法》第 32 条关于"行政机关不得因当事人申辩而加重处罚"的规定。结合 2017 年《行政处罚法》第 4 条第 2 款关于"过罚相当"的规定，在同一处罚程序中，对于违法情节明显减轻的情况，处罚结果未相应减轻，实质上亦属于加重处罚，不符合行政合理性原则。

● 案例二

▶ **裁判要旨**　合理性审查

▶ **案号索引**　安徽省高级人民法院（2020）皖行终 17 号

▶ **文书摘要**　根据《行政诉讼法》第 6 条规定，人民法院在行政诉讼中以合法性审查为基本原则。但是《行政诉讼法》第 70 条又规定，行政行为滥用职权或明显不当的，人民法院判决撤销或部分撤销。据此，人民法院在行政诉讼中并未排斥对行政行为的合理性审查，合法性审查原则一定程度上包含了合理性审查的内容。因此人民法院在行政诉讼中以合法性审查为基本原则，可以对"滥用职权或明显不当的"行政行为予以一定限度的合理性审查。

三、正当程序原则

《全面推进依法行政实施纲要》提出了依法行政的基本要求，第3项为"程序正当"：行政机关实施行政管理，除涉及国家秘密和依法受到保护的商业秘密、个人隐私的外，应当公开，注意听取公民、法人和其他组织的意见；要严格遵循法定程序，依法保障行政管理相对人、利害关系人的知情权、参与权和救济权。行政机关工作人员履行职责，与行政管理相对人存在利害关系时，应当回避。《中共中央关于全面推进依法治国若干重大问题的决定》提出："确保决策制度科学、程序正当、过程公开、责任明确。"《法治政府建设实施纲要（2015—2020年）》提出："行政决策制度科学、程序正当、过程公开、责任明确。"

程序正当原则（又称"正当程序原则"）已是学理上普遍认可的行政法基本原则，且在行政审判中得到广泛应用。[①] 正当程序具有深远的历史渊源和理论渊源。正当程序是一个综合概念，是一种法治理念、法治原则和法律制度的融合体。[②] 英国普通法上，自然公正原则包括两个最基本的程序原则：一是任何人或团体在行使权力可能使别人受到不利影响时必须听取对方意见，每一个人都有为自己辩护和防卫的权利；二是任何人或团体不

① 沈岿.论行政法上的效能原则［J］.清华法学，2019(4).
② 胡建淼.行政法学（第五版）［M］.北京：法律出版社，2023:905.

能作为自己案件的法官。① 美国宪法上正当法律程序的意义就是公正行使权力。要求行政机关对当事人作出不利的决定时，必须听取当事人的意见。根据美国法院的解释，宪法规定的正当法律程序有实体法的规则和程序法的规则两方面的意义。行政法学所讨论的正当法律程序，是指程序上的正当法律程序。② 在《布莱克法律辞典》中，正当法律程序原则的中心含义是指，"任何其权益受到判决影响的当事人，都享有被告知和陈述自己意见并获得听审的权利。"③

正当程序原则要求"任何人在行政机关作出对他权益有实质影响的决定前，都有机会获得充分的告知和有效的被听取意见的机会。"④ 狭义的正当程序原则，其要求主要有三项：自己不做自己的法官；说明理由；听取陈述和申辩。⑤20世纪中期以后，随着各国行政程序立法的发展，正当程序原则也在世界许多国家得到确立和广泛适用。最初正当程序主要适用于司法领域，之后其适用领域扩展到行政领域和其他所有国家公权力领域，甚至扩展适用到社会公权力领域。⑥

在20世纪中期以前，正当程序原则对于我国来说完全是一个陌生的概念。即便是到20世纪80年代，行政法学重建之初，中国学界对正当程序也知之甚少。直到经由龚祥瑞和王名扬两位先生的介绍，"正当程序"才开始进入行政法学界的视野，对于正当程序的研究也在如火如荼地展开，并已得

---

① 王名扬. 英国行政法［M］. 北京：中国政法大学出版社，1987:152.
② 王名扬. 美国行政法（上）［M］. 北京：北京大学出版社，2016:285-286.
③ 转引自江必新. 中华人民共和国行政诉讼法及司法解释条文理解与适用［M］. 北京：人民法院出版社，2015:473-474.
④ 恩斯特·盖尔霍恩，罗纳德·M·莱文. 行政法［M］. 北京：法律出版社，2011:5.
⑤ 姜明安. 行政法［M］. 北京：北京大学出版社，2017:126-127.
⑥ 最高人民法院行政审判庭. 最高人民法院行政审判庭法官会议纪要（第一辑）［M］. 北京：人民法院出版社，2022:123.

到我国理论界的普遍认同。① 随着 1996 年《行政处罚法》的制定与实施，以听证为核心的正当法律程序法治观念获得了广泛传播。② 有学者认为，正当程序原则作为一种法学理论或者法学思想时，其核心所要表达的是国家在作出对个人不利决定之前，必须给予一个最低限度的公正程序。这种最低限度的公正程序有两条规则：听取意见和防止偏见。前者为听证，后者为回避。③ 正当程序作为行政法基本原则之一，是确保程序正义在行政权力运行中得以实现的重要保障。④

关于"法定程序"和"正当程序"的关系，有观点从概念不同、包含的内容不同及追求的价值不同三个方面对"法定程序"和"正当程序"进行区分。⑤ 也有观点认为，"法定程序"和"正当程序"并不是相互分离的，更不是相互对立的，而是相辅相成、互为补充的关系。二者相互贯通、相得益彰。⑥ 有学者主张，在中国的行政诉讼中，先有"法定程序"的法律条文，后才有"正当程序"的一般原则。从某种意义上，"法定程序"的规定为"正当程序"提供了一个合法性基础，从"法定程序"的实践中生长出"正当程序"的要求。⑦ 行政程序的法治化，表现为行政程序的"法定化"（法定程序）和行政程序的"正当化"（正当程序），特别是表现为从"法定程序"走向"正当程序"。中国行政程序的法治化，既推进了法定程序，也推进了正当程序，

---

① 周佑勇.司法判决对正当程序原则的发展 [J].中国法学.2019(3).

② 章剑生.行政诉讼合法性审查中"法"的重述 [J].中外法学，2023(1).

③ 章剑生.对违反法定程序的司法审查——以最高人民法院公布的典型案件（1985~2008）为例 [J].法学研究，2009(2).

④ 周佑勇.行政法的正当程序原则 [J].中国社会科学，2004(4).

⑤ 刘学涛.按日连续处罚案法定程序适用研究——以某某公司诉某某州环保局环境保护行政管理案为例 [J].法律适用·司法案例，2019(10).

⑥ 刘东亮.还原正当程序的本质："正当过程"的程序观及其方法论意义 [J].浙江社会科学，2017(4).

⑦ 何海波.司法判决中的正当程序原则 [J].法学研究，2009(1).

而且最终推进了"法定程序"与"正当程序"走向高度融合。人民法院通过行政审判不仅要求行政机关遵循"法定程序",而且还在"法定程序"之外,要求行政执法符合"正当程序"。这就弥补了在没有"行政程序法"的背景下现行的"法定程序"无法覆盖所有行政执法行为的不足。① 法定程序应当依据正当程序之要求进行设计,并根据实际需要提高对国家行使权力时的程序要求;当法定程序出现缺失时,正当程序即应补充该法律空隙。② 正当程序主要适用于没有法律程序的明确规定(即法定程序)的情形。如果成文法没有作出详细规定,或者根本没有关于行政程序的规定时,行政机关不能因此认为自己不受任何程序的限制,而应遵守"正当法律程序"。③

在制度层面,1996年的《行政处罚法》首次规定了体现正当程序原则的听证、陈述、申辩等制度。随着《行政许可法》《行政强制法》的颁布施行,正当程序原则的适用范围进一步扩大。2004年国务院发布的《全面推进依法行政实施纲要》将程序正当作为依法行政的基本要求,正当程序原则开始逐步适用到整个行政领域。④

随着正当程序理念的兴起,越来越多的学者主张,在法律、法规没有明确规定的情况下,法院可以运用正当程序原则进行审查。⑤ 在司法实践中,大量的实例证明,自1989年《行政诉讼法》第54条明确提出法院有权撤销

---

① 胡建淼:《行政诉讼推进行政程序》法治化:从法定程序到正当程序,"行政执法与行政审判"公众号,2023年2月16日发表。

② 章剑生.对违反法定程序的司法审查——以最高人民法院公布的典型案件(1985-2008)为例[J].法学研究,2009(2).

③ 刘东亮.什么是正当法律程序[J].中国法学,2010(4).

④ 陈振宇.行政程序轻微违法的识别与裁判[J].法律适用,2018(11).

⑤ 甘文.WTO与司法审查的标准[J].法学研究,2001(4).章剑生.论行政程序正当性的宪法规范基础——以规范实证分析为视角[J].法学论坛,2005(4);杨小君.行政诉讼问题研究与制度改革[M].北京:中国人民公安大学出版社,2007:449以下.转引自何海波.行政诉讼法(第3版)[M].北京:法律出版社,2022:108.

违反法定程序的具体行政行为以来，法官已经在"法定程序"的名义下创造性地运用正当程序原则判案。从 1999 年"田某诉北京某某大学拒绝颁发毕业证、学位证行政诉讼案"一审中的若隐若现，到 2004 年"张某某诉某某市人民政府房屋登记行政复议决定案"的首次登场，无不"昭示着正当程序原则逐渐被我国司法实践所接受，也彰显出法官在裁量权限范围内的能动主义姿态"。① 具有里程碑纪念意义的案件是"张某某诉某某市人民政府房屋登记行政复议决定案"，作为二审法院江苏省高院第一次将"正当程序原则"写入判决书中，正式承认了该原则在司法适用中的价值。② 江苏省高院 2004 年 12 月的二审判决使得正当程序原则闪亮登场。它象征着法官正当程序意识和运用正当程序原则信心的增强，也折射出正当程序理念在法律职业共同体中已经取得初步却比较广泛的共识。③ 我国法律史上并没有正当程序的传统，但随着学术界和实务界程序意识的不断增强，正当程序原则已经在我国司法实务界晨光初现。④ 有研究认为，我国法院适用正当程序原则整体上呈现如下基本特征：适用领域广；适用地域跨度大；适用时间长。⑤ 运用正当程序原则并载于裁判文书中的案件呈现一种"领域多元化"与"行为多样化"相结合的发展趋势。⑥

《行政审判办案指南（一）》规定："正当程序原则的运用问题。行政机

---

① 周佑勇. 司法判决对正当程序原则的发展［J］. 中国法学，2019(3).

② 刘学涛. 按日连续处罚案法定程序适用研究——以某某公司诉某某州环保局环境保护行政管理案为例［J］. 法律适用·司法案例，2019(10).

③ 何海波. 司法判决中的正当程序原则［J］. 法学研究，2009(1).

④ 最高人民法院行政审判庭. 最高人民法院行政审判庭法官会议纪要（第一辑）［M］. 北京：人民法院出版社，2022:124.

⑤ 孟凡壮. 论正当程序原则在行政审判中的适用——基于 75 份运用正当程序原则的行政诉讼判决书的分析［J］. 行政法学研究，2014(4).

⑥ 正当程序原则在许可注销案件中的适用［M］// 章志远，黄娟. 公报行政案例中的法理. 北京：中国人民大学出版社，2022:49.

关作出对利害关系人产生不利影响的行政决定前，未给予该利害关系人申辩机会的，不符合正当程序原则；由此可能损害利害关系人合法权益的，人民法院可以认定被诉行政行为违反法定程序。"国家立法机关在《行政诉讼法》修改过程中认为，考虑到正当程序是一个学理概念，司法裁量空间过大，对行政机关要求过高，鉴于程序观念本身在逐步树立的过程中，立法不宜步子太大，应循序渐进，故在《行政诉讼法》（2014）中没有作出规定。[①] 正当程序是行政程序的基本原则，但作为学理概念，内涵还需要逐步明确，在《行政诉讼法》中确立该原则，时机尚不成熟，因此，也没作规定。[②] 即使没有法律规定，行政行为的作出也要符合最低限度的程序公正，包括自己不做自己的法官、作出不利决定前听取对方意见、说明理由等，即所谓的"正当程序"。[③]

人民法院裁判文书表明，所谓正当程序，即在作出影响相对人权益的行政行为时应事先通知相对人，向相对人说明行为的根据、理由，听取相对人的陈述、申辩，事后为相对人提供救济途径等。[④] 行政机关不仅在设定和撤回行政许可过程中遵守正当程序原则[⑤]，也要在撤回已经生效的行政决定时遵守正当程序原则[⑥]，还扩展到行政机关在作出行政行为时必须遵守正当程序的要求[⑦] 等。行政诉讼实践中，"法定程序"和"正当程序"有时出现在同一份裁判文书中。[⑧]

---

① 信春鹰.中华人民共和国行政诉讼法释义［M］.北京：法律出版社，2014:188.
② 童卫东.进步与妥协:《行政诉讼法》修改回顾［J］.行政法学研究，2015(4).
③ 江必新.司法审查强度问题研究［J］.法治研究，2012(10).
④ 最高人民法院（2015）行监字第 103 号。
⑤ 最高人民法院（2016）最高法行申 4765 号。
⑥ 最高人民法院（2018）最高法行再 201 号。
⑦ 最高人民法院（2015）行监字第 103 号。
⑧ 如最高人民法院（2004）行终字第 6 号、《最高人民法院公报》2005 年第 8 期；四川省成都市中级人民法院（2006）成行终字第 191 号等。

正当程序原则的要义在于，作出任何使他人遭受不利影响的行使权力的决定前，应当听取当事人的意见。正当程序原则是裁决争端的基本原则及最低的公正标准，在我国《行政处罚法》《行政许可法》等基本行政法律规范中均有体现。作为最基本的公正程序规则，只要成文法没有排除或另有特殊情形，行政机关都要遵守。即使法律中没有明确的程序规定，行政机关也不能认为自己不受程序限制，甚至连最基本的正当程序原则都可以不遵守。应该说，对于正当程序原则的适用，行政机关没有自由裁量权。只是在法律未对正当程序原则设定具体的程序性规定时，行政机关可以就履行正当程序的具体方式作出选择。① 行政机关实施行政行为，可能影响公民、法人或者其他组织合法权益的，应当在作出行政行为之前向当事人和利害关系人告知事实，并说明理由，听取公民、法人或者其他组织的意见。行政机关应当告知公民、法人和其他组织享有陈述意见的权利，并为公民、法人和其他组织提供陈述事实、表达意见的机会。②

▌案例指引

● 案例一

▶ **裁判要旨**　正当程序的要求

▶ **案号索引**　最高人民法院（2019）最高法行再 107 号

▶ **文书摘要**　按照正当程序的基本要求，行政机关在作出对行政管理相对人、利害关系人不利的行政决定之前，应当告知并给予其陈述和答辩的机会。一审认为，行政机关甲厅在作出行政处罚决定之前，并未

---

① 北京市第一中级人民法院（2017）京 01 行终 277 号。
② 浙江省宁波市中级人民法院（2006）甬行终字第 78 号。

通知具有利害关系的乙厂参与调查处理，不利于对生产者的权益保障，本院予以认可。

● 案例二

▶ **裁判要旨**　未履行保证相对人知情、参与、提供证据、申辩等程序，迳行作出行政行为，不符合程序正当的基本要求

▶ **案号索引**　最高人民法院（2020）最高法行申 364 号

▶ **文书摘要**　在甲、乙二人共同承包且没有相关授权委托的情况下，管委会收回二人承包的海域使用权，但对于直接关系权利人利益的重大事项都仅仅通知甲一人，属于严重程序瑕疵，不符合程序正当要求。

延伸阅读

行政诉讼案例中违反正当程序如何界定？

从人民法院裁判文书看，有的直接把应当遵守法定程序和正当程序相提并论[①]，有的则对不符合、未遵循或者违反程序正当原则的性质作出不同的界定，主要有以下几种情形。

1. 未遵循程序正当原则，程序失当（执行方式不当）

虽然现行法律对于行政注销行为相关程序规定中，没有必须举行听证的具体要求，但行政机关实施具体行政行为时仍应遵循程序正当原则，充分保障行政相对人的知情权、申辩权。所以，行政机关甲局在已经向相对人乙送达听证通知书决定举行听证会的情况下，未实际进行听

---

① 北京市高级人民法院（2020）京行终 4180 号。

证即将乙所持使用证公告废止，程序失当。①《强制执行决定书》未载明强制执行的具体时间，强制执行时未通知当事人到场，未听取其陈述申辩意见，未制作现场笔录，也未采取适当措施避免或减少当事人的损失，执行方式不当，违反正当程序。②

2. 不能满足正当程序的要求，程序明显不当

按照正当程序的基本要求，行政机关作出对行政管理相对人、利害关系人不利的行政决定之前，应当告知并给予其陈述和申辩的机会。4号决定剥夺了甲厂的权利，对其重大财产权益产生不利影响，行政机关乙既未事前告知甲厂，亦未给予其陈述和申辩的机会，程序明显不当。虽然行政机关乙相关工作人员在2006年9月22日对甲厂负责人丙进行了口头询问并制作了调查笔录，但从该笔录内容看，询问时既未告知调查目的，也未告知可能因涉嫌欺骗未如实登记、行政机关拟注销使用证等情况，不足以使该厂在4号决定作出前进行充分的、有针对性的陈述和申辩，显然不能满足正当程序的要求。因此，行政机关乙作出的4号决定事实认定有误、程序明显不当，被诉行政行为构成违法。③

3. 违反正当程序原则，属于违反法定程序情形

根据《全面推进依法行政实施纲要》，行政行为应当遵守程序正当原则，作出对当事人不利行政行为的，应当听取其意见。尽管2017年《行政复议法》第10条第3款规定利害关系人"可以"作为第三人参加行政复议，但是，根据程序正当原则，复议机关应当听取利害关系人的意见。未将利害关系人列为行政复议第三人听取其意见的，违反正当程

---

① 最高人民法院（2018）最高法行再97号。
② 最高人民法院（2020）最高法行申13969号。
③ 最高人民法院（2014）行提字第21号。

序原则，属于违反法定程序的情形。①

4. 违背正当程序原则，不具有合法性

行政机关作出撤销许可决定，应当遵循公开、公平、公正的原则，应当听取行政相对人的陈述和申辩，即应受正当程序的控制。但本案中行政机关并没有告知被上诉人，说明撤销的根据和理由，听取被上诉人的陈述和申辩，因此，本案被诉具体行政行为违背公开、公平、公正的正当程序原则，不具有合法性。②

5. 严重违反法定程序或者严重违法

《行政复议法》虽然没有明确规定行政复议机关必须通知第三人参加复议，但根据正当程序的要求，行政机关在可能作出对他人不利的行政决定时，应当专门听取利害关系人的意见。本案中，复议机关未听取利害关系人的意见即作出于其不利的行政复议决定，构成严重违反法定程序。③ 行政程序正当是当代行政法的主要原则之一。行政公开、公民参与、回避等程序要求是正当程序的基本内容。……尤其在介入调查处理时，更应遵循调查处理规程第8条和行政正当程序要求，在案件调查处理时，履行听证程序，听取各方当事人的陈述、申辩和质证意见，告知双方当事人依法享有对调查、鉴定人员的申请回避权利，听取对拟处理结果的陈述和申辩等。但行政机关甲厅却在作出《回复》过程中严重忽略当事人乙依法享有的申请回避和陈述申辩权利。并且，甲厅在原审时亦未能举证证明其所聘请的专家是否具备资质、所作结论是否具备事

---

① 最高人民法院（2017）最高法行申24号，最高人民法院（2019）最高法行再3号与此裁判文书相似。

② 最高人民法院行政庭. 中国行政审判案例（第3卷）[M]. 北京：中国法制出版社，2013:120.

③ 《最高人民法院公报》2005年第3期；江苏省高级人民法院（2004）苏行终字第110号。

实依据及其权威性，聘请程序是否公开透明符合规范要求等。鉴于甲厅作出《回复》行政行为时严重违反行政程序正当原则，属严重违法。[①]

四、比例原则

《全面推进依法行政实施纲要》提出："所采取的措施和手段应当必要、适当；行政机关实施行政管理可以采用多种方式实现行政目的的，应当避免采用损害当事人权益的方式。"《国务院办公厅关于进一步完善失信约束制度构建诚信建设长效机制的指导意见》（国办发〔2020〕49号）提出："按照合法、关联、比例原则，依照失信惩戒措施清单，根据失信行为的性质和严重程度，采取轻重适度的惩戒措施，防止小过重惩。"2021年，中央全面依法治国委员会办公室发布的《市县法治政府建设示范指标体系》提出："各项突发事件应急处置措施规范适度，符合有关法律规定和比例原则。"

有学者认为，作为一个法律概念，比例原则最初是德国公法中的一个原则，后来被欧洲、日本等纷纷接受。比例原则是德国行政法的产物，既有悠久的历史，又有严密的逻辑体系。它内含三个子原则：适当性原则、必要性原则、平衡性原则。迄今，这一原则不仅在德国得到普遍适用，在整个欧盟乃至欧盟之外的其他众多国家也得到广泛应用。[②]比例原则是国家权力的行使应兼顾公共利益的实现和公民权利的保护，如果国家权力的实现可能对大多数相对人的权益造成不利影响，则这种不利影响应被限制在尽可能小的范

---

① 浙江省高级人民法院（2018）浙行终539号。
② 杨登峰. 法无规定时正当程序原则之适用［J］. 法律科学，2018(1).

围和限度之内，二者应当处于适当的比例。① 行政法意义上的比例原则，是指行政权力的行使除了有法律依据这一前提外，行政主体还必须选择对人民侵害最小的方式而进行。行政法学中的比例原则具有实体和程序两方面的含义。② 行政主体为达成行政目的所采取的手段，不能给相对人权益带来超过行政目的的价值侵害，即行政手段对相对人权益的损害必须小于该行政目的所实现的社会公共利益，不能超过这一限度。③

对于比例原则的逻辑结构，存在"二阶"说、"三阶"说和"四阶"说三种典型观点。④ 我国学者们在引介德国的比例原则时，基本上都是将其分为类似的三个子原则。从法院的判决与学者的论述中可以发现，传统的"三阶"比例原则可分为适当性原则（妥当性原则）、必要性原则（最小损害原则）与均衡性原则（狭义比例原则）三个子原则。基于比较研究，有学者提出，将目的正当性原则作为比例原则的第一部分，即完整的比例原则应当包括四个部分：目的正当性原则、适当性原则、最小损害性原则和狭义比例原则。⑤

关于比例原则与合理性原则，有观点认为，二者在起源、基本理念、强调重点、定性还是定量等方面存在区别⑥；也有观点认为，二者的价值理念、法律位阶、适用范围、包含内容、可操作性不同⑦。有学者指出，二者有着本质不同：首先，在审查视角上存在差异，合理性原则是对裁量过程是否发生偏差的体察，而比例原则考察的却是手段与目的的关系；其次，合理性审

① 王名扬，冯俊波.论比例原则［J］.时代法学，2005(4).
② 黄学贤.行政法中的比例原则研究［J］.法律科学，2001(1).
③ 张树义.行政法与行政诉讼法学（第二版）［M］.北京：高等教育出版社，2007:36.
④ 刘权.比例原则适用的争议与反思［J］.比较法研究，2021(5).
⑤ 刘权.目的正当性与比例原则的重构［J］.中国法学，2014(4).
⑥ 杨临宏.行政法中的比例原则研究［J］.法制与社会发展，2001(6).
⑦ 王名扬，冯俊波.论比例原则［J］.时代法学，2005(4).

查仍然属于客观审查，而比例原则却可能会判断行政行为的优劣，变成主观审查，比例原则应当具有与合理性原则比肩的独立品格。①

我国法律并没有直接明确规定比例原则，但一些立法已体现了比例原则的精神，如，1996年《行政处罚法》第4条第2款、《行政强制法》第5条等。全国人大常委会法制工作委员会在释义中指出，适当原则是行政法领域中的一项普遍原则，在行政强制领域中，也称比例原则。所谓比例原则，是指行政机关在可以采用多种方式实现某一行政目的的情况下，应当采取对当事人权益损害最小的方式，这样做才是适当和合理的。②

比例原则不仅具有规范执法的重要意义，更是司法上据以审判的重要工具，其在行政法上的重要性也就不言而喻了。③ 在司法层面，1999年最高人民法院作出了比例原则适用第一案，即某某实业发展有限公司诉哈尔滨市规划局行政处罚案。④ 该案判决甚至可以看作是"比例原则在中国行政法领域得以确立的一个重要开端"。最高人民法院的上述判决无疑对比例原则的最终确立起到巨大的推动和促进作用，为中国学者对于比例原则的深入研究和探讨起到重要的推动与促进作用。⑤ 自该案首次适用后，比例原则在我国司法实践中的适用频率也在不断攀升。⑥ 比例原则在我国的司法适用已经涉及多个行政行为领域，囊括行政处罚、行政强制、行政征收、信息公开、行政许可、行政协议、行政裁决、行政确认、行政不作为、行政赔偿等多种行政

① 余凌云. 行政法讲义 ［M］. 北京：清华大学出版社，2010:87.
② 乔晓阳. 中华人民共和国行政强制法解读 ［M］. 北京：中国法制出版社，2011:23.
③ 余凌云. 论行政法上的比例原则 ［J］. 法学家，2002(2).
④ 最高人民法院（1999）行终字第20号。
⑤ 湛中乐. 行政法上的比例原则及其司法运用——某某实业发展有限公司诉哈尔滨市规划局案的法律分析 ［J］. 行政法学研究，2003(1).
⑥ 梅扬. 比例原则的立法适用与展开 ［J］. 甘肃政法大学学报，2022(4).

行为类型。①

比例原则是我国学界较为熟知，且得到法院较多运用的一项审查工具。②现行《行政诉讼法》规定，行政行为"明显不当"的，应当撤销。这为比例原则在司法判决中的运用提供了一个便当的接口。在多个案件中，法院明确引入了比例原则。③法院适用比例原则关于合比例性的审查标准主要包括：目的正当性原则的审查；适当性原则的审查；必要性原则的审查；均衡性原则的审查。④

《行政审判办案指南（一）》规定："最小侵害原则的运用问题。行政机关未选择对相对人损害较小的执法方式达成执法目的，迳行作出被诉行政行为给相对人造成不必要的较大损害的，可以认定被诉行为违法。但在损害较小的方式不能奏效时，行政机关作出被诉行政行为给相对人造成较大损害的，不宜认定违法。"

人民法院裁判文书载明，所谓"比例原则"是指在符合法律规定的前提下，首先考虑行政措施的有效性，同时应当选择对他人权益侵害最小的行政措施实现行政目的⑤；比例原则是指，行政权力的行使应当兼顾行政目标的实现和相对人权益的保护⑥；行政法上的比例原则，是指行政权力所采取的措施与其所达到目的之间必须合比例或相称⑦。比例原则是行政法的重要原则，行政处罚应当遵循比例原则。对当事人实施行政处罚必须与其违法行为的事

---

① 刘权.行政判决中比例原则的适用［J］.中国法学，2019(3).
② 戴杕.论规范性文件司法审查中的"抵触"标准［J］.行政法学研究，2023(6).
③ 何海波.行政诉讼法（第3版）［M］.北京：法律出版社，2022:74.
④ 刘权.行政判决中比例原则的适用［J］.中国法学，2019(3).
⑤ 江苏省高级人民法院（2017）苏行终637号。
⑥ 山东省临沂市中级人民法院（2019）鲁13行终535号。
⑦ 湖南省湘潭市中级人民法院（2020）湘03行终125号。

实、性质、情节和社会危害程度相当，以达到制止违法行为不再发生的目的。①
比例原则不仅在行政处罚中广泛应用，还在界定公共利益②、公开相关信息
可能侵害第三方合法权益③等情形中应用。此外，比例原则和正当法律程序
有时出现在同一份人民法院裁判文书中。④

案例指引

● 案例一

▶ **裁判要旨**　行政处罚的作出应当符合比例原则

▶ **案号索引**　最高人民法院（2019）最高法行再 22 号

▶ **文书摘要**　根据 2017 年《行政处罚法》第 1 条、第 4 条第 2 款规
定，行政处罚法除了保障和监督行政机关有效实施行政管理，维护公共
利益和社会秩序外，还在于保护公民、法人或者其他组织的合法权益；
行政处罚的作出，还应当符合比例原则，不能侵害处罚相对人以外的其
他公民、法人或组织的合法权益。行政机关作出处罚决定，应当针对违
法行为影响的程度，选择适当的处罚方法、种类、幅度等，既要保证行
政管理目标的实现，又要兼顾保护相对人的权益，应以达到行政执法目
的和目标为限，尽可能使相对人的权益遭受最小的侵害。

---

① 山东省济南市中级人民法院（2017）鲁 01 行终 103 号。
② 最高人民法院（2017）最高法行申 8518 号。
③ 最高人民法院（2017）最高法行申 311 号、（2017）最高法行申 312 号。
④ 最高人民法院（2019）最高法行赔申 482 号、（2019）最高法行申 1269 号；山东省
　高级人民法院（2021）鲁行终 138 号等。

● 案例二

▶ **裁判要旨** 自由裁量权要按照依法行政的比例原则去行使

▶ **案号索引** 安徽省高级人民法院（2019）皖行终 727 号

▶ **文书摘要** 由于法律（法规）不可能事无巨细规范到社会关系的各个方面，为了提高行政效率，弥补法律（法规）不足，国家赋予行政机关在法律（法规）规定的幅度和范围内享有一定选择余地的处置权力，这种权力即所谓的行政自由裁量权。行政自由裁量权是行政权的重要组成部分，也是现代行政的必然要求，但任何自由裁量权都要在自由裁量的范围内公正地去行使，而不是按照个人的观点行事，要按照依法行政的比例原则去行事，而不是随心所欲。

● 案例三

▶ **裁判要旨** 行政处罚体现比例原则

▶ **案号索引** 上海市高级人民法院（2018）沪行终 607 号

▶ **文书摘要** 作为专业从事代理报关业务的报关企业，应当本着严谨细致的工作理念认真对待受托的每项业务。本案中，上诉人认为申报不实系其工作人员在填报货物价格时多打了一位数字造成，属于轻微差错，但实际上这种差错会对海关监管秩序、国家出口退税管理等造成不利影响，该违法行为的危害性不能仅以行为差错是否轻微来衡量。海关根据违法行为的性质、具体情节、过往违法记录等综合因素，对该公司处以货物价值10%的罚款，未再附加处以暂停执业或取消报关从业资格等资格罚，该处罚幅度与违法行为的性质、情节及危害程度相适应，体现了行政执法中的比例原则，并不存在失当之处。

五、信赖（利益）保护原则

《全面推进依法行政实施纲要》提出了依法行政的基本要求，第5项为"诚实守信"：行政机关公布的信息应当全面、准确、真实。非因法定事由并经法定程序，行政机关不得撤销、变更已经生效的行政决定；因国家利益、公共利益或者其他法定事由需要撤回或者变更行政决定的，应当依照法定权限和程序进行，并对行政管理相对人因此而受到的财产损失依法予以补偿。

诚信原则被援用于行政法领域，是在战后德国发展起来的。从目前的情况看，不仅德国、日本等大陆法系国家已明确确立了诚信原则在行政法中的地位，而且英美法系国家也具有相关规定或观念。如英国的"保护合理期待原则"，即具有诚信原则的实质意义。[1] 信赖保护原则理念下，公共利益不再绝对地大于个人的信赖利益，而是主张凡相对人值得保护的信赖利益，国家均应妥当加以保护。[2]

信赖保护原则是指行政管理相对人对行政权力的正当合理信赖应当予以保护，行政机关不得擅自改变已生效的行政行为，确需改变行政行为的，对于由此给相对人造成的损失应当给予补偿。信赖保护原则的法理基础是基于公众对国家权力的信任，信任利益应予保护，目的在于维护法的安定性。[3]

《行政许可法》第8条的规定标志着我国法律首次对信赖保护原则的确

---

① 周佑勇. 行政法基本原则研究（第二版）[M]. 北京：法律出版社，2019:202.
② 耿宝建. 法规变动与信赖利益保护[J]. 法学，2011(3).
③ 李继红，王宁. 行政相对人的利益期待依法应予保护[M] // 最高人民法院行政审判庭. 行政执法与行政审判（总第82集）. 北京：中国法制出版社，2021:172.

认，有利于构筑诚信政府、树立法律的信仰，意味着行政诉讼中对授益性行为的审查，将更多遵循社会公益和个人权益之间的利益衡量，同时，信赖保护原则的确认，意味着行政补偿的法律确认，行政补偿的范围、补偿请求人和补偿义务机关、补偿程序、补偿的方式和计算标准等问题都成为人民法院进行审判时的考量因素。① 有学者将信赖保护原则在行政法中得以适用的审查过程，整合为一个"四适用要件审查体系"，称之为"四要件审查步骤""四要件构成体系"等。四项适用要件为信赖基础、信赖表现、信赖基础的偏离、利益权衡。②

人民法院会议纪要载明，信赖利益是基于行政机关的先期行为而使当事人对于公权力机关产生信赖而由此投入成本等相关利益，其中某些利益要受到法律保护。信赖利益保护原则，是指行政相对人对行政主体作出的行政行为的合理性、正当性的相关利益应当被保护，行政主体非经法定条件和法定程序不得随意更改已经生效的授益行政行为，如果的确因为公共利益需要而撤销和废止的，应对由此撤销和废止给行政相对人造成的损失进行补偿。③信赖保护的适用需要具备以下条件：一是符合依法行政原则；二是具有信赖基础，即行政机关已经作出行政行为，这是信赖保护的前提和基础；三是具有信赖表现，行政相对人基于对行政机关的信任，在客观上从事了某种行为；四是信赖利益值得保护，行政相对人合法取得的信赖利益值得保护。④

---

① 李继红，王宁.行政相对人的利益期待依法应予保护［M］//最高人民法院行政审判庭.行政执法与行政审判（总第82集）.北京：中国法制出版社，2021:171.

② 刘飞.行政法中信赖保护原则的适用要件——以授益行为的撤销与废止为基点的考察［J］.比较法研究，2022(4).

③ 最高人民法院行政审判庭.最高人民法院行政审判庭法官会议纪要（第一辑）［M］.北京：人民法院出版社，2022:126.

④ 最高人民法院行政审判庭.最高人民法院行政审判庭法官会议纪要（第二辑）［M］.北京：人民法院出版社，2023:80.

人民法院裁判文书认为，行政行为是行政主体为与行政相对人形成权利义务关系而作的意思表示，因此，行政行为作出和生效后应当保持相对稳定，非经法定程序不得随意撤销或变更，即行政行为应当具有确定力。行政相对人或者其他主体基于对行政行为的信赖和有预期的判断，作出一定的行为，从而获得的利益值得保护。因此，行政行为所创设的权利义务关系在有行政相对人信赖的前提下，原则上应当保持该行政行为的相对稳定，以实现行政秩序的稳定。① 信赖保护原则为行政法中一项基本原则，意为人民基于对国家公权力行使结果的合理信赖而有所规划或举措，由此而产生的信赖保护利益应受保护。② 行政机关在行政执法过程中，应当从维护政府公信力的角度，充分考虑行政相对人的合理诉求，维护其正当的信赖利益。③ 按照信赖利益保护原则的要求，行政相对人基于对公权力的信任而作出一定的行为，此种行为所产生的正当利益应当予以保护。行政机关不能随意作出对行政相对人不利的处分。④

此外，人民法院裁判文书载明，对于新法与旧法、后法与前法变动后，相对人主张适用旧法、前法以保护信赖利益的，必须同时具备以下三个要件：一是存在信赖基础；二是相对人实施了信赖行为；三是相对人所形成的信赖利益值得保护。⑤

---

① 最高人民法院（2019）最高法行申 6691 号。
② 湖南省高级人民法院（2020）湘行再 8 号。
③ 山东省高级人民法院（2018）鲁行终 2900 号。
④ 山东省高级人民法院（2020）鲁行再 50 号。
⑤ 最高人民法院（2021）最高法行申 8524 号。

案例指引

▶ **裁判要旨**　作出撤销决定未考虑相对人已获得许可多年的实际情况，有违信赖利益保护原则

▶ **案号索引**　最高人民法院（2016）最高法行再104号

▶ **文书摘要**　根据2003年《行政许可法》第8条规定，行政机关不得擅自改变已经生效的行政许可。行政许可所依据的法律、法规、规章修改或者废止，或者准予行政许可所依据的客观情况发生重大变化的，为了公共利益的需要，行政机关可以依法变更或者撤回已经生效的行政许可。对于相对人而言，甲站在接受超审批范围使用林地的行政处罚后，对超审批范围使用的林地逐级层报行政机关乙厅提出申请，并获得了使用林地许可。乙厅未考虑甲站已获得许可多年的实际情况，于2014年作出被诉撤销行政许可决定，有违信赖利益保护原则。

▶ **裁判要旨**　是否延续许可的裁量和判断，兼顾信赖利益保护原则

▶ **案号索引**　最高人民法院（2018）最高法行再6号

▶ **文书摘要**　不论是行政许可机关、行政复议机关还是人民法院，对首次许可与延续许可行为合法性的判断标准与审查重点均应有所不同。对许可期限届满的行政许可，许可机关在延续时，既会考虑原许可的适法性问题，也必然会考虑法律规范的变化对是否延续的影响，甚至会考虑基于公共利益需要是否能够延续的问题。但显然，行政系统作出首次许可、许可延续以及撤销许可时，裁量幅度应当有所不同。首次

许可时，许可机关可以依法裁量不予许可；但是否延续许可的裁量和判断，则应受首次许可的约束，兼顾信赖利益保护问题。即使首次许可存在瑕疵或者违法，许可机关仍应审慎行使不予延续职权。同理，行政复议机关或者人民法院对许可机关裁量权进行审查时，亦应秉持谦抑原则，尊重许可机关对自身裁量权的限缩，除非这种限缩性裁量明显不合理或者违背了立法目的，亦或构成滥用裁量权。本案中，管理部门2006年可以裁量不设定采矿权，也可以不颁发相应的采矿许可证，但其一旦实施了首次许可，那么在其后的延续许可，以至行政复议机关、人民法院对延续许可合法性进行审查时，则既要考虑首次许可的适法性，也要考虑维持许可是否必然损害公共利益，以及是否有必要的措施防范可能的不利影响并保障被许可人的信赖利益等问题。因此，不能简单以首次许可存在适法性问题，即否定许可延续行为的合法性。易言之，在审查许可延续行为的合法性时，只有首次许可具有重大明显违法或者存在显而易见的违法且无法补正情形的，复议机关才可以撤销延续许可。……尤为重要的是，甲市乙局颁发的2006年《许可证》于2011年到期后，延续许可的审批主体已经由甲市乙局变更为丙省丁厅，并由丙省丁厅以自己的名义颁发了2011年《许可证》。因此，2006年许可行为存在的越权情形，已经得到2011年许可行为的治愈[①]，其越权颁证的后果已经消除，并不构成违法性继承问题。对本案而言，颁发采矿许

---

① 德国和法国法上的治愈（或治疗）理论，是针对行政行为的瑕疵，让行政机关自己主动纠正其程序上的瑕疵或错误的一种制度。治愈具有溯及既往的效果，能够使行政行为得到完全的确立和合法。我国一般只限于两类情形可以补正或更正，也就是我们所说的"治愈"：一是只是在形式或程序上出现的轻微瑕疵，不会对行政行为的正确性产生实质性影响；二是技术上的错误，一般是形式上的错误，不会误导相对人的认知。见余凌云.行政法讲义［M］.北京：清华大学出版社，2010:240，242.

可证属于典型的许可类授益性行政行为，撤销采矿许可必须考虑被许可人的信赖利益保护，衡量撤销许可对国家、他人和权利人造成的利益损失大小问题。确需撤销的，还应当坚持比例原则，衡量全部撤销与部分撤销的关系问题。

● 案例三

▶ **裁判要旨** 责令退运未经许可的固体废物，不违反信赖利益保护原则

▶ **案号索引** 辽宁省高级人民法院（2020）辽行终 859 号

▶ **文书摘要** 根据《海关进口货物直接退运管理办法》第 6 条规定，进口货物如果为未经许可的固体废物则应被责令退运，本案甲公司于 2018 年 6 月 29 日进口的改性聚乙烯颗粒经乙检验检疫中心鉴定为固体废物，且该鉴别意见并未被认定为无效，故甲公司的该批进口货物应为固体废物，丙海关对此责令退运并不违反信赖保护原则。

● 案例四

▶ **裁判要旨** 信赖利益保护原则成立的基础

▶ **案号索引** 江苏省高级人民法院（2014）苏行终字第 0071 号

▶ **文书摘要** 信赖利益保护原则成立的基础是相应的行政处分已经产生信赖利益，并且这种信赖利益应当具有正当性。审查本案的证据材料可以看出，各海关在上诉人提及的多次查验出口许可放行中，并未对上诉人出口商品归类是否符合法律规定进行过查验。由于之前不存在相应的行政处分行为，故本案缺乏适用信赖利益保护原则的基础和前提条件。同时，基于海关现场监管的局限性，进出口货物被许可放行并不代

表其进出口行为完全符合海关监管要求，《海关法》第 45 条和《海关稽查条例》第 2 条就海关对进出口货物被放行后的后续监管作了明确规定，海关在进出口货物放行后的法定时限内，仍可以对其实施稽查，对于发现的违法行为，仍然有权依法处理。因此，上诉人所主张应适用信赖保护原则的观点，本院不予采纳。

 # 六、诚实守信原则

《全面推进依法行政实施纲要》提出了依法行政的基本要求，第 5 项为"诚实守信"。诚信作为社会主义核心价值观的重要组成部分，应为公民、法人或者其他组织普遍秉持和信仰。诚实守信是社会主义核心价值观的重要内容之一。党的十八大以来，习近平总书记多次就培育和践行社会主义核心价值观作出重要论述。《关于培育和践行社会主义核心价值观的意见》《关于进一步把社会主义核心价值观融入法治建设的指导意见》等文件，要求把社会主义核心价值观贯彻到依法治国、依法执政、依法行政实践中，落实到立法、执法、司法、普法和依法治理各个方面。《法治社会建设实施纲要（2020—2025 年）》提出，注重把符合社会主义核心价值观要求的基本道德规范转化为法律规范，用法律的权威来增强人们培育和践行社会主义核心价值观的自觉性。

法律上的诚信应包含以下几方面要求：善良动机，信息真实，恪守承诺，责任承担。[①] 诚实信用原则作为民法的基本原则之一，是民事立法的准则，也是民事主体进行民事活动的基本准则，是最低限度的道德要求在法律

---

① 闫尔宝. 政府诚信论纲［J］. 北方法学，2008(4).

上的体现。^①诚实信用原则入法，并非自民事诉讼法始。诚实信用在我国民法通则、合同法、保险法、票据法等法律中均作出明确规定。2012年《民事诉讼法》明确规定进行民事诉讼应当遵循诚实信用原则。^{②③}《民法典》第7条规定"民事主体从事民事活动，应当遵循诚信原则，秉持诚实，恪守承诺"，并有多个条款涉及诚信原则。

行政法学通说认为诚实信用原则同样适用于行政法律关系。^④诚实信用原则早已突破了原有的私法适用，成为公法领域同样不可或缺的基本原则，在新时代行政法治的各方矛盾中发挥着利益平衡与权益保障的重要作用。^⑤诚实信用原则在我国行政法中尚未被法律化，其适用即遵循一般法律原则的规则进行。应该说，将诚实信用作为一般法律原则来适用，是一个法律适用的技术问题，准确地说就是类推的问题。^⑥

《行政诉讼法》虽然没有规定诚实信用原则，但该法第101条规定的"等"应是"等外等"的意思，即《行政诉讼法》没有规定的，法院可以适用《民事诉讼法》的相关规定。因此，在行政诉讼中适用诚实信用原则并没有法律障碍。^⑦诉讼法层面的诚实信用原则主要是指，诉讼行为的实施应当诚实、善意。^⑧"诚实信用原则，又称诚信原则，是指人民法院、当事人及

---

① 王轶.论民法诸项基本原则及其关系［J］.杭州师范大学学报（社会科学版），2013(3).
② 曹守晔.诚实信用原则入法与小额诉讼机制创新［J］.人民司法·应用，2012(21).
③ 《民法典》自2021年1月1日起施行，包括《民法通则》《合同法》在内的共计9部法同时废止。
④ 崔卓兰，鲁鹏宇.日本行政指导制度及其法律控制理论［J］.行政法学研究，2001(3).
⑤ 诚实信用原则在行政允诺案中的适用［M］//章志远，黄娟.公报行政案例中的法理.北京：中国人民大学出版社，2022:254.
⑥ 王贵松.论行政法原则的司法适用——以诚实信用和信赖保护原则为例［J］.行政法学研究，2007(1).
⑦ 孔繁华.滥用行政诉权之法律规制［J］.政法论坛，2017(4).
⑧ 张兴美.电子诉讼制度建设的观念基础与适用路径［J］.政法论坛，2019(5).

其他诉讼参与人在进行诉讼和审判活动时，应当公正、诚实和善意。"① 诚实信用原则在适用于判断行政机关的行为时，侧重于保护相对人的信赖利益，在适用于判断相对人的行为时，用于规范相对人合法权利的行使。② 根据诚实信用原则，当事人在诉讼中不得实施迟延或拖延诉讼的行为，或干扰诉讼的进行，应协助法院有效率地进行诉讼，完成审判。③ 滥用诉权是权利滥用的一种表现，一般认为会违反诚实信用原则，也就欠缺权利保护的必要性。④

政府守信践诺是社会诚信建设的重要基石。《行政许可法》将政府诚信确立为一项重要的法治原则。⑤2016 年，中共中央、国务院发布《关于完善产权保护制度，依法保护产权的意见》，对加强政府守信践诺机制建设作出了专门规定。《法治中国建设规划（2020—2025 年）》提出："加强政务诚信建设，重点治理政府失信行为，加大惩处和曝光力度。"《法治政府建设实施纲要（2021—2025 年）》提出："全面建设职能科学、权责法定、执法严明、公开公正、智能高效、廉洁诚信、人民满意的法治政府"，"加快推进政务诚信建设。健全政府守信践诺机制。建立政务诚信监测治理机制，建立健全政务失信记录制度"。《社会信用体系建设规划纲要（2014—2020 年）》（国发〔2014〕21 号）提出："各级人民政府首先要加强自身诚信建设，以政府的诚信施政，带动全社会诚信意识的树立和诚信水平的提高。"《国务院关于建立完善守信联合激励和失信联合惩戒制度加快推进社会诚信建设的指导意

① 江伟.民事诉讼法学［M］.北京：北京大学出版社，2015:61.
② 诚实信用原则在行政允诺案中的适用［M］// 章志远，黄娟.公报行政案例中的法理.北京：中国人民大学出版社，2022:254.
③ 张卫平.民事诉讼法［M］.北京：法律出版社，2016:51.
④ 王贵松.信息公开行政诉讼的诉的利益［J］.比较法研究，2017(2).
⑤ 河南省高级人民法院课题组.河南省行政机关败诉案件实证分析［M］// 最高人民法院行政审判庭.行政执法与行政审判（总第82集）.北京：中国法制出版社，2021:126.

见》（国发〔2016〕33号）就构建政府、社会共同参与的跨地区、跨部门、跨领域的守信联合激励和失信联合惩戒机制作出部署。2022年3月，中共中央办公厅、国务院办公厅印发《关于推进社会信用体系建设高质量发展促进形成新发展格局的意见》。《最高人民法院关于人民法院推行立案登记制改革的意见》（法发〔2015〕6号）、《最高人民法院关于深化人民法院一站式多元解纷机制建设 推动矛盾纠纷源头化解的实施意见》（法发〔2021〕25号）等文件对加强诉讼诚信建设，规范行使诉权行为等作出规定。

案例指引

● 案例一

▶ **裁判要旨** 诚实守信是依法行政的基本要求

▶ **案号索引** 最高人民法院（2018）最高法行再205号

▶ **文书摘要** 诚实守信是依法行政的基本要求，是社会主义核心价值观的重要内容。政务诚信是社会信用体系建设的关键，各类政务行为主体的诚信水平，对其他社会主体诚信建设有着重要的表率和导向作用。只有政府诚信施政，带头履行即使是对其不利的行政允诺、行政契约和会议纪要，才能取得"城门立木"的效果，才能更快带动全社会诚信意识的树立和诚信水平的提高。

● 案例二

▶ **裁判要旨** 行政机关应当带头守信践诺

▶ **案号索引** 最高人民法院（2019）最高法行申8477号

▶ **文书摘要** 政务诚信是社会信用体系建设的重要组成部分，对于进一步提升政府公信力、引领其他领域信用建设、弘扬诚信文化、培育诚信社会具有重大意义，行政机关应当带头守信践诺，依法、及时、全面履行行政允诺和会议纪要。

七、诉判一致原则

行政诉判关系是行政诉讼的基础性问题。在行政诉讼中，诉判同一原则是指法院判决应当与原告诉讼请求保持一致。目前世界上许多国家和地区行政诉讼立法中明确规定了"诉外禁止裁判"。行政诉判同一是原告诉讼请求与法院判决相一致，主要包括当事人、诉讼标的、法律事实、判决方式保持同一。①

"诉判一致"的基本含义是指法院作出的判决种类应当与当事人的诉讼请求相互对应，而不应当超出当事人的诉讼请求。《行政诉讼法》第75条首次对确认无效判决确立了严格的诉判一致原则：法院判决确认无效的前提之一是"原告申请确认行政行为无效的"。② 从司法角度看，诉判一致是指人民法院作出的判决种类应当与当事人的诉讼请求相互对应，不应超出当事人的诉讼请求。③

有学者认为，"判与诉是相对应的，判决是对诉讼请求的回应。任何超出诉讼请求的问题，法院都不应主动去裁判，否则超出了司法权的范围。"④ 严格地说，法院作出的维持判决超出了原告诉讼请求的范围，违反了

---

① 程琥. 我国行政诉讼诉判关系的反思与重构 [J]. 法律适用，2023(6).
② 黄涧秋. 行政诉讼确认无效判决的法律适用评析——围绕新《行政诉讼法》第75条展开 [J]. 法治研究，2016(5).
③ 最高人民法院对十三届全国人大一次会议第2452号建议的答复。
④ 薛刚凌. 行政判决论 [M] // 马怀德. 行政诉讼原理. 北京：法律出版社，2003:430.

司法权被动性的内在要求。超出原告诉求范围的维持判决可能造成的一个后果是，使得法院中立、公正形象的塑造更显艰难。^① 所谓诉对审判权的制约，是指审判权因诉以及诉的要素的具体内容的约束，其运作不能随意背离或超越诉之范围。诉对审判权的制约主要表现为诉讼请求对法院审判的制约，可以概括为：凡当事人依法提出的诉讼请求，法院不得拒绝，都应审理，法院对诉讼请求必须作出判决；凡当事人未纳入诉讼请求的事项，除法律另有规定外，法院不得作出判决。也就是说"无诉讼请求即无判决"。^② "诉讼请求的内容与救济权的内容也应当保持一致，人民法院作出的判决，是针对诉讼请求所作出的'非黑即白式'的肯定与或否定，由此可见，原权与救济权、救济权与诉讼请求、诉讼请求以及判决内容上都保持着相当程度的一致性和连贯性，甚至是完全一致的。"^③

在行政诉讼中，原告的诉讼请求似乎仅仅只有启动行政诉讼程序功能，一旦进入行政诉讼之后，司法审查的深度与广度不受制于原告诉讼请求，而是相关的法律规定。也就是说，合法性审查并不受制于原告诉讼请求的范围，行政诉讼特有的诉判分离现象也由此产生。在诉判分离之下，如法院对于原告未主张的事实依据也不能放弃合法性审查。也就是说，当原告基于事实不清请求法院撤销被诉行政行为时，法院的合法性审查范围并不限于事实，它还要审查主体是否合格、适用法律是否正确、程序是否合法等，即合法性全面审查。法院基于对被诉行政行为合法性的全面审查结果，可能会作出不是原告"判如所请"的裁判。^④

---

① 张旭勇.行政诉讼维持判决制度之检讨［J］.法学，2004(1).

② 黄启辉.完善行政确认判决之若干思考［J］.河南省政法管理干部学院学报，2004(6).

③ 张旭勇.行政判决的分析与重构［M］.北京：北京大学出版社，2006:23.

④ 章剑生.行政诉讼"解决行政争议"的限定及其规则［J］.华东政法大学学报，2020(4).

总体而言，修法之后的我国行政诉讼判决符合诉判一致性原则的要求，但也存在零星不一致的地方，例如在没有权利侵害时也可能作出确认违法判决，尚有进一步调整的空间。① 在我国行政诉讼的司法实践中的确存在着诉判不一致情况，例如《行政诉讼法》第 54 条、《最高人民法院关于执行〈中华人民共和国行政诉讼法〉若干问题的解释》第 57 条中规定的维持判决、确认合法或有效判决、情况判决、重作判决等，基本上都没有对应或者不完全对应相应的诉请。② 虽然行政诉讼中存在诉判不一致的情况，但"司法审查的行走路线不能偏离原告的诉讼请求太远，或者完全将原告搁置一边而独辟路径，它最终给出的诉讼结果必须充分顾及原告的诉讼请求"③。构建行政诉判关系应当以主观公权利救济和客观法秩序维护两条主线重新认识。从主观公权利救济的角度看，主观公权利、行政诉权、诉讼请求、行政判决的关系从逻辑上总保持着相当程度的一致性和连贯性。而从客观法秩序维护的角度，行政行为的违法性与有效性并非一致决定了行政诉判并非完全一致。因此，行政诉判关系是一致性与非一致性的统一。④ 尽管从理论上可以找出很多理由来支持行政诉讼诉判关系的不一致，基于行政争议实质性解决，行政诉讼诉判关系应当从当前的不一致逐步回归到一致。⑤

　　《行政诉讼法》第 87 条规定："人民法院审理上诉案件，应当对原审人民法院的判决、裁定和被诉行政行为进行全面审查。"这是对二审审查范围的规定。"这里所说的全面审查，意在强调不仅要对原审人民法院的判决、

① 王贵松. 行政诉讼的诉审判一致性 [J]. 中国法学，2024(2).
② 田勇军. 中国行政诉讼之诉判关系及其发展趋势探讨——诉判关系不一致的一个分析框架 [J]. 甘肃行政学院学报，2010(2).
③ 章剑生. 论利益衡量方式在行政诉讼确认判决中的适用 [J]. 法学，2004(6).
④ 邓刚宏. 我国行政诉讼诉判关系的新认识 [J]. 中国法学，2012(5).
⑤ 程琥. 行政审判现代化与行政争议实质性解决 [J]. 法律适用，2023(2).

裁定进行审查，也要对被诉行政行为进行审查。这是因为，在撤销诉讼中，理由具备性的核心要件就是被诉行政行为的合法性，二审法院对于原审人民法院的判决、裁定的审查，自然离不开审查被诉行政行为的合法性。但是，所谓全面审查，不能超出一审法院的裁判范围，不能超出原告的诉讼请求，而原告的诉讼请求恰恰决定了一审法院的裁判范围。"①

人民法院有裁判文书认为，判决方式不必然受限于当事人的诉讼请求，根据《行政诉讼法》及司法解释相关规定，人民法院审理行政案件，对被诉行政行为合法性实行全面审查，不受当事人诉请范围的限制，人民法院经审查后根据具体案件事实和法律规定作出适当判决，判决方式亦不必然受限于当事人的诉讼请求。②但也有裁判文书持不同观点（见下文【案例指引】）。

此外，有学者提出了"诉审判一致"说，坚持行政诉讼的诉审判一致性，更合乎行政诉讼的内在构造，且有助于提升诉讼的对话性和有效性。诉审判一致，既明确了法院的基本工作方向，也明确了原被告的攻防范围，有助于提高行政诉讼的效率，有助于维护诉讼的公平性。③

▎案例指引

● 案例一

▶ **裁判要旨**　全面审查原则

▶ **案号索引**　最高人民法院（2018）最高法行再 128 号

▶ **文书摘要**　复议机关对被申请复议的行政行为的处理和对一并提

---

① 最高人民法院（2017）最高法行申 1481 号。
② 最高人民法院（2017）最高法行申 8090 号。
③ 王贵松. 行政诉讼的诉审判一致性［J］. 中国法学，2024(2).

出的行政赔偿请求的处理虽可载明于同一行政复议决定中，但彼此可分，因为这两种处理引起的诉讼相互独立。按照不告不理原则，当事人仅挑战其中之一时，人民法院不宜主动审理另外一个并作出裁判。在再审申请人只对81号复议决定中有关行政赔偿请求的处理提出起诉的情况下，一审法院却对该复议决定中有关行政行为的处理进行审查，并进而撤销了该复议决定，有违不告不理原则，超出了法定审理范围。另外，一审法院对本案的处理，使再审申请人行使诉权的结果比不行使诉权更加不利，对诉权的充分行使和诉讼渠道的畅通产生阻碍效果，与行政诉讼制度的宗旨显有不合。行政诉讼中的全面审查一般是指人民法院在行政案件审理中，应当对被诉行政行为的事实根据、法律依据、行政程序、职责权限等各方面进行合法性审查，不受诉讼请求和理由的拘束。全面审查原则通常适用于诉讼标的为行政行为的单一案件中，但81号复议决定对原行政行为的处理并非本案诉讼标的，故该原则不适用。

● **案例二**

▶ **裁判要旨**　行政裁判的作出，仍应以诉判一致为基本形态

▶ **案号索引**　最高人民法院（2018）最高法行申3619号

▶ **文书摘要**　行政诉讼以对行政行为的合法性审查为基本原则，但具体到行政裁判的作出，仍应以诉判一致为基本形态，原告诉讼请求决定了当事人双方攻击防御的对象和法院的审理范围，行政裁判应以原告诉讼请求为基础针对原告的诉讼请求作出而不应有所偏离。一般情况下法院不应该主动对超出诉请的问题进行裁判，超出原告诉讼请求范围予以裁判应有足够的相反理由和依据。

● 案例三

▶ **裁判要旨** 人民法院不宜就未起诉的事项作出裁判

▶ **案号索引** 最高人民法院（2019）最高法行申 11574 号

▶ **文书摘要** 因诉生判，诉判对应。公民、法人或者其他组织如何起诉，在相当大程度上决定了人民法院其后裁判的基本走向。通常而言，人民法院不宜就未起诉的事项作出裁判。

● 案例四

▶ **裁判要旨** 对另案起诉的事项，本案不予评价

▶ **案号索引** 北京市高级人民法院（2018）京行终 1298 号

▶ **文书摘要** 当事人甲对乙海关行政处罚不服提起诉讼，本案系当事人甲对一审判决不服提起上诉。对于乙海关在作出被诉处罚决定前实施的暂不予放行暂存行为，由于该行为并非为实施行政处罚采取的扣留措施，且当事人甲已经针对该行为另案提起了行政诉讼，故本案对该行为之合法性不应予以评价，一审法院有关该行为性质之认定并无必要，亦不产生相应法律效果。故当事人主张的暂不予放行暂存行为违法、进而被诉处罚程序违法之主张，本院不予评价。

八、尊重行政机关首次判断权原则

王汉斌在《关于〈中华人民共和国行政诉讼法〉（草案）的说明》指出："人民法院对行政案件应当依法进行审理，但不要对行政机关在法律、法规规定范围内的行政行为进行干预，不要代替行政机关行使权力，以保障行政

机关依法有效地进行行政管理。"[①]

行政首次判断权原则属行政法学传统理论，无论是大陆法系还是英美法系，均存在着成文或不成文的规定以体现对行政首次判断权的尊重。如果这种判决部分取决于行政机关行使裁量权，或者对行政机关来说相比法院更容易获得和更容易理解的事实进行专业评估，法院往往会认定行政机关拥有确定争议是否属于法定管辖权范围的首先管辖权。[②]

司法谦抑原则最早由刑法学界提出，后被宪法、行政法学界借鉴。行政诉讼中，司法谦抑原则是指人民法院在行使审判权对行政行为进行监督的过程中，要尽可能克制司法权对行政权干预的冲动。司法谦抑原则要求必须要尊重行政机关对事实和法律问题的初次判断，对专业技术问题的判断。[③]

近些年来，行政首次判断权原则不仅在法学界由抽象概念走向深入研究，在国内行政诉讼实务中也逐步得到应用，出现了采用行政首次判断权理念进行裁判的相关案例，如最高人民法院在其公布的某某诉上海市杨浦区房屋土地管理局信息公开的指导案例中指出，"法院应当尽量避免以司法意志取代行政机关的基本判断权和首次判断权"。[④] 我国行政诉讼理论上缺乏对行政首次判断权理论的深切关注和研究，立法上除了不承认预防性不作为诉讼外，也没有明确体现尊重行政机关首次判断权的条款，但司法实践已经"超前"于理论和立法，法官们在最高人民法院的示意下已开始运用行政首次判断权理论来裁判案件。在最高人民法院首次公开使用"首次判断权"术语之前，已经出现了两份使用该术语的判决书，且均由长沙市中级人民法院

---

① 《中华人民共和国国务院公报》1989 年第 7 号。
② 理查德·J·皮尔斯.行政法（第二卷）（第五版）[M].苏苗罕，译.中国人民大学出版社，2016:892.
③ 黄永维，郭修江.司法谦抑原则在行政诉讼中的适用 [J].法律适用，2021(2).
④ 陈丽琴.行政首次判断权原则的理念与实务 [J].长沙大学学报，2017,31(3).

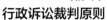

行政审判庭作出，时间分别是 2013 年 9 月和 2014 年 5 月。[①]

2014 年 9 月，最高人民法院公布全国法院 2013 年度政府信息公开十大案例，其中两个案例出现了"行政机关首次判断权""尊重"等表述，其一是在某某诉海南省三亚市国土环境资源局案，其二是在某某诉湖南省长沙县国土资源局案。[②]

随着行政权越来越多地渗入个人生活以及社会生活的细节中，政府的行为也越来越具有专业性。行政机关的专业性成了一项显著的优势。[③] 形象地说，行政机关行使的是首次判断的权力，而司法机关是在行政机关首次判断的基础上作出二次判断。[④] 人民法院依据依法行政原则对行政机关行使职权进行监督，必然要对行政机关的判断是否合法作出判断，在专业技术领域，亦可从司法审查技术策略上对是否合乎正当程序、是否不合常理、是否滥用职权等进行审查，以及引入竞争性控制模式，要求行政机关对作出的判断给予理由说明。[⑤] 司法审查遇到专门问题时，一般尊重行政机关的判断。法院尊重行政方面的专门知识，对于不属于司法审查的技术性问题，不可能有一个稳定的范围，受案件所处的时代背景、社会结构以及历史传统的影响而变化。[⑥]

在行政诉讼过程中，针对行政机关基于法定程序对法定事实要件中的不确定法律概念的具体化活动，法院原则上应当予以尊重。究其原因，主要有

---

① 黄先雄.行政首次判断权理论及其适用［J］.行政法学研究，2017(5).
② 最高人民法院 2014 年 9 月 12 日发布政府信息公开十大案例。
③ 崔卓兰，刘福元.论行政自由裁量权的内部控制［J］.中国法学，2009(4).
④ 李荣珍，王南瑛.论行政首次判断权原则及其司法适用［J］.海南大学学报（人文社会科学版），2019,37(3).
⑤ 耿宝建，殷勤.行政处罚谦抑性理念及其在行政审判中的运用［J］.法律适用，2023(11).
⑥ 邓刚宏.行政诉讼受案范围的基本逻辑与制度构想——以行政诉讼功能模式为分析框架［J］.东方法学，2017(5).

如下三个方面：行政机关固有的专业技术判断优势；不确定法律概念具体化中的裁量；行政诉讼司法谦抑原则的内在要求。但是，司法尊重并不代表行政法上不确定概念的具体化就一定要形成"行政主导"甚至"行政垄断"的格局，更不意味着司法机关不能对其进行任何形式的审查。[①] 首次判断权原理作为把握行政权和司法权的关系的一项原则，对于总体上界定司法审查权界限是恰当的，对于行政机关具有首次判断权的领域，司法审查时应给予充分的尊重。而对于行政机关首次判断权不加分析地一味尊崇，势必损害司法权自身，使其定分止争、救济权利的功能难以充分发挥。[②] 行政首次判断权原则的适用，需要进一步探索和完善，体现司法审查强度和幅度，既保护相对人的合法权益，又对行政行为有效监督和制约，实现行政诉讼的立法目的。

案例指引

● 案例一

▶ **裁判要旨**　尊重行政机关的首次判断权

▶ **案号索引**　最高人民法院（2013）行提字第 7 号

▶ **文书摘要**　根据现有证据，涉案羊毛是否为走私物尚不明确。依据《海关法》等有关规定，走私物的认定属于海关等行政机关的法定职权，不宜由法院直接作出认定。因此，对涉案羊毛是否属于走私物作出判定并进而判断被申请人是否负有启动返还程序的义务，需要有关行政

---

① 章志远.人民法院对行政机关专业认定的尊重及其审查［J］.治理研究，2021(6).
② 贾亚强.论行政诉讼实质性解决行政争议的实现——以争讼行政法律关系的确定为研究进路［J］.法律适用，2012(4).

机关通过相应的行政行为予以认定。

● 案例二

▶ **裁判要旨**　尊重行政机关的首次判断权

▶ **案号索引**　最高人民法院（2015）行提字第13号；最高人民法院行政审判十大典型案例（第一批）

▶ **文书摘要**　"计税依据明显偏低，又无正当理由"的判断，具有较强的裁量性，人民法院一般应尊重税务机关基于法定调查程序作出的专业认定，除非这种认定明显不合理或者滥用职权。

● 案例三

▶ **裁判要旨**　人民法院对行政机关的裁量权和首次判断权的尊重

▶ **案号索引**　最高人民法院（2018）最高法行申9429号

▶ **文书摘要**　针对行政复议机关拒绝受理行政复议申请或者无正当理由逾期不予答复，原告可以仅请求人民法院判决行政复议机关受理其申请，也可以请求人民法院在判决行政复议机关受理其申请的同时一并判决行政复议机关作出复议决定。根据《最高人民法院关于适用〈中华人民共和国行政诉讼法〉的解释》第91条规定，如果"原告请求被告履行法定职责的理由成立，被告违法拒绝履行或者无正当理由逾期不予答复的，人民法院可以根据《行政诉讼法》第七十二条的规定，判决被告在一定期限内依法履行原告请求的法定职责"，但是，该条还规定"尚需被告调查或者裁量的，应当判决被告针对原告的请求重新作出处理"，这种判决方式被称作答复判决，相比于履行具体、特定的法定职责的判决，这种判决方式的标的内容尚不具体，之所以承认这种判决方式，主要是基于人民法院对行政机关的裁量权和首次判断权的尊重。

延伸阅读

在行政诉讼案例中，人民法院裁判文书中适用行政首次判断权原则主要有哪些情形？

1. 对于行政机关职权范围内未予判断处理的事项

对于行政机关职权范围内未予判断处理的事项，应待行政机关先行处理后，法院再对其是否合法以及明显不当进行审查。如果司法机关过早介入，就会有代替或者干预行政权行使的嫌疑。[①]

2. 行政履行判决中，行政机关尚有裁量空间或判断余地

行政履行判决中，如果行政机关已经没有裁量余地的，为了减少程序空转，人民法院可作出责令行政机关履行特定义务的判决；如果行政机关尚有裁量空间或判断余地，人民法院应当尊重行政机关的首次判断权，判决对原告的诉讼请求进行处理。[②]

3. 涉及较强的专业性问题

人民法院在对被诉行政行为涉及专业性问题审查时，应当秉承司法的谦抑性，尊重行政机关的专业判断权。[③]对于如何判断违法后果的程度以及实现过罚相当，属于建筑法专业领域判断问题，在行政机关未制定专门解释和裁量基准前提下，一般宜借助专业鉴定机构对房屋结构安

---

① 最高人民法院（2017）最高法行申 293 号、（2017）最高法行申 317 号。
② 最高人民法院（2020）最高法行再 237 号。
③ 江苏省高级人民法院（2018）苏行终 510 号。

全及其损害程度出具的专业意见，以及行政机关的专业判断和行政惯例，对法律适用及其效果作出妥当选择，人民法院则从证据法和建筑法律规范统一适用的角度，对行政机关的判断作出符合法律规定精神的审查。①

4.涉及大量技术性、政策性的问题

行政机关优先判断及处理权与司法机关监督及救济权的选择，应当从更有利于当事人权益保障的角度出发。如案件涉及大量技术性、政策性的问题，需要行政机关的知识、技能和经验来解决，对于专业性问题应当尊重行政机关首次判断权，行政处理有利于工作效率的提高，专业知识可更好地解决相对人之间的行政纠纷。②

九、禁止不利变更原则

有观点认为，源于18世纪初期德国"确定力理论"的禁止不利变更原则是各国刑法、民法、行政法中共有的原则。在行政复议、行政诉讼及刑事诉讼中，我国法律法规已经明确规定了禁止不利变更原则。在行政复议及诉讼中，禁止不利变更原则的目的在于保障公民、法人或者其他组织在认为行政机关和行政机关工作人员的行政行为侵犯其合法权益时，能够通过法定途径维护其合法权益。③

---

① 江苏省南通市中级人民法院（2022）苏06行终839号。
② 新疆维吾尔自治区高级人民法院（2021）新行终84号。
③ 贺小荣.最高人民法院第二巡回法庭法官会议纪要（第二辑）[M].北京：人民法院出版社，2021:319-320.

《行政处罚法》第 45 条第 2 款规定："行政机关不得因当事人陈述、申辩而给予更重的处罚。"《全国人民代表大会常务委员会法制工作委员会关于行政复议机关能否加重对申请人处罚问题的答复意见》（法工委复字〔2001〕21 号）、《行政复议法实施条例》第 51 条等规定了行政复议不加重。在《行政复议法》中建构不利变更禁止原则，一是有利于保障行政相对人的行政复议申请权；二是有利于确保行政复议功能的充分发挥；三是有利于加强行政监督工作。① 根据该原则及立法精神，《行政复议法实施条例》第 51 条既包括复议机关不得直接作出对申请人更为不利的复议决定，也包括复议机关不得以撤销等方式间接导致对申请人更为不利的结果。②

诉讼禁止不利变更原则是行政诉讼的一项基本原则，是指法院依法判决变更行政行为，不能增加原告的义务或者减损原告的权益，使原告处于更为不利的境地。其法理基础是行政诉讼是公民的权利救济机制，而非违法责任追究机制，不使当事人因寻求救济而遭受更为不利的结果，从而消除其救济权利行使的顾虑。③

《行政诉讼法》第 77 条第 2 款规定："人民法院判决变更，不得加重原告的义务或者减损原告的权益。但利害关系人同为原告，且诉讼请求相反的除外。"该条确立了行政诉讼中的禁止不利变更原则及适用的例外情形。《行政诉讼法》第 77 条第 2 款虽仅规定禁止不利变更原则适用于变更判决，但各种诉讼类型均可适用；禁止不利变更原则的适用对象不仅仅限于一审程序

① 郜风涛. 中华人民共和国行政复议法实施条例释解与应用［M］. 北京：人民出版社，2007:189.

② 河南省高级人民法院（2020）豫行申 860 号、北京市第四中级人民法院（2017）京 04 行初 789 号、湖南省湘西土家族苗族自治州中级人民法院（2019）湘 31 行终 65 号。

③ 江必新，邵长茂，李洋. 新行政诉讼法导读：附新旧条文对照表及相关法律规范［M］. 北京：中国法制出版社，2015:98−99.

中的原告，亦包括二审程序中的上诉人、审判监督程序中的再审申请人。但禁止不利变更原则不适用于无效的行政行为，是否适用于行政行为被撤销后重新作出情形应作区分处理。① 基于禁止不利变更原则，对于行政机关作出的行政处理，经行政诉讼后，人民法院不得加重当事人的义务或者减损当事人的权益。

案例指引

● 案例一

▶ **裁判要旨**　行政处罚案件中排除禁止不利变更原则适用情形

▶ **案号索引**　最高人民法院（2019）最高法行申 4324 号

▶ **文书摘要**　《行政复议法实施条例》第 51 条规定了行政复议禁止不利变更原则。因为复议申请人申请行政复议，是为了撤销对己不利的行政行为。如果行政复议机关在审查行政行为是否合法或适当的过程中，作出对复议申请人较原裁决更为不利的决定，那么就会违背复议申请人提起行政救济的本意，行政复议禁止不利变更原则体现了"申辩不加重"的本意，即要求行政复议机关不得因当事人申辩而加重处罚。但是行政复议禁止不利变更原则的适用也存在例外情形。在行政处罚案件中，排除禁止不利变更原则适用包括但不限于以下情形：一是被侵害人及被处罚人同为复议申请人；二是被侵害人或被处罚人申请了行政复议，另一方作为第三人在复议程序中存在有意识地默示申请撤销处罚决定的行为。

---

① 贺小荣.最高人民法院第二巡回法庭法官会议纪要（第二辑）[M].北京：人民法院出版社，2021:328-333.

● 案例二

▶ **裁判要旨**　无论是行政处罚程序还是行政复议程序，都不得因当事人进行申辩而加重对其处罚

▶ **案号索引**　《最高人民法院公报》2006 年第 10 期

▶ **文书摘要**　根据 1996 年《行政处罚法》第 32 条第 1 款、第 2 款规定，在行政处罚程序中始终贯彻允许当事人陈述和申辩的原则，只能有利于事实的查明和法律的正确适用，不会混淆是非，更不会因此而使违法行为人逃脱应有的惩罚。法律规定不得因当事人申辩而加重处罚，就是对当事人申辩进行鼓励的手段。无论是行政处罚程序还是行政复议程序，都不得因当事人进行申辩而加重对其处罚。认为"不得因当事人申辩而加重处罚"不适用于行政复议程序，是对法律的误解。

十、禁止反复效力原则

1989 年《行政诉讼法》规定了"被告不得以同一的事实和理由作出与原具体行政行为基本相同的行政行为"。其目的是"防止有的行政机关不按照人民法院的判决改变原具体行政行为，致使原告的权利得不到保护"[1]。有学者认为，这一规定就是禁止反复效力的反映。禁止反复效力是禁止行政机关依据同一事实和理由作出相同的行政行为，同一事实和理由、行政行为的同一性成为重要标准。禁止反复效力，是从判决效果而言的，从行政机关义务的角度又可以称作不得反复义务。[2]

---

[1]　《中华人民共和国国务院公报》1989 年第 7 号。

[2]　王贵松. 行政诉讼判决对行政机关的拘束力——以撤销判决为中心 [J]. 清华法学，2017(4).

《行政诉讼法》第71条规定："人民法院判决被告重新作出行政行为的，被告不得以同一的事实和理由作出与原行政行为基本相同的行政行为。"该规定是通过判决的形式要求行政机关依法履行职责，旨在避免循环诉讼。根据《行政诉讼法》的相关规定，为保护国家利益、社会公共利益或者当事人合法权益，法院在有些情况下判决撤销行政行为时，还需要判决行政机关重新作出行政行为。[①] 法院判决既判力既体现在被诉行政机关必须重新作出行政行为，不得拒绝作出，还体现在重新作出的行政行为要受到法院撤销判决所认定事实和阐述理由的约束，即不得以同一事实和理由作出与原行政行为基本相同的行政行为。[②] 这里的"事实"指的是行政机关所认定的据以作出行政行为的法律事实。这里的"理由"指的是行政机关据以作出行政行为的证据和所依据的规范性文件。同一事实，是指认定的事实相同。同一理由，是指采信了相同的证据，适用了相同的规范依据。基本相同的行政行为，是指行政行为对原行政行为并未作出实体改变的行政行为，即处理结果基本相同的行政行为。[③] 权威解读认为，这里的"同一事实"是指被撤销行政行为所认定的事实。"同一理由"是指被撤销行政行为的证据和所依据的规范性文件。同一事实、同一理由是指完全相同的事实和理由。[④]

法释〔2018〕1号第90条第1款规定："人民法院判决被告重新作出行政行为，被告重新作出的行政行为与原行政行为的结果相同，但主要事实或者主要理由有改变的，不属于行政诉讼法第七十一条规定的情形。"有学者提出，判断行政机关是否以同一事实和理由作出与原行政行为基本相同的行

---

① 海南省高级人民法院（2020）琼行终484号。

② 袁杰. 中华人民共和国行政诉讼法解读［M］. 北京：中国法制出版社，2014:198.

③ 《行政诉讼法及司法解释关联理解与适用》编委会. 行政诉讼法及司法解释关联理解与适用（下册）［M］. 北京：中国法制出版社，2018:681,683.

④ 信春鹰. 中华人民共和国行政诉讼法释义［M］. 北京：法律出版社，2014:191.

政行为的标准是行政机关据以作出行政行为的"主要事实"或者"主要理由"是否与原行政行为一致。主要事实，主要是指行政机关所查明的客观事实以及所收集的证据。主要理由，主要是指行政机关作出行政行为所适用的法律、法规、规章或者规范性文件依据。① 实务界有观点认为，被告重新作出的行政行为的事实和理由部分只要改变了其中的一部分，即不属于《行政诉讼法》规定的"同一事实和理由"。②

人民法院会议纪要载明，所谓"以同一事实和理由作出重复行政行为"，是指行政机关重新作出的行政行为依据的主要证据、事实和理由，与被撤销的行政行为所依据的主要证据、事实和理由基本相同，导致重新作出的行政行为直接与人民法院的生效判决认定的事实和理由相抵触的情形。也就是说，行政机关即使作出了与原行政行为基本一致甚至相同的行政行为，只要依据的主要事实或主要理由改变，就不属于重复行政行为。③

人民法院裁判文书载明，如果生效判决仅仅是以事实不清、主要证据不足为由撤销原行政行为，行政机关重新作出行政行为时，依据新的证据，补充认定相关事实，完善决定理由，重新作出与原行政行为处理结果相同的行政行为，不属于以"同一事实和理由"作出与原行政行为基本相同行政行为的情形。④

法释〔2018〕1号第90条第2款规定："人民法院以违反法定程序为由，判决撤销被诉行政行为的，行政机关重新作出行政行为不受行政诉讼法

① 马怀德.新编中华人民共和国行政诉讼法释义〔M〕.北京：中国法制出版社，2014:334.
② 最高人民法院行政审判庭.最高人民法院行政诉讼法司法解释理解与适用（上）〔M〕.北京：人民法院出版社，2018:324.
③ 最高人民法院第一巡回法庭.最高人民法院第一巡回法庭行政主审法官会议纪要（第1卷）〔M〕.北京：中国法制出版社，2020:160.
④ 最高人民法院（2019）最高法行再115号.

第七十一条规定的限制。"仅以"违反法定程序"为由撤销行政行为，纯属于人民法院对行政机关依法行政的监督，不涉及利害关系人合法权益保护问题。行政机关重新作出行政行为时，只要是补正原行政行为中的程序违法问题，其他部分不予改变，重新作出的行政行为原则上就是合法的行政行为。①所谓程序违法、实体合法的情况，行政机关重新作出行政行为时，不受《行政诉讼法》第 71 条限制，即不能划归"以同一事实和理由作出与原行政行为基本相同的行政行为"的范畴。②

案例指引

● 案例一

▶ **裁判要旨**　人民法院判决撤销被诉行政行为后，行政机关对存疑事项有重新进行调查、作出处理的法定职责义务

▶ **案号索引**　最高人民法院（2017）最高法行申 992 号

▶ **文书摘要**　从《行政诉讼法》第 70 条规定可以看出，人民法院判决撤销被诉行政行为后，原告的权利是否必然回到被撤销的行政行为作出之前的状态，要根据案件的具体情况确定，可能存在两种不同的情形：一是生效行政判决彻底否定被诉行政行为认定的事实，认为被诉行政行为完全没有事实根据或法律依据，撤销被诉行政为意味着原告的合法权利恢复到被诉行政行为作出之前的状态。二是生效行政判决撤销被诉行

① 最高人民法院行政审判庭.最高人民法院行政诉讼法司法解释理解与适用（上）[M].北京：人民法院出版社，2018:421；福建省泉州市中级人民法院（2020）闽 05 行终404 号。

② 最高人民法院行政审判庭.最高人民法院行政诉讼法司法解释理解与适用（上），[M].北京：人民法院出版社，2018:324.

政行为，理由是行政行为认定的主要事实不清、证据不足，或者是作出被诉行政行为的程序违法、适用法律错误、超越职权等，判决在实体上只是对被诉行政行为的合法性作出判断，并未对原告主张的权利是否合法作出判断，且判决作出后仍需要行政机关依法重新作出处理。这种情况下，原告主张的权利并不能当然地回到被诉行政行为作出之前的状态。也正是因为如此，《行政诉讼法》第70条明确规定，行政行为被撤销的同时，人民法院可以判决被告重新作出行政行为。即便人民法院没有同时作出限期重作判项，作为享有相应处理权限的行政机关对存疑事项也有重新进行调查、作出处理的法定职责义务。

● 案例二

▶ **裁判要旨**　　行政诉讼案例中不属于"以同一事实和理由作出与原行政行为基本相同的行政行为"的情形

▶ **案号索引**　　《最高人民法院公报》2022年第2期；浙江省宁波中级人民法院（2019）浙02行终622号

▶ **文书摘要**　　在行政诉讼中，人民法院判决被告重新作出行政行为，被告重新作出的行政行为与原行政行为的结果相同，但主要事实或者主要理由有改变的，不属于"以同一事实和理由作出与原行政行为基本相同的行政行为"的情形。行政机关于2019年7月11日重新作出《不予行政许可决定书》，该两份决定书虽然结果相同，但法律适用不同，证据依据不同，故可以认定主要事实和理由有改变，不属于"以同一事实和理由作出与原行政行为基本相同的行政行为"的情形。

● 案例三

▶ **裁判要旨** 行政诉讼案例中不属于"以同一事实和理由作出与原行政行为基本相同的行政行为"的情形

▶ **案号索引** 北京市高级人民法院（2020）京行终 7892 号

▶ **文书摘要** 在前两次处罚决定因存在事实不清情形而被撤销后，行政机关通过补充调查查明了本案事实，并据此作出被诉处罚决定，并非基于同一事实或理由作出与被撤销的处罚决定相同或者基本相同的具体行政行为。

 ## 十一、禁止反言原则

《牛津法律大辞典》中对禁止反言的定义为："禁止当事一方在法律程序中主张或证明与形成于原始环境的事实不一样之事实的原则。"[1] 禁止反言原则是英美法中一项古老的原则，首先在合同领域展露锋芒，之后在保险法、公司法、合伙法和知识产权法等领域均得到广泛适用。在其发展过程中，禁止反言原则不断细化，现已形成允诺禁止反言、误述禁止反言、财产所有人禁止反言和习惯禁止反言四种并列形式。[2]

禁止反言是英美法系国家诉讼法中的重要规则体系，在我国的立法规则中未作规定。在我国司法判决中，确有法官使用"禁止反言"这一术语作为判决理由，可见在我国司法实务中也存在适用禁止反言原则的现实需要。[3]

---

[1] 戴维·M·沃克.牛津法律大辞典［M］.李双元等，译.北京：法律出版社，2003:392.

[2] 齐湘泉，姜劲蕾.允诺禁止反言原则在涉外合同中的适用［J］.比较法研究，2004(5).

[3] 胡萌.诉讼法中禁止反言规则研究［M］.北京：法律出版社，2019:1.

有学者认为，禁反言的基本涵义为，如果某人通过其先前的语言或行为而主张一定的事实状态，从而导致了他人对该主张正确性的合理信赖并从而改变了其生活状态，则即使这一主张并不真实，根据禁反言原则，主张者也不能在此后的法律程序中否定该主张的真实性。[①] 在国内法上，相对人信赖并依据一个人单方面作出的允诺性言论或行为行事后，该允诺人就不得否认改变其先前所作的言论或行为，否则将损害相对人的利益。此即禁止反言原则。[②]

人民法院裁判文书认为，所谓"禁止反言"，是指禁止当事人通过言语或者行为作出与先前所表述的事实或主张的权利不一致的表示。换言之，当事人应当对自己作出的言词负责，不得出尔反尔，不得随意作出否定在先言词的言论或行为。[③]

案例指引

● 案例一

▶ **裁判要旨**　禁止反言原则是证据采信的基本原则

▶ **案号索引**　最高人民法院（2019）最高法行申 3190 号

▶ **文书摘要**　无论是在行政程序还是诉讼程序中，禁止反言，禁止当事人出尔反尔，是证据采信的基本规则。在当事人申请行政复议、提起行政诉讼之前，行政机关对相关事实作出的认可，比在行政复议、行政诉讼中自认更具真实性。除非有充分证据否定其认可的事实，复议和诉讼中的反言，不足以否定其证明效力。

---

① 姜明安.行政执法研究［M］.北京：北京大学出版社，2004:98.
② 张文彬.论国际法上的禁止反言原则［J］.中国国际法年刊，2000(1).
③ 江苏省南通市中级人民法院（2023）苏 06 行终 612 号。

● 案例二

▶ **裁判要旨**　禁止反言原则的适用要点

▶ **案号索引**　江苏省南通市中级人民法院（2023）苏 06 行终 612 号

▶ **文书摘要**　"禁止反言"规则是诚信原则的具体体现，通常包含以下适用要点：一是从时间来看，在先陈述具有优先效力。当事人的先前陈述在时间上最接近事实真相，在无正当理由的情形下，先前陈述的证明效力优于在后陈述。二是从空间来看，现场陈述具有优先效力。当事人是事件的亲历者，在一些情形下，案件事实本身由当事人"制造"，在事发现场的陈述最接近于客观事实。三是从利害关系来看，不利陈述具有优先效力。当事人的陈述往往是认定事实的关键证据，关乎案件的最终处理结果以及当事人的切身利益。为规避法律责任，违法嫌疑人可能会改变之前于己不利的陈述，重新作出新的陈述。可见，于己不利的陈述通常排除了趋利避害的因素，证明效力优于对己有利的陈述。正所谓"有原则即有例外"，当事人对相反陈述能够作出合理解释的，属于"禁止反言"规则的例外情形。

 十二、禁止不当联结（不当联结禁止）原则

有学者认为，行政法领域"正当联结"的存在样态包括四种：行政目的与行政手段的联结；行政主体给付与行政相对人对待给付的联结；行政裁量中考虑相关因素的联结；公益范围考虑的联结。[①]所谓不当联结是指行政机

---

① 刘建军. 论禁止不当联结原则行政法领域之适用性［J］.西安电子科技大学学报（社会科学版），2006(5).

关以是否作出某项行政行为来要求相对人履行一个与此无正当关联的义务。①不当联结禁止原则是指行政机关为了实现行政目的而针对相对人作出行政行为时，往往会对其课以一定的义务或负担，或造成相对人其他的不利益，对相对人造成不利益所采取的手段必须与行政机关所追求的目的之间有合理的联结关系存在，以维护相对人的权益，并使相对人能心悦诚服地接受行政行为的拘束。由于我国对该原则尚未有实定法的规定，在进行司法审查时可以把对该原则的违反归入滥用职权的范畴。②

也有观点认为，禁止不当联结原则，主要是指行政行为与私人的给付之间应当具有事理上的关联性，也即实质的、内在的关联。其适用领域主要包括：目的与手段之间的合理的关联；对待给付之间的合理关联；禁止不相关考虑；公益范围内的联结。③根据行政事例的推导和司法案例的呈现，行政不当联结除构成滥用职权以外，还可能构成超越职权和行政适法错误。行政不当联结的司法判断基准还需结合行政判断标准具体分析。在行政管理实践中，行政不当联结的判断标准包括"不相关因素考量""附加额外条件""手段与目的脱节"。④

案例指引

● 案例一

▶ **裁判要旨** 行政协议实质上并不具有合意基础，违反了"禁止不

---

① 王留一.禁止不当联结原则：内涵界定与司法适用［J］.福建行政学院学报，2017(4).
② 郭庆珠.论不当联结禁止原则对行政管理创新的规制——以创新的法律界限为归宿［J］.学术探索，2010(6).
③ 姜明安.行政执法研究［M］.北京：北京大学出版社，2004:108,109.
④ 李育江.行政不当联结的判断标准及其法治约束［J］.行政与法，2023(7).

当联结"原则

▶ **案号索引**　最高人民法院发布10起行政协议典型案例（第一批）之一；福建省高级人民法院（2018）闽行终130号

▶ **文书摘要**　本案中，获得拆迁补偿属于该公司的法定权利，与该公司是否完成投资额等义务之间没有合理关联。被诉补偿协议的订立，虽在形式上符合平等协商的要求，但因行政机关利用其强势地位为该公司获得合法合理的搬迁补贴额设定明显不对等的条件，实质上并不具有合意基础，违反了"禁止不当联结"原则，以致补偿协议显失公平，依法应予撤销。

● **案例二**

▶ **裁判要旨**　将交通违法行为的处理设定为核发车辆检验合格标志的前提条件，违反禁止不当联结原则

▶ **案号索引**　湖南省高级人民法院（2018）湘行再65号

▶ **文书摘要**　根据《道路交通安全法》第13条规定，只要申请人提供机动车行驶证、机动车第三者责任强制保险单，且机动车经安全技术检验合格，公安交通管理部门就应当核发检验合格标志。本案中，相对人提供了机动车行驶证、机动车第三者责任强制保险单，且机动车经安全技术检验合格，车管所依法应核发机动车检验合格标志。在已有法律对核发机动车检验合格标志的条件作出规定的情况下，车管所在法律规定的条件之外附加条件，违反了"法律优先"的原则。车辆年检的对象是车辆本身，其目的是及时消除车辆的安全隐患、减少因车辆本身的状况导致的交通事故的发生。将交通违法行为的处理设定为核发车辆检验合格标志的前提条件，两者对象不一致，违反行政法上的禁止不当联结

原则。

除了上述原则外，行政诉讼实践中人民法院裁判文书还出现过禁止重复起诉①、一行为一诉②等原则。

---

① 最高人民法院（2016）最高法行申 283 号、（2016）最高法行赔申 306 号、（2016）最高法行赔申 340 号、（2016）最高法行申 2718 号、（2016）最高法行申 2720 号、（2016）最高法行申 4232 号、（2017）最高法行申 391 号、（2017）最高法行申 411 号、（2017）最高法行申 5519 号、（2017）最高法行申 5524 号、（2017）最高法行申 6527 号、（2017）最高法行申 6717 号、（2018）最高法行申 149 号、（2018）最高法行申 1261 号、（2018）最高法行申 1577 号、（2018）最高法行申 2423 号、（2018）最高法行申 7524 号、（2019）最高法行申 3528 号等。
② 最高人民法院（2019）最高法行终 1 号、《最高人民法院公报》2019 年第 12 期；（2019）最高法行申 6846 号、（2020）最高法行再 251 号、（2020）最高法行申 10654 号等。

第九章　预防和实质性化解行政争议

习近平总书记在中央全面依法治国工作会议上指出："法治建设既要抓末端、治已病，更要抓前端、治未病"，"要推动更多法治力量向引导和疏导端用力，完善预防性法律制度，坚持和发展新时代'枫桥经验'，完善社会矛盾纠纷多元预防调处化解综合机制"。[①]

有观点认为，纠纷是人类社会生活的普遍现象，古今中外概莫能外。但如何看待纠纷、处理纠纷，不同文明形态下的社会认知与解纷机制并不相同。[②] 纠纷解决是社会调整乃至社会存在的方式之一，无论是积极或消极地

---

① 习近平. 坚定不移走中国特色社会主义法治道路　为全面建设社会主义现代化国家提供有力法治保障 [J]. 求是, 2021(5).
② 陈景良. "天下无讼"价值追求的古今之变 [J]. 政治与法律, 2023(8).

看待社会中的纠纷，任何社会都必须建立纠纷解决机制。① 因此，无论是人类文明的发展史，还是司法制度的演进史，都可以看成一部纠纷解决方式的演化史。② 在现代社会中，越来越多的人都认识到，彻底消灭冲突和纠纷是一件不太可能的事情。比消灭冲突和纠纷更好的选择，是疏导和控制纠纷，也即控制纠纷的强度和烈度，允许相对温和的冲突和纠纷发生，并将它疏导到法治的轨道之中。③ 社会治理从传统治理向现代治理转型，必然要推进社会治理方式的法治化、智能化和专业化。④

《中共中央关于全面推进依法治国若干重大问题的决定》提出："健全社会矛盾纠纷预防化解机制。"《中共中央关于坚持和完善中国特色社会主义制度推进国家治理体系和治理能力现代化若干重大问题的决定》提出"完善社会矛盾纠纷多元预防调处化解综合机制"。《法治中国建设规划（2020—2025年）》《法治社会建设实施纲要（2020—2025年）》《法治政府建设实施纲要（2021—2025年）》均对社会矛盾纠纷多元预防调处化解综合机制作出部署。《信访工作条例》第37条第1款提出"各级机关、单位应当坚持社会矛盾纠纷多元预防调处化解"。党的二十大报告提出："全面推进国家各方面工作法治化"，"在社会基层坚持和发展新时代'枫桥经验'，完善正确处理新形势下人民内部矛盾机制"，"及时把矛盾纠纷化解在基层、化解在萌芽状态"。

法治政府建设是全面依法治国的重点任务和主体工程，是推进国家治理体系和治理能力现代化的重要支撑。对行政机关而言，在新发展阶段，要持

---

① 范愉等.多元化纠纷解决机制与和谐社会的构建［M］.北京：经济科学出版社，2011:72.
② 余向阳，姚赛.推动多元解纷机制　彰显法治文明价值［N］.人民法院报，2019-7-8(2).
③ 泮伟江.论现代法律系统运作的二值代码性［J］.环球法律评论，2023(4).
④ 李少平.传承"枫桥经验"创新司法改革［J］.法律适用，2018(17).

续深入推进依法行政，推动完善社会矛盾纠纷多元预防调处化解综合机制，既要实质性化解行政争议，也要积极预防行政争议，推进法治中国建设。

一、推动完善行政纠纷多元化解机制

习近平总书记指出："要研究建立健全行政纠纷解决体系，推动构建行政调解、行政裁决、行政复议、行政诉讼有机衔接的纠纷解决机制。"[①]《中共中央关于全面推进依法治国若干重大问题的决定》提出："完善调解、仲裁、行政裁决、行政复议、诉讼等有机衔接、相互协调的多元化纠纷解决机制。"《关于完善矛盾纠纷多元化解机制的意见》提出："促进从法律层面推进矛盾纠纷多元化解机制建设，保障矛盾纠纷多元化解在法治轨道上健康发展。"《关于建立"一带一路"争端解决机制和机构的意见》提出"建立诉讼、调解、仲裁有效衔接的多元争议解决机制"。

纠纷解决机制，指"一个社会为解决纠纷而建立的由规则、制度、程序和机构（组织）及活动构成的系统"[②]。在不同的社会发展阶段，根据不同的解纷需求和社会主体选择偏好，建立适应本国或本地需要的多元化解纷机制，是人类社会发展的共同规律。[③] 现代社会和当事人在利益、价值观、偏好和各种实际需要等方面的多元化，本质上需要多元化的纠纷解决方式，需

① 习近平.在中央全面依法治国委员会第一次会议上的讲话[M]// 习近平.论坚持全面依法治国.北京：中央文献出版社，2020:234.

② 范愉，李浩.纠纷解决——理论、制度与技能［M］.北京：清华大学出版社，2010:20.

③ 刘玉顺.转型期社会矛盾纠纷的多元化治理——基于四川大调解模式的实证思考［M］// 最高人民法院港澳台司法事务办公室.现代司法制度下调解之应用——首届海峡两岸暨香港澳门司法高层论坛文集.北京：人民法院出版社，2012:236.

要更多的选择权。① 指望用一种纠纷解决方式就能全部解决各类矛盾纠纷是不现实的。② 现代法治国家在行政诉讼、行政复议之外发展出了多种化解行政争议的方式，以满足不同当事人的需要。③

从世界范围看，20 世纪 60 年代以来，诉讼之外的调解、仲裁、和解、谈判、中立评估、裁决等替代性纠纷解决方式（Alternative Dispute Resolution，以下简称 ADR）逐步成为一种世界潮流和全球发展趋势。④ 有观点认为，正式的民事诉讼越来越被视为争议解决的最后手段。因此，诉讼外替代性纠纷解决近来越来越广泛地得到宣传。⑤20 世纪末以来，随着诉讼案件数量的快速增长，案件积压、诉讼迟延甚至久拖不决，已成为发达国家和新兴市场国家共同面临的司法困境，倒逼各个国家兴起了一场纠纷解决机制革命。⑥ 立法的完善为各国 ADR 的发展提供了坚实的法制基础。⑦ 有专家曾预言，到 2020 年"诉讼"可能已经变成了替代性的纠纷解决方式。⑧ 时至今日，当代法治社会不仅已普遍承认多元化纠纷解决的正当性，而且它被纳入法治指标，被赋予了更高的价值。⑨ 当然，学习西方法治理论，应当借鉴

---

① 范愉.以多元化纠纷解决机制——保证社会的可持续发展［J］.法律适用，2005(2).

② 李少平.努力构建具有中国特色的多元化纠纷解决体系［N］.人民法院报，2016-7-6(5).

③ 章剑生.行政争议诉前调解论：法理、构造与评判［J］.求是学刊，2023(4).

④ 龙飞.论国家治理视角下我国多元化纠纷解决机制建设［J］.法律适用，2015(7).

⑤ 罗森贝克，施瓦布，戈特瓦尔德.德国民事诉讼法（上册）［M］.李大雪，译.北京：中国法制出版社，2007:4.

⑥ 黄文艺.论深化司法体制综合配套改革——以 21 世纪全球司法改革为背景［J］.中国法律评论，2022(6).

⑦ 齐树洁，许林波.域外调解制度发展趋势述评［J］.人民司法·应用，2018(1).

⑧ 迈克尔·利斯.替代性纠纷解决机制（ADR）：2020 年的全球发展趋势［M］//胡仕浩，龙飞.多元化纠纷解决机制改革精要.北京：中国法制出版社，2019:187；迈克尔·利斯.ADR：2020 年的全球发展趋势［N］.龙飞，译.人民法院报，2013-3-22(6).

⑨ 郑重.构建我国多元化纠纷解决机制的三个向度［N］.人民法院报，2019-7-26(5).

而不迷信，学洋而不崇洋。在借鉴西方行政纠纷的多元化解决机制及 ADR 理论时，应当充分结合我国目前的国情，认清彼此间的差距。①

从诉讼的功能看，每一种诉讼程序解决争议的功能都是有限定的，否则国家只需要创设一种诉讼程序就可以了。行政诉讼也是如此。行政诉讼不可解决全部行政争议，即使通过行政诉讼的行政争议也未必能够解决。② 行政诉讼受限于自身固有的特点，不能将所有的行政争议都予以实质性解决。③ 行政争议的化解不完全依赖于审判。诉讼只是推动解决争议的一种方式④；诉讼仍旧是处于最后一道关口，发挥"断后"的作用⑤。从法律规范看，《优化营商环境条例》第 66 条规定："国家完善调解、仲裁、行政裁决、行政复议、诉讼等有机衔接、相互协调的多元化纠纷解决机制。"2015 年 4 月 1 日，厦门市出台我国第一个多元化纠纷解决机制地方性法规《厦门经济特区多元化纠纷解决机制促进条例》；2016 年 7 月 22 日，山东省出台第一部省级多元化纠纷解决机制地方性法规《山东省多元化解纠纷促进条例》；2017 年 10 月 13 日，黑龙江省发布了《黑龙江省社会矛盾纠纷多元化解条例》；2017 年 11 月 24 日，《福建省多元化解纠纷条例》正式通过。到 2023 年，安徽、四川、吉林、海南、辽宁、河北、上海、江西、云南、河南、天津和贵州等也纷纷出台地方性法规。

从司法实践看，多元化纠纷解决机制改革是党的十八届四中全会确定的

---

① 耿宝建."泛司法化"下的行政纠纷解决——兼谈行政复议法的修改路径 [J].中国法律评论，2016(3).
② 章剑生.行政诉讼"解决行政争议"的限定及其规则 [J].华东政法大学学报，2020(4).
③ 阎巍，袁岸乔.多元纠纷解决机制中行政审判的功能与定位 [J].法律适用，2021(6).
④ 周元梅.行政诉讼集中管辖与司法价值的冲突与调和 [M] // 廖永安，覃红卫.诉讼制度改革与理论探索.湘潭：湘潭大学出版社，2021:154.
⑤ 李占国.诉源治理的理论、实践及发展方向 [J].法律适用，2022(10):12.

一项改革任务，也是最高人民法院高度重视的改革项目。① 《最高人民法院关于深化人民法院一站式多元解纷机制建设 推动矛盾纠纷源头化解的实施意见》(法发 [2021] 25 号)、《最高人民法院关于进一步推进行政争议多元化解工作的意见》(法发 [2021] 36 号) 等文件也对多元纠纷解决机制作出了规定。有观点认为，司法机关是社会纠纷解决机制中的核心主体，也应是全社会多元纠纷解决机制的引导者和推动者，司法能力亦应体现为司法在引导多元纠纷解决机制方面的能力。② 最高人民法院已出台多项有关推进多元化纠纷解决机制改革的文件，通过鼓励当事人先行协商和解、探索建立调解前置程序、健全委派委托调解程序、探索开展诉前鉴定评估、建立诉讼风险告知程序、完善调解协议司法确认程序、加强与公证机构的对接等，引导当事人优先选择非诉讼机制解决纠纷。③ 协商、调解以及其他的各种替代性纠纷解决机制，并非是取代了传统的诉讼和审判模式，而只是增加了纠纷解决的途径。④

有学者认为，多元化纠纷解决机制，是指一个社会中各种纠纷解决方式、程序或制度 (包括诉讼与非诉讼两大类型) 以其特定的功能共同存在、相互协调所构成的纠纷解决系统⑤。研究借鉴当代世界各国和地区 ADR 发展的理念、制度创新与趋势，对于完善我国多元化纠纷解决机制和司法

---

① 胡仕浩，龙飞.深化多元解纷机制改革提升社会治理法治水平——对《最高人民法院关于人民法院进一步深化多元化纠纷解决机制改革的意见》的解读 [N].人民法院报，2016-6-30(5).

② 顾培东.人民法院改革取向的审视与思考 [J].法学研究，2020(1).

③ 黄文艺.论深化司法体制综合配套改革——以 21 世纪全球司法改革为背景 [J].中国法律评论，2022(6).

④ 潘剑锋，刘哲玮.论法院调解与纠纷解决之关系——从构建和谐社会的角度展开 [J].比较法研究，2010(4).

⑤ 范愉.多元化纠纷解决机制与和谐社会的构建 [M].北京：经济科学出版社，2011:35；范愉，李浩.纠纷解决——理论、制度与技能 [M].北京：清华大学出版社，2010:21.

改革都具有重要的意义①。多元化纠纷解决机制的理念，强调诉讼与非诉讼、法律机制与其他社会调整机制、国家权力与社会自治、公力救济与社会及私力救济之间的协调互动，以实现多元化的功能和价值。②多元争议解决机制由公权力解决争议、当事人自行解决争议和社会其他方式解决争议构成。③

如果将目光投向当代中国的行政纠纷解决实践，不难发现，伴随着社会转型时期行政纠纷的日益复杂化和多样化，一个多元化的行政纠纷解决体系也正在重组之中。④经过多年的探索、创新和发展，多元化纠纷解决机制在我国取得了长足的发展，已成为化解矛盾纠纷、推进社会治理的发展大趋势。有学者认为，今天，多元化纠纷解决机制不仅已成为实务部门、地方政府、各行各业和基层社会民众共同参与的事业，也成为国家的发展战略，必将成为社会的主流文化。⑤顺应历史发展大势，在法治背景下构建多元化纠纷解决机制，应将其纳入法治化、制度化和程序化轨道，使之有序运行，稳步推进。⑥行政执法也是矛盾纠纷多元化解机制的重要一环，行政机关是行政纠纷多元化解的重要力量之一，行政机关与司法机关要加强良性互动，有力推动完善行政纠纷多元化解机制。

---

① 范愉.当代世界多元化纠纷解决机制的发展与启示［J］.中国应用法学，2017(3).
② 范愉.挑战与机遇：当代中国多元化纠纷解决机制的建构［J］.东南司法评论，（2008年卷）.
③ 付本超.多元争议解决机制对营商环境法治化的保障［J］.政法论丛，2022(2).
④ 章志远.开放合作型行政审判模式之建构［J］.法学研究，2013(1).
⑤ 范愉.多元化纠纷解决机制发展的回顾和展望［M］// 胡仕浩，龙飞.多元化纠纷解决机制改革精要.北京：中国法制出版社，2019:1.
⑥ 龙飞.多元化纠纷解决机制促进法研究［M］.北京：中国人民大学出版社，2020:28.

案例指引

● 案例一

▶ **裁判要旨**　司法案件的处理应当在坚持法律底线的前提下，实现法律效果和社会效果的统一

▶ **案号索引**　最高人民法院（2016）最高法行再 82 号

▶ **文书摘要**　司法案件的处理并不仅仅追求法律效果，而是应当在坚持法律底线的前提下，实现法律效果和社会效果的统一。在社会效果的诸多内涵中，法的安定性显然是其中的重要内容，法律只有保持连续性，才能较直观地彰显法规范层面的安定。

● 案例二

▶ **裁判要旨**　加强诉讼与非诉讼纠纷解决方式的有机衔接

▶ **案号索引**　安徽省高级人民法院八大实质性解决行政争议典型案例一

▶ **文书摘要**　该案的典型意义是：深化诉调对接，诉前调解解决行政争议。完善多元化纠纷解决机制，加强诉讼与非诉讼纠纷解决方式的有机衔接，是人民法院进一步深化行政审判机制改革的重要任务。2017 年 10 月，行政机关甲对相对人乙的房屋所在区域进行征收改造。2018 年 7 月 31 日，在未与乙达成征收补偿安置协议的情况下，甲将上述房屋拆除。乙多次要求安置补偿均未果，遂诉至法院。本案中，丙市中级人民法院在收到乙诉状后，通过初步研判，认为案件存在调处空间，遂引导当事人通过诉前调解（协调）方式先行化解纠纷，依托法院特邀调解员，促成乙与甲之间达成调解协议，从源头上实质性解决了行政争议，取得良好社会效果和法律效果。

二、调解、和解

习近平总书记在中央全面依法治国工作会议上讲话中指出："我国国情决定了我们不能成为'诉讼大国'。我国有14亿人口，大大小小的事都要打官司，那必然不堪重负！""中华法系凝聚了中华民族的精神和智慧，有很多优秀的思想和理念值得我们传承。"[1]

有观点认为，实践表明，要保证行政法效力的可接受性，就得通过理性商谈达成共识。[2] 行政诉讼是一种解决行政争议的机制，既然是解决争议，就应允许双方互谅互让，由法院引导在法律框架内和平解决。[3] 原被告双方行政诉讼法律地位是平等的，当事人之间可以进行平等对话，充分为各自的行为申辩，这为当事人双方进行协商和调解奠定了法理基础。[4] 有学者提出，我国目前正处于社会转型时期，社会矛盾日益复杂化、多样化，单纯采取判决方式难以实质性地化解争议，实现案结事了的社会效果，因此，调解、和解等多元化的解决模式应成为下一步的制度建设目标。[5] 调解、和解的纠纷解决方式具有许多长处，既可及时解决纠纷，又可缓解双方的对立冲突，节约诉讼成本。现在不仅适用于私法领域，在公法领域也日益广泛地适用。显然，行政诉讼制度在实践中也可积极和适度

[1] 习近平.坚定不移走中国特色社会主义法治道路　为全面建设社会主义现代化国家提供有力法治保障 [J].求是，2021(5).

[2] 罗豪才，宋功德.行政法的治理逻辑 [J].中国法学，2011(2).

[3] 应松年.完善行政诉讼制度——行政诉讼法修改核心问题探讨 [J].广东社会科学，2013(1).

[4] 戚建刚，易君.论我国行政诉讼调解制度的合理性基础和基本原则 [J].湖北行政学院学报，2011(5).

[5] 莫于川，雷振.我国《行政诉讼法》的修改路向、修改要点和修改方案——关于修改《行政诉讼法》的中国人民大学专家建议稿 [J].河南财经政法大学学报，2012(3).

地采用调解、和解等非诉讼解决纠纷的操作方式。① 一般而言，和解、调解等非诉讼化解途径往往对抗性弱、成本低，操作简便灵活，比较容易使纠纷得到妥善化解。② 《最高人民法院关于印发〈关于人民法院推行立案登记制改革的意见〉的通知》（法发〔2015〕6号）、《最高人民法院关于人民法院进一步深化多元化纠纷解决机制改革的意见》（法发〔2016〕14号）、《最高人民法院关于推进行政诉讼程序繁简分流改革的意见》（法发〔2021〕17号）等对调解、和解作出了规定。

（一）调解

法律条文

《行政诉讼法》第60条　人民法院审理行政案件，不适用调解。但是，行政赔偿、补偿以及行政机关行使法律、法规规定的自由裁量权的案件可以调解。

调解应当遵循自愿、合法原则，不得损害国家利益、社会公共利益和他人合法权益。

简要解读

《民事诉讼法》第9条规定："人民法院审理民事案件，应当根据自愿和合法的原则进行调解；调解不成的，应当及时判

---

① 莫于川.我国《行政诉讼法》的若干修改建议及理由说明［J］.临沂师范学院学报，2006(5).
② 龙飞.论多元化纠纷解决机制的衔接问题［J］.中国应用法学，2019(6).

决。"1989 年《行政诉讼法》第 50 条规定："人民法院审理行政案件，不适用调解。"其背后的理论基础是公权力的不可处分性。行政诉讼中的被告是依法行使行政管理职权的行政机关，它所作出的具体行政行为是法律赋予的权力，是代表国家行使职权。因此，作为被告的行政机关应当依法行政，没有随意处分的权力。人民法院在审查具体行政行为时，必须以事实为根据，以法律为准绳，具体行政行为合法的就应当判决维持，违法的就应当判决撤销或依法予以变更。① 在当时的背景下，不适用调解是有道理的。如今随着行政诉讼受案范围的扩大，有大量不同种类的行政行为被诉，尤其行政合同纠纷，就需要调解。② 这种制度设计，遇到了两个方面的挑战，一个方面是理论层面的，即行政行为是不是都属于行政机关没有处分权的情形；另一个方面是实践层面的，即法律尽管禁止行政诉讼调解，但实践中有大量以撤诉方式结案的案件，绝大多数都是以协调和解的方式结案，实质上就是调解，只不过不以调解书形式结案。③2014 年修法之前，除了赔偿诉讼以外，人民法院审理行政案件，不适用调解。但在审判实践中，人民法院广泛运用"协调和解"的手段，促成原告撤诉。④ 这种以协调和解取代调解的方式使不少行政案件的处理取得了案结事了的较好效果。⑤

1989 年《行政诉讼法》第 67 条第 3 款规定："赔偿诉讼可以

---

① 胡康生. 行政诉讼法释义 [M]. 北京：北京师范学院出版社，1989:80-81.
② 江必新. 论行政争议的实质性解决 [J]. 人民司法·应用，2012(19).
③ 江必新，邵长茂，李洋. 新行政诉讼法导读：附新旧条文对照表及相关法律规范 [M]. 北京：中国法制出版社，2015:84-85.
④ 谷骞. 论行政诉讼调解的适用范围 [J]. 行政法学研究，2021(3).
⑤ 姜明安. 行政诉讼法修改的若干问题 [J]. 法学，2014(3).

适用调解"。现行《行政诉讼法》的调解范围得以扩大，除了"行政赔偿"外，还包括"补偿，以及行政机关行使法律、法规规定的自由裁量权的案件"。《行政诉讼法》第60条第1款规定的"行政机关行使法律、法规规定的自由裁量权的案件"，是一种概括性的规定，主要是指"行政机关在一定领域内可以根据法律法规的授权和规定，在一定幅度内根据实际情况自行处理行政事务的行政案件"①。有学者认为，行政诉讼中建立调解制度非常必要，新法在沿用原法行政案件不适用调解的基础上，进一步明确了可以适用调解的行政案件范围以及调解所应遵循的原则。②实务界则有观点提出，新法第60条的规定，根据案件的特点和类型适当放开调解的范围，有利于行政诉讼在合法性审查之外，在法律允许的范围内围绕行政争议的彻底化解开展调解工作，进一步增强了行政诉讼的纠纷解决功能。③在特有领域作出例外规定，适当扩大调解范围，以促进法律适用的统一，防止调解制度在司法实践中的随意性，规制法官的自由裁量权，调节行政诉讼当事人心理对抗程度，促进行政纠纷妥善化解。④通过大幅扩大行政诉讼调解范围，以此大幅压缩法院开展协调和解工作空间，把案外协调和解工作全部纳入行政诉讼调解

① 《行政诉讼法及司法解释关联理解与适用》编委会.行政诉讼法及司法解释关联理解与适用（下册）［M］.北京：中国法制出版社，2018:577.

② 马德怀.司法改革与行政诉讼制度的完善——《行政诉讼法》修改建议稿及其理由说明书［M］.北京：中国政法大学出版社，2004:326-327，转引自应松年.《中华人民共和国行政诉讼法》修改条文释义与点评［M］.北京：人民法院出版社，2015:195-196.

③ 江必新，邵长茂，李洋.新行政诉讼法导读：附新旧条文对照表及相关法律规范［M］.北京：中国法制出版社，2015:113.

④ 江必新.中华人民共和国行政诉讼法理解适用与实务指南［M］.北京：中国法制出版社，2015:284.

范围，让法院协调和解工作于法有据。[①] 法释〔2018〕1号就《行政诉讼法》规定的调解制度作了进一步规定，明确调解的具体程序、调解书等内容，推动行政纠纷实质性化解。

有研究认为，遍及全球的实践已远远超越了理论层面的探讨，全球调解的发展呈现出强制性调解发展的趋势。[②]

中华文明历来崇尚"以和为贵"和"无讼"文化，自古就有调解传统。调解是我国自古以来解决纠纷的重要途径，调解制度在我国具有源远流长的历史传统，是一项具有中国特色的法律制度。[③] 周朝设置了专门的"调人"之职，其职责便是"掌排解调和万民之纠纷"。[④] 有学者认为，中国的法治之路必须注重利用中国本土的资源，注重中国法律文化的传统和实际。[⑤] 对待古代调解制度，我们应当"扬弃"，取其精华、去其糟粕，如此，才算是以最好的方式将古代调解制度继承下来，并将其内部优秀的部分与现代调解制度完美结合。[⑥]

以"马锡五审判方式""枫桥经验"为代表的现代调解制度，更被多国专家和学者誉为中国特色的"东方经验"。[⑦] 在我国，通常

---

① 程琥. 行政审判现代化与行政争议实质性解决 [J]. 法律适用，2023(2).
② 娜嘉·亚历山大. 全球调解趋势 [M]. 王福华等，译. 北京：中国法制出版社，2011:234-235.
③ 李碧桥. 论中国古代调解机制的特征 [J]. 法治与社会，2013(30).
④ 张谭. 试论中国古代调解制度 [J]. 法制博览，2016(5).
⑤ 苏力. 法治及其本土资源（第三版）[M]. 北京：北京大学出版社，2015:6.
⑥ 周含宇. 论中国古代的调解制度 [J]. 法制博览，2017(35).
⑦ 姜伟. 中国特色多元解纷模式——在"多元化纠纷解决机制的本地经验与未来展望"议题研讨时的发言 [M] // 最高人民法院港澳司法事务办公室，最高人民法院台湾事务办公室. 新时代多元化纠纷解决机制——第五届海峡两岸暨香港澳门司法高层论坛文集. 北京：人民法院出版社，2022:15.

把调解定义为"在第三方主持下，以国家法律、法规、规章和政策以及社会公德为依据，对纠纷双方进行斡旋、劝说，促使他们互相谅解、进行协商，自愿达成协议，消除纷争的活动"[1]。调解的魅力就在于促使纠纷当事人通过互谅修复已经受到破坏的人际关系的和谐，并防止这种破坏发展到更为严重的程度。[2] 被称为"东方经验"的调解，与诉讼相比，其优势是不言而喻的。[3] 调解作为化解矛盾、消除纷争的非诉讼纠纷解决方式，具有非对抗性、经济性、及时性等优势，在维护我国社会基层长期稳定中发挥着独特的作用。司法调解已成为当事人解决纠纷的重要方式，不仅大大减轻了当事人的解纷成本，也有利于从源头上防止矛盾激化。[4] "调解优先、调判结合"是人民司法实践经验和优良传统的延续，也是我国司法长期坚持的司法政策和工作原则。尤其是进入新世纪以来，调解优先的司法政策充分发挥了司法在化解社会矛盾、维护社会和谐方面的积极作用。[5]

诉讼调解是人民法院作为第三人出面协调，促成当事人和解，并对协议予以司法确认。[6] 行政诉讼中的调解，是指在人民法院的主持下，行政争议双方当事人围绕争议的实体权利义务，通过自愿

---

[1] 范愉. 非诉讼程序（ADR）教程［M］. 北京：中国人民大学出版社，2002:150.
[2] 闫庆霞. 法院调解制度研究［M］. 北京：中国人民公安大学出版社，2008:64.
[3] 最高人民法院司法改革领导小组办公室. 人民法院司法改革与中国国情读本［M］. 北京：人民法院出版社，2012:43-44.
[4] 陈文清. 坚持和发展新时代"枫桥经验"提升矛盾纠纷预防化解法治化水平［J］求是，2023(24).
[5] 陈柏峰. 诉源治理的机制和原理［J］. 法律科学，2024(1).
[6] 冯文生. 回到诉讼过程本身——"调审结合程序一体化"诉讼机制研究［J］法律适用，2015(7).

协商达成协议解决行政争议的活动。① 行政诉讼上的调解具有双重的法律后果。一方面，经法院作出调解之后，双方当事人就此作出相应的诉讼行为，直接终结诉讼程序。另一方面，双方实际上缔结了一个公法上的"契约"。② 无论如何，诉讼调解应当在行政诉讼法的框架内进行，至少在形式上看起来诉讼调解仍然是在法规范之内进行，才能确保诉讼调解的正当性。③ 人民法院裁判文书载明，允许行政案件在一定范围内适用调解，无疑具有积极意义。不仅有利于妥善处理行政争议，增进当事人与行政机关的相互理解与信任，还能减轻双方当事人的诉累，节约司法资源。④

《全面推进依法行政实施纲要》明确提出"充分发挥调解在解决社会矛盾中的作用"。《国务院办公厅关于加强和改进行政应诉工作的意见》（国办发〔2016〕54 号）提出"要积极协助人民法院依法开展调解工作，促进案结事了"。《法治政府建设实施纲要（2021－2025 年）》提出："加强行政调解工作。……坚持'三调'联动，推进行政调解与人民调解、司法调解有效衔接。"行政调解是指行政机关对民事纠纷和特定的行政纠纷，依照法律和有关政策，在当事人自愿的基础上，主持调停、斡旋，促使当事人达成调

---

① 最高人民法院行政审判庭.最高人民法院行政审判庭法官会议纪要（第一辑）［M］.北京：人民法院出版社，2022:77.

② 梁凤云.行政诉讼讲义（下）［M］.北京：人民法院出版社，2022:613.

③ 章剑生.行政诉讼"解决行政争议"的限定及其规则［J］.华东政法大学学报，2020(4).

④ 最高人民法院（2018）最高法行申 142 号。

解协议的活动。① 行政调解契合现代行政的服务理念、合作理念②，优势在于纠纷解决的经济性、专业性和彻底性，同时优化行政管理和促进政府职能转变③。行政机关既要重视行政诉讼调解，又要重视行政调解工作，促进行政争议妥善化解。

案例指引

● 案例一

▶ **裁判要旨**　调解适用的程序和范围

▶ **案号索引**　最高人民法院（2018）最高法行申 142 号

▶ **文书摘要**　《行政诉讼法》第 60 条第 1 款规定："人民法院审理行政案件，不适用调解。但是，行政赔偿、补偿以及行政机关行使法律、法规规定的自由裁量权的案件可以调解。"人民法院对行政案件进行调解，不只适用于一审和二审过程中，在立案、执行以及审查再审申请和再审审理的各个阶段均可随时进行。就可以调解的范围来讲，《行政诉讼法》第 60 条将其限定于"行政机关行使法律、法规规定的自由裁量权的案件"，用意是为了排除"行政行为是否合法没有调解余地"的情形。对调解余地的判断，不仅要看行政机关在作出被诉行政行为时是否具有裁量权，更要看双方当事人特别是行政机关就调解标的是否具有处分权，且调解结果是否损害国家利益、社会公共利益和他人合法权益。

---

① 应松年，袁曙宏. 走向法治政府：依法行政理论研究与实证调查［M］. 北京：法律出版社，2001:280.
② 喻少如. 多元化纠纷解决机制中的行政调解［J］. 学术界，2007(6).
③ 张海燕. 大调解视野下的我国行政调解制度再思考［J］. 中国行政管理，2012(1).

● 案例二

▶ **裁判要旨**　调解

▶ **案号索引**　河南省高级人民法院（2022）豫行终844号

▶ **文书摘要**　在审理本案过程中，经本院主持调解，甲公司、行政机关乙自愿达成如下调解协议：（略）上述协议，符合有关法律规定，本院予以确认。本调解书经各方当事人签收后，即具有法律效力。

（二）和解

和解在行政过程中的运用，实际上就是指行政机关以事实为依据，以法律为准绳，通过与相对人协商合意的方式行使行政裁量权。[①]建立行政执法和解制度是行政机关面对有限的行政执法资源与行政效率的要求之间的矛盾时，为了追求行政程序经济化而作出的现实选择，这样的制度反而具有很强的内生力量。[②]行政和解是指行政主体与行政相对人在法律允许的范围内，通过平等对话、沟通协商的方式达成合意，从而化解行政纠纷的一种纠纷解决机制。包括诉讼中的和解、复议过程中的和解，以及诉讼外行政执法过程中的和解。[③]在20世纪末，我国法律就已经确立了行政和解制度。但这种行政和解主要适用于行政复议和行政诉讼程序，被用来解决行政机关与相对人发生的行政争议。[④]

[①] 周佑勇.行政裁量治理研究——一种功能主义的立场（第二版）[M].北京：法律出版社，2023:191.

[②] 张红.破解行政执法和解的难题——基于证券行政执法和解的观察[J].行政法学研究，2015(2).

[③] 余克弟，葛阳，黎红.服务型政府背景下行政和解制度的构建[J].江西社会科学，2011(12).

[④] 陈瑞华.论企业合规在行政和解中的适用问题[J].国家检察官学院学报，2022(1).

诉讼上的和解是一个事实概念，是案结事了的真正标准。①《行政复议法》第5条、第73条等规定了"调解"，第74条规定了"和解"。但《行政诉讼法》未规定"和解"。立法机关认为，考虑到《行政诉讼法》实施以来，虽然法律规定行政诉讼不适用调解，但是当事人以案外和解方式解决争议的现象却大量存在。案外和解由于没有法院的确认，没有制度的保障，这样不利于保护当事人的合法权益，不利于有效化解行政争议。②《民事诉讼法》第53条规定："双方当事人可以自行和解。"基于实践的需要，可以在不修改《行政诉讼法》前提下，通过法律解释的方法，借用《民事诉讼法》的相关规定以支持行政诉讼和解，并使之成为其合法性的法律依据。③

行政诉讼中的和解是当事人以合意解决纠纷的方式，是当事人通过对各种因素的衡量，为实现其利益最大化而选择的一种结案方式。和解的本质就是使对抗不仅在形式上、行为上，而且在心理上、情感上都得到消除。这不仅对当事人有意义，对社会的稳定和维护都将产生影响。④行政诉讼和解应采用开放性程序，将争议所涉核心利益的决定权交给行政争议的当事人，行政诉讼和解机制应以"充分尊重纠纷当事人的自主选择权，提倡协商与双赢，并注重公平与效率"为基本原则。⑤

《最高人民法院关于推进行政诉讼程序繁简分流改革的意见》（法发〔2021〕17号）等文件都有关于和解的相关规定。最高人民法院公布的行政不作为十大案例（2015）之七某某驾驶员培训服务有限公司诉兰州市某某区

① 冯文生.回到诉讼过程本身——"调审结合程序一体化"诉讼机制研究[J]法律适用，2015(7).
② 信春鹰.中华人民共和国行政诉讼法释义［M］.北京：法律出版社，2014:160-161.
③ 章剑生.寻求行政诉讼和解规范上的可能性［J］.当代法学，2009(2).
④ 段小京.《关于行政诉讼撤诉若干问题的规定》的理解与适用［J］.人民司法·应用，2008(3).
⑤ 刘艺.行政和解应当以和为贵　以调为辅［N］.中国纪检监察报，2011-11-11.

城市管理行政执法局行政不作为案中，法院在查清事实、分清是非的基础上，通过向被告释明法律规定和法律后果，以和解方式化解纠纷，可以使原告诉求在短时间内实现，既解决问题，又不伤"和气"。①

案例指引

● 案例一

▶ **裁判要旨**　和解协议签署后撤诉

▶ **案号索引**　最高人民法院（2009）行终字第8号

▶ **文书摘要**　甲公司以行政机关乙启动供热应急预案的决定及其后的实施行为，妨碍了其利益的实现为由，于2008年1月22日向丙省高级人民法院提起行政诉讼。丙省高级人民法院经审理认为，乙作出的行为没有法律法规依据，超越职权，侵犯甲公司的合法权益，依法应予撤销，由于涉及公共利益和第三人丁公司的利益，应确认其行为违法。甲公司起诉理由成立，该院予以支持。一审判决后，乙、某局及第三人分别向最高人民法院提起上诉。最高人民法院经开庭审理，针对本案具体情况，决定争取协调解决本案。经过多次协调，最终促使当事人达成了和解协议。和解协议签署后，上诉人分别向最高人民法院递交了撤回上诉的申请，最高人民法院经审查裁定准予其撤回上诉。②

---

① 最高人民法院发布人民法院关于行政不作为十大案例。
② 蔡小雪，李德申.行政诉讼协调中的利益衡量原则之适用［J］.人民司法·案例，
2010(10).

● 案例二

▶ **裁判要旨**　以和解为理由撤诉

▶ **案号索引**　【法宝引证码】CLI.C.1778574（二审）；山东省济南市中级人民法院（2010）济行初字第 85 号（一审）

▶ **文书摘要**　原告甲公司诉被告行政机关乙一案，一审法院作出判决后，本案第三人丙居委会不服一审判决，向丁省高级人民法院提出上诉。在高院审理期间，本案原告甲公司以双方当事人已和解为由，于 2011 年 4 月 2 日向高院递交撤诉申请书，申请撤回对行政机关乙的起诉。丙居委会也于当日递交撤回上诉申请书，申请撤回上诉。二审裁定允许撤回起诉和上诉，一审判决不发生法律效力。

三、预防和实质性化解行政争议

习近平总书记指出："行政执法工作面广量大，一头连着政府，一头连着群众，直接关系群众对党和政府的信任、对法治的信心"①，"坚持以法为据、以理服人、以情感人，努力实现最佳的法律效果、政治效果、社会效果"②。习近平总书记在中央全面深化改革委员会第十八次会议上强调，要坚持和发展新时代"枫桥经验"，把非诉讼纠纷解决机制挺在前面，推动更多法治力量向引导和疏导端用力，加强矛盾纠纷源头预防、前端化解、关口把控，完善预防性法律制度，从源头上减少诉讼增量。③

---

① 习近平. 坚定不移走中国特色社会主义法治道路　为全面建设社会主义现代化国家提供有力法治保障 [J]. 求是，2021(5).
② 习近平. 关于严格规范公正文明执法 [M] // 习近平. 论坚持全面依法治国. 北京：中央文献出版社，2020:260.
③ 习近平主持召开中央全面深化改革委员会第十八次会议强调　完整准确全面贯彻新发展理念发挥改革在构建新发展格局中关键作用 [N]. 人民日报，2021-2-20(1).

《中共中央办公厅、国务院办公厅关于预防和化解行政争议、健全行政争议解决机制的意见》（中办发〔2006〕27号）提出"预防和化解行政争议"，"健全行政争议解决机制"。《国务院办公厅关于加强和改进行政应诉工作的意见》（国办发〔2016〕54号）提出"有效预防和化解行政争议"。《中共中央关于加强新时代检察机关法律监督工作的意见》提出："在履行法律监督职责中开展行政争议实质性化解工作，促进案结事了。"《法治政府建设实施纲要（2021—2025年）》提出："健全行政争议实质性化解机制"，"行政争议预防化解机制更加完善"。

有学者主张，作为2014年修订的《行政诉讼法》"解决行政争议"目的条款的升级加强版，实质性解决行政争议具有丰富的理论内涵和多样的实现路径，应当引起我国行政法学理的应有重视。[①] 相对而言，"行政争议实质性解决"的终局结果导向色彩明显，比较侧重对当事人主观合法权益诉求的满足，而"化解行政争议"一词的源头治理导向明显，更有助于体现"防患于未然"的"治未病"法治理念。[②] 对行政机关而言，必须坚持严格规范公正文明执法，提高依法行政水平，不仅要注重实质性化解行政争议，也要注重积极从源头上预防行政争议。

法律条文

《行政诉讼法》第1条　为保证人民法院公正、及时审理行政案件，解决行政争议，保护公民、法人和其他组织的合法权益，监督行政机关依法行使职权，根据宪法，制定本法。

---

① 章志远.行政诉讼实质性解决行政争议理念的生成背景［J］.江淮论坛，2022(4).
② 高家伟.论行政复议机关实质性化解争议的角色与功能定位［J］.法律科学，2023(2).

▌简要解读

行政诉讼的存在并未单纯是为了解决纠纷或争端，不存在单以纠纷解决为目的的行政诉讼制度。① 作为《行政诉讼法》的"灵魂"条款，行政诉讼法的立法目的具有强大的涵摄效应，能够在法律规范冲突或者法律规范供给不足时发挥应有的解释功能。②

2009 年，最高人民法院印发的《关于当前形势下做好行政审判工作的若干意见》（法发〔2009〕38 号）提出"要注意争议的实质性解决，促进案结事了"。追溯行政诉讼制度的实践发展史，"实质性解决行政争议"在 2010 年之后频频出现于最高人民法院的工作报告、讲话、裁判文书和各级人民法院的行政审判白皮书之中。③ 经由行政法学理论界和实务界的不断阐释，得以在全社会广泛传播，成为人民法院行政审判的指导思想。④ 实质性化解行政争议是最高人民法院最近几年特别强调的一个命题，最高人民法院也围绕这个命题进行了一系列制度创新和工作机制的改革和完善。⑤

行政诉讼的制度目的具有不同定位：保证人民法院公正、及时审理案件，服从服务于解决争议、保护私权、监督行政三个目的；解决行政争议，是诉讼制度的固有功能；保护个体权利、监督行政

---

① 应松年，杨伟东.我国行政诉讼法修正初步设想（上）［J］.中国司法，2004(4).
② 章志远.行政法案例分析教程［M］.北京：北京大学出版社，2016:226-227.
③ 章志远.法治一体建设视域中的行政机关负责人出庭应诉［J］.浙江工商大学学报，2022(3).
④ 最高人民法院行政审判庭.最高人民法院行政审判庭法官会议纪要（第一辑）［M］.北京：人民法院出版社，2022:78.
⑤ 江必新.论行政争议的实质性解决［J］.人民司法，2012(19).

权是行政法的恒久使命。[①] 有学者认为，在《行政诉讼法》中增加了"解决行政争议"这一项立法目的，能够更便宜地采用司法释明、司法调解、司法建议，有助于提升行政审判效率，达成案结事了的效果。可见增加此项立法目的，具有重大的法治发展意义。[②] 实务界则有观点认为，化解行政争议是行政诉讼的目的之一，通过协调化解工作，可以实质性化解行政纠纷，实现案结事了。[③] 化解行政争议是行政诉讼的最终目的。一个诉讼制度如果不能够定分止争，这个制度注定是不能走远的。[④] 权威解读认为，"此次修改行政诉讼法，在立法目的中增加了'解决行政争议'一项，旨在进一步强化通过行政诉讼化解行政纠纷的作用，以法治的方式解决行政争议，有利于增强公民、法人和其他组织的法治意识，形成遇事找法律，依法维权，避免出现'信访不信法'的现象"[⑤]。最高人民法院对此也作了说明："我国行政诉讼多年来即存在'上诉率高、申诉率高、服判息诉率低'的现象，一个重要原因就是没有充分发挥行政诉讼解决纠纷的功能……因此，在行政诉讼法立法宗旨中应当明确行政诉讼'解决行政纠纷'的功能。"[⑥]

① 张步洪.在行政诉讼监督中实质性化解行政争议［M］//徐鹤喃，温辉.行政检察实务培训讲义（第三版）.北京：法律出版社，2022:29.
② 莫于川.《行政诉讼法》修改及其遗留争议难题［J］.行政法学研究，2017(2).
③ 江必新.从跨区划管辖到跨区划法院——兼论新型诉讼格局之构建[J]人民司法·应用，2017(31)
④ 郭修江.监督权力保护权利实质化解行政争议——以行政诉讼法立目的为导向的行政案件审判思路［J］.法律适用，2017(23).
⑤ 袁杰.中华人民共和国行政诉讼法解读［M］.北京：中国法制出版社，2014:4.
⑥ 江必新.中华人民共和国行政诉讼法及司法解释条文理解与适用［M］.北京：人民法院出版社，2015:30.

有学者认为，尽管"实质性解决行政争议"已经频频写入党和国家正式文件及最高人民法院、最高人民检察院司法解释之中，但"实质性"的确切内涵和适用情形迄今为止尚无权威规定。在行政法学理上，围绕"实质性"的判断标准，先后出现过"三要素说""两要素说""四要素说"等理论争论。①

　　"三要素说"中，如，评价行政争议是否实质性化解，有三个维度。一是法律维度，要求在实质法治理念下，运用实定法规范和法律原则、政策等，对案涉行政争议作出评判，从法律上消解案涉行政争议。二是事实维度，强调行政争议的客观消解状态，不受任何一方认识的影响。三是当事人维度，指因当事人认为行政争议不复存在，实现行政争议的自然消解。②也有观点认为，实质法治主义强调纠纷的实质性解决，包含三层意思：一是案件已经裁决终结；二是当事人之间的矛盾真正地得以解决，没有留下后遗症；三是通过案件的审理，明晰了此类案件的处理界限，行政机关和社会成员能够自动根据法院的判决调整自身行为。③

　　"两要素说"中，如，"实质性"理当包含"行政诉讼程序终结后未再启动新的法律程序"和"行政实体法律关系经由行政诉讼程序获得实质处理"两方面内容。其中，行政诉讼程序终结后未再启动新的法律程序，意味着程序获得实质终结；行政实体法律关系经

① 章志远.行政诉讼实质性解决行政争议之实践检视——以上海法院 32 个典型行政案件为分析样本 [J].苏州大学学报（哲学社会科学版），2022(6).
② 张相军，马睿.检察机关实质性化解行政争议研究 [J].国家检察官学院学报，2022(3).
③ 江必新.论实质法治主义背景下的司法审查 [J].法律科学，2011(6).

由行政诉讼程序获得实质处理，意味着原告权益获得实质救济。①
也有观点认为，在一审行政案件集中管辖法院强调行政争议实质性
解决"包含两层意思：一是案件已经终结，当事人不再进行上诉、
申诉。二是当事人之间的矛盾高效地一次性真正得以解决，防止反
复争讼，实现诉讼经济"②。

"四要素说"中，如，行政争议的实质性解决这一概念的内涵
包括四个基本要素：一是行政审判权的运用空间不局限于起诉人表
面的诉讼请求，辐射到被诉行政行为合法性的全面审查；二是行政
审判权的运用方式不局限于依法作出裁判，扩及到灵活多样的协调
化解手段；三是行政审判权的运用重心不局限于表面行政争议的处
理，拓展到对相关争议的一揽子解决；四是行政审判权的运用结果
不局限于本案的程序性终结，延伸到对起诉人正当诉求的切实有效
保护。③也有观点认为，结合司法实践经验，实质解决行政争议在
诉讼的不同阶段体现为：首先，行政争议尽可能通过行政诉讼得以
解决，立案环节实现应收尽收；其次，审理环节法院对争议问题予
以实质回应和判断；再次，诉讼结果实现案结事了，当事人没有上
诉或申诉；最后，个案裁判具有示范效应，对本案当事人和案外人
起到指引作用。④

行政争议的实质性解决，是指"人民法院在审查行政行为合法

① 王万华.行政复议法的修改与完善——以"实质性解决行政争议"为视角［J］.法学
研究，2019(5).
② 侯丹华，孙焕焕.行政争议实质性解决机制实证研究［M］//最高人民法院行政审
判庭.行政执法与行政审判（总第71集）.北京：中国法制出版社，2018:200.
③ 章志远.行政争议实质性解决的法理解读［J］.中国法学，2020(6).
④ 孔繁华.行政诉讼实质解决争议的反思与修正［J］.法治社会，2022(1).

性的基础上，围绕行政争议产生的基础事实和起诉人真实的诉讼目的，通过依法裁判和协调化解相结合并辅以其他审判机制的灵活运用，对涉案争议进行整体性、彻底性的一揽子解决，实现对公民、法人和其他组织正当诉求的切实有效保护"①。"实质性解决行政争议"命题的提出，是对实质法治主义在行政法治领域的新发展作出的回应。形式法治主义向实质法治主义转型，为"实质性解决行政争议"命题提供了理论基础。近年来，实质法治主义受到我国行政法学界较多关注。②"实质性化解行政争议"强调行政争议走完法律程序后，当事人对裁判结果予以认同，争议状态就此终结，实现行政争议在法律之维与事实之维的同步解决，也就是我们常说的"案结事了，定分止争"。③"实质性化解行政争议"的提出契合了我国行政诉讼的立法目标，也延展了保护行政相对人合法权益的范围和空间。④行政争议实质性解决的核心要义在于，人民法院通过对行政案件所涉争议进行整体性、彻底性的一揽子解决，实现对公民、法人和其他组织正当诉求的切实有效保护。⑤有学者以行政诉讼领域为对象，把"实质性解决行政争议"的实现进路归纳为两种模式：一种为"诉请争议＋依职权实体裁判为主"形成的实体裁判终结模式；另一种为"实质诉求＋促成当事人达成合意为主"形成的

① 章志远.行政争议实质性解决的法理解读［J］.中国法学，2020(6).

② 王万华.行政复议法的修改与完善——以"实质性解决行政争议"为视角［J］.法学研究，2019(5).

③ 徐运凯.全方位推进行政争议实质性化解［N］.学习时报，2022-5-4.

④ 江必新.行政法律体系化建设的若干思考——以行政诉讼制度体系建构经验为视角［J］.行政法学研究，2023(1).

⑤ 章志远.作为实质性解决行政争议配套机制的行政应诉［J］.法治研究，2023(1).

合意终结模式。① 当然，也有观点认为，"实质解决行政争议的司法政策及各种创新手段客观上取得了一定的成效，但也存在超越行政诉讼立法目的，突破《行政诉讼法》既有规范、限制当事人诉权等问题"②。

《最高人民法院关于进一步保护和规范当事人依法行使行政诉权的若干意见》（法发〔2017〕25号）、《最高人民法院关于推进行政诉讼程序繁简分流改革的意见》（法发〔2021〕17号）等文件都有"行政争议实质（性）化解"的规定。《最高人民法院关于行政机关负责人出庭应诉若干问题的规定》（法释〔2020〕3号）第11条第3款规定："行政机关负责人出庭应诉的，应当就实质性解决行政争议发表意见。""实质性解决行政争议"概念首次被最高人民法院司法解释明确认可。《最高人民法院关于审理行政赔偿案件若干问题的规定》（法释〔2022〕10号）规定了"实质化解行政赔偿争议"。

人民法院裁判文书载明，本着实质化解行政争议的原则，法院应当尽量判决到位，以消除新争议产生的可能性。③2019年11月至2020年12月，最高人民检察院在全国检察机关部署开展"加强行政检察监督 促进行政争议实质性化解"专项活动。2021年7月公布的修订后的《人民检察院行政诉讼监督规则》（高检发释字〔2021〕3号）规定："人民检察院通过办理行政诉讼监督案件……

① 王万华."实质性解决行政争议"的两种模式及其应用［J］.苏州大学学报（哲学社会科学版），2022(6).
② 孔繁华.行政诉讼实质解决争议的反思与修正［J］.法治社会，2022(1).
③ 最高人民法院（2020）最高法行申278号。

推动行政争议实质性化解","开展行政争议实质性化解工作"等。2021 年 8 月，最高人民检察院印发最高人民检察院第三十批指导性案例，该批案例都是行政争议实质性化解案例。

习近平总书记在中央全面依法治国工作会议上指出，天下无讼、以和为贵的价值追求……，等等，都彰显了中华优秀传统法律文化的智慧。[①] 党的二十大报告强调："把马克思主义基本原理同中国具体实际相结合、同中华优秀传统文化相结合"，"把马克思主义思想精髓同中华优秀传统文化精华贯通起来、同人民群众日用而不觉的共同价值观念融通起来"。2021 年 2 月，中央全面深化改革委员会第十八次会议审议通过的《关于加强诉源治理推动矛盾纠纷源头化解的意见》强调："加强矛盾纠纷源头预防、前端化解、关口把控，完善预防性法律制度，从源头上减少诉讼增量。"

在传统的东方法律文化中，力行"德治""息讼"，以无讼为有德，以有讼为可耻，影响深远。[②] 孔子曰："听讼，吾犹人也，必也使无讼乎"。[③] 有学者认为，目前学界大多数学者把孔子的无讼法律思想理解为"不通过诉讼解决纠纷"或者"以诉讼为耻"，其实这是属于对孔子原意的误读。[④] 传统的"无讼"思想尽管有其明显的弊端，但是从中国的文化传统和现实国情看，今天仍有值得借鉴之

① 习近平.坚定不移走中国特色社会主义法治道路　为全面建设社会主义现代化国家提供有力法治保障 [J].求是，2021(5).
② 胡仕浩.中国特色多元共治解纷机制及其在商事调解中应用 [J].法律适用，2019(19).
③ 《论语·颜渊》.
④ 邹涛.古代无讼法律思想对现代纠纷解决的作用——以民间法为视角 [J].民间法，2017(1).

处。①"无讼"作为中国传统法律文化的重要价值取向，对当代中国公众的法律认同，产生了许多方面的消极影响，同时又有很多的积极作用和有益启示。因此，我们应该尽量消除它的消极影响，发挥它的积极作用。②无讼的理想尽管难以企及，但其中的规律仍可为当代社会提供有益的启示。③要善于总结和发扬中华民族的传统文化，古为今用。

《行政诉讼法》并没有明确将预防行政争议列为行政审判制度的目的，但一些重要的制度创新实际上已经隐含着对预防行政争议发生价值的追求，如行政机关负责人出庭应诉、维持原行政行为的行政复议机关作为共同被告、规范性文件附带审查后法院向制定机关提出处理建议等。④2014年修订的《行政诉讼法》第1条新增"解决行政争议"作为行政诉讼制度的目的之一，其虽可扩大解释为实质性解决行政争议，但难以兼容诉源治理所蕴含的从源头上预防行政争议发生的观念。今后在进一步修改《行政诉讼法》时，可以将诉讼目的条款中的"解决行政争议"延展为"预防和解决行政争议"，实现"把非诉讼纠纷解决机制挺在前面"的国家治理政策的法律化。⑤

《最高人民法院关于深化人民法院一站式多元解纷机制建

---

① 张晓昀，裴劲松.和谐社会建设中对传统"无讼"思想的再思考［J］.江西社会科学，2006(8).
② 李春明，张玉梅."无讼"法律文化与中国公众的法律认同［J］.法学论坛，2007(4).
③ 范愉.诉讼社会与无讼社会的辨析和启示——纠纷解决机制中的国家与社会［J］.法学家，2013(1).
④ 章志远.行政法案例分析教程［M］.北京：北京大学出版社，2016:231-232.
⑤ 章志远.新时代行政审判因应诉源治理之道［J］.法学研究，2021(3).

设 推动矛盾纠纷源头化解的实施意见》(法发〔2021〕25号)规定:"坚持和发展新时代'枫桥经验',促进基层社会治理从化讼止争向少讼无讼转变。"《最高人民法院关于进一步推进行政争议多元化解工作的意见》(法发〔2021〕36号)规定了"预防和实质化解行政争议"。

有学者认为,社会矛盾中,最容易扩大或激化的矛盾之一是行政争议。[①] 坚持和发展新时代"枫桥经验"的精髓在于把矛盾化解在萌芽、解决在基层。矛盾纠纷多元预防调处化解综合机制应当关注矛盾纠纷萌芽、显现、激化的全周期样态。其"预防性"不仅体现在矛盾纠纷已然显现并进入解纷者视野之后,预防矛盾纠纷的进一步升级烈化,更应当体现在矛盾纠纷尚处于萌芽期或虽已显现但尚未进入解纷者视野的未然状态时,及时识别并消除其产生或激化的条件。[②] 行政机关在纠纷解决手段上具有一定的资源比较优势,更加能够运用多元综合手段来推进矛盾纠纷化解。从纠纷解决效率角度来看,行政机关承担着经济调节、市场监管、社会管理和公共服务的职能,拥有最先发现矛盾、及时解决问题的便利条件。[③] 这就要求不仅要重视和化解已经发生的矛盾,还要注重和预防矛盾的发生,采取有效措施,在源头上预防和减少行政争议的产生,营造更加规范有序、公平高效的执法环境。

[①] 应松年.完善行政诉讼,筑牢法治政府的基石[J].中国法律评论,2016(3).

[②] 杨林,赵秋雁.矛盾纠纷多元预防调处化解综合机制研究——基于三种实践模式的分析[J].中国行政管理,2022(6).

[③] 徐晓明,沈定成.行政调解制度能动性激发问题研究[J].法治研究,2016(5).

案例指引

● 案例一

▶ **裁判要旨** 实质解决纠纷是共同的责任

▶ **案号索引** 最高人民法院（2017）最高法行申5718号、（2017）最高法行申5735号

▶ **文书摘要** 选择一个最为适当的诉讼类型，对于当事人来讲通常并不十分容易，人民法院就有义务进行必要的释明，建议原告对诉讼请求进行必要的变更，以使双方当事人都能尽量减少诉累，行政争议能够尽早尘埃落定。理性行使诉权，实质解决纠纷，大家都有责任。

● 案例二

▶ **裁判要旨** 行政案件审理应当以实质性化解纠纷为宗旨

▶ **案号索引** 最高人民法院（2019）最高法行赔申1221号，（2019）最高法行申7493号，（2019）最高法行申8132、8135、8137号，（2019）最高法行申8133号

▶ **文书摘要** 修改后的《行政诉讼法》第1条规定，为保证人民法院公正、及时审理行政案件，解决行政争议，保护公民、法人和其他组织的合法权益，监督行政机关依法行使职权，根据宪法，制定本法。据此，行政案件审理应当以实质性化解纠纷为宗旨，及时解决行政争议，减少当事人诉累。

● 案例三

▶ **裁判要旨** 行政案件审理应当以实质性化解纠纷为宗旨

▶ **案号索引** 2019 年上海法院行政争议实质解决十大案例①

▶ **文书摘要** 上诉人甲公司因与被上诉人乙海关、海关总署行政许可申请不予受理决定以及行政复议决定一案，不服一审行政判决，向上海市高级人民法院提起上诉。在该院审理过程中，上诉人以双方当事人正在就本案所涉行政争议进行案外协商协调撤回上诉。本案实质性化解的最终结果，是企业经营权益和海关监管权力取得了合理平衡。在法治营商环境建设的大背景之下，通过本案的协调化解工作，切实做好法律和政策实施中的有效衔接，取得了较好的法律和社会效果，对行政案件中促进行政争议实质性解决具有示范意义。

---

① 【法宝引证码】CLI.14.1607769；《2019 年上海法院行政争议实质解决案例》，"行政执法研究"公众号，2020 年 5 月 30 日发表。

后记

习近平总书记指出："法治建设既要抓末端、治已病，更要抓前端、治未病。"《法治政府建设实施纲要（2021—2025 年）》对行政争议预防化解机制建设作出了部署。学习研究并参考运用行政诉讼案例，是提升预防和实质性化解行政争议能力的有效途径之一。

在长期从事海关法治工作的实践中，我广泛收集、学习研究了已公开的大量行政诉讼案例。人民法院公报案例、指导性案例和典型案例以及其他案例，体现了严谨的审查标准和原则，蕴含了深刻的法治价值和取向，对行政执法工作有较强的指导作用和借鉴意义。如何加大"以案释法"力度，对案例进行梳理总结、分类分析，供行政执法人员学研和参考，进一步强化行政诉讼案例的指引和规范作用，促使我开始本书的写作。

在写作过程中，我从众多专家学者的专著、文章以及媒体报道中学习了知识，借鉴了成果。我在最高人民法院官方网站、中国裁判文书网、人民法院案例库、北大法宝等查阅了大量案例，在国家图书馆、广州图书馆查阅了大量文献，并通过"行政执法与行政审判""行政执法研究""行政涉法研究""行政法实务"等公众号收集了部分资料，凡引用之处均以脚注注明。在此一并表示由衷的感谢并致以崇高的敬意。

本书的写作得到了诸位同事、亲友的关心和支持。许身健教授亲自作序，令我深受鼓舞。海关总署陈婷婷、闫振国，宁波海关励志斌、麻俊，深圳海关沈红宇、赵云鹤，福州海关林健夫，重庆海关廖佳、陈楚光鼎力相助，提出了若干修改意见和建议；广东分署陈桃生，厦门海关陈可炎、杭州海关徐伟伟、上海海关江星希、南京海关于寅生、天津海关李桂强、青岛海关原丰华、广州海关范梁枢和刘浩提供了宝贵的意见，令我增强了信心。在此一并谨致诚挚的谢意。

受篇幅所限，本书未涉及审判程序、判决方式、执行等章节，也未涉及行政协议、公益诉讼、司法建议等内容。希望本书能够分享案例学习体会，激发案例研究兴趣；能够增进对司法审查标准和裁判理念的了解，为解决同类问题提供思路和参考；能够有助于提升依法行政能力，深入推进海关法治建设。

因能力水平有限，本书难免有疏漏和不足之处，恳请各位读者和专家批评指正，不胜感激。

陈淑国

2025 年 1 月